Wahl

Wirkungsvoll unterrichten in Schule, Hochschule und Erwachsenenbildung

Diethelm Wahl

Wirkungsvoll unterrichten in Schule, Hochschule und Erwachsenenbildung

Von der Organisation der Vorkenntnisse bis zur Anbahnung professionellen Handelns

Mit Beiträgen von Hilbert Meyer, Jörg Schlee und Andreas Schubiger

Verlag Julius Klinkhardt
Bad Heilbrunn • 2020

Für meine Kinder Dario und Deborah –
die mit begeisternder Offenheit und Energie ihr Leben gestalten.

Dieser Titel wurde in das Programm des Verlages mittels eines Peer-Review-Verfahrens aufgenommen. Für weitere Informationen siehe www.klinkhardt.de.

Bibliografische Information der Deutschen Nationalbibliothek
Die Deutsche Nationalbibliothek verzeichnet diese Publikation in der Deutschen Nationalbibliografie; detaillierte bibliografische Daten sind im Internet abrufbar über http://dnb.d-nb.de.

Satz: Kay Fretwurst, Spreeau.
Foto Umschlagseite 1: © Uli Hrasky.

Druck und Bindung: Friedrich Pustet, Regensburg.
Printed in Germany 2020.
Gedruckt auf chlorfrei gebleichtem alterungsbeständigem Papier.

ISBN 978-3-7815-2355-5

Inhalt

Teil I
Was man heute über wirkungsvolles Lehren und Lernen weiß

1 Was ist hoch wirksam und wie kann man das herausfinden?

In Sachen Weiterbildung bin ich viel unterwegs. Vor mir sitzen Professorinnen und Professoren, Erwachsenenbildner von Deutsch als Zweitsprache bis zum Yoga-Kurs, Moderatoren und Multiplikatoren aller Schularten, natürlich auch die Lehrkräfte selbst aus Berufskollegs, Gymnasien, weiteren Sekundarschultypen, Primarschulen und zuweilen auch solche aus der vorschulischen Elementarbildung. In allen Fällen geht es um die Frage, wie man „gut" lehrt, „erfolgreich" weiterbildet und „wirkungsvoll" unterrichtet. Naiv betrachtet könnten dies Veranstaltungen sein, in denen rational und reflexiv argumentiert wird. Mittlerweile gibt es ja eine hohe Anzahl an empirischen Untersuchungen, umfangreichen Forschungsprojekten und beeindruckenden Meta – Analysen, über die in bekannt gewordenen Büchern berichtet wird. Man denke dabei beispielsweise an Hattie (2009), Helmke (2012), Schubiger (2013), Gold (2015), Meyer (2016), Traub (2016) und andere. Die Botschaft lautet allenthalben: Wer etwas im Bereich der Unterrichtsqualität zu verkunden hat, der sollte dies unbedingt evidenzbasiert tun, also auf der Basis gesicherter empirischer Befunde.
Mit „empirisch" ist Erfahrungswissen gemeint, das auf einer systematischen und zugleich methodischen Sammlung von Daten beruht. Der Begriff „Evidenz" ist der Bedeutung nach mit dem englischen Wort „evidence" gleichzusetzen, was „Beleg" oder „Beweis" heißt im Sinne eines Nachweises für die Wirksamkeit einer Maßnahme. Dieser Nachweis sollte mit einem besonderen Wahrheitsanspruch verbunden sein. Er sollte auf Wissen beruhen, das hohen Standards genügt und das durch wissenschaftlich bestätigte Erfahrungen fundiert ist. Und so, wie im Bereich der Naturwissenschaften nur wenige religiöse Fanatiker auf die Idee kommen, Forschungsergebnisse durch Glaubensüberzeugungen zu ersetzen, so sollten auch im Bereich des Lehrens und Lernens wissenschaftliche Ergebnisse die wichtigsten Leitlinien für die Gestaltung des unterrichtlichen Handelns sein. Das ist eine der zentralen Botschaften dieses Buches. Die meisten Lehrkräfte, die sich mit hoher Motivation daranmachen, die Qualität des eigenen Unterrichts zu überdenken und zu optimieren, sind einer evidenzbasierten Argumentation gegenüber aufgeschlossen. Sie hören sich aufmerksam die vorgetragenen Forschungsergebnisse an und gleichen

diese mit ihrem eigenen Erfahrungswissen ab. Sie sehen auch die Grenzen wissenschaftlicher Forschung, was in kritischen Rückfragen zu den von mir vorgetragenen Untersuchungen deutlich wird. Umgekehrt erkennen sie gleichermaßen die Subjektivität ihrer persönlichen Sichtweise und sind in der Lage, auch diese zu reflektieren. Dennoch kommt es ab und zu vor, dass ich in manchen Situationen hilflos bin, weil nicht weiß, wie ich mit der enormen Stabilität und der damit verknüpften hohen Emotionalität mancher subjektiven Sichtweisen umgehen soll.
Als Wissenschaftler bin ich davon überzeugt, dass man zur Beantwortung der Frage, wie man wirkungsvoll unterrichten kann, zunächst einmal alle Ergebnisse und Befunde der Lehr-Lern-Forschung heranziehen sollte. Diese sind zwar weder einheitlich noch widerspruchsfrei. Doch sie lassen sich als erste Leitlinien nützen, um wirkungsvollen Unterricht zu konzipieren. In einem zweiten Schritt ist es dann sinnvoll, für als tragfähig erachtete Konzepte und Modelle über Jahre hinweg in allen Schularten, in der Hochschuldidaktik und in der Erwachsenenbildung ganz praktisch auszuprobieren und die Effekte systematisch zu überprüfen. Das ist in den von mir geleiteten Forschungsprojekten ebenso geschehen wie in von mir betreuten Dissertationen und Habilitationen. Im Laufe der letzten zwanzig Jahre hat sich dabei immer deutlicher eine gut realisierbare Vorstellung von wirkungsvollem Unterrichten herauskristallisiert. Diese hat sich in der Praxis bestens bewährt. Um es einmal mit dem Rindfleisch zu vergleichen: Was ich nachfolgend skizziere, das ist gut abgehangen, lange gereift. Die in den nächsten Kapiteln vorgeschlagenen Möglichkeiten funktionieren tatsächlich.

Was können Sie davon profitieren?

Unterrichten ist eine anstrengende Tätigkeit. Lehrkräfte können zwar den Unterricht gut vorbereiten, sie können das eigene Handeln planen, überwachen und bewerten. Also alles tun, um professionell vorzugehen. Doch sie haben es nicht in der Hand, wie die Lernenden darauf reagieren. Wie Lernende das Angebot nutzen, das ist häufig intransparent. Und so kommt es vor, dass exzellent ausgearbeitete Unterrichtsstunden völlig danebengehen, sei es wegen mangelnden Interesses, geringer Aufmerksamkeit, ständiger Unruhe oder anderer Ursachen. Umgekehrt kommt es vor, dass aus dem Handgelenk geschüttelte Lektionen überraschend positiv aufgenommen werden. Die nichtlineare Beziehung zwischen dem Kräfteeinsatz der Lehrenden und dem erkennbaren Lernzuwachs der Lernenden führt bei einem beträchtlichen Teil der Lehrpersonen zum Erleben von Kontrollverlust. Folgen sind Unsicherheit und Unzufriedenheit. Natürlich wirkt sich das auch auf die Gesundheit aus. Denn zahlreiche Studien zeigen (vgl. z.B. Vandenberghe & Hubermann 1999, Schaarschmidt 2004, Nübling et al. 2005), dass im Vergleich mit anderen Berufsgruppen die psychische Belastung von Lehrkräften sehr hoch ist. Man kann davon ausgehen, dass über 20 Prozent der Lehrkräfte im Laufe ihrer

Dienstzeit erhebliche Einschränkungen ihrer Gesundheit und Leistungsfähigkeit aufweisen (Barth 1992; Krause & Dorsemagen, 2011).

Deshalb ist es enorm wichtig zu erkennen, welche Formen des Lehrens und Lernens in besonderem Maße wirkungsvoll sind. Und es ist von größter Bedeutung, Lehrkräften Lehr-Architekturen und Lern-Arrangements an die Hand zu geben, die auch bei begrenzter Vorbereitungszeit und schwierigen schulischen Verhältnissen die angestrebten Effekte hervorrufen. Gelingt dies – und das ist ein Anspruch dieses Buches – dann trägt das zum Berufserfolg, zur Berufszufriedenheit und nicht zuletzt zu eigenen beruflichen Gesundheit bei.

Wie kann man herausfinden, was hoch wirksam ist? – Früher schien das ganz einfach zu sein. Man hat sich an den eigenen Erfahrungen beim Unterrichten orientiert und sich auf die Meinungen seiner Kolleginnen und Kollegen verlassen. Hinzu kamen die Botschaften der jeweiligen Fachdidaktiken, die man studiert hatte. Wie diese Aussagen begründet waren, wurde wenig hinterfragt. Es genügte in der Regel, dass sie einem Fachbuch entstammten oder von Professoren gelehrt wurden. Dies jedenfalls sind Erfahrungen aus meinem eigenen, länger zurückliegenden Lehramtsstudium und dem sich daran anschließenden Referendariat.

In den letzten 30 Jahren hat sich diese Sichtweise radikal verändert. Erkenntnisse aus nationalen wie internationalen Schulleistungsstudien haben die subjektiven Theorien über „guten Unterricht" ganz erheblich in Frage gestellt (vgl. hierzu z.B. die Zusammenstellungen von Hasselhorn & Gold 2017, S. 18f. und Helmke 2012, S. 171). Schon 1987 wollten Weinert und Helmke in der sog. „Münchner Studie" wissen, ob Schulleistungen eher Leistungen der Schule oder Leistungen der Kinder seien. Doch vor allem sind mittlerweile die PISA Untersuchungen in aller Munde (Programme for International Student Assessment), die seit dem Jahr 2000 in dreijährlichem Turnus durchgeführt werden und die es sich zum Ziel gesetzt haben, Kenntnisse und Kompetenzen Fünfzehnjähriger in Mitgliedstaaten der OECD und weiteren Ländern zu messen. Für den Primarschulbereich wurde die Leseleistung bislang vier Mal erfasst unter dem Akronym IGLU (Internationale Grundschul-Lese-Untersuchung). In den seit 1993 laufenden TIMSS-Studien (Trends in International Mathematics and Science Study, früher Third International Mathematics and Science Study) wurden bei 9- bis 15-jährigen die Kompetenzbereiche Mathematik, Naturwissenschaften und Lesen untersucht. Weitere Studien wie etwa DESI (Deutsch Englisch Schülerleistungen International) oder VERA (Vergleichsarbeiten in der Schule) runden das mit großem Aufwand systematisch gewonnene, auf breiter empirischer Basis ruhende Bild jenes Unterrichts ab, der in der Jetztzeit in vielen Ländern gang und gäbe ist.

In besonderem Maße wird die Wende eher weg von subjektiven Erfahrungswerten und eher hin zu empirisch gestützten, evidenzbasierten Erkenntnissen durch die beeindruckende, jedoch keinesfalls unumstrittene „Mega-Analyse" von John Hattie (2009 und 2017) charakterisiert. Dieser hat 930 Meta – Analysen (Hattie 2017,

S. 216–275) einer weiteren, noch globaleren Analyse unterzogen. Die einzelnen Meta-Studien beziehen sich auf mehr als 50 000 wissenschaftliche Veröffentlichungen, in denen über 240 Millionen Schülerinnen und Schüler empirisch untersucht wurden. Das ist einerseits ein großes Verdienst, weil diese Herkules-Arbeit nachdrücklich darauf hinweist, wie entscheidend es für die Beurteilung wirkungsvoller Lehr-Lern-Faktoren ist, dass man möglichst zahlreiche wissenschaftliche Befunde dafür heranzieht. Von der hohen „Verdichtung der vorgefundenen empirischen Evidenz zur Wirksamkeit bzw. Wirkung von Interventionen, Maßnahmen und Programmen" (Pant 2014, S. 83) verspricht man sich klare und eindeutige Ergebnisse, die belastbarer sind als die aus dem Strom höchst zufälliger biografischer Episoden einer einzelnen Lehrkraft hervorgehenden Erkenntnisse über „guten Unterricht". Doch leider ist es nicht so einfach. Bewegt man sich auf dieser Meta-Meta-Ebene, wird dadurch die Sicht nicht unbedingt klarer. Andreas Gold ist sogar der Meinung, dass Meta-Analysen auch die Sicht verstellen können (Gold 2014). Dies liegt erstens daran, dass in Hatties Datenmaterial Studien mit ganz unterschiedlichen methodischen Standards eingehen. Zweitens überfordert die Anzahl der extrahierten Einflussfaktoren, beginnend bei Faktor 1 „Lernende: Selbsteinschätzung des eigenen Leistungsniveaus" und endend bei Faktor 150 „Schule: Schulwechsel" jeden ordnenden Geist. So geht „der Blick für die großen Linien und die inneren Zusammenhänge in der Kleinteiligkeit der Empirie verloren" (Gold 2015, S. 51). Trotz aller Einwände gegen die Hattie-Studie und trotz aller Kritik an PISA, TIMSS, IGLU, DESI und anderen empirisch orientierten Großprojekten ist es sinnvoll, die gewonnenen Forschungsergebnisse zu berücksichtigen. Nicht als neue, unhinterfragte Glaubenssätze im Sinne von: „Hattie sagt, dass …und deshalb …", oder „PISA hat nachgewiesen, dass … und deshalb …". Vielmehr erscheint es angezeigt, die Befunde systematischer wissenschaftlicher Forschung als Ausgangspunkte evidenzbasierter Reflexionen zu nutzen. Effektstärken und Korrelationskoeffizienten nehmen uns weder das Denken noch die zu treffenden Entscheidungen ab. Aber wenn methodisch anspruchsvoll gewonnene Forschungsergebnisse mit den alltäglichen, aufmerksam wahrgenommenen Unterrichtserfahrungen in Beziehung gesetzt werden, dann können sich die Stärken beider Zugriffe miteinander verbinden.

Ein Ergebnis reflexiven Umgangs mit subjektiven Alltagserfahrungen einerseits und intersubjektiven wissenschaftlichen Ergebnissen andererseits ist, dass sich Gemeinsamkeiten und Unterschiede zwischen den empirischen Zustandsbeschreibungen des Lehrens und Lernens und klug begründeten, präskriptiven Vorstellungen wirkungsvollen Unterrichts zunehmend deutlicher abzeichnen. Ist dies der Fall, so kann man Lehrkräften pragmatische, undogmatische und zugleich mit vernünftigem Aufwand realisierbare Wege zur schrittweisen Arbeit an der Qualität des eigenen Unterrichts in Schule, Hochschule und Erwachsenenbildung aufzeigen. Das soll in den folgenden Kapiteln geschehen.

2 Warum kollektive Phasen nur wenige Minuten dauern sollten

In den subjektiven Theorien über Lernen wie in der wissenschaftlichen Lernpsychologie ist man übereinstimmend der Ansicht, dass ohne ausreichende Aufmerksamkeit kein Lernen stattfinden kann. Zwar gibt es immer wieder erstaunliche Lernende, die unaufmerksam zu sein scheinen und dennoch gute Ergebnisse erzielen. Aber das liegt in der Regel daran, dass diese Personen über exzellente Vorkenntnisse verfügen und deshalb neue Informationen problemlos in die vorhandenen individuellen Strukturen integrieren können, ohne sich ständig auf das Unterrichtsgeschehen konzentrieren zu müssen.

Darüber hinaus kann man nicht unbedingt von außen erkennen, worauf sich die Aufmerksamkeit richtet. Im Laufe unserer Lernbiografie schaffen wir es zunehmend besser, interessiert zu schauen und aufmerksam auszusehen, ohne in Wirklichkeit dem Unterricht zu folgen. Das zeigt beispielsweise die Dissertation meiner Doktorandin Irene Gerbig-Calcagni (2009). Die Studierenden demonstrieren während einer einstündigen Vorlesung zum Thema „Lehren und Lernen“ eine enorm hohe Aufmerksamkeit – so sieht es zumindest von außen aus. Sie scheinen zwischen 80% und 100% „bei der Sache zu sein“, also „on task“. Gewonnen wurden diese Aufmerksamkeitswerte durch die Auswertung von Videoaufzeichnungen mit dem MAI (Münchner Aufmerksamkeitsinventar). Das Münchner Aufmerksamkeitsinventar (Helmke & Renkl 1992) ist ein standardisiertes Beobachtungsinstrument, bei dem alle fünf Sekunden das Aufmerksamkeitsverhalten eingeschätzt wird. Als „on task“ gilt zum Beispiel „macht Notizen“, „meldet sich“ usw. Dagegen wird „spricht mit Nachbarn“ oder „mit Handy beschäftigt“ usw. als „off task“ codiert.

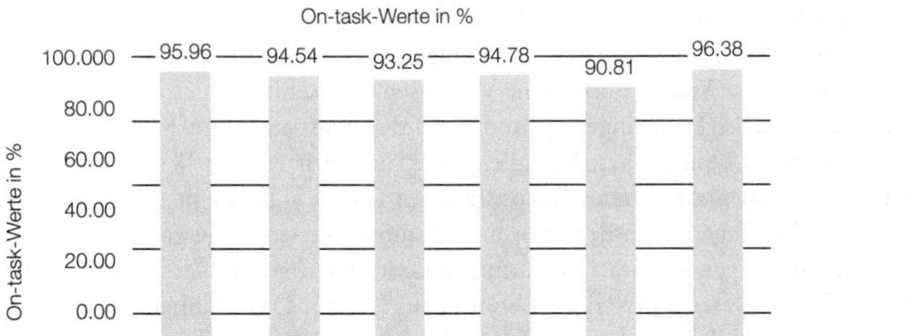

Abb. 1: Wie aufmerksam sehen Studierende während einer 60 Minuten dauernden Vorlesung aus?, erfasst mit dem MAI. Aus Gerbig-Calcagni 2009.

Sollen die Studierenden jedoch im Anschluss an die Lehrveranstaltung frei aufschreiben, was sie vom Vortrag des Professors über die 6 Teilthemen noch wissen, man bezeichnet diese Form der Lernerfolgsmessung als „Recall", dann ist dies enttäuschend wenig. Durchschnittlich können etwa 25% der Informationen wiedergegeben werden. Vom ersten Thema sind es sogar weniger als 15%. Gleichermaßen erklärend wie entschuldigend muss man jedoch hinzufügen, dass der freie Abruf dessen (Recall = sich erinnern), was behalten wurde, besonders schwierig ist, weil die im Gedächtnis verstreuten Informationen erst einmal gefunden und danach sinnvoll zusammengefügt werden müssen.

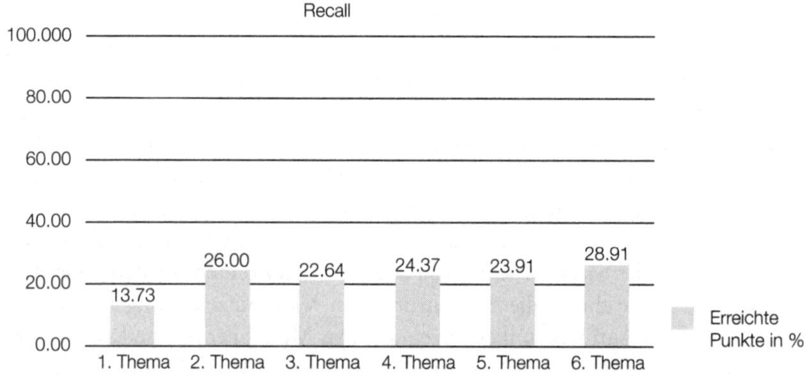

Abb. 2: Wie viel Prozent der referierten Inhalte einer Vorlesung von 60 Minuten Dauer können die Studierenden direkt im Anschluss frei aus dem Gedächtnis abrufen? Aus Gerbig-Calcagni 2009.

Gibt man hingegen Auswahlantworten vor, die anzukreuzen sind (Recognition = Wiedererkennen), zeigen sich deutlich höhere Werte. Dies hängt damit zusammen, dass erstens wie in Quizsendungen geraten werden kann. Dass zweitens durch eine Verknüpfung von Vorwissen mit schlussfolgerndem Denken auch dann richtige Lösungen gefunden werden können, wenn man die Vorlesung gar nicht besucht hat. Vor allem aber, dass drittens ein Wiedererkennen viel leichter ist als ein freies Rekonstruieren (Recall). Denn in den Minuten, Stunden und Tagen nach der Informationsaufnahme sind eine ganze Reihe der Inhalte noch irgendwo im Gedächtnis präsent, bevor sie verblassen – siehe die klassische Vergessenskurve nach Ebbingshaus (1885). Ohne Anhaltspunkte findet man jedoch vieles nicht wieder, was sich im Gedächtnis befindet. Aber wenn man eine Hilfe, einen Anker oder einen Hinweis bekommt, dann fällt es einem wieder ein.

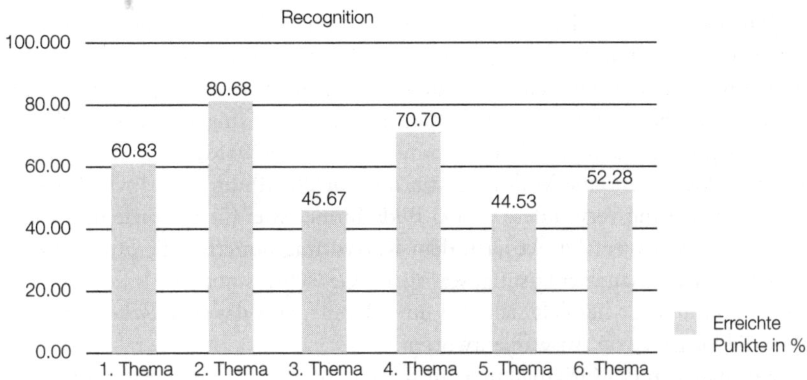

Abb. 3: Wie viel Prozent der referierten Inhalte einer Vorlesung von 60 Minuten Dauer können die Studierenden direkt im Anschluss wiedererkennen, wenn man ihnen Auswahlantworten vorlegt. Aus Gerbig-Calcagni 2009.

Die gewaltige Leistungsfähigkeit des menschlichen Gehirns im Bereich des Wiedererkennens (Recognition) von Bild- und Sprachmaterial hat in einer frühen Studie beispielhaft Lionel Standing (1973) nachgewiesen. Von 1 000 Bildern, die Studierenden im ersten Versuchsdurchgang für wenige Sekunden gezeigt wurden, konnten sie nach zwei Tagen im zweiten Versuchsdurchgang durchschnittlich 77% richtig zuordnen im Sinne von „habe ich schon gesehen“. In einem weiteren Experiment wurden den Versuchspersonen gar 10 000 Bilder gezeigt, 2 000 Bilder pro Tag, was diese als enorm anstrengend und zugleich ermüdend erlebten. Dennoch konnten sie sich davon immerhin noch an durchschnittlich 66% erinnern. Allerdings wurden bei sprachlichem Material diese überraschend hohen Werte nicht erreicht. Unser Gedächtnis ist also in besonderem Maße bereit, Bilder zu speichern, auch wenn diese nur für ein oder zwei Sekunden dargeboten werden. Dies spricht eindeutig dafür, Sachverhalte nicht nur zu erklären, sondern zusätzlich noch in weiteren Codierungsformen anzubieten, zum Beispiel in Diagrammen, Grafiken, Bildern, Objekten usw. Man nennt diese Vorgehensweise „Mehrfachcodierung“.

Aufmerksamkeitsspanne

Interessant ist die Frage, wie lange Lernende dem Unterrichtsgeschehen konzentriert folgen können, bevor sie unaufmerksam werden und abschweifen. Denkt man an Vorlesungen, so dauern diese typischerweise 90 Minuten. Vorträge von nur einer Stunde erleben wir zuweilen schon als kurz. Unterrichtsstunden sind meist zwischen 45 oder 50 Minuten lang, bevor eine kleine oder eine große Pause folgen. Diese Zahlen müssen völlig neu überdacht werden.

Beginnen wir einmal bei jenen Lernenden, die aufgrund ihrer Lernbiografie in besonderem Maße gewohnt sind, große Informationsmengen zu speichern. Das sind Studentinnen und Studenten. Präsentiert man jenen einen Vortrag, bestehend aus Worten und Bildern, dann zeigt sich, dass die Aufnahmefähigkeit viel schneller erschöpft ist, als man das gemeinhin annimmt. Burns (1990) hielt zum Beispiel 400 seiner Studierenden eine Vorlesung von nur gut 20 Minuten im Fach Biologie. Zur Visualisierung verwendete er drei Bildschirme, zwei für Beispiele und einen für Schlüsselaussagen. Direkt nach dem Kurzvortrag notierten die Studierenden in Form einer Zusammenfassung, was sie im Gedächtnis noch an Informationen finden konnten. Es handelt sich also um „Recall", also das freie Rekonstruieren ohne die Vorgabe von Auswahlantworten.
Schaut man sich die Originalkurve an so fällt auf, dass von den ersten fünf Minuten der Vorlesung durchschnittlich etwa 50% wiedergegeben werden konnten. Richtungsweisend für das, was jetzt folgt, ist das Chanson von Hildegard Knef: „Von nun an ging's bergab". Von jenen Inhalten, die zwischen den Minuten 5 und 15 referiert wurden, konnten durchschnittlich nur noch etwa 20% notiert werden. Danach sinkt die Wiedergabe auf fast 0% ab. Der leichte Anstieg etwa ab der 20. Minute ist dem Umstand geschuldet, dass das Erstellen der Zusammenfassungen direkt nach der Vorlesung begann. Deshalb konnte ein Teil der in den letzten 3 Minuten dargestellten Sachverhalte noch erinnert werden. Hätte sich die Vorlesung über 90 Minuten erstreckt, wäre dieser versuchsbedingte Effekt nicht für die Zeit um die 20. Minute aufgetreten, sondern für die Zeit um die 90. Minute.

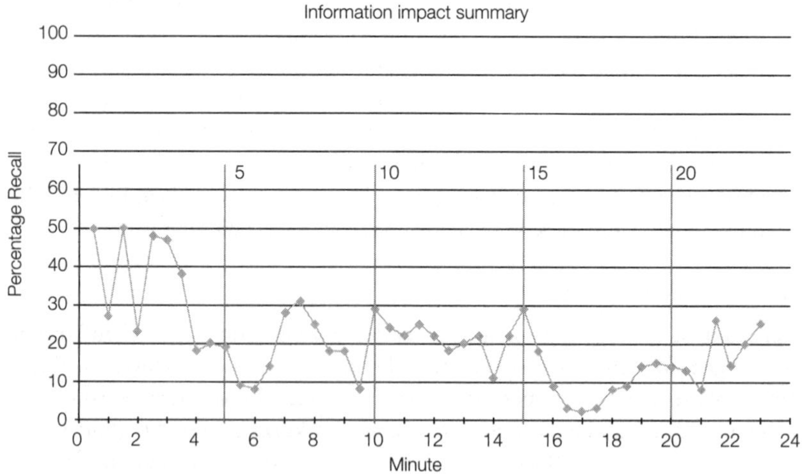

Aus Burns, R.A. (1990). designing presentations to help students remember. College science teaching, 19, S. 303.

Abb. 4: Wie viel Prozent der referierten Inhalte einer Vorlesung von etwa 20 Minuten Dauer können die Studierenden direkt im Anschluss frei aus dem Gedächtnis abrufen? Aus Burns 1990.

Einen vergleichbaren Verlauf ermittelte Irene Gerbig-Calcagni in 60-minütigen Vorlesungen bei 385 Studierenden, die teils in großen und teils in kleinen Gruppen unterrichtet wurden. Auch hier finden wir etwa alle 15 Minuten einen überraschenden Tiefpunkt. Das sollte uns zu denken geben, denn es handelt sich ja hier, wie schon erwähnt, um höchst lerngewohnte Personen, die gerade das Abitur abgelegt haben und nicht etwa um Primarschüler. Ganz offensichtlich verläuft die menschliche Informationsaufnahme nicht kontinuierlich! Vielmehr scheinen wir etwa alle 10 bis 15 Minuten einen Haltepunkt zu benötigen, um das, was wir gehört, gesehen, diskutiert oder gelesen haben, tiefer mit dem zu vernetzen, was wir schon wissen, was wir denken und was wir können. Wird uns diese für den Lernerfolg entscheidende Phase der subjektiven Auseinandersetzung mit der Thematik nicht zugestanden, indem weiter referiert wird, dann gehen wertvolle Informationen verloren. Der Mensch ist überlastet, weil er gleichzeitig neue Informationen aufnehmen soll, während er noch mit der Aufgabe beschäftigt ist, die bisherigen Inhalte zu verstehen, einzuordnen, zu bewerten und zu verknüpfen.

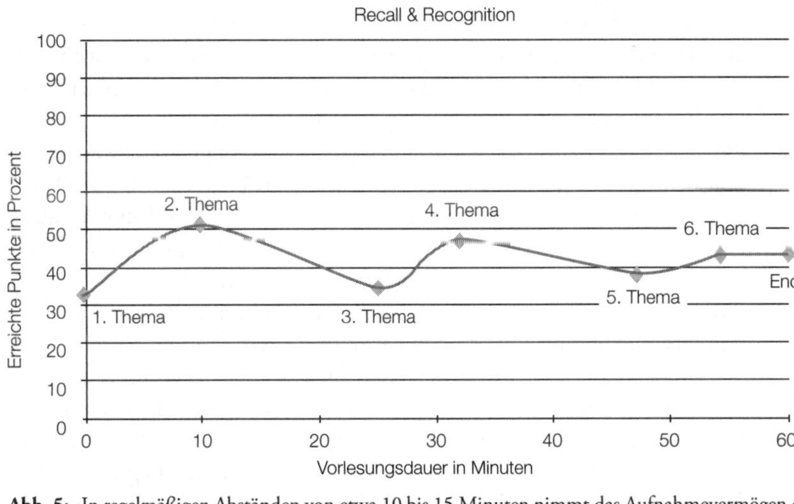

Abb. 5: In regelmäßigen Abständen von etwa 10 bis 15 Minuten nimmt das Aufnahmevermögen der Studierenden zu bzw. ab. Aus Gerbig-Calcagni 2009.

Sicherlich löst jeder Lernende dieses Dilemma auf seine eigene Weise. Manche bemerken das nachlassende Aufnahmevermögen und strengen sich besonders an, um trotzdem das Wesentliche noch zu erhaschen. Etliche hören nicht mehr zu, sondern denken über das nach, was sie gerade gehört haben und versuchen es einzuordnen. Dritte spüren die Ermüdung, wollen der Überforderung entwischen und bewegen sich gedanklich ganz aus der Situation heraus. Dadurch gewinnen sie einen pausenartigen Effekt. Diese unterschiedlichen Bewältigungsformen zei-

gen sich empirisch in der genannten Untersuchung. Die Studierenden schweifen ab. Die einen bleiben sozusagen am Ball und vernetzen das Gehörte – inhaltlich ging es ja um grundsätzliche Fragen des Lehrens und Lernens – mit der eigenen Schul- und Studienzeit oder mit ihrer Zukunft als Lehrperson. Etliche lassen sich durch Stimuli aus dem Hörsaal ansprechen und lenken ihre Aufmerksamkeit auf die aufgebauten Kameras oder auf andere Studierende. Dritte lassen ihren Gedanken freien Lauf und denken an Essen, noch zu erledigende Einkäufe, das Abendprogramm usw., was naheliegt, weil die Vorlesung jeweils erst am späten Nachmittag stattfand. Vierte beschäftigen sich mit ihrer im Moment wenig erfreulichen Innenwelt und fühlen sich müde, krank, hungrig oder durstig.
Eines ist klar: Überschreiten Plenumsphasen eine gewisse Länge, dann ist dies alles andere als günstig für erfolgreiches Lernen. Die Konsequenzen daraus sind vielfältig. Erstens sollten wir während kollektiver Lernphasen ständig die Uhr im Auge behalten. Wenn lerngewohnte junge Erwachsene schon nach grob 15 Minuten der Informationsaufnahme im Plenum kaum noch etwas behalten können und sich entweder durch Abschweifen regenerieren oder sich eigenmächtig für eine subjektive Auseinandersetzung entscheiden, dann müssen bei jüngeren Lernenden in Primar- und Sekundarstufe noch geringere Werte angesetzt werden. Dies gilt nicht nur für den zu Unrecht mit Imageproblemen behafteten Lehrervortrag, sondern in verschärftem Maße auch für das sogenannte „Unterrichtsgespräch", also jene methodische Form, bei der die Lehrkraft durch das Stellen von Fragen und das Aufgreifen sowie Weiterführen von Antworten ein Thema „erarbeitend" vermitteln möchte. Denn hierbei schreitet der Unterricht nicht gradlinig voran, was die Aufmerksamkeit erleichtert, sondern er macht zahlreiche Schleifen wie ein Flusslauf, d.h. der Unterricht mäandriert, was ein aufmerksames Mitverfolgen erheblich erschwert.
Exakte Werte für die Aufmerksamkeitsspannen in Plenumsphasen bei Primar- und Sekundarschülern sind bisher noch nicht empirisch ermittelt worden, aber sie dürften nicht weit über 8 bis 12 Minuten hinausgehen. Dies legen die eben zitierten Studien von Burns und Gerbig-Calcagni nahe. Spätestens nach diesem Zeitraum sollten die Lernenden die Gelegenheit erhalten, das Gesehene und Gehörte in ihre höchst individuellen subjektiven Strukturen zu integrieren. Weil es sich hier um ganz persönliche Aneignungs- und Verstehensprozesse handelt, kommen als Sozialformen vor allem Einzelarbeit und Partnerarbeit in Frage sowie unter gewissen Voraussetzungen auch kleine Gruppen. Auf diese Weise ergibt sich eine charakteristische Struktur, die wir als „Sandwich-Prinzip" bezeichnen. Später wird diese ganz spezielle, übergreifende „Unterrichts-Architektur" noch genauer erläutert. Ganz entscheidend bei diesem Konzept sind kurze, prägnante, gut strukturierte Plenumsphasen gefolgt von aktiven, längeren bis langen, dennoch klar strukturierten Aktivitätsphasen.
Die jahrelangen praktischen Erprobungen des Sandwich-Prinzips in Grundschule Sekundarschule, Hochschule und Erwachsenenbildung zeigen, dass Lernerfolg,

und Aufmerksamkeit steigen. Bislang liegen die Aufmerksamkeitswerte in Primarschulklassen, gemessen mit dem schon skizzierten Münchner Aufmerksamkeitsinventar MAI, zwischen den Extremwerten 55% bis 95%. Die meisten Durchschnittswerte sind zwischen 65% und 85% zu finden (vgl. z.B. Helmke & Renkl 1992 und 1993). Das klingt zunächst nicht sonderlich erschütternd. Doch stellt man sich Lernende vor, die mit einer durchschnittlichen Aufmerksamkeitsrate von 70% die Schule 10 Jahre lang besuchen, so waren diese Personen ganze drei Jahre nicht da. Der Körper war wohl in der Schule, der Geist jedoch woanders. Hinzu kommt, dass mit dem MAI die Aufmerksamkeit durch einen Beobachter gemessen wird, also von außen. Da es Schülerinnen und Schüler jedoch ganz gut beherrschen, aufmerksam auszusehen ohne aufmerksam zu sein, müssen die tatsächlichen Werte deutlich niedriger angesetzt werden. „Von innen" können Forscher ohne aufwändige Apparaturen das Ausmaß der Aufmerksamkeit nicht messen, weil die Innensicht-Perspektive nur den Lernenden selbst zugänglich ist.

3 Wie kann man die Aufmerksamkeit fördern?

Betrachtet man den Prozess der Aufmerksamkeit genauer, dann zeigt sich Erstaunliches. Weil das Arbeitsgedächtnis eine äußerst begrenzte Kapazität besitzt, ist es wichtig, zwischen bedeutsamen und irrelevanten Informationen zu unterscheiden. Aber woher wissen Lernende, was zentral und was entbehrlich ist? Eine derartige Auslese kann zum Beispiel dadurch erleichtert werden, dass zur Thematik gehörendes Vorwissen aktualisiert wird. Je besser die Vorkenntnisse sind, desto schneller können Lernende erkennen, welche Inhalte bedeutsam sind. Desto leichter können sie diese Informationen mit jenen verknüpfen, die schon im Langzeitgedächtnis gespeichert sind. Deshalb sind leistungsstarke Lernende durchschnittlich aufmerksamer als leistungsschwächere. Umgekehrt sind leistungsschwächere Lernende anfälliger für das, was sonst noch alles im Unterricht geschieht, während leistungsstärkere durchschnittlich weniger empfänglich für ablenkende Reize sind. Im Arbeitsgedächtnis treffen also zwei Arten von Informationen aufeinander. Solche, die von außen neu eintreffen und solche, die innerlich schon vorhanden sind. Beide Arten von Informationen werden ständig zueinander in Beziehung gesetzt. Das ist schwieriger als man zunächst denkt. Denn alles an Inhalten, was neu aufgenommen wird, ist nur für wenige Sekunden präsent. Dann wird es durch neue Inhalte „überschrieben". Hasselhorn und Gold (2017, S. 76) kommen bei Durchsicht einschlägiger Studien zum Beispiel für verbale Informationen zu einem Ergebnis, das knapp unterhalb von 2 Sekunden liegt. Folglich muss der Lernende innerlich durch stummes Wiederholen das Gelesene oder Gesagte präsent halten, während parallel neues verbales Material auf ihn einstürmt. Das geschieht zwar automatisch und gelingt im Laufe der Lernbiografie immer besser. Aber es wird auch deutlich, dass die Gefahr der Ablenkbarkeit in einem Klassenzimmer, einem Seminarraum oder einem Hörsaal enorm groß ist. Es bedarf folglich erheblicher mentaler Anstrengungen, damit die momentane Aufmerksamkeit zu einer willentlich unterstützten Dauer – Aufmerksamkeit wird.

Konsequenzen

Die genannten komplexen Prozesse können Lehrkräfte durch drei Maßnahmen optimieren:

- Erstens sollten sie nicht müde werden, immer wieder darauf hinzuweisen, was bei der behandelten Thematik ganz besonders wichtig ist und was unbedingt aufmerksam zur Kenntnis genommen werden sollte. Denn Lernende tun sich bei der Fülle an Informationen zuweilen schwer, zu erkennen, was denn nun wirklich entscheidend für den Fortgang des Unterrichts ist. Diese Auswahl zu treffen ist dann besonders schwierig, wenn die Lehrkraft Fragen stellt, auf die die Lernenden antworten sollen. Denn im Gegensatz zu einem kurzen, gut geordneten, mehrfachcodierten Input durch eine Expertin oder einen Experten führen die Gedanken und Überlegungen der Schülerinnen und Schüler in ganz verschiedene Richtungen. So bleiben vielleicht lustige Beiträge, schräge Meinungen und krasse Denkfehler besser im Gedächtnis als das Wesentliche.
- Zweitens ist es wichtig, dass die Lernenden so aktiv wie möglich sind. Es zeigt sich nämlich ein eindeutiger Zusammenhang: je höher die eigene Aktivität, desto größer die Aufmerksamkeit. Da in Plenumsphasen nicht alle Lernenden gleichermaßen aktiv sein können, ist es wichtig, diese kurz zu halten, also stets nach wenigen Minuten eine Phase der Eigenaktivität der Lernenden anzusetzen. Während in Plenumsphasen nur etwa 30% der Lernenden aktiv mitarbeiten, sind im Gegensatz dazu die Lehrkräfte hoch aktiv. Das zeigen unter anderem Videostudien (vgl. Helmke 2012, S. 235f.). Weil sie selbst so agil sind und sich in ihrer Rolle wohlfühlen, glauben Lehrkräfte zuweilen irrtümlich, auch die Lernenden würden mit vergleichbar großer Aufmerksamkeit und ähnlich hohem Interesse dem Geschehen folgen. Auf diese Weise erleben Lehrkräfte den Fortgang ihres eigenen Unterrichts als spannend, interessant und abwechslungsreich. Vor allem dann, wenn das Geschehen immer wieder durch unerwartete Beiträge der Lernenden angereichert wird. Dadurch unterschätzen sie die im Plenum verbrachten Zeiträume. Aus der Perspektive der Lernenden sieht es anders aus: Plenumsphasen werden als deutlich länger und weniger motivierend erlebt mit den schon skizzierten negativen Folgen für Aufmerksamkeit und Lernerfolg.
- Drittens sollten Lehrkräfte darauf achten, dass der Fokus des Geschehens auf den Inhalten liegt. Es gibt ja bedauerlicherweise im Unterricht viele weitere Schauplätze. Deshalb sollten sich Lehrkräfte bemühen, durch eine konstruktive Klassenführung die aktive Lernzeit zu maximieren und zugleich alles zu minimieren, was hinderlich für den Fortgang des Unterrichts ist. „Die internationale

Forschung zeigt, dass kein anderes Merkmal so eindeutig und konsistent mit dem Leistungsniveau und dem Leistungsfortschritt von Schulklassen verknüpft ist wie die Klassenführung." (Helmke 2012, S. 174) Die daraus resultierenden Zusammenhänge sind nicht überraschend. Je aufmerksamer Lernende sind, desto besser nutzen sie die zur Verfügung stehende Lernzeit. Oder anders gesagt: Desto erfolgreicher nutzen sie den Unterricht als Angebot. Und je aufmerksamer Lernende sind, desto besser sind die Lernergebnisse.

Deshalb ist Lehrenden an Hochschulen, Universitäten und in der Erwachsenenbildung davon abzuraten, den Lernenden zu erlauben, während Vorlesung, Seminar oder Kurs alles zu machen, was sie möchten. Also während der Veranstaltung im Internet zu surfen, mit dem Smartphone zu kommunizieren, Seitengespräche zu führen usw. Zwar handelt es sich bei den Lernenden um autonome Erwachsene, die für ihr Handeln selbst verantwortlich sind. Doch durch nicht zu den Inhalten gehörende Tätigkeiten werden erstens Personen abgelenkt, die eigentlich dem Geschehen konzentriert folgen wollen. Zweitens entstehen „Welleneffekte", das heißt, dass sich weitere Lernende von den nicht erwünschten Nebentätigkeiten anstecken lassen, denn Konzentration auf die Inhalte erfordert mehr Anstrengung, als sich die Zeit zu vertreiben. Drittens ist die Art und Weise, wie Lehren und Lernen bei Erwachsenen verläuft, auch eine Art Modell dafür, wie Lehren und Lernen ablaufen sollten, wenn die Lernenden zu Lehrenden werden. Man nennt dies nach Geissler (1985) den „Pädagogischen Doppeldecker". Nach dem Prinzip der Selbstanwendung erfordert es nämlich ein gerütteltes Maß an Unlogik, den später zu unterrichtenden Lernenden Mitarbeit und Aufmerksamkeit abzuverlangen, wenn man selbst in der Rolle als lernende Person darauf gepocht hat, das machen zu dürfen, was einem gerade in den Sinn kommt.
Folgende Strategien sind also wichtig, um die Aufmerksamkeit zu fördern:

(1) Immer wieder darauf hinweisen, was wichtig ist.
(2) Aktive Lernphasen einschieben, lange Plenumsphasen meiden.
(3) Durch eine freundlich-konsequente Klassenführung die zur Verfügung stehende Lernzeit ausschöpfen.

4 Warum die Vorwissensorganisation so wichtig ist

Was wir wissen und was wir können ist nicht nur Resultat von Lernprozessen. Es ist vor allem der wichtigste Ausgangspunkt für den Erwerb weiteren Wissens und weiterer Kompetenzen! Was Lernende zu Beginn eines neuen Themas schon beherrschen, das beeinflusst in hohem Maße den Umfang, die Qualität und die Schnelligkeit des Hinzu-Lernens. In der Regel sind jene Schülerinnen und Schü-

ler bzw. Studentinnen und Studenten besonders erfolgreich, die schon am Anfang einer Unterrichtseinheit – auf das Thema bezogen – besonders viel wissen oder besonders viel können.
Zum Teil ist das trivial. Der stärkste Prädiktor für kommende Leistungen sind die Zensuren im Vorjahr. „Das mittlere Fähigkeits- und Vorkenntnisniveau der Schulklasse hat sich in mehreren Studien als das wichtigste Kontextmerkmal herausgestellt." (Helmke 2012, S. 85 f.) Entsprechend hoch sind die Korrelationen zwischen Vorkenntnissen und Leistungsniveau, die von keiner anderen Komponente erreicht werden. Hattie bestätigt diese Einschätzung. Vorausgehende Fähigkeiten (d = 0,82 gewichtet), vorausgehendes Leistungsniveau (d = 0,54 gewichtet) sowie die auf Selbstwirksamkeitsprozesse hinweisende Selbsteinschätzung des eigenen Leistungsniveaus (d = 1,22 gewichtet) erweisen sich als extrem starke Prädiktoren (vgl. Hattie 2013 und 2017; Hattie & Zierer 2018). In besonderer Weise gelten die vorschulischen mathematischen Fähigkeiten sowie die Lesefähigkeit als grundlegende Signale für die künftigen Bildungsfortschritte (Hattie 2013, S.50).

Novizen und Experten

Zum Teil ist das jedoch keineswegs trivial. Das zeigt die Expertiseforschung (vgl. Reimann & Rapp 2008). Darin werden Lernende mit großem Wissen bzw. großem Können als „Experten" bezeichnet. Lernende gelten hingegen als „Novizen", also als „Neulinge" oder „Laien" auf einem Gebiet, wenn sie in diesem Bereich wenig wissen oder wenig können. „Experten" haben es zunächst einmal sehr viel leichter mit der Informationsaufnahme in ihrer Domäne. Durch den „Flaschenhals der Informationsaufnahme", gemeint ist die äußerst begrenzte Kapazität des sogenannten Arbeitsgedächtnisses, passen deutlich mehr Informationen. Zwar ist die Anzahl der Informationsbruchstücke bei „Experten" wie „Novizen" ähnlich gering und dürfte ganz grob zwischen 5 und 10 Teilinformationen liegen. Jedoch können „Experten" aufgrund ihrer günstigeren Voraussetzungen Informationen zu größeren Bruchstücken zusammenfügen, auch „chunks" genannt (= Klumpen oder Brocken). So können sich Experten beispielsweise von einem ihnen unbekannten Text, der jedoch zu ihrer Domäne gehört, sehr viel mehr merken als „Novizen", die sich in diesem Bereich nicht so gut auskennen. Und Schachspiel-„Experten" können ihnen nicht bekannte, jedoch sinnvolle Schachstellungen viel besser im Gedächtnis behalten, als Schachspiel-„Novizen" – bei sonst gleicher allgemeiner Merkfähigkeit (vgl. Hasselhorn & Gold 2017, S. 80 ff.).
Folglich sind Lernende, die über ein Thema viel wissen oder in einem Bereich besonders viel können, den „Novizen" in vielerlei Hinsicht überlegen:

- Sie haben eine höhere Gedächtniskapazität und können sich deshalb mehr merken;
- sie können besser erkennen, worauf es ankommt und ihre selektive Aufmerksamkeit stärker auf diese Inhalte richten;

- sie bemerken Eigenschaften, Hinweise und Bedeutungsmuster, die Novizen nicht auffallen;
- sie verknüpfen das, was sie schon können oder wissen, leichter mit dem, was neu zu lernen ist;
- sie können die neuen Inhalte flexibler auf Anwendungssituationen übertragen;
- sie können das neu Gelernte müheloser abrufen;
- letztendlich können Interesse bzw. intrinsische Motivation leichter steigen, weil „Experten" insgesamt im Lernprozess mehr Erfolge erleben. Das wirkt sich positiv auf die Selbsteinschätzung des eigenen Lernniveaus und günstig auf das Selbstkonzept aus, was wiederum Anstrengungsbereitschaft und Beharrlichkeit erhöht.

So kommt es, dass „Experten" im sozialen Vergleich eine überdurchschnittliche Anzahl an Aufgaben mit unterdurchschnittlichem Aufwand lösen (Reimann & Rapp 2008, S. 159). Das kann man auch in der Hirnforschung mit bildgebenden Verfahren sichtbar machen. „Novizen" aktivieren große Bereiche des Gehirns, weil sie nicht so genau wissen, wie sie vorgehen sollen. Sie suchen überall nach Möglichkeiten, die Aufgaben zu lösen. „Experten" aktivieren dagegen nur jene Hirnareale, die für die Problembearbeitung benötigt werden. Alle anderen Bereiche werden gehemmt. Sie gehen zielstrebiger vor und sind dadurch weniger störungsanfällig bzw. ablenkbar.
Fragt man Lehrkräfte nach den wichtigsten Voraussetzungen für gute Schulleistungen, so werden meist Motivation und Begabung genannt. Doch diese beiden Faktoren können das Expertentum nicht ersetzen. Die Korrelationen zwischen ihnen und dem Lernerfolg liegen durchschnittlich bei $r = 0.50$ für Intelligenz und durchschnittlich bei $r = 0.30$ für Motivation. Das überrascht, denn in den Alltagstheorien Lehrender spielt das Niveau „mitgebrachten" Wissens oder Könnens keine besondere Rolle. Doch wenn man bereit ist, bisherige Meinungen über das Zustandekommen von Schulleistungen evidenzbasiert zu korrigieren, indem man empirische Forschungsergebnisse zur Kenntnis nimmt, dann ergibt sich ein erstaunliches neues Bild.
Erstens zeigen „Experten" mit geringerer Intelligenz innerhalb ihrer Domäne stets bessere Leistungen als „Intelligente" mit geringeren Vorkenntnissen.

> „Auch bei hoher Intelligenz ist gutes Wissen demnach nicht entbehrlich, wenn es darum geht, möglichst gute Lernleistungen in einem Inhaltsbereich zu erzielen." (Hasselhorn & Gold 2017, S. 83)

Zweitens kann ein gewisser Mangel an Intelligenz dadurch kompensiert werden, dass man sich in einem Bereich besonders gut auskennt.
Fragt man sich jedoch drittens, auf welchen Wegen Wissen oder Können entstanden sind, nimmt man also die Prozess-Perspektive ein, dann wiederum fällt es den Intelligenteren bzw. Begabteren leichter, sich Wissen oder Können anzueignen.

Vorausgesetzt, sie zeigen Interesse an dem Bereich, sind entsprechend motiviert und anstrengungsbereit. Die Alltagstheorien der Lehrkräfte treffen folglich auf die Genese von Expertentum zu, nicht aber auf eine Leistungssituation, in der Expertise schon vorhanden ist.

Viertens muss beachtet werden, dass sich vorhandenes Wissen bzw. vorhandenes Können auch negativ auf den Lernzuwachs auswirken kann. Nämlich dann, wenn es in Widerspruch oder in Konflikt mit dem steht, was neu zu lernen ist. Das können beispielsweise inadäquate theoretische Konzepte sein, durch religiöse Überzeugungen zementierte unzutreffende Grundannahmen, falsch gelernte Bewegungen beim Skifahren oder in Ballsportarten usw. In allen diesen Fällen muss erst einmal das Bisherige „verlernt" werden. Erst dann ist der Weg frei für das Erlernen des Neuen. Besonders deutlich wird dies in der Lehrerbildung. Wenn Schülerinnen und Schüler über 12 Jahre hinweg erlebt haben, wie Lehrkräfte ihren Unterricht gestalten, dann ist es für sie in einem überwiegend theorie-orientierten Studium enorm schwierig, diese erfahrungs-gebundenen Konzepte in Richtung wissenschaftlich fundierter Alternativen zu modifizieren (siehe auch die später diskutierte Untersuchung von Gottein 2016).

Vom Novizen zum Experten

Nach Dreyfus und Dreyfus (1998) sieht der Weg vom „Laien" zum „Experten" wie folgt aus: Die Lernenden sind beim Einstieg in einen völlig neuen Bereich zunächst einmal Anfänger. Durch umfangreiche Lernprozesse werden sie zu Fortgeschrittenen. Mit der Zeit entwickeln sich ihre Fähigkeiten weiter und sie können als kompetent Handelnde angesehen werden. Stetige Erfahrungen, gewonnen in der Auseinandersetzung mit typischen Anforderungen, verhelfen zu einer immer schnelleren und eleganteren Problembewältigung, so dass sie den Status gewandter Könner erreichen. Und je präziser sie in ihrem Tätigkeitsfeld Probleme identifizieren und die zugehörigen Lösungen finden können, desto mehr werden sie zu Experten. Und jetzt stellt sich eine seltsam anmutende Frage: Warum werden nicht alle Lernenden, die viele Erfahrungen machen, viel üben und viel trainieren zu Experten? Warum bleiben so viele mitten auf dem langen Weg zwischen blutigem Laien und hochgradigem Könner „hängen"? Das klingt ein wenig paradox, denn überall wird verkündet, dass man sehr viel lernen und sehr viele Aufgaben bewältigen muss, um am Ende eine ausreichende Expertise zu besitzen, die ihrerseits wieder die allerwichtigste Basis für künftige Lernerfolge ist. Denken wir ganz allgemein einmal an Weltmeisterinnen und Weltmeister in irgendeiner Disziplin. Hier weiß man, dass mindestens 10 Jahre ständigen Trainierens bzw. 5 000 bis 10 000 Lern-Stunden erforderlich sind, um zu den Weltbesten zu gehören (vgl. Reimann & Rapp 2008, S. 156). Aber wir wissen auch: Nicht jede Person, die 10 Jahre intensiv übt und sich durch 10 000 Trainingsstunden quält, befindet sich am Ende auf höchstem Niveau. Denken wir nun ganz speziell an Lehrkräfte in Schulen, Hochschulen und in der Erwachsenenbildung. Etliche von ihnen sind 40 Jahre lang in ihrem Beruf tätig und dennoch ist die Qualität dessen, was sie leisten, höchst bescheiden. Wie lässt sich das erklären?

Qualität des Lernprozesses

Viel zu lernen, viel zu üben und viele Erfahrungen zu machen das führt nur dann zu einem Expertenstatus, wenn der Lernprozess selbst eine hohe Qualität besitzt. Einmal darf das, was gelernt wird, nicht defizitär sein. Es darf keine Mängel aufweisen. Sonst lerne ich im Tennis einen wenig effektiven Aufschlag, automatisiere diesen durch jahrelanges Üben, aber meine Leistungsfähigkeit wird trotz unermüdlicher Anstrengungen nicht besser. Oder ich steigere als Professor einer Eliteuniversität meine Sprechgeschwindigkeit und nehme in Kauf, dass die Studierenden immer stärker in meinen Vorlesungen überfordert sind. Vielleicht bin ich auch der Meinung, dass Unterricht dann am besten ist, wenn ich mit „stummen Impulsen" arbeite. Ich stoße das Unterrichtsgespräch in der Klasse an, ohne selbst zu sprechen. Wie ein wortloser, zugleich jedoch genialer Schauspieler nehme ich Beiträge der Lernenden auf und führe sie allein durch Mimik, Gestik und Körperhaltung zu den angestrebten Einsichten. Derartige Lehrkräfte gibt es tatsächlich. Die Auswirkungen auf Lernleistung und Lernklima sind weniger positiv, als diese Menschen es gerne wahrhaben möchten.

Kontinuierliches Feedback von Experten

Aber es gibt noch einen zweiten Grund. Auch dann, wenn ich dabei bin, das Richtige, das Effektive und das von allen Experten Empfohlene zu realisieren, reicht das noch nicht aus. Entscheidend ist, dass ich ständig Feedback darüber erhalte, wie gut es mir gelingt, mein Denken oder Handeln zu optimieren. Im Sport werden hierzu Trainer, Videoanalysen und andere Rückmeldungssysteme eingesetzt. Beim Lehren gibt es diese Möglichkeiten im Prinzip ebenfalls. Aber sie werden in der Regel nicht systematisch genützt. Natürlich wird auch hier mit Videoaufzeichnungen gearbeitet, wie etwa beim Micro-Teaching oder anderen Formen von Lehrer-Trainings. Es gibt auch Hospitationen, bei denen ein oder mehrere Experten Feedback zur Unterrichtsstunde, zum Kurs, zum Seminar oder zur Vorlesung geben. Aber das geschieht meist nicht kontinuierlich und schon gar nicht ununterbrochen über 10 Jahre oder 10 000 Lektionen hinweg. Folglich können sich verhältnismäßig unkontrolliert alle möglichen erwünschten und unerwünschten Verhaltensweisen herausbilden, wodurch Lehre oder Unterricht nicht unbedingt besser werden. Wäre es anders, dann würden Lehrkräfte mit 40 Jahren Berufserfahrung mit Abstand den besten Unterricht praktizieren und Ärzte kurz vor dem Renteneintritt hätten die größten Heilerfolge. Aber so ist es ja leider nicht. Ohne kontinuierliche, präzise, fachlich hoch kompetente Rückmeldungen, verbunden mit systematischem Coaching, führen jahrelange Erfahrungen nicht automatisch zu kompetenterem Handeln und höherer Expertise.

Vorkenntnisse organisieren

Wie später noch ausführlich beschrieben wird (siehe Teil II dieses Buches), sollte die Vorkenntnisorganisation durch unterschiedlich wirkungsvolle Verfahren unterstützt werden. In Plenumsphasen kann dies – mit recht bescheidenem Erfolg – beispielsweise durch Wissensabfragen, Mindmapping, Kartenabfragen usw. geschehen. Dadurch werden zwar durch Wiedererkennen und andere Erinnerungsformen Gedächtnisprozesse positiv unterstützt. Da jedoch die vorhandene Expertise wie das mitgebrachte Vorwissen von Person zu Person hochgradig unterschiedlich sind, benötigt man deutlich wirksamere Lernarrangements, bei denen alle Lernenden in Einzel- oder Partnerarbeit aktiv mit jenen Inhalten beschäftigt sind, die man schon kennt oder die man schon kann. Hierzu eignen sich folgende in Teil II differenziert beschriebene Lernarrangements:

Erstens die von uns entwickelte dreiphasige Sortieraufgabe: Was kenne ich bzw. kann ich schon; was kenne ich nicht bzw. kann ich noch nicht. In der ersten Phase wird in Einzelarbeit sortiert, in der zweiten Phase mit einer anderen Person verglichen und in der dritten Phase wird im Plenum berichtet, damit die Lehrkraft sich einen Eindruck vom Vorkenntnisniveau aller Lernenden verschaffen kann.

Zweitens die von uns entwickelte dreiphasige Struktur-Lege-Technik: In der ersten Phase in Einzelarbeit die Inhalte zu individuellen Strukturen clustern, um das eigene Wissen sozusagen sichtbar zu machen. In der zweiten Phase anderen Lernenden die eigene Struktur erläutern und dadurch die Wissensverknüpfungen sozusagen hörbar zu machen. In der dritten Phase ausgewählte Strukturen im Plenum präsentieren.

Drittens ist es möglich, den Focus auf eine kooperative Vorwissensorganisation zu legen. Hierzu eignen sich die bekannten WeLL – Methoden (WeLL = Wechselseitiges Lehren und Lernen), bei denen sich die Lernenden in der ersten Phase einen eng umgrenzten Expertenstatus erarbeiten, um sich in der zweiten Phase in einer Art Ko-Konstruktion mit den relevanten Inhalten auseinanderzusetzen. Hierzu zählen das dreiphasige Partnerinterview, das dreiphasige Multiinterview sowie das zweiphasige Netzwerk.

Ist es viertens das didaktische Ziel der Lehrkraft, sich rasch einen Eindruck vom Wissens- oder Kompetenzniveau der Lernenden zu verschaffen, dann bietet sich dafür die leicht durchführbare Ampelmethode an.

Und wenn es fünftens um die zu Beginn („in advance“) einer Themeneinheit in Kurzform dargebotene Expertenstruktur („organizer“) geht, dann kann dies mit dem sogenannten „Advance Organizer“ geleistet werden, durch den in wenigen Minuten ein grundlegendes Verständnis der Materie geschaffen wird.

5 Warum aktive Lernphasen dominieren sollten

In der internationalen wie nationalen empirischen Lehr-Lern-Forschung vertritt man mit großer Übereinstimmung die Ansicht, dass aktives Lernen zu nachhaltigeren Lernerfolgen führt als rezeptives, also überwiegend aufnehmendes Lernen. Deshalb wird als eines der wichtigsten Merkmale hoher Unterrichtsqualität gefordert, Lernende intensiv zu aktivieren. Damit ist nicht gemeint, dass im Seminarraum oder im Klassenzimmer „möglichst viel los ist" im Sinne hektischen Treibens. Vielmehr geht es um eine Dimension, die nicht unbedingt von außen zu beobachten ist. Derartige Dimensionen werden häufig als „Tiefenmerkmale" bezeichnet im Gegensatz zu den für alle Beobachter wahrnehmbaren „Oberflächenmerkmalen". Der von Baumert und Klieme hierfür vorgeschlagene Begriff „kognitive Aktivierung" signalisiert, dass im Mittelpunkt aktiver Lernphasen „higher order thinking" stehen sollte. Damit ist gemeint, dass die Lernenden sich ganz persönlich mit der Thematik auseinandersetzen und, wie Aebli (1968) dies nennt, sich die Inhalte subjektiv aneignen.
Es geht bei der „kognitiven Aktivierung" bzw. bei der „subjektiven Aneignung" folglich um eine Bündelung unterschiedlicher mentaler Prozesse:

- Die selektive Aufmerksamkeit wird auf die zu erwerbenden Inhalte oder Kompetenzen fokussiert;
- „von außen" eintreffende Informationen, Bilder, Anregungen, Konzepte usw. werden mit den „innerlich" vorhandenen mentalen Strukturen verknüpft;
- dabei entstehende kognitive Konflikte werden erkannt und bearbeitet;
- letztendlich bildet sich eine veränderte subjektive Struktur des Wissens und Könnens heraus, die es erlaubt, die Thematik besser als zuvor zu verstehen. Damit können künftige situative Anforderungen angemessener bewältigt werden: kompetentes Handeln wird transferorientiert angebahnt!

Und wiederholendes Üben?

Qualitativ weniger wünschenswert erscheinen hingegen Aktivitäten, die zu einem Behalten oder Können führen, ohne den Sachverhalt tiefer verstanden zu haben. Hierzu ist das Einschleifen von Automatismen zu zählen, das schlichte Repetieren von Wissen oder Abläufen, das Memorieren von Fakten und das wenig variantenreiche Üben am immerzu gleichen Aufgabentyp. Doch leider ist es nicht ganz so simpel, wie es scheint! Denn es gibt überraschende, beim ersten Hinsehen paradox anmutende Befunde. In manchen Schulsystemen wird – entgegen allen Qualitätsmerkmalen „guten Unterrichts" – mit großer Leidenschaft sehr viel wiederholend geübt. Nach allem, was bisher gesagt wurde, müssten daraus beispielsweise im Mathematikunterricht bei anspruchsvollen Aufgaben geringere Schulleistungen resultieren. Wie Rindermann et al. (2013) und andere jedoch nachweisen können (vgl. Helmke & Vo, 1999; Helmke & Schrader, 1999; Helmke & Hesse,

2010), zeigen vietnamesische Lernende „ein stärkeres Maß an tiefenorientierten und anspruchsvollen Lernstrategien“ (Helmke 2012, S. 203). Und weiter: Vietnamesische Schülerinnen und Schüler haben mehr instruktionalen Unterricht als deutsche Schülerinnen und Schüler. Gleichzeitig sind ihre Intelligenzwerte im Bereich der flüssigen Intelligenz geringer. Trotzdem sind sie deren Ergebnisse in Mathematik insgesamt deutlich besser.
Wie ist das zu erklären? – Durch intensives, konzentriertes Üben im Verbund mit kulturell bedingter hoher Anstrengungsbereitschaft entsteht mit der Zeit eine respektable Expertise beim Bearbeiten von Aufgaben. Hinzu kommt, dass in ostasiatischen Ländern der Unterricht häufig mehr Stunden umfasst als beispielsweise in westlichen Nationen. Vergleicht man etwa die Gesamtzahl der Unterrichtsstunden innerhalb der ersten neun Schuljahre, so kommen japanische Schülerinnen und Schüler auf gut 14000 Schulstunden. In Deutschland sind es dagegen (je nach Bundesland und Schulart) nur etwa 10000 bis 12000 Schulstunden (vgl. die statistischen Veröffentlichungen der Kultusministerkonferenz sowie Wellenreuther 2004, S. 20f.). Lernende mit mehr Übungszeit werden die gestellten Anforderungen folglich immer flüssiger bewältigen. Auf diesem sicheren Fundament aufbauend wird es ihnen zunehmend möglich, auch Aufgaben erfolgreich zu lösen, die „higher order thinking“ erfordern. Das überwiegend durch wiederholendes Üben entstandene Expertentum in der Domäne Mathematik kompensiert also gewisse Rückstände im logischen Denken. Umgekehrt reichen hohe Intelligenzwerte nicht unbedingt aus, um einen durch zu wenig systematisches Üben bedingten Mangel an Expertise auszugleichen. Als Folge zeigt sich selbst bei anspruchsvollen Problemlöseaufgaben eine Überlegenheit ostasiatischer Lernender in internationalen Vergleichsstudien. Weil dieser Befund vor allem in konfuzianisch orientierten Gesellschaften wie China, Vietnam, Japan usw. zu beobachten ist, spricht man auch vom „Paradox des chinesischen Lerners“ (vgl. Helmke 2012, S. 203f.).

Voraussetzungen anspruchsvoller kognitiver Aktivierung

Kognitive Aktivierung durch Aufgaben, die „higher order thinking“ abverlangen, gelingt nur dann, wenn gleichzeitig mehrere Voraussetzungen erfüllt sind:

- Erstens muss ausreichend viel an Vorkenntnissen und Expertise im betreffenden Inhaltsbereich vorhanden sein.

> „Aus kognitionspsychologischer Sicht ist es unbestritten, dass anspruchsvolle Denkprozesse wie Analysieren oder Problemlösungen umso leichter fallen, je mehr bereichsspezifisches Vorwissen bereits verfügbar ist. Je stärker die betreffenden Kompetenzen bereits prozeduralisiert sind, beziehungsweise je leichter das benötigte Vorwissen abrufbar ist, desto stärker wird das Arbeitsgedächtnis entlastet und desto mehr Kapazität steht für die Bearbeitung einer komplexen Aufgabe zur Verfügung.“ (Kunter & Trautwein 2018, S. 93f.)

- Zweitens sollte das Niveau der Anforderungen so gewählt werden, dass es den Lernenden gedankliche Konstruktionsprozesse abverlangt, die über den simplen Abruf gespeicherten Wissens bis hin zu stark automatisierten Problemlöseprozeduren hinausgehen. Das impliziert eine gewisse Komplexität der Aufgaben, verbunden mit einem ambitionierten Schwierigkeitsgrad. Damit dieser nicht unangemessen hoch angesetzt wird, benötigen die Lehrenden eine gute diagnostische Kompetenz auf der Basis sowohl profunder Fachkenntnisse als auch profunden didaktischen Wissens.
- Drittens darf das, was den Lernenden an konstruktiver Eigenaktivität abverlangt wird, nicht zu „offen" sein. Es handelt sich immer noch um Novizen mit eng umgrenzter Expertise, die sich in einem Entwicklungsprozess befinden. Die zu gewährende Offenheit, das anzuregende „Entdeckenlassen" führen nur dann zu erfolgreichem Lernen, wenn ausreichend viele flankierende, strukturierende Maßnahmen getroffen worden sind.

> „Kognitive Aktivierung ist stets in Kombination mit einem hohen Maß an individueller (konstruktiver) Unterstützung und im Einklang mit einer unterstützenden inhaltlichen (kognitiven) Strukturierung des Lernstoffes sowie einer guten organisatorischen Strukturierung der Lernsituation insgesamt (Klassenführung) zu sehen. Nur in dieser Weise ausbalanciert entfalten die Qualitätsdimensionen des Unterrichts ihr wirkliches Potential." (Gold 2015, S. 75)

Und offene Lernprozesse?

Diese dritte Voraussetzung erklärt auch, warum offene Formen des Unterrichtens, theoretisch begründet durch konstruktivistische Argumentation, in empirischen Untersuchungen nicht immer konservativeren Unterrichtsformen überlegen sind in Lernerfolg, Lernbereitschaft und Lernstrategien. Große Offenheit impliziert, dass die Lernenden zahlreiche Entscheidungen treffen müssen: Anzustrebende Lernziele, zu wählende Materialien, passende Strategien, Einteilung der Zeit, günstige Sozialform, Aufrechterhalten der Motivation, Wege zu einer hilfreichen Erfolgskontrolle usw. Dies alles sind Entscheidungen, die üblicherweise Lehrkräfte zu treffen haben auf der Basis fachwissenschaftlicher und fachdidaktischer Expertise. Lernende mit wenig Vorwissen, geringer Motivation, defizitären Lernstrategien und wenig ausgeprägten sozialen Kompetenzen sind mit diesen vielfältigen, anspruchsvollen Wahlen überfordert und schneiden deshalb insgesamt schlecht ab. In diese Richtung weist u.a. auch die DESI-Studie (Klieme 2008).

> „Je unklarer und unverständlicher der Unterricht ist (Basis ist das Unterrichts-Rating in der Videostudie), desto stärker wird der Einfluss von Intelligenzunterschieden auf den Leistungszuwachs. Mit anderen Worten: Die unterschiedliche kognitive Grundfähigkeit der Schülerinnen und Schüler schlägt umso mehr durch, je höher das kognitive Niveau der Klasse und je geringer die Qualität des Unterrichts ist. Ist der Unterricht ausgespro-

chen klar, verständlich und schülerorientiert, dann kommt kognitiven Fähigkeitsunterschieden eine geringere Bedeutung für den Lernerfolg zu." (Helmke, T., Helmke, A., Schrader, F.W., Wagner, W., Nold, G. & Schröder, K. 2008, S. 360)

Die eindeutige Botschaft lautet also: Aktive, wohl strukturierte Lernphasen sollten eindeutig gegenüber rezeptiven Lernphasen dominieren. Oder in Sozialformen ausgedrückt: In wirkungsvollen Lehr-Lern-Arrangements ist es anzustreben, dass sinnvoll strukturierte Einzelarbeit, überlegt angeleitete Partnerarbeit und gut organisierte Kleingruppenarbeit (siehe hierzu die späteren Ausführungen zu den Bedingungen effektiver Gruppenarbeit) zusammen mehr Zeit einnehmen als das Agieren im Plenum oder in Großgruppen. Auf universitärer Ebene wird dies eher selten eingelöst. Hier finden wir zwischen 80% und 96% Plenumsphasen (vgl. Schaeper 2001). In der Erwachsenenbildung ist es extrem verschieden, je nach Art der Aus- oder Weiterbildung. Im schulischen Unterricht hängt das Verhältnis von aktiven zu rezeptiven Phasen stark vom Fach und von der Schulart ab. Es gibt Fächer mit hohen Plenumsanteilen wie etwa Deutsch, Religion, Philosophie und leider auch Sprachunterricht. Es gibt Fächer mit hohen Aktivitätsanteilen wie etwa im künstlerischen oder sportlichen Bereich.

Bei den Schularten müsste es sich eigentlich wie folgt verhalten: Je geringer die Expertise und je geringer die Selbststeuerungskompetenzen, desto mehr rezeptives Lernen. Je größer die Selbststeuerungskompetenzen und je größer die Expertise, desto mehr aktives Lernen. Also müssten beispielsweise Gymnasiasten sehr viel aktiver und „offener" lernen dürfen als Primarschüler, weil sie mehr wissen, mehr können, höhere kognitive Fähigkeiten besitzen, über vielfältigere Lernstrategien verfügen und sich selbst besser steuern sowie präziser beim Lernen überwachen können. Doch in der Regel ist es genau umgekehrt: Aktivität, Offenheit, Entdeckenlassen usw. werden im Laufe der Schulzeit immer weniger gewährt, anstatt signifikant zuzunehmen. „Das Reden der Lehrpersonen nimmt mit der Jahrgangsstufe zu" (Hattie 2017, S. 81). Unser derzeitiges Schul- und Hochschulsystem steht ganz eindeutig auf dem Kopf und nicht auf den Füßen!

In den letzten 20 Jahren sind in meiner Weingartner Forschungsgruppe zahlreiche Vorgehensweisen entwickelt worden, die es möglich machen, Lernende einerseits in hohem Maße kognitiv zu aktivieren, ihnen jedoch andererseits so viel an strukturierender Flankierung anzubieten, dass aktive Lernphasen in kleinen Sozialformen erfolgreich durchlaufen werden können. Dazu zählen in Teil II beschriebene Aufgabenformate wie etwa die von uns entwickelten Lernarrangements „Sortieraufgabe", „Lerntempoduett", „Strukturlegetechnik", „Netzwerk", Multiinterview" usw., die ihre Wirksamkeit vor allem innerhalb der übergreifenden Unterrichts- bzw. Seminararchitektur „Sandwich – Prinzip" entfalten können. Dieses grundlegende Konzept wird jetzt beschrieben.

6 Plädoyer für eine „ausbalancierte Asymmetrie“. Warum wir das Sandwich-Prinzip als übergreifende Unterrichtsarchitektur in Schule, Hochschule und Erwachsenenbildung empfehlen

Unter Symmetrie versteht man ein „Ebenmaß“, also z.B. zwei deckungsgleiche Seiten einer Figur. Übertragen auf Lehren und Lernen würde eine symmetrische Unterrichts-Architektur gleichberechtigte, identische Anteile aktiver Lernphasen (hier stehen die Lernenden im Mittelpunkt bei der Arbeit an kognitiv herausfordernden Aufgaben) und direktiver Lernphasen enthalten (hier stehen die Lehrenden im Mittelpunkt beim Informieren, Strukturieren und Regulieren). Jetzt wissen wir jedoch aus den vorausgegangenen Überlegungen, dass aktive Lernphasen in höherem Maße zu nachhaltigen Lernerfolgen beitragen als rezeptive Lernphasen, weil sie den komplexen Prozess der subjektiven Aneignung stärker unterstützen. Deshalb sollten aktive Lernphasen überwiegen. Folglich können die Phasen aktiven Lernens und die Phasen eher rezeptiven Lernens in ihrem zeitlichen Umfang nicht gleich groß sein. Es ergibt sich eine zeitliche Asymmetrie zugunsten strukturierter Aktivitäten der Lernenden.

Das dadurch entstehende zeitliche Ungleichgewicht wurde in den vergangenen Jahrzehnten häufig als Rollenwechsel verstanden: Lehrende sollten nur noch als Lernbegleiter, Coaches oder Lernberater der Lernenden fungieren. Umgekehrt sollten die Lernenden in möglichst offenen Lernsituationen möglichst viele Entscheidungen selbst treffen können, also selbstgesteuert, selbstorganisiert, selbstreguliert oder selbstbestimmt lernen. Das ist im Prinzip richtig. Doch dabei wird übersehen, dass die Lernenden „Novizen“ sind, also gleichermaßen defizitäre inhaltliche wie defizitäre lernstrategische Voraussetzungen aufweisen, was es ihnen schwermacht, Entscheidungen begründet treffen zu können. Dies trifft in ganz besonderem Maße auf die schwächeren Lernenden zu, die nachweislich von offenen Lernumgebungen extrem wenig profitieren. Dagegen sind wir Lehrenden die „Experten“. Wir Lehrkräfte besitzen fachwissenschaftliche wie fachdidaktische Kompetenzen, erworben in jahrelangen Studiengängen samt zugehörigen Qualifikationsprozeduren. Es wäre folglich nicht sinnvoll, auf dieses Expertentum zu verzichten bzw. es lediglich auf eine begleitende oder beratende Funktion zu reduzieren.

Doch Menschen sind emotionale Wesen. Und wenn es um die Ablehnung gewisser Lernarrangements geht, dann spielen Gefühle eine ganz erhebliche Rolle. Diese entstehen schon während der eigenen Schulzeit durch Teilhabe an Lehr-Lern-Prozessen. Von uns erlebte autoritäre Lehrkräfte, die dominant auftreten und den Lernenden wenig Spielräume gewähren, rufen nach der Reaktanztheorie (vgl. Brehm 1966; Miron & Brehm 2006) emotionale Widerstände gegen die von ihnen praktizierten Formen des Lehrens hervor. Wie Biedermann, Steinmann und Oser (2015) zeigen können, herrschen deshalb schon zu Beginn eines Lehramtsstudiums konstruktionsorientierte Überzeugungen vor. Geringer ausgeprägt sind dagegen transmissionsorientierte Einstellungen (Transmission = Übertragung), d.h. solche Lehr-Lern-Arrangements werden eher abgelehnt, die darbietend verlaufen, die zu weniger kognitiven Aktivitäten veranlassen und bei denen die Lehrenden die Lernenden seltener unterstützen. Im Laufe des Lehramtsstudiums verstärken sich beide Auffassungen weiter in den angegebenen Richtungen. Deshalb sprechen die Autoren von einem „Glaubenswandel" im Sinne einer Verschärfung der ursprünglichen Positionen. Dieser wird vor allem durch die Dozierenden bewirkt, aber auch durch jene Experten, welche die Studierenden in den schulischen Praktika betreuen, „Praxislehrpersonen" oder „Ausbildungslehrkräfte" genannt. Auf diese Weise entwickelt sich eine „Überzeugungsgenese" (a.a.O. S. 51), bei der sich die Differenzen beider Glaubensbestände („Beliefs") zunehmend vergrößern.

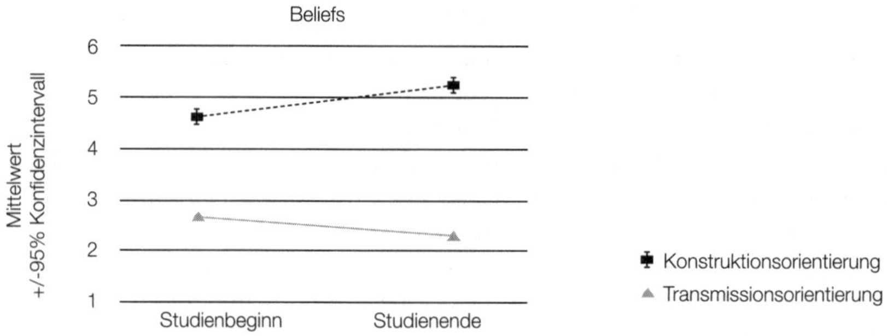

Abb. 6: In welche Richtungen verändern sich die Überzeugungen (Beliefs) von Lehramts-Studierenden zwischen Studienbeginn und Studienende in den Bereichen „Schülerorientierung" und „Lehrerorientierung". Aus: Biedermann, Steinmann & Oser 2015, S. 58.

Glaube ist nicht evidenzbasiert. Denn würden die Lehrenden wie die Studierenden an ihren wissenschaftlichen (!) Hochschulen und Universitäten rational und reflexiv zur Kenntnis nehmen, was man heute über darstellende bzw. transmissionsorientierte Methoden weiß, dann würde die „Überzeugungsgenese" wohl in die andere Richtung laufen. „Darstellende Methoden" (vgl. Hasselhorn & Gold 2017, S. 257 ff.) sind ein Sammelbegriff für Lehr-Lern-Szenarios, in denen die „aktiv und sichtbar den Lehrstoff darbietende Lehrperson das hervorstechende Merkmal" (Gold 2015, S. 131) ist auf der Basis einer gut fundierten Expertenstruktur. Wellenreuther (2004, S. 366) ist der expliziten Ansicht, dass es aufgrund der empirischen Belege zu dieser Unterrichtsform keine ernstzunehmende Alternative gibt. Und John Hattie (2013, S. 242) wird bei seiner Vortragstätigkeit immer wieder mit dem Erstaunen wie der Reaktanz von Lehrkräften konfrontiert, wenn er ihnen aktuelle Forschungsergebnisse über die hohe Wirksamkeit direkter Instruktion vorsetzt. In dieser Richtung argumentiert auch Terhart (2014, S. 19):

> „Die Ergebnisse zeigen, dass aktiver, gelenkter Unterricht, der die Lernenden in ein recht enges Korsett von klaren Anforderungen, direktivem Unterricht und ständiger Lernkontrolle einspannt, effektiver ist als ungeleiteter, erleichternder Unterricht, der auf induktive Problemlösungsprozesse setzt und eigenständige Lösungswege etc. zulässt.“

Was versteht man unter „darstellendem“, „darbietendem“ oder „direktem“ Unterricht?

Dies ist kein einheitliches, theoretisches Konzept, sondern vielmehr ein Destillat aus zahlreichen empirischen Befunden nach dem Motto „die Schülerleistungen sind dann am höchsten, wenn …“. Es handelt sich folglich um ein deskriptiv gewonnenes Idealbild des „guten Lehrers“, das umgemünzt wird in eine präskriptive Vorstellung „guten Unterrichts“. Und weil dieses Konzept aus vielfältigen Forschungsergebnissen rückblickend erschlossen wird, stellt es keine klar umrissene Vorgehensweise dar, sondern ist eher als eine Zusammenstellung wirkungsvoller Komponenten zu betrachten. Wirkungsvoll bedeutet dabei, dass in Metaanalysen hohe Effektstärken zu verzeichnen sind. Beispielsweise für „Direkte Instruktion“ d = 0,45 gewichtet, für „Mastery Learning“ d = 0,60 gewichtet (vgl. Hattie & Zierer 2018) usw. Erfolgreicher „darstellender“ Unterricht als rekonstruierte Synthese aus den empirischen Ergebnissen internationaler wie nationaler Forschung lässt sich ganz allgemein wie folgt charakterisieren:

- Der Unterricht wird von Lehrkräften mit fachwissenschaftlicher und fachdidaktischer Expertise sorgfältig geplant und vorbereitet;
- in den Phasen des Inputs wird klar, verständlich und strukturiert durch die Lehrkraft instruiert (darbietende Stoffvermittlung);
- in den Phasen des Übens und Vertiefens werden die Lernenden in verschiedenen Sozialformen kognitiv aktiviert;
- Lernprozesse, Lernfortschritte und Lernerfolge werden kontinuierlich überwacht.

Hasselhorn und Gold (2017, S. 267) kommen in Kontrast zu konstruktivistischen Meinungen und Überzeugungen zur lapidaren Erkenntnis: „Zusammenfassend lässt sich festhalten: Das Direkte Unterrichten ist erfolgreich.“ Umgekehrt ist jedoch völlig unbestritten, dass nicht jeder darbietende Unterricht von Erfolg gekrönt ist. Wie bei jedem Unterrichtskonzept, so kann auch dieses Lehr-Lern-Arrangement in sehr unterschiedlicher Weise umgesetzt werden. In Primar- und Sekundarschulen scheinen Lehrkräfte eher Probleme zu haben beim Darbieten, also bei der Entwicklung und Erläuterung komplexer Zusammenhänge (vgl. Wellenreuther 2004, S. 365). An Hochschulen, Universitäten und in der Erwachsenenbildung tun sich die Lehrenden wegen ihrer hohen fachlichen Expertise dage-

gen eher schwer, kognitiv aktivierende Aufgaben zu stellen sowie die Lernprozesse und Lernfortschritte kontinuierlich zu überwachen, während sie mit der Darstellung anspruchsvoller Sachverhalte weniger Mühe haben.
Auch wenn es zuweilen an der Umsetzung mangelt, so stecken doch in den eben dargestellten Befunden über den „in freier Wildbahn" vorfindlichen darstellenden Unterricht nicht nur ein Körnchen Wahrheit, sondern gleich mehrere Körner. Diese sollte man nicht ignorieren oder aus emotional gefärbten Beliefs bzw. Glaubenshaltungen heraus reflexhaft ablehnen. Umgekehrt sind einige Körnchen Wahrheit natürlich nicht die ganze Wahrheit. Nach allem, was ich als Wissenschaftler theoretisch zu erkennen glaube und nach allem, was ich als empirischer Unterrichtsforscher in den von mir geleiteten langjährigen Projekten meine herausgefunden zu haben, ist die wirkungsvolle Gestaltung von Lehr-Lern-Prozessen in einem ausbalancierten Verhältnis zweier grundlegender Vorgehensweisen zu suchen: Dem Informieren durch die Lehrenden und dem subjektiven, hoch individuellen Aneignen durch die Lernenden.

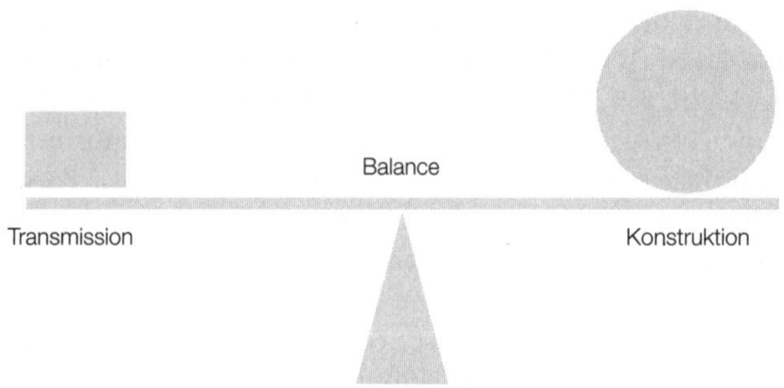

Abb. 7: Das „Sandwich-Prinzip" ist eine Unterrichtsarchitektur, in der Transmissionsprozesse wie Konstruktionsprozesse gleichermaßen wichtig sind, in der jedoch den „langsamen" Prozessen der subjektiven Aneignung mehr Zeit eingeräumt wird als den „schnellen" Prozessen der Informationsdarbietung.

„Balance" ist ein Zustand in der Physik, in dem entgegengesetzt wirkende Kräfte gleich stark sind. Der Begriff „Balance" ist in zahlreichen Sprachen wie etwa dem Französischen, Englischen, Russischen, Italienischen usw. zu finden im Sinne eines Gleichgewichts, bildlich einer Waage. In unserem Zusammenhang ist mit „Balance" folgendes gemeint: Lehreraktiver Unterricht und schüleraktiver Unterricht sollten ein vergleichbares Gewicht besitzen, eine vergleichbare Bedeutung haben und für den Lernerfolg sollten sie für einen wirkungsvollen Lehr-Lern-Prozess in vergleichbarer Weise unverzichtbar sein.
Dennoch sollten sie – zeitlich betrachtet – nicht den gleichen Umfang haben. Wie schon gezeigt, lässt die Aufmerksamkeit in darstellenden bzw. rezeptiven

Phasen besonders schnell nach, weil es für die Lernenden enorm schwer ist, die „mitgebrachte" Novizenstruktur durch hoch individuelle Verarbeitungsprozesse mit der dargebotenen Expertenstruktur zu verknüpfen. Die subjektive Aneignung benötigt viel Zeit, während die Weitergabe von Informationen, die Darstellung von Modellen, die Übermittlung von Theorien usw. auch sehr dicht und prägnant geschehen kann. Wir können also überspitzt vom „schnellen" Prozess der Darbietung und vom „langsamen" Prozess der persönlichen Auseinandersetzung sprechen. Das Lehr-Lern-Geschehen ist also einerseits ausbalanciert, weil Transmission und Konstruktion gleichermaßen bedeutsam sind. Andererseits ist die zeitliche Gestaltung asymmetrisch, d.h. es wird mehr Zeit für die subjektive Aneignung zur Verfügung gestellt und weniger Zeit für die Vermittlung der Inhalte. So gesehen ist das Sandwichprinzip – was recht paradox klingt – durch eine „ausbalancierte Asymmetrie" charakterisiert.

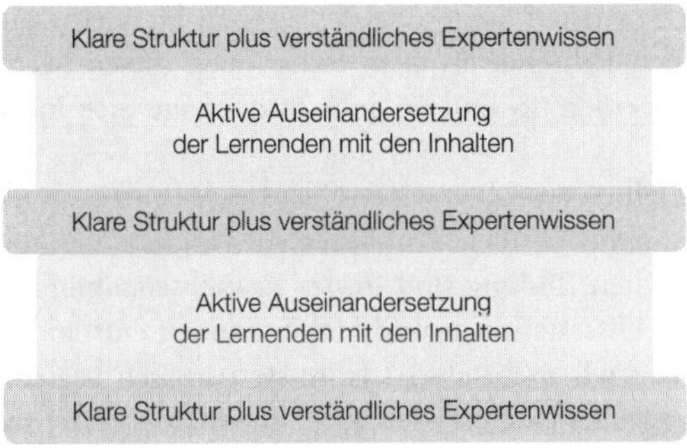

Abb. 8: Schematische Darstellung des „Sandwich-Prinzips" als systematische Abfolge eher kürzerer Transmissions- gefolgt von eher umfangreicheren Konstruktionsphasen.

Versucht man jetzt alles, was wir über wirkungsvollen Unterricht wissen, in eine ausbalancierte, jedoch asymmetrische Unterrichtsarchitektur – kurz: Sandwich-Prinzip – zu fassen, dann gelangt man zu folgendem Ergebnis:

(1) Den Lernenden (Schülerinnen und Schülern, Studierenden, Erwachsenen) wird viel aktive Lernzeit zugestanden, gefüllt mit hoher kognitiver Aktivierung. Beginnend mit einer gründlichen Vorwissensorganisation und endend mit der Integration der Inhalte in die höchst individuellen, subjektiven Strukturen.

(2) Den Lehrenden (Primarschule, Sekundarschule, Hochschule, Universität, berufliche Bildung, Erwachsenenbildung) werden klare, verständliche, zeitlich überschaubare Präsentationsphasen abverlangt, in denen sie ihr Expertenwissen und Expertenhandeln mehrfachcodiert übermitteln. Dabei orientieren sie

sich an den zeitlich limitierten Konzentrationsmöglichkeiten ihrer speziellen Lernenden.

(3) Das alles kann nur dann die erhofften Wirkungen hervorrufen, wenn erstens die Beziehung zwischen Lehrenden und Lernenden durch wechselseitige Akzeptanz und Wertschätzung charakterisiert ist. Wenn zweitens bei der Führung der Lernenden darauf geachtet wird, dass Unterbrechungen, Störungen und Konflikte präventiv vermieden und die zur Verfügung stehenden Lernzeiten so wenig wie möglich reduziert werden. Als handlungsleitendes Menschenbild hat sich dabei das „epistemologische Subjektmodell" als besonders fruchtbar erwiesen (Groeben, Wahl, Schlee & Scheele 1988; Wahl 2013 S. 213 ff.; siehe auch den Originalbeitrag von Jörg Schlee in diesem Buch). Hierbei werden Lernende wie Lehrende als Personen angesehen, die fähig sind zur Autonomie, zur Reflexivität, zur Kommunikation sowie zur Integration von Gedanken, Gefühlen, Gewohnheiten, Motivation und Willen, kurzum zur bewussten Steuerung des eigenen Handelns. Auch wenn weder Lernende noch Lehrende in allen Situationen diesen Menschenbildannahmen gerecht werden, so sind sie doch in der Lage, sich in diese Richtung zu entwickeln.

(4) Seit über 20 Jahren erproben wir das Sandwich-Prinzip als übergreifende Unterrichtsarchitektur in allen Schularten, in Hochschulen und Universitäten, in der beruflichen Bildung und in der Erwachsenenbildung. Dabei ist eine hohe Zahl an Dissertationen und Habilitationen entstanden. Manche Institutionen haben wir mehr als 10 Jahre systematisch begleitet und evaluiert, um auch Langzeiteffekte erfassen zu können. Es ergeben sich die folgenden Befunde:

Aufmerksamkeit und Lernerfolg

Durch die zeitlich enge Limitierung der darbietenden bzw. rezeptiven Phasen fällt es den Lernenden leichter, konzentriert dem Geschehen zu folgen. Die höhere Aufmerksamkeit wirkt sich positiv auf das Behalten und damit auf den Lernzuwachs aus. Die Lernenden erzielen in Tests und Prüfungen günstigere Werte. Gleichzeitig geben sie an, sich weniger darauf vorbereiten zu müssen. Insgesamt wird die Lernzeit von den Lernenden sowohl in den rezeptiven als auch in den aktiven Lernphasen besser genützt.

Intrinsische Motivation und Kompetenzerleben

Fasst man „intrinsische Motivation" als eine „zur Sache gehörende Motivation" auf, so kann man zeigen, dass sich durch die sandwichartige Gestaltung von Lehr-Lern-Prozessen das Interesse an den Inhalten erhöht. Die Lernenden machen nämlich die Erfahrung, dass sie die Themen besser verstehen. Sie registrieren ihre ansteigenden Lernerfolge und erleben sich dadurch kompetenter. Dies wiederum wirkt sich positiv auf ihre „Anstrengungskalkulation“ aus, d.h. sie strengen sich mehr an und geben bei Misserfolgen weniger schnell auf. Der Glaube an die eigenen Fähigkeiten, auch als „Selbstwirksamkeit“ bzw. „self efficacy“ bezeichnet, steigt an und führt zu einem verbesserten Fähigkeitskonzept und damit letztlich zu einem günstigeren Selbstkonzept.

Höherer Kompetenzerwerb

Durch die zeitliche Betonung der subjektiven Aneignung bzw. individuellen Auseinandersetzung mit der Thematik haben die Lernenden mehr Gelegenheit, im eigenen Tempo zu lernen und zu arbeiten. Die gründliche Organisation des Vorwissens verbunden mit einer mehrfachcodierten, prägnanten Vermittlung der wesentlichen Informationen erlaubt es ihnen, sich auf dieser tragfähigen Basis erfolgreich mit den Inhalten auseinanderzusetzen. Beim aktiven Lernen und Arbeiten in längeren Phasen können die eigenen Kompetenzen mehr gesteigert werden als in längeren rezeptiven Phasen oder alternativ in weniger gut fundierten und wenig strukturierten Phasen selbstgesteuerten Lernens.

Besseres Lernklima und entlastete Lehrende

Unterbrechungen, Störungen und Konflikte während darstellender (Plenums-)phasen werden seltener, weil letztere zeitlich eng begrenzt sind. Unterbrechungen, Störungen und Konflikte während aktiver Aneignungsphasen sind dagegen deutlich weniger belastend, weil sie meist nur einen Teil der Lernenden betreffen. Das erleichtert die Führungsaufgaben und macht es Lehrenden wie Lernenden einfachen, sich wechselseitig zu akzeptieren. Darüber hinaus können die Lehrenden aus der stets besonders beanspruchenden Mittelpunktrolle immer dann heraustreten und in die weniger anstrengende Funktion als Lernbegleiter, Coach und Lernberater treten, wenn längere aktive Aneignungsphasen anstehen. Lehrende, die jahrelang mit dem Sandwich-Prinzip arbeiten, berichten über geringeren Kräfteverschleiß, was für die berufliche Gesundheit extrem wichtig ist. Insgesamt geben Lehrende an, dass ihre berufliche Zufriedenheit zugenommen hat.

Die Lernenden brauchen Zeit, um sich an das Sandwich-Prinzip zu gewöhnen

Unterricht in Schulen, Hochschulen und in der Erwachsenenbildung hinterlässt Spuren. Sind die Lernenden zu Beginn des ersten Schuljahres noch hoch motiviert, so verringert sich die Motivation nach unseren empirischen Befunden kontinuierlich Jahr um Jahr. Unterricht wird zunehmend als anstrengende Pflicht erlebt, der man zu entkommen versucht, indem man die von den Lehrkräften geplanten didaktischen Szenarios unterläuft. Mangelnde Mitarbeit, geringe Anstrengungsbereitschaft, allgemeine Unruhe, unzureichend gefertigte Aufgaben sind die Folgen. Die Lernenden versuchen Anstrengung zu vermeiden, wo immer das möglich scheint. Stellen Lehrende die grundlegende Unterrichtsarchitektur auf das Sandwich-Prinzip um, so brauchen die Lernenden einige Wochen, um zu begreifen, dass sie auf diese Weise nicht nur angenehmer, sondern auch erfolgreicher lernen. Hilfreich ist es dabei, wenn die Lehrenden auf der Metaebene immer wieder betonen, dass die Lernenden bei diesem Vorgehen besser durch den Tag kommen, sich wohler fühlen, sich weniger zu Hause vorbereiten müssen und dass sie dennoch erfolgreicher abschneiden.

7 Vorsicht Verwechslungsgefahr: was nicht zum Sandwich-Prinzip passt

Bei den zahlreichen Fort- und Weiterbildungen mit Lehrenden aller Institutionen staune ich immer wieder darüber, dass etliche schon alles zu kennen glauben. Auch wenn ich Forschungsergebnisse und Ansätze vortrage, die erst in den letzten 10 Jahren gewonnen oder entwickelt wurden, kann es sein, dass eine Lehrkraft in der Pause auf mich zukommt mit dem Kommentar: „Das habe ich schon vor 25 Jahren in meiner Lehrerausbildung gehört" – so kürzlich geschehen an einem Schweizer Gymnasium.

Ähnliche Erfahrungen mache ich bei der von mir gerne in Fortbildungen eingesetzten Sortieraufgabe. In dieser sollen Lernarrangements eingeteilt werden nach: „Kenne ich" oder „kenne ich nicht". Auf der Vorderseite der rund 15 Karten ist jeweils ein Oberbegriff genannt, z.B. Strukturlegetechnik, Stoppcodes, Microteaching, Lerntempoduett, Sandwichprinzip, Advance Organizer, Partner-Rallye, Szene-Stopp-Reaktion usw. Auf der Rückseite steht eine differenzierte Erklärung, ergänzt durch einen farbig hervorgehobenen Hinweis, womit die Methode oder Vorgehensweise nicht verwechselt werden darf. Da nach meinen Erfahrungen einige dieser Vorgehensweisen einem Großteil der Lehrenden keineswegs vertraut sind, ist es zur Vermeidung von Missverständnissen unverzichtbar, dass die Rückseiten ganz gründlich gelesen werden. Folglich lautet meine Arbeitsanweisung: Erst genau lesen, dann sortieren. Dafür wären einige Minuten erforderlich. Dennoch lösen manche Lehrkräfte diese Aufgabe in Sekunden. Sie kennen alles, also können sie auf das Lesen locker verzichten. Denn eines steht für sie von vorneherein fest: Es kann nichts wirklich Neues dabei sein. Und die logische Konsequenz? Es besteht natürlich keine Notwendigkeit, irgendetwas am eigenen Unterricht zu verändern.

Für die Erhaltung des persönlichen Gleichgewichts und die Stärkung der eigenen Widerstandsfähigkeit ist die auf diese Weise demonstrierte Resilienz sehr gesund (vgl. Rönnau-Böse & Fröhlich-Gildhoff 2015; Leipold 2015). So gesehen ist es keine Überraschung, dass das Sandwich-Prinzip pauschal mit „Methodenvielfalt" oder „Rhythmisierung" gleichgesetzt wird. Und da nahezu alle Lehrkräfte mehr als eine Methode verwenden und im Lehr-Lern-Prozess stets auch irgendwelche Wechsel vorkommen, sind resiliente Lehrpersonen fest davon überzeugt, sie würden seit Anbeginn ihrer Lehrtätigkeit das Sandwich-Prinzip realisieren – sie hätten es eben nur anders benannt. Die zeitliche Asymmetrie mit einer dichten, kurzen Darbietungsphase gefolgt von einer kognitiv anspruchsvollen, langen Aneignungsphase in kleinsten Sozialformen wird als unwichtige Randbedingung eingeschätzt. Und da man mittlerweile auch die von Hilbert Meyer verfassten „10 Gebote" guten Unterrichtens kennt, zu denen auch die Vielfalt an Methoden gehört, wird ignoriert, dass es beim Sandwich-Prinzip überhaupt nicht darauf ankommt, möglichst viele Methoden aneinander zu reihen. Sandwich-Prinzip und Methodenvielfalt (seit 2015 von Meyer als „Methodentiefe" bezeichnet), werden undifferenziert gleichgesetzt. So kommt es, dass das Sandwich-Prinzip häufiger missverstanden als verstanden wird (vgl. Wahl 2013, S. 106 ff.). Deshalb möchte ich exemplarisch zwei Vorgehensweisen herausgreifen, die häufig praktiziert werden, die jedoch mit dem Sandwich-Prinzip schlecht verträglich sind. Das ist einmal das fragend-entwickelnde Unterrichtsgespräch und das ist zum anderen die alltäglich praktizierte Gruppenarbeit.

Warum das fragend-entwickelnde Unterrichtsgespräch schlecht zum Sandwich-Prinzip passt

Schulischer Unterricht – vor allem in deutschsprachigen Regionen – zeichnet sich dadurch aus, dass das fragend-entwickelnde Unterrichtsgespräch bis heute jenes Verfahren ist, das von Lehrkräften am häufigsten gewählt wird. Entsprechend nimmt es einen großen zeitlichen Raum ein. In manchen Fächern ist der Redeanteil der Lehrkräfte hoch. In Videostudien (z.B. TIMSS, DESI) zeigen sich beispielsweise Werte von weit über 60% im Mathematik- und Englischunterricht (vgl. T. Helmke et al., 2008). Die Art der sprachlichen Äußerungen ist weniger darstellend oder darbietend, sondern verläuft nach einem typischen Muster: Frage – Antwort – Bewertung mit Weiterführung (vgl. Hattie 2017, S.81). Der Grundgedanke dieser eigenwilligen Gesprächsform ist gut nachvollziehbar: So wie der griechische Philosoph Sokrates seine Schüler hebammenartig im Frage-Antwort-Dialog zur Einsicht geführt haben will, so sollen auch noch heute die Lernenden zum Denken gebracht werden. In Weiterführung der Ideen von Herbart und Wagenschein wird angestrebt, dass den Lernenden nichts vorgegeben wird, sondern dass sie sich in selbständigen Denkprozessen die wesentlichen Inhalte „erarbeiten". Die positiv besetzten Begriffe „Dialog", „Gespräch", „Erarbeitung" usw. signalisieren, dass es sich hier im Gegensatz zu einem durch Lehrervorträge charakterisierten, strikt abzulehnenden Frontalunterricht um eine gleichermaßen aktivierende wie animierende Vorgehensweise handelt.

Perspektive der Lehrperson

Betrachtet man dieses Lernarrangement aus der Perspektive einer Lehrperson, so wird verständlich, warum es so häufig gewählt wird. Erstens erfordert es wenig Aufwand in der Vorbereitung. Nach ein oder zwei einleitenden „Denkanstößen“ ist man mitten im Thema und der weitere Verlauf ist gesprächsartig, d.h. gar nicht im Detail planbar. Eine feste Struktur wäre kontraindiziert, denn den Lernenden würde dadurch die Chance genommen, selbst auf die wesentlichen Einsichten zu kommen. Bei der kurzen Zeitspanne, die für die methodische Planung einer Unterrichtsstunde verwendet wird – nach Haas (1998, S. 162 und S. 183f.) sind dies weniger als fünf Minuten – erleichtert das die alltägliche Unterrichtsplanung erheblich. Zweitens fühlt sich die Lehrperson emotional und motivational wohl. Sie steht im Mittelpunkt, alle Fäden laufen bei ihr zusammen, sie ist die wichtigste Person, weil sie die höchste Fachkompetenz besitzt. Das führt zum Erleben einer hohen Selbstwirksamkeit. Drittens ist das Geschehen abwechslungsreich. Auch wenn eine Lehrplaneinheit Jahr für Jahr auf dem Programm steht, so sind es doch immer wieder andere Beiträge, auf welche die Lehrkraft spontan zu reagieren hat. Viertens – und das ist einer der wichtigsten Aspekte – hat diese Vorgehensweise einen hohen diagnostischen Wert. Jede Äußerung der Lernenden zeigt der Lehrperson an, in welche Richtung die Denkprozesse gehen, auf welchem Vorwissen die Beiträge basieren, was schon verstanden wurde und was noch unklar ist. Bildlich gesprochen kann das mit der Funktion eines Radargerätes oder eines Navigationsgerätes verglichen werden: Bei der Lehrkraft gehen ständig neue Informationen ein, die ihr helfen, die Richtung des Dialoges zu bestimmen.

Perspektive der Lernenden

Aus der Sicht der Lernenden sieht das Geschehen nicht ganz so positiv aus. Erstens ist es enorm schwierig, den Gedankengängen der anderen Lernenden zu folgen, weil deren subjektive Strukturen sich von den eigenen deutlich unterscheiden. Weiter werden durch das ständige Hin und Her tiefgehende eigene Gedankengänge immer wieder unterbrochen. Folglich ist es alles andere als einfach, die Konzentration aufrecht zu erhalten. Zweitens ist die Art der Kommunikation höchst problematisch. Suggeriert wird, es handle sich um ein Gespräch mit offenem Ausgang. Aber dem ist natürlich nicht so. Die Lehrperson weiß ganz genau, wo sie gerne hinkommen möchte. Entsprechend werden die Beiträge der Lernenden dahingehend ausgewählt, ob sie für diese Zielstellung funktional sind. Da die Lernenden das Ziel jedoch nicht kennen, erscheint ihnen der zur Anregung des Denkens gedachte Dialog eher wie ein Spiel nach unbekannten Regeln oder wie ein Versuch-Irrtum-Parcours. Das entmutigt etliche Lernende und nimmt ihnen den Antrieb, sich ständig mit Beiträgen zu beteiligen. Drittens darf man nicht vergessen, dass es durchaus eines gewissen Mutes bedarf, seine Gedanken im Plenum zu äußern, wenn man nicht weiß, ob diese von allen anderen positiv

aufgenommen werden. Die Gefahr einer Beschämung ist nicht von der Hand zu weisen. Umgekehrt gibt es auch Schülerinnen und Schüler, die es schätzen, ständig im Mittelpunkt zu stehen und sich weit überdurchschnittlich oft melden. Das führt zu einer recht ungleichmäßigen Aktivierung: Die einen Lernenden schalten ab, die anderen engagieren sich intensiv.
Viertens ist nicht nur die Zahl der von der Lehrkraft gestellten Fragen hoch (Brualdi 1998 nennt mehr als 200 pro Tag; Niegemann & Stadler 2001 registrieren zwischen 60 und 130 Fragen je Unterrichtsstunde), sondern es sind auch die Wartezeiten nach den Fragen so kurz, dass Denken und Problemlösen nur eingeschränkt möglich erscheinen. In der DESI-Videostudie (T. Helmke et al. 2008) liegen die Wartezeiten meist zwischen 1 und 3 Sekunden. Nur in 10% der Fälle wird länger als 10 Sekunden auf einen Beitrag gewartet. Rowe (1974 a und 1974 b) hält nach einer Lehrerfrage durchschnittliche Wartezeiten von 0,9 Sekunden fest. Bei Niegemann und Stadler (2011) sind es 3 bis 5 Sekunden. Das wirkt in Form eines Backwash-Effektes auf die Art der Fragen zurück. Die meisten empirischen Studien (vgl. Ackermann 2011) kommen zu dem Ergebnis, dass grob 80% der Fragen auf Fakten abzielen. Der Anspruch, dass durch selbständiges Denken eine Thematik gemeinsam „erarbeitet" wird, kann auf diese Weise nicht eingelöst werden. Fünftens wirkt sich die Form des Diskurses auf die Qualität der Schülerbeiträge aus. Beispielsweise wird im Englischunterricht von den Lernenden nur zu 33% in ganzen Sätzen gesprochen. 20% sind Satzfragmente und weitere 33% sind Ein-Wort-Sätze. (T. Helmke et. al. 2008, S. 352). Smith et al. (2004) kommen zu dem Ergebnis, dass die Antworten der Schülerinnen und Schüler in 77% der Fälle weniger als 3 Wörter umfassen, nur in 15% der Fälle sind es mehr als 3 Wörter bzw. in 8% der Fälle mehr als 10 Wörter.

Ein Gedankenexperiment

Dass diese Art zu unterrichten nicht mehr ist als eine Spiegelfechterei, das kann man sich mit einem einfachen Gedankenexperiment klarmachen. Anspruch ist ja, dass die Lernenden durch eigenständiges Nachdenken selbst auf die Lösungen kommen. Auf diese Weise können in wenigen Stunden die Vererbung, die Plattentektonik, die quadratische Gleichung, die Relativitätstheorie oder die binäre Digitaltechnik „erarbeitet" werden. Probleme, zu deren Lösung die Menschheit Jahre bis Jahrtausende benötigt hat. Warum dann nicht umgekehrt verfahren. Unser Zeitalter stellt uns vor zahlreiche große Herausforderungen: Energiegewinnung, Antibiotikaresistenz, Nachhaltigkeit, Konfliktbewältigung, Ernährung usw. Warum gibt man diese großen Fragen nicht an Lehrkräfte zur Bearbeitung im Unterricht weiter? Da müssten doch die Lösungen in Form von Unterrichtsgesprächen in kürzester Zeit zu finden sein! Beispielsweise könnte man auf diese Weise ganz einfach herausfinden, wie man die im Sommer abgestrahlte Energie der Sonne auf umweltschonende und preisgünstige Weise für die kalten Wintermonate nützen konnte. Es wäre möglich, endlich ein wirksames Medikament gegen Alzheimer und Parkinson zu entwickeln, nachdem der amerikanische Konzern Pfizer wegen Misserfolgs auf diesem Gebiet seine milliardenteure Forschung eingestellt hat. Und in Deutschland könnten ideale Lösungen für Asyl- und Feinstaubproblematiken nach wenigen Lektionen der Regierung übermittelt werden. Das funktioniert leider alles nicht. Warum? Weil die Lehrpersonen die Lösung nicht kennen. Nur dann, wenn ihnen die Lösung bekannt ist, können sie als didaktische Magier vor die Lernenden treten und mit geschickten Fragen und klug selektierten Schülerantworten die Problemlösung so vorantreiben, dass die Illusion des „erarbeitenden Unterrichtsgesprächs" keinen pädagogischen Schaden leidet.

Warum passt diese Art des Unterrichtens schlecht zum Sandwich-Prinzip?
Beim Sandwich-Prinzip kommt es in den Plenumsphasen darauf an, die wesentlichen Grundgedanken wegen der begrenzten Konzentrationsdauer prägnant und dicht in wenigen Minuten zu behandeln. Im Gegensatz dazu benötigt das fragend-entwickelnde Unterrichtsgespräch deutlich mehr Zeit, weil durch seine mäandrierende, schleifenartige Beschaffenheit deutlich längere Wege zu gehen sind. Auch tritt die Expertenstruktur nicht klar hervor, weil diese ja erst Schritt für Schritt entstehen soll, phönixartig entsprungen aus den kaum vorhersehbaren Ideen der Lernenden.

Beim Sandwich-Prinzip kommt es in den Phasen der subjektiven Aneignung darauf an, in kleinen Sozialformen mit hoher eigener Aktivität zu versuchen, die individuellen subjektiven Strukturen mit den fachlichen Strukturen der Thematik zu vernetzen. Regulative Zielidee ist dabei, dass sich alle Lernenden in Einzel-, Partner- oder Kleingruppenarbeit unter effektiver Ausschöpfung der zur Verfügung gestellten Lernzeit dem Prozess der persönlichen Auseinandersetzung so intensiv wie möglich widmen. Im Gegensatz dazu beteiligt sich beim fragend-entwickelnden Unterrichtsgespräch weniger als die Hälfte der Lernenden aktiv. Die restlichen Lernenden nehmen entweder rezeptiv teil, indem sie das Geschehen verfolgen. Oder sie schweifen ab. Eine tiefe Verarbeitung ist wegen des dynamisch wechselnden Verlaufs kaum möglich.

Letztendlich widersprechen die folgenden grundlegenden Eigenschaften des fragend-entwickelnden Unterrichtsgesprächs dem Sandwich-Prinzip:

1. Die im Plenum verbrachte Zeit überschreitet in der Regel die Konzentrationsmöglichkeiten der Lernenden.
2. Die schrittweise „Erarbeitung" erschwert die Entstehung klarer Vorstellungen von der inhaltlichen Struktur der Thematik. Die Gefahr ist hoch, dass nebensächliche Aspekte ebenso deutlich im Gedächtnis bleiben wie wesentliche Aspekte, sodass die Expertenstruktur häufig nicht präzise genug hervortritt.
3. Die Lernenden arbeiten unterschiedlich engagiert mit. Die Vorstellung, dass alle Lernenden einer Klasse ununterbrochen „mitdenken" und alle thematischen

Schleifen mitvollziehen, ist eine Illusion. Die von der Unterrichtsforschung als so bedeutsam erkannte kognitive Aktivierung erfasst nur einen Teil der Lernenden.

4. Die Möglichkeiten zur Vernetzung der Inhalte mit den individuellen subjektiven Strukturen werden gleichermaßen durch die kurzen Wartezeiten nach Fragen wie durch die mäandrierende Vorgehensweise beeinträchtigt.
5. Beim fragend-entwickelnden Unterrichtsgespräch besteht eine zeitliche Asymmetrie zugunsten von Plenumsphasen und kein Übergewicht zugunsten von Phasen tiefer Verarbeitung in kleinen Sozialformen wie beim Sandwichprinzip.

Es widerspricht nicht den Merkmalen einer kurzen, prägnanten, gut strukturierten Darbietungsphase, wenn die Lehrenden zwischendurch wohlüberlegte Fragen zum Nachdenken stellen und dadurch Lernende aktivieren. Vielmehr können eingestreute Impulse dieser Art belebend sein. Aber das ständige Stellen von Fragen bzw. der zeitraubende Kreislauf von „Frage – Antwort – weiterführende Frage" erbringt nicht die gleichen positiven Ergebnisse wie eine Kombination von zeitlich begrenzten Informationsphasen mit zeitlich umfangreichen Aneignungsphasen. Kein Ausweg ist es, die Problematik dadurch zu entschärfen, dass die Wartezeiten nach Fragen der Lehrenden (Wartezeit 1) bzw. die Wartezeiten nach Äußerungen der Lernenden (Wartezeit 2) von 1 bis 3 Sekunden auf 5 bis 15 Sekunden erhöht werden. Eine derartige „Langsamkeitstoleranz" (Gold 2015, S. 89) überwindet nicht die grundsätzlichen Nachteile des fragend-entwickelnden Unterrichtsgesprächs. Einfache Alternativen? Wie später noch gezeigt wird, können recht bescheidene Lernarrangements wie etwa eine kurze „Vergewisserungsphase" oder der eingeübte Ablauf „Think-Pair-Share" (Denken – Austauschen – Vorstellen) eine vorbereitungsfreundliche Hilfe zur kognitiven Aktivierung möglichst vieler Lernenden sein.

Warum passt die alltäglich in Erwachsenenbildung, Universität, Hochschule und Schule praktizierte Gruppenarbeit schlecht zum Sandwich-Prinzip?

Gruppenarbeit ist recht beliebt, wenn es darum geht, die Lernenden zu aktivieren. Leider zeichnet sich dieses Lernarrangement im Alltag dadurch aus, dass es in aller Regel zu wenig didaktisch durchdacht wird. So sind häufig die Gruppen zu groß, die Zeiten zu kurz, die Arbeitsaufträge zu wenig präzise. Zu Beginn der Gruppenarbeiten geht viel Zeit verloren, bis klar ist, wer mit wem in einer Gruppe zusammen ist, wo die Gruppe arbeitet und welche Materialien man benötigt. Am Ende der Gruppenarbeit gibt es häufig Probleme, weil die einen Gruppen längst fertig sind, während die anderen noch mitten in der Arbeit stecken. So kommt es, dass Gruppenarbeiten aus Sicht der Lehrenden wie der Lernenden selten so erfolgreich sind, wie man sich das eigentlich erhofft hat.

Geht man biografisch an die Problematik heran, so kann man sich an einige Gruppenarbeiten gewiss gut erinnern. So hatte während meines Studiums einer meiner

Professoren die Angewohnheit, nach einer kurzen Anmoderation des Sitzungsthemas zu verkünden: „Besprechen Sie das in Gruppen." Genauere Anweisungen gab es nicht. So mussten sich die etwa 50 Studierenden einigen, wie die Gruppen zusammengesetzt sein sollten und vor allem, wie die Thematik anzugehen wäre. Das erforderte viel Zeit und führte zu erheblichen Frustrationen. In meiner eigenen Karriere als junger Professor fühlte ich mich zu Beginn inhaltlich zuweilen unsicher und habe deshalb in meinen Seminaren gerne Gruppenarbeiten angesetzt, um mich zu entlasten. Und in der Rolle als Vater habe ich bei meinen beiden Kindern während deren Gymnasialzeit leidvoll miterlebt, wie typische Gruppenarbeiten abliefen. In den verhältnismäßig großen Arbeits- oder Projektgruppen haben sich meist nur ein oder zwei Schülerinnen und Schüler stellvertretend für alle besonders engagiert, zum Teil ganz alleine die „Gruppenarbeit" gemacht. Und am Ende hat die gesamte Gruppe den Lohn in Form einer guten Zensur eingeheimst.
Geht man systematisch an die Problematik heran und fragt sich, warum Gruppenarbeiten selten effizient sind bzw. was beim Ansetzen einer Gruppenarbeit häufig zu wenig bedacht wird, dann kommt man zu den folgenden Ergebnissen:

1. Gruppen entwickeln eine eigene Dynamik
Bis eine Gruppe arbeitsfähig ist, durchläuft sie eine dynamische Entwicklung, die mit den Begriffen „forming", „storming", „norming" und „performing" bzw. mit den Begriffen Gruppenbildung, Konfliktphase, Regelungsphase und Phase der Arbeitsfähigkeit beschrieben werden kann. Das bedeutet erstens, dass jede Gruppe eine bestimmte Anlaufzeit benötigt, bis sie arbeitsfähig ist. Das bedeutet zweitens, dass ein Teil der Energie einer Gruppe nicht für die Arbeit selbst, sondern für die Regelung der Interaktionen aufgebraucht wird.

2. Gruppenmitglieder übernehmen verschiedene Rollen
In der Interaktion bilden sich durch emotionale Prozesse (Zustimmung/Ablehnung) und durch die Art der Mitarbeit unterschiedliche Rollen heraus. Man unterscheidet ganz grob führende Rollen (Alpharollen), mit Alpha rivalisierende bzw. kooperierende Rollen (Betarollen), das breite Rollensegment der durchschnittlichen Gruppenmitglieder (Gammarollen) und Außenseiterrollen (Omegarollen). Je nach Rolle führen die Personen unterschiedliche Tätigkeiten aus, engagieren sich unterschiedlich und fühlen sich in unterschiedlichem Ausmaß für das Ergebnis verantwortlich. Das bedeutet, dass die einzelnen Personen innerhalb einer Gruppe – zum Beispiel beim Lösen von Aufgaben – ganz unterschiedlich intensiv arbeiten. Ein großes Problem stellt dabei das „soziale Faulenzen" (social leafing) dar. Sobald bei einer im Kollektiv zu erbringenden Leistung die Einzelleistung nicht identifiziert werden kann – und das ist die Regel – sinkt die durchschnittliche Anstrengungsbereitschaft bzw. die zu leistende Arbeit wird an wenige Mitglieder der Gruppe delegiert (auch als „Trittbrettfahren" bekannt).

3. Gruppenarbeiten lasten nicht immer aus
Die Arbeitsaufträge für Gruppenarbeiten lassen es häufig nicht zu, dass jedes Gruppenmitglied ständig seine volle Aktivität einbringt. Je größer die Gruppen sind, desto schwieriger ist es, dass sich alle Lernenden zu jedem Zeitpunkt in vergleichbarer Weise einbringen können. Kann sich ein williges Gruppenmitglied jedoch über eine gewisse Zeit nicht in der gewünschten Weise engagieren, nimmt dessen Motivation deutlich ab. Folgen sind unerwünschte Verhaltensweisen wie Seitengespräche, sich mit dem Handy beschäftigen, den Clown spielen usw.

4. Reibungsverluste an den Gelenkstellen
Bei der Durchführung von Gruppenarbeiten kommt es an den sog. „Gelenkstellen" häufig zu Zeitverlusten und Kräfteverschleiß. So kann es sein, dass zu Beginn einer Gruppenarbeit Materialien erst zusammengestellt und Arbeitsplätze erst gefunden werden müssen. Es kann auch sein, dass durch eine zunächst unklare Aufgabenstellung Verwirrung darüber herrscht, was in den einzelnen Gruppen genau getan werden sollte. Am Ende einer Gruppenarbeit ist es der Normalfall, dass wegen der erheblichen Unterschiede in den Lern- und Arbeitstempi die einen Gruppen noch arbeiten, während andere schon auf die Fortsetzung im Plenum warten.

5. Das Eingreifen der Lehrenden beeinträchtigt die Qualität der Gruppenarbeit
Empirische Studien zur Gruppenarbeit zeigen (vgl. Dann, Diegritz & Rosenbusch 1999), dass Lehrkräfte im Schnitt je Gruppenarbeit etwa drei Mal eingreifen. Dabei sind 70% der Interventionen invasiv, d.h. geschehen ohne Aufforderung durch die Gruppe; 25% sind responsiv, d.h. die Aufforderung zum Eingreifen geht von der Gruppe aus. Die Eingriffe sind kurz: Die meisten Eingriffe (genau: 74%) dauern weniger als 30 Sekunden. Die Analysen zeigen: Das Eingreifen der Lehrkräfte verschlechtert insgesamt die Qualität der Gruppenarbeit.
Beim Sandwich-Prinzip kommt es darauf an, dass die Lernenden in den Phasen der subjektiven Aneignung die Chance erhalten, die hoch individuellen eigenen Strukturen mit der fachlichen Struktur der Thematik zu verknüpfen. Je kleiner die Sozialform, desto höher ist die Wahrscheinlichkeit für eine intensive persönliche Auseinandersetzung mit den Inhalten. Auch ist es wichtig, dass die zur Verfügung stehende Lernzeit nicht für die Regelung von Angelegenheiten aufgebraucht wird, die nicht zentral sind für die Lösung der Aufgaben. Und schließlich sollte für die organisatorischen Randbedingungen (Arbeitsauftrag, Materialien, Räume, Gruppeneinteilung, Rollenübernahme, Rückführung ins Plenum usw.) so wenig Energie wie möglich eingesetzt werden. Gruppenarbeit erweist sich hier als ein besonders schwierig handzuhabendes Lehr-Lern-Arrangement, bei dem die Gefahr besteht, dass mit hohem Aufwand nur ein geringer Ertrag erreicht wird. Deshalb ist es wichtig, aus den Alltagsroutinen herauszutreten und sich zu fragen: Wird der

Prozess der subjektiven Aneignung durch eine Gruppenarbeit optimal unterstützt oder sind die angestrebten Lernziele nicht besser in Einzelarbeit oder in Partnerarbeit zu erreichen? Wenn es Argumente für die Arbeit in Gruppen gibt, sollte man die nachstehenden Überlegungen berücksichtigen:

1. Machen Sie die Gruppen so klein wie möglich
Je kleiner eine Gruppe, desto besser kann sich jedes Gruppenmitglied einbringen. Als besonders günstig haben sich Dreiergruppen erwiesen, falls Partnerarbeit als kleinste Kooperationsform nicht für das Erreichen der angestrebten Lernziele ausreichen sollte.

2. Arbeiten Sie mit Rollenzuweisungen
Damit eine Gruppe möglichst wenig Energie für interne Regelungen verbraucht, können zusätzliche Tätigkeiten zugewiesen werden. Dabei ist darauf zu achten, dass diese Zusatzaufgaben „rollieren", also bei jeder neuen Gruppenarbeit von anderen Personen übernommen werden. Angenommen, eine Dreiergruppe hätte ein Fallbeispiel zu bearbeiten und dazu eine Präsentation vorzubereiten. Dann könnte eine erste Person die Zusatzrolle „Zeitwächter" übernehmen. Das heißt, sie würde sich in besonderem Maße dafür verantwortlich fühlen, dass die Gruppe sich an den Arbeitsauftrag hält und innerhalb der Zeitgrenzen bleibt. Eine zweite Person könnte die Zusatzrolle „Schreiber" übernehmen, das heißt sie würde sich in besonderem Maße dafür verantwortlich fühlen, die Gruppenergebnisse zu notieren, eine dritte Person könnte die Ergebnisse im Plenum präsentieren usw.

3. Geben Sie eindeutige Arbeitsanweisungen und optimieren Sie die Vorkenntnisse
Günstig ist es, die Arbeitsanweisung schriftlich auszugeben, damit die Gruppe sich immer wieder vergewissern kann, was ihre Aufgabe ist. Da Lernende umso besser lernen, je mehr Vorkenntnisse sie besitzen, sollten vor wichtigen Gruppenarbeiten die Vorkenntnisse optimiert werden. Dies könnte beispielsweise durch einen „Advance Organizer" geschehen, also eine mehrfachcodierte Präsentation von 8 bis 12 Minuten, in der zentrale Begriffe und entscheidende Grundgedanken so dargeboten werden, dass die Lernenden Wesentliches schon im Voraus („in advance") verstanden haben (vgl. Teil II, Kap. 1.8).

4. Organisieren Sie eine reibungsarme Rückführung ins Plenum
Gruppen arbeiten unterschiedlich schnell und unterschiedlich effizient. Überlegen Sie im Voraus, wie Sie mit den unterschiedlichen Arbeitstempi der Gruppen am Ende der Gruppenarbeit umgehen. So können Sie beispielsweise zwischen Gruppenarbeit und nachfolgendes Plenum eine Pause legen (Pufferpause), damit die Gruppen gewisse zeitliche Spielräume haben. Überlegen Sie auch, in welcher Weise die Gruppenergebnisse präsentiert werden sollen. Wenn alle Gruppen ihre Ergeb-

nisse nacheinander vortragen, ist dies häufig ermüdend. Besser wäre es, dass nur eine Gruppe die Ergebnisse präsentiert und die übrigen Gruppen lediglich ergänzen. Eine besonders elegante Austauschform ist das Gruppenpuzzle. Hier wird nicht im Plenum referiert, sondern es werden Mischgruppen gebildet, so dass in jeder Mischgruppe ein Mitglied aus jeder der ursprünglichen Arbeitsgruppen sitzt.

5. Greifen Sie überlegt in die Gruppenarbeit ein
Greifen Sie nicht gewohnheitsmäßig in die Gruppenarbeiten ein, sondern lassen Sie die Gruppen in Ruhe ihre Arbeit tun. Greifen Sie ein, wenn eine Gruppe Ihre Hilfe anfordert (responsives Eingreifen). Beobachten Sie die Gruppen aufmerksam bei Ihrer Tätigkeit. Greifen Sie erst ein (invasives Eingreifen), wenn Sie klar erkannt haben, dass eine Gruppe Ihre Hilfe benötigt.
Gruppenarbeit passt also nur dann zum Sandwich-Prinzip, wenn möglichst alle Lernenden anspruchsvoll kognitiv aktiviert werden und wenn die zur Verfügung gestellte Lernzeit möglichst ohne größere Einbußen effektiv genutzt wird. Die alltäglich praktizierte Gruppenarbeit in Universitäten, Hochschulen, in der Erwachsenenbildung und in Schulen ist gemessen daran suboptimal. Das heißt nicht, dass Gruppenarbeit grundsätzlich mit dem Sandwich-Prinzip unverträglich wäre. Wenn Lehrende innerhalb einer übergreifenden Sandwich-Architektur Gruppenarbeiten didaktisch durchdacht einsetzen und dabei Sorge dafür tragen, dass die aufgeführten Gelingensbedingungen dieser schwierig handzuhabenden Methode erfüllt sind, dann kann auch diese Sozialform mit Gewinn im Lehr-Lern-Geschehen eingesetzt werden.

8 Selbstanalyse

In Form einer Selbstanalyse können Sie einschätzen, wie gut Ihre eigene Art der Gestaltung von Lehr-Lern-Prozessen mit einigen wichtigen Merkmalen des Sandwich-Prinzips übereinstimmt.

Dauer der Plenumsphasen
Maximale Länge 15 bis 20 Minuten (bei dichter Darbietung nur etwa 10 Minuten). Danach Wechsel in eine möglichst kleine Sozialform wie Einzelarbeit, Partnerarbeit oder Dreiergruppen.

so gut wie immer – häufig – selten

Ausmaß aktiven Lernens
Alle aktivierenden Phasen in Einzelarbeit, Partnerarbeit, Kleingruppen zusammen machen mindestens 50% der gesamten Unterrichtszeit aus.
so gut wie immer – häufig – selten

Ich lege besonderen Wert auf die Vorwissensorganisation
Ich setze Methoden ein, durch die das aktiviert wird, was die Lernenden an Wissen, Kompetenzen und Strategien mitbringen. Spezielle Aufgabenformate können dabei hilfreich sein wie etwa Sortieraufgabe, Vergewisserungsphase, Think-Pair-Share, Strukturlegetechnik, Mindmapping, Ampelmethode usw. bis hin zu spielerischen Formen wie Quiz.
so gut wie immer – häufig – selten

Ich lege besonderen Wert auf nachhaltige Vertiefung und Verankerung
Ich setze Methoden ein, durch die Gelerntes vertieft und verankert werden kann, so dass es nachhaltig verfügbar ist. Ganz entscheidend ist variantenreiches Üben. Spezielle Aufgabenformate können hilfreich sein wie Vergewisserungsphase, Think-Pair-Share, Multiinterview, Partnerinterview, Lerntempoduett, Strukturlegetechnik usw.
so gut wie immer – häufig – selten

Arbeitsanweisungen
Meine Arbeitsanweisungen sind kurz (max. 1 – 2 Min.) und bei umfangreichen Aufgaben werden sie schriftlich fixiert (Tafel, Arbeitsblatt, Beamer usw.).
so gut wie immer – häufig – selten

Verhalten während der Aufgabenbearbeitung
Sollte es die Situation erlauben, dann nutze ich die Zeit, um einzelne Lernende genau zu beobachten, ihnen Feedback zu geben und sie zu beraten. Nicht gemeint ist einfaches Umhergehen und allgemeines Beobachten. Damit ich alle Lernenden während der Aufgabenbearbeitung gleichmäßig beobachte und berate, halte ich meine Kontakte auf einer Liste fest.
so gut wie immer – häufig – selten

Enthusiasmus/Begeisterung
Man merkt mir an, dass mir das Thema/das Fach/mein Beruf wichtig ist.
so gut wie immer – häufig – selten

Strukturierung und Verständlichkeit
Ich hebe das Wesentliche deutlich hervor.
so gut wie immer – häufig – selten

Ich erläutere Fachbegriffe in einfachen Worten.
so gut wie immer – häufig – selten

Ich reduziere das Ausmaß fragend-entwickelnden Vorgehens. Wenn ich Fragen stelle, dann achte ich darauf, dass es vorwiegend Fragen zum Nachdenken und

dass es weniger Fragen zum Zusammentragen von Wissen sind. Dabei gewähre ich den Lernenden ausreichend Zeit zum Nachdenken. Ich setze einfache Formen wie Vergewisserungsphasen und Think-Pair-Share ein, um angemessene Bedenkzeiten zu garantieren.
so gut wie immer – häufig – selten

Meine Erklärungen sind mehrfachcodiert
Ich verwende Bilder und Grafiken.
so gut wie immer – häufig – selten

Ich mache Beispiele.
so gut wie immer – häufig – selten

Ich ziehe Vergleiche.
so gut wie immer – häufig – selten

Ich berichte Episoden, Erlebnisse, Vorfälle.
so gut wie immer – häufig – selten

Teil II
Wirkungsvolle Lernarrangements für die Vorwissensorganisation und für die kognitive Aktivierung

Wer in der Erwachsenenbildung, in der universitären Lehre oder im schulischen Unterricht wirkungsvolle Lehr-Lern-Arrangements gestalten möchte, der benötigt dazu nicht nur eine grundlegende Kenntnis des aktuellen Forschungsstandes samt der darauf fußenden Konzepte. Der braucht darüber hinaus klare Vorstellungen, wie derartige Ideen in die ganz konkrete Praxis übertragen werden können. Deshalb werden im zweiten Teil dieses Buches erprobte wie bewährte Vorgehensweisen skizziert und mit anschaulichen Beispielen aus Primarschule, Sekundarschule, Berufsschule, Hochschule, Universität und Erwachsenenbildung versehen. Viele dieser Beispiele stammen aus der alltäglichen Praxis und sind uns von Lehrenden zur Verfügung gestellt worden, die nicht unserer eigenen Forschungsgruppe angehören. Insgesamt soll mit dem zweiten Teil dieses Buches erreicht werden, dass Sie als Leserin oder Leser zu „klaren inneren Bildern" gelangen, die es Ihnen ermöglichen, Lösungen für Ihre ganz spezielle Situation zu entwickeln. Diese Lösungen werden je nach der verfügbaren Zeit, dem Umfang der zu vermittelnden Inhalte, den Eigenschaften Ihrer Lernenden, den von Ihnen angestrebten Zielen und zahlreichen weiteren Bedingungen sehr unterschiedlich ausfallen. Und natürlich können Sie erst nach dem Ausprobieren in Ihrem eigenen unterrichtlichen Wirkungskreis erkennen, ob die von Ihnen angestrebten Wirkungen tatsächlich auch eintreten. Damit es bei der Rezeption möglichst wenig Probleme gibt, werden unter „Missverständnisse" häufig auftauchende Verwechslungen oder fehlerhafte Anwendungen angesprochen, auf die wir bei der jahrelangen Erprobung der vorgestellten Lehr-Lern-Arrangements gestoßen sind. Zugeordnet sind die einzelnen Anregungen zunächst den folgenden beiden Bereichen:

1. Organisation und Diagnose des Vorwissens bzw. des „mitgebrachten" Könnens.
2. Kognitive Aktivierung.

Im Anschluss an diese praxisnahen Ausführungen kommen in Teil IV wirkungsvolle Lernarrangements für die Anbahnung professionellen Handelns hinzu. Dafür müssen jedoch zuvor in Teil III die komplizierten handlungspsychologischen Grundlagen skizziert werden.

1 Organisation und Diagnose des Vorwissens bzw. des Könnens

Die in einen Lernprozess „mitgebrachte" Expertise, das in einen Lernprozess „mitgebrachte" Wissen sowie die in einen Veränderungsprozess „mitgebrachten" Kompetenzen sind – beurteilt nach den weltweit empirisch vorfindlichen hohen Korrelationen – die mit Abstand wichtigsten Ausgangspunkte für den Erwerb zusätzlichen Wissens, zusätzlicher Handlungskompetenzen und verbesserter Expertise. Sie sind wirkungsmächtiger als Lernstrategien, Lernmotivation und allgemeine Intelligenz. Warum ist das so?
Wie im ersten Teil dieses Buches ausgeführt, helfen Vorkenntnisse bei der Steuerung der wellenförmig schwankenden, selektiven Aufmerksamkeit. Sie erleichtern es, relevante von weniger zentralen Inhalten zu unterscheiden. Das Arbeitsgedächtnis wird entlastet, weil größere „Brocken" (chunks) durch den „Flaschenhals der Informationsaufnahme" passen. Und je umfassender die notwendigen Denk- und Handlungsprozesse schon eingeschliffen und prozeduralisiert sind, desto weniger Kapazität wird für sie benötigt und desto mehr Kapazität stehen für „higher order thinking" bzw. für Problemlöseaktivitäten zur Verfügung. Letztendlich führt dies zu größeren Lernerfolgen, was sich wiederum positiv auf die Selbstwirksamkeit und die Anstrengungsbereitschaft auswirkt: Lernende, die zu Beginn einer neuen Thematik schon viel wissen oder können, verhalten sich während eines Lernprozesses deutlich zielstrebiger und beharrlicher. Folglich ist es von größter Bedeutung, sich zu Beginn einer neuen Thematik um die Vorkenntnisorganisation zu kümmern und sich einen Eindruck davon zu verschaffen, was die Lernenden schon wissen und was sie schon können. Nach Rolf Hugi (1991) ist dies ein zentrales didaktisches Prinzip.

Auswahl eines Lehr-Lern-Arrangements für die Vorwissensorganisation

Für die Organisation und Diagnose von Vorkenntnissen bzw. schon vorhandener Kompetenzen stehen eine große Anzahl unterschiedlicher Lehr-Lern-Arrangements zur Verfügung. Im Bereich des Wissens kann man – den didaktischen Zielsetzungen entsprechend – nach den folgenden Gesichtspunkten auswählen:

(a) Individualisierung bei hoher Aktivierung

Wird es angestrebt, dass die Lernenden sich in möglichst kleinen Sozialformen (Einzelarbeit, Partnerarbeit) mit der Organisation ihrer Vorkenntnisse befassen, dann sind sowohl die schlichte „Sortieraufgabe" als auch die eher kognitiv anspruchsvolle „Strukturlegetechnik" empfehlenswert. Bei der „Sortieraufgabe" geht es um eine begründete Selbsteinschätzung, welche Inhalte schon beherrscht werden und welche noch nicht. Bei der „Strukturlegetechnik" steht das Vernetzen der Inhalte im Mittelpunkt, wobei sowohl visualisiert als auch verbalisiert werden sollte. „Sortieraufgabe" wie „Strukturlegetechnik" lassen sich leicht mit den Methoden „Vergewisserungsphase" und „Think – Pair – Share" kombinieren. Auf diese Weise werden nicht nur individuelle Lernwege unterstützt, sondern die Lernenden setzen sich nachweislich besonders aktiv mit den Inhalten auseinander.

(b) Kooperative Vorwissensorganisation

Werden vor allem kooperative Lernprozesse angestrebt, dann können diese in stabilen Paaren ablaufen wie etwa beim „Partner-Interview", in ständig wechselnden Partnerkonstellationen wie etwa beim „Multi-Interview" oder auch in kleinen Gruppen wie etwa bei der Methode „Netzwerk". Bei den WeLL-Methoden „Partner-Interview" und „Multi-Interview" (WeLL = Wechselseitiges Lehren und Lernen) erarbeiten sich die Lernenden in der ersten Phase einen umgrenzten Expertenstatus, indem sie sich mit einem festgelegten Teil der Aufgaben besonders intensiv auseinandersetzen. In der zweiten Phase überprüfen sie, wie gut die Vorkenntnisse ihres Gegenübers in jenem Bereich sind, den sie gerade vorbereitet haben. In der dritten Phase werden die Ergebnisse im Plenum präsentiert, damit die Lehrperson einen Überblick über den Kenntnisstand aller Lernenden gewinnen kann. Bei der Kleingruppen-Methode „Netzwerk" liegt der Fokus dagegen auf dem kooperativen Verknüpfen und Vernetzen jener Elemente, die den Lernenden schon zu Beginn einer neuen Thematik bekannt sind.

(c) Diagnose im Plenum

Wollen die Lehrenden eher die Diagnose in den Mittelpunkt stellen, dann ist die „Ampelmethode" ein empfehlenswertes Instrument. Mit der „Ampelmethode" lässt sich ohne große Vorbereitung herausfinden, in welchem Umfang bereichsspezifische Kompetenzen in der gesamten Lerngruppe vorhanden sind. Dazu werden bei der Bearbeitung ausgewählter, diagnostisch informationsreicher Aufgaben drei oder mehr Auswahlantworten präsentiert, symbolisiert durch die Farben rot, gelb, grün (wie bei einer Verkehrsampel) plus ggfs. weiteren Farben. Die Farben selbst haben dabei keine inhaltliche Bedeutung im Sinne von rote Farbe = falsch oder grüne Farbe = richtig. Die Farben entsprechen lediglich den Lösungen A, B, C, D, E usw. Durch zeitgleiches Hochhalten der Farben sieht die Lehrperson auf einen Blick, wie viele Lernende schon in der Lage sind, eine Aufgabe zu bewältigen. Auf diese Weise kann sich die Lehrperson einen raschen Überblick über den Wissens- oder Kompetenzstand verschaffen.

(d) Anbahnen von Expertenstrukturen zu Beginn einer neuen Thematik
Geht es schließlich darum, nicht nur die schon vorhandenen Wissensbestände zu organisieren, sondern den Lernenden (als Anfängern bzw. Novizen) bestens geordnete Expertenstrukturen vorzustellen in der Absicht, im Gedächtnis gut geordnete Wissensnetze gleich zu Beginn eines neuen Gebietes anzulegen, dann ist die Methode „Advance Organizer" dafür eindeutig am besten geeignet. Der schwer verdauliche, zweiteilige Begriff ist zu übersetzen mit (1) einer inhaltlichen Strukturierung auf Expertenniveau (= „Organizer") und (2) die im Voraus (= „in advance") dargeboten wird. Ziel ist es, den Lernenden ein tragfähiges Wissensnetz anzubieten, in dem all das verankert werden kann, was an neuen Inhalten und Kompetenzen vermittelt wird.

(e) Handlungskompetenzen diagnostizieren und organisieren
Sehr viel schwieriger ist es, sich im Bereich von Handlungskompetenzen einen Überblick zu verschaffen, welche Fertigkeiten oder Fähigkeiten die Lernenden schon besitzen und welche noch nicht. Da es hier um Handeln geht, besteht der Königsweg darin, die Lernenden in realitätsnahen oder in echten Situationen handeln zu lassen. Das bringt viel Aufwand mit sich, denken wir etwa an die Beurteilung der Interaktionsfähigkeit in einer fremden Sprache oder an die Beurteilung der Kompetenz, sich in kritischen Situationen durchsetzen zu können. Gewisse Anhaltspunkte kann jedoch die Methode „Szene – Stopp – Reaktion" liefern. Bei der Methode „Szene – Stopp – Reaktion" wird Handeln dadurch simuliert, dass eine Situation so weit vorangetrieben wird, bis die entscheidende Szene kommt. Diese wird „eingefroren", das Geschehen also angehalten. Ausnahmslos alle Lernenden müssen innerhalb weniger Sekunden in Einzelarbeit oder in Partnerarbeit gleichzeitig agieren. Die Reaktionen samt zugehörigen handlungsleitenden Gedanken und Gefühlen werden festgehalten und berichtet. Dadurch können Lehrende wie Lernende ansatzweise erkennen, welche Handlungskompetenzen in welcher Ausprägung vorhanden sind.
Natürlich ist es auch im Bereich der Handlungskompetenzen möglich, die Lernenden in Form einer dreiphasigen „Sortieraufgabe" einschätzen zu lassen, was sie schon zu können glauben und was noch nicht. Dabei liegt es auf der Hand, dass derartige Selbst – Einschätzungen mit enormen Fehlerquellen behaftet sind, also deutlich ungenauere Ergebnisse liefern als die Methode „Szene-Stopp-Reaktion". Auch die WeLL-Methoden „Partnerinterview" und „Multiinterview", bei denen die Lernenden ihre jeweiligen Gegenüber zum Handeln veranlassen, können mit Einschränkungen zur Diagnose herangezogen werden.
In der nachfolgenden Tabelle werden verschiedene Möglichkeiten der Vorwissensorganisation und der Diagnose „mitgebrachter" Kompetenzen zusammengestellt.

Wissen	**Handlungskompetenzen**
Individualisierung bei hoher Aktivierung	**Individualisierung bei hoher Aktivierung**
Sortieraufgabe **Kap. 1.1** dreiphasig: Einzelarbeit, Partnerarbeit, Plenum ggfs. gefolgt von einer Strukturlegetechnik. Strukturlegetechnik **Kap. 1.2** dreiphasig: Einzelarbeit, Partnerarbeit, Plenum – möglich in Form eines Lerntempoduetts. – ggfs. im Anschluss an eine Sortieraufgabe.	Sortieraufgabe **Kap. 1.1** dreiphasig: Einzelarbeit, Partnerarbeit, Plenum. Szene – Stopp – Reaktion **Kap. 1.4** Handlungssimulationen in drei verschiedenen Varianten.
Kooperative Vorwissensorganisation	**Kooperative Diagnose „mitgebrachter" Kompetenzen**
Netzwerk (WeLL) **Kap. 1.3** zweiphasig: Einzelarbeit gefolgt von Kleingruppenarbeit. Partnerinterview (WeLL) **Kap. 1.5** dreiphasig: Einzelarbeit, Arbeit mit einem stabilen Gegenüber, Plenum. Multiinterview (WeLL) **Kap. 1.6** dreiphasig: Einzelarbeit, Arbeit mit ständig wechselnden Gegenübern, Berichte im Plenum.	Partnerinterview (WeLL) **Kap. 1.5** dreiphasig: Einzelarbeit, Arbeit mit einem stabilen Gegenüber, Plenum. Multiinterview (WeLL) **Kap. 1.6** dreiphasig: Einzelarbeit, Arbeit mit ständig wechselnden Gegenübern, Berichte im Plenum.
Diagnose im Plenum	**Diagnose im Plenum**
Ampelmethode **Kap. 1.7**	Ampelmethode **Kap. 1.7**
Expertenstrukturen anbahnen	
Advance Organizer **Kap. 1.8** dreiphasig: Aktivierung, rezeptive Phase von etwa 10 Minuten, Vertiefung.	Handeln lässt sich nur dadurch lernen, dass man selbst aktiv handelt. Deshalb können Handlungsstrukturen nicht mit einem Advance Organizer angebahnt werden.

Abb. 9: Verschiedene Lehr-Lern-Arrangements zur Organisation und Diagnose von Vorkenntnissen und Handlungskompetenzen.

1.1 Sortieraufgabe

Hinweis: Die Methode „Sortieraufgabe“ wird hier in Zusammenhang mit der Organisation und Diagnose des Vorwissens bzw. des „mitgebrachten“ Könnens dargestellt. Sie kann aber nicht nur zu Beginn eines Lernprozesses, sondern auch in dessen weiterem Verlauf zur kognitiven Aktivierung sowie gegen Ende zur Vertiefung und Sicherung eingesetzt werden.

Bei der von mir entwickelten Sortieraufgabe (vgl. Wahl 1995) schätzen sich die Lernenden selbst ein. Sie geben an, was sie schon über eine Thematik wissen und sie berichten, was sie an Kompetenzen zu besitzen glauben. Dafür gibt es vier verschieden aufwändige Vorgehensweisen: ein Arbeitsblatt zum Ankreuzen, eine vorgegebene Tabelle zum Definieren und Ankreuzen, Kärtchen mit von den Lernenden verfassten Erklärungen sowie Kärtchen mit von der Lehrkraft verfassten Erklärungen.

1.1.1 Die Sortieraufgabe auf einem einfachen Arbeitsblatt

Die einfachste, zugleich jedoch die am wenigsten diagnostisch aussagekräftige Form, ist ein Arbeitsblatt mit Begriffen oder Inhalten zum Ankreuzen. Im ganz konkreten Praxisbeispiel (Abb. 10) markieren die Studierenden in der ersten von 14 eineinhalbstündigen Vorlesungen zum Thema „Emotionspsychologie“ zuerst in Einzelarbeit mit einem Plus oder einem Fragezeichen, was sie schon zu wissen glauben bzw. was noch nicht. Zusätzlich aktivieren und organisieren sie ihr Vorwissen, indem sie in Partnerarbeit ihre Markierungen vergleichen und ggfs. wechselseitig Wissenslücken schließen. Am Ende fragt der Hochschullehrer in Form von Handzeichen ab, welche Inhalte eher bekannt sind und welche weniger. Bei den weniger geläufigen Themen lässt er entweder Studierende den Inhalt erklären – falls sich welche dazu in der Lage sehen – oder er erklärt selbst in einigen Sätzen, um „im Voraus“ grobes Vorwissen dort zu schaffen, wo noch keines vorhanden ist. Im weiteren Verlauf der Vorlesung orientiert sich der Hochschullehrer an den Ergebnissen der Sortieraufgabe, indem er besser bekannte Inhalte reduziert oder ganz weglässt. Weniger bekannte Inhalte betont er dagegen stärker.

Natürlich ist diese Vorgehensweise mit erheblichen Unsicherheiten behaftet. Markiert eine Studentin beispielsweise den Punkt 14 „Cooling down als professionelle Möglichkeit zum Umgang mit Emotionen bedeutet…“ mit einem „Plus“ und signalisiert dadurch, dass sie darüber genügend weiß, so kann dem „+“ nicht entnommen werden, ob sie ganz schlicht darunter versteht, dass man in kritischen Situationen auf drei zählen soll – oder ob ihr die hoch wirksame, professionell genutzte Kombination aus innerem Sprechen und physiologischen Entspannungstechniken vertraut ist. Markiert umgekehrt ein Student den Punkt 16 „Unter einem Stoppcode versteht man…“ mit einem „?“, so ist dem nicht zu entnehmen, ob er sich deshalb für unwissend hält, weil er lediglich drei der vier Stoppcode-Varianten beherrscht. Eine genauere Diagnose erhält man folglich nur dann, wenn jede Person einzeln und zugleich ausführlich ihr Wissen zu jedem einzelnen Punkt verbalisiert. Das ist nicht unproblematisch wenn es sich um größere Zahlen an Lernenden handelt. So sind es im Beispiel etwa 250 Studierende, die zu 16 einzelnen Punkten ihr Vorwissen entfalten müssten. Die Vorteile zu markierender Begriffs- oder Themenlisten bestehen also darin, dass sie grobe Anhaltspunkte für vorhandene Vorkenntnisse oder mitgebrachte Kompetenzen liefern. Darüber hinaus sind sie ohne großen Zeitaufwand zu erstellen und auszuwerten.

Sortieraufgabe zum Thema „Emotionen“

Einzelarbeit: Machen Sie hinter jeden Begriff, den Sie einer anderen Person NICHT erklären könnten, ein **Fragezeichen**. Machen Sie hinter jeden Begriff ein **Plus**, wenn Ihnen dieser so vertraut ist, dass Sie nach vorne kommen könnten, um ihn in wenigen Worten zu erklären.

Partnerarbeit: Fragen Sie Ihre Nachbarn, ob Ihnen diese beim einen oder anderen mit einem Fragezeichen gekennzeichneten Begriff helfen können.

1 „Emotion“ ist ein psychologisches Konstrukt, das heißt …
2. Emotionen sind einerseits „state“, das heißt …
3. Emotionen sind andererseits „trait“, das heißt …
4. Emotionen haben eine physiologische Komponente, das heißt im Detail …
5. Emotionen haben eine expressive Komponente, das heißt im Detail …
6. Emotionen haben eine kognitive Komponente, das heißt im Detail …
7. Emotionen haben eine Erlebens-Komponente, das heißt im Detail …
8. Emotionen haben eine Verhältnis-Komponente, das heißt im Detail …
9. Ein „Sensitizer“ ist eine Person, die …
10. Ein „Repressor“ ist eine Person, die …
11. Die Wut kommt in den Bauch und die Angst kommt in die Hose, weil …
12. Der Gefühlsausdruck hatte und hat die Funktion, …
13. Gefühle kann man simulieren, das heißt …
14. „Cooling Down“ als professionelle Möglichkeit zum Umgang mit Emotionen bedeutet …
15. Mit „Verbalisieren von Emotionen“ ist gemeint, dass man …
16. Unter einem „Stoppcode“ versteht man …

Abb. 10: Praxisbeispiel Universität: Sortieraufgabe in Form eines Arbeitsblattes das von den Studierenden der universitären Vorlesung „Emotionspsychologie“ mit den Symbolen „?“ und „+“ gekennzeichnet wird.

Auch im Bereich von Kompetenzen ist es möglich, mit einem Arbeitsblatt zu arbeiten. Wird beispielsweise im Sportunterricht der Sekundarstufe die schon in der Grundschule begonnene Themenreihe „Handball“ fortgesetzt (siehe Abb. 11), so können beim Unterthema „Wurfarten“ die Lernenden gebeten werden, ihre eigenen Kompetenzen einzuschätzen. Je nachdem, ob die Lernenden viel Sport treiben oder wenig, ob sie im Verein spielen oder nur in der Schule, werden sich Anspruchsniveau und Selbstbeurteilung erheblich unterscheiden. So ist einem

„Plus“ nicht unbedingt abzulesen, ob die Lernenden den Sprungwurf auf höchstem Leistungsniveau beherrschen oder ob sie lediglich ein einziges Mal ansatzweise beim Werfen etwas hochgesprungen sind. Zielführender im Bereich der Kompetenzen ist es folglich stets, die Lernenden im Handlungsvollzug zu beobachten, um dadurch zu einer treffsicheren Diagnose zu kommen. Das ist jedoch mit einem hohen Aufwand gekoppelt. Zu markierende Arbeitsblätter sind somit eine schnelle, gleichzeitig aber wenig valide Diagnosemöglichkeit. Dennoch können sie für die Aktivierung der Lernenden wie für die weiteren didaktischen Entscheidungen durchaus hilfreich sein.

Sortieraufgabe zum Thema „Wurfarten im Handball“	
1. Schlagwurf	+
2. Unterarmwurf oder „Schlenzer“	-
3. Laufwurf	+
4. Fallwurf	?
5. Sprungwurf	?
6. Heber	?
7. Dreher	-

Abb. 11: Praxisbeispiel Sekundarstufe: Sortieraufgabe in Form eines Arbeitsblattes im Sportunterricht zum Thema „Wurfarten beim Handball“, das von den Lernenden mit den Symbolen „+“ im Sinne von „beherrsche ich gut“, „?“ im Sinne von „beherrsche ich ansatzweise“ und „-“ im Sinne von „beherrsche ich nicht“ gekennzeichnet wird.

1.1.2 Die Sortieraufgabe in Form einer Tabelle

Deutlich aktivierender und zugleich diagnostisch erheblich aussagekräftiger ist die Sortieraufgabe in Form einer Tabelle (Abb. 12). Sie ist leicht vorzubereiten und läuft in mehreren Phasen ab. (1) In Einzelarbeit werden die Inhalte, Themen, Begriffe oder Kompetenzen von den Lernenden in der Spalte „Kurzbeschreibung“ stichwortartig skizziert. (2) In Partnerarbeit vergleichen die Lernenden ihre Notizen und informieren sich bei unterschiedlichem Wissensstand wechselseitig. Abschließend kreuzen sie an, ob sie glauben, ausreichend viel zu wissen oder zu können („Ja“) bzw. eher nicht („Nein“). (3) Zurück im Plenum kann die Lehrkraft an der Qualität der Kurzbeschreibungen erkennen, wie groß die „mitgebrachten“ Kenntnisse bzw. die „mitgebrachten“ Kompetenzen sind. Und sie kann den Selbsteinschätzungen „Ja“ bzw. „Nein“ entnehmen, wie die Lernenden ihre eigene Expertise bewerten und ob ggfs. Interesse besteht, mehr über die Thematik zu erfahren.

Sortieraufgabe zum Thema ______________________

Inhalt	Kurzbeschreibung	Ja	Nein

Abb. 12: Vordruck: Die Sortieraufgabe in Form einer Tabelle.

Wie sieht das ganz konkret in der unterrichtlichen Praxis aus? Angenommen, in Physik stünde als nächstes Thema die „Radioaktivität" auf dem Programm, dann würde die Lehrkraft zentrale Begriffe vorgegeben. Alternativ könnten Begriffe auch von den Lernenden zusammengetragen werden.

Inhalt	Kurzbeschreibung	Ja	Nein
Physik Radioaktivität	Wird von den Lernenden ausgefüllt	Weiß, bzw. kann genug ↓	Weiß, bzw. kann noch zu wenig ↓
Radioaktivität, Begriff			
Radioaktiver Zerfall			
Radioaktivität in der Umgebung			
Alpha-, Beta- und Gammastrahlung			
C 14-Methode			

Abb. 13: Praxisbeispiel Sekundarstufe: Die Sortieraufgabe in Form einer Tabelle in Physik am Beispiel Radioaktivität (Ausschnitt).

In Einzelarbeit versuchen die Lernenden – ohne Zuhilfenahme von Unterlagen oder elektronischen Medien – die einzelnen Inhalte, die von der Lehrkraft für zentral erachtet werden, in Stichworten zu skizzieren. Das Ergebnis kann den mit der Lehrplaneinheit angestrebten Zielvorstellungen nahekommen, wie im Beispiel gezeigt (Abb. 14). Es ist aber genauso möglich, dass manche Lernende so wenig wissen oder können, dass sie gar nichts aufzuschreiben vermögen. Beim Ankreuzen der Spalten „weiß genug darüber" oder „weiß noch zu wenig darüber" hat sich der Lernende im Beispiel Abb. 14 für „weiß zu wenig" entschieden. Die Lehrkraft besitzt nun zwei Informationen. Sie kennt die Qualität der Beschreibung und sie kann die subjektive Einschätzung „weiß zu wenig" als Signal interpretieren, dass der Lernende möglicherweise Interesse haben könnte, Genaueres über die C14-Methode zu erfahren.

Inhalt	Kurzbeschreibung	Ja	Nein
Physik Radioaktivität	Wird von den Lernenden ausgefüllt	Weiß, bzw. kann genug ↓	Weiß, bzw. kann noch zu wenig ↓
C 14-Methode	Radiokarbondatierung: in abgestorbenen Organismen nimmt die Menge an gebundenen radioaktiven C14-Atomen gemäß dem Zerfallsgesetz ab. Altersbestimmungen zwischen 300 und 60000 Jahren werden dadurch möglich.		X

Abb. 14: Fortsetzung des Physik-Praxisbeispiels: Ausschnitt aus der von einem Lernenden mit erheblichem Vorwissen bearbeiteten Sortieraufgabe.

Auch im Bereich „mitgebrachter“ Kompetenzen kann man mit der Sortieraufgabe in Tabellenform arbeiten. Allerdings werden die Lernenden hierbei vermutlich größere Probleme haben, ihre Fähigkeiten sowohl in Worte zu fassen – es geht ja um auszuführende Handlungen – als auch ihre Handlungskompetenzen realitätsadäquat einzuschätzen. Sollen beispielsweise Lernende in einer Tischtennis-AG einschätzen, ob sie die Schlagart „Topspin“ beherrschen, so ist der Angabe „ja, kann genug“ nicht zu entnehmen, auf welchem Leistungsniveau bzw. mit welcher Qualität, Perfektion oder Sicherheit dieser Schlag ausgeführt werden kann. Ähnlich verhält es sich im Bereich von IT-Kompetenzen (Abb. 15). Die Lernenden können zwar rudimentär beschreiben, wie beim Formatieren, beim Einfügen von Grafiken und beim Einfügen von Videoclips im Prinzip vorzugehen ist. Doch es ist nicht unbedingt zu erkennen, mit welcher Expertise das Programm beherrscht wird.

Inhalt	Kurzbeschreibung	Ja	Nein
Word	Wird von den Lernenden ausgefüllt	Weiß, bzw. kann genug ↓	Weiß, bzw. kann noch zu wenig ↓
Ich kann einen Text formatieren	Text markieren, auf Start gehen, Schrift auswählen, Schriftgröße einstellen, dann entscheiden, ob linksbündig, zentriert oder Blocksatz.	X	
Ich kann eine Grafik oder ein Bild einfügen	Grafik markieren. Grafik kopieren. Auf Einfügen gehen.	X	
Ich kann einen Videofilm einfügen			X

Abb. 15: Praxisbeispiel: Ausschnitt aus der von einem Lernenden mit durchschnittlichem Vorwissen bearbeiteten Sortieraufgabe für den Umgang mit WORD.

1.1.3 Kärtchen mit von den Lernenden verfassten Erklärungen

Die Organisation des Vorwissens ist dann besonders wirkungsvoll, wenn man die „Sortieraufgabe" als Vorstufe für eine „Strukturlegetechnik" verwendet. Dazu benötigen die Lernenden leere Kärtchen zum Beispiel im Format DIN A8 (ein vier Mal gefaltetes DIN A4 Blatt ergibt 16 Kärtchen). Im ersten Schritt diktiert die Lehrkraft die von ihr für relevant erachteten Begriffe, Inhalte, Themen oder Kompetenzen. Im zweiten Schritt verschriftlichen die Lernenden ihr Wissen oder Können, indem sie auf der Rückseite der Kärtchen stichwortartige Erklärungen verfassen. Im dritten Schritt werden die Kärtchen in zwei oder drei Stapel sortiert: (1) Was weiß ich schon bzw. was kann ich schon gut? (2) Wozu habe ich wenig Vorkenntnisse bzw. was kann ich nur ansatzweise? (3) Wozu habe ich keine Vorkenntnisse bzw. was kann ich noch nicht? Im vierten Schritt tauschen sich die Lernenden paarweise aus. Optional können die bekannten Kärtchen in Form einer „Strukturlegetechnik" angeordnet werden (siehe Kap. 1.2). Abschließend werden im fünften Schritt die Ergebnisse der „Sortieraufgabe" im Plenum erfragt, damit die Lehrkraft sich einen Eindruck vom „mitgebrachten" Wissen bzw. von den „mitgebrachten" Kompetenzen machen und darauf ihr didaktisch-methodisches Vorgehen abstimmen kann. Die „Sortieraufgabe mit von den Lernenden verfassten Erklärungen" kann ab der Primarschule eingesetzt werden, wie in Abb. 16 am Themenbeispiel „Ameise" gezeigt wird.

Vorderseite:	Rückseite:
Kleine Rote Waldameise	5 mm bis 11 mm lang, am Waldrand von Laub- und Nadelwäldern
Vorderseite:	**Rückseite:**
Ameisenburg	1m bis 2m breit und hoch. Besteht aus Kammern und Gängen. Größte Bauwerke von Insekten.
Vorderseite:	**Rückseite:**
Schwertransporter	Können ein Vielfaches des eigenen Körpergewichts tragen.
Vorderseite:	**Rückseite:**
Ameisensäure	Giftdrüsen am Hinterleib. Mit Bienen und Wespen verwandt.

Abb. 16: Praxisbeispiel aus der Primarschule: Ausschnitt aus der von einer Lernenden mit gutem Vorwissen bearbeiteten Sortieraufgabe zum Thema „Ameise".

Je anspruchsvoller die Thematik, desto stärker sind die Lernenden beim Verfassen der Erklärungen gefordert. Denn zum Teil müssen komplexe Sachverhalte zu wenigen Worten komprimiert werden. (Siehe Abb. 17). Das ist ganz eindeutig „higher order thinking", wie es aus theoretischer wie empirischer Perspektive gefordert wird. Derart intensive Auseinandersetzungen mit einer Thematik, die erst gerade begonnen wird, bieten eine exzellente Basis für die angestrebten Lernprozesse. Umgekehrt werden Lernende mit geringen Vorkenntnissen und fehlenden Kompetenzen mit ihren eigenen Defiziten konfrontiert. Deshalb ist es wichtig, dass die Lehrkraft stets betont, dass es lediglich um eine Bestandsaufnahme ganz zu Beginn geht, die ihr bei der didaktischen Planung hilft. Und dass sie darauf hinweist, dass das, was abgefragt wurde, erst am Ende der Lehrplaneinheit gewusst oder gekonnt werden sollte. Derartige Erklärungen auf der Metaebene sind unverzichtbar, denn sonst fangen die Lernenden an, die Sortieraufgabe als Test zu verstehen. Und bei allen Formen einer Leistungsmessung sind sie es ja bestens gewohnt, zu schummeln, abzuschreiben und sich zu verstellen, um einen möglichst guten Eindruck zu erzielen sowie ggfs. möglichst gute Zensuren zu erreichen. Da die Sortieraufgabe nur dann diagnostisch wertvoll ist, wenn die Lernenden möglichst aufrichtig wiedergeben, was sie schon wissen und was sie schon können, muss allen Befürchtungen, es könne damit eine Leistungsbewertung verknüpft sein, aktiv entgegengewirkt werden.

1.1.4 Kärtchen mit von der Lehrkraft verfassten Erklärungen

Lässt man bei der Vorwissensorganisation die Kärtchen von den Lernenden verfassen – was in hohem Maße aktiviert und zu intensiver Auseinandersetzung mit der Thematik herausfordert – so benötigt man dafür nicht nur Zeit, sondern entmutigt die Lernenden möglicherweise dadurch, dass man sie mit ihrem fehlenden Wissen und ihren mangelnden Kompetenzen konfrontiert. Deshalb ist es eine durchaus überlegenswerte Variante, dass die Lehrkraft mit schon vollständig ausgefüllten Kärtchen arbeitet. Sie spart hierdurch im Unterricht Zeit und sie vermeidet motivationale Beeinträchtigungen. Durch Lesen der Kärtchen erweitern die Lernenden ihr Vorwissen, weil auf den Rückseiten das Expertenwissen in Kurzform dargeboten wird. Und schließlich kann die auf diese Weise perfektionierte Sortieraufgabe ganz hervorragend für die anschließende „Strukturlegetechnik“ genutzt werden. Umgekehrt nimmt die Lehrkraft einmalig den für das Erstellen der Kärtchen erforderlichen Arbeitsaufwand auf sich, kann die Kartensätze jedoch wiederkehrend nutzen, was langfristig Unterrichtsplanung und -vorbereitung erleichtert.

Vorderseite:	Rückseite:
Arbeitszeugnis/ Dienstzeugnis	Enthält Informationen über das Dienstverhältnis.
Vorderseite:	**Rückseite:**
Elektronische Form	Ist ausgeschlossen.
Vorderseite:	**Rückseite:**
Mitbestimmung des Betriebsrates	Betriebsrat hat keine Mitbestimmung, kann aber zur Überprüfung der Beurteilung auf Vollständigkeit herangezogen werden.
Vorderseite:	**Rückseite:**
Beredtes Schweigen	Auslassung üblicher Eigenschaften und Leistungen stellen Hinweis auf ungenügende Fähigkeiten in diesem Bereich dar.

Vorderseite:	Rückseite:
Willentliche Entschlüsse	Ohne Entschlüsse kommen keine Handlungen in Gang. Deshalb haben schriftlich fixierte Entschlüsse die Funktion, den Transfer des Gelernten in die Praxis zu unterstützen. Nach der Rubikon-Theorie verbessern Entschlüsse die Selbstregulationskapazität, erhöhen die spontane Aufmerksamkeitszuwendung, vermindern das Verfolgen alternativer Ziele und erleichtern die Initiierung des Handelns.

Vorderseite:	Rückseite:
Pädagogischer Doppeldecker	Der pädagogische Doppeldecker ist keine Methode, sondern ein durchgängiges Prinzip. Lehrende „leben" jene Inhalte vor, die sie vermitteln. Dadurch entstehen in den Teilnehmenden klare innere Bilder vom erwünschten Verhalten. Zugleich werden die Lehrenden als glaubwürdig erlebt. Dies gilt vor allem für professionelle Handlungen, aber auch für Engagement, Toleranz, Konfliktfähigkeit, Metakommunikation, Umgang mit Fehlern, guten Unterricht usw.

Abb. 17: Zwei Praxisbeispiele: Wissen zum Thema „Arbeitszeugnis" (Sekundarstufe) und Wissen zum Thema „Kompetenzerwerb in der Lehrerbildung" (Universität). Die Erläuterungen auf der Rückseite wurden von den jeweiligen Lehrkräften verfasst.

1.1.5 Missverständnisse und Probleme

Die Sortieraufgabe verfolgt einen dreifachen Zweck: Sie soll erstens möglichst alle Lernenden zu einer intensiven, tiefgehenden Auseinandersetzung mit jenen Inhalten oder Kompetenzen animieren, die in der zugehörigen Lehrplaneinheit thematisch sind. Dadurch wird das „Mitgebrachte" bewusstgemacht, organisiert und teils auch durch kooperative Lernformen optimiert. Sie soll zweitens die Lernenden anregen, das eigene Wissens- und Kompetenzniveau durch Selbsteinschätzungen zu reflektieren. Sie soll drittens den Lehrkräften diagnostisch wertvolle Informationen über das Ausmaß vorhandenen Wissens und verfügbarer Kompetenzen liefern, die wiederum für die Planung und Gestaltung der Lehrplaneinheit wichtig sind. Dies alles funktioniert, wenn die Lernenden Interesse daran haben, sich mit ihrem schon vorhandenen Wissen und mit ihren schon vorhandenen Kompetenzen auseinanderzusetzen. Das gelingt jedoch nur dann, wenn das Lehr-Lern-Arrangement „Sortieraufgabe" nicht missverstanden wird.

Sortieraufgaben nicht bewerten

Die Ergebnisse der Sortieraufgabe sollten weder emotional noch verbal bewertet werden, indem sich die Lehrkraft zum Beispiel enttäuscht zeigt über das Wenige, das die Lernenden mitbringen oder sich gar darüber lustig macht. Gerade bei spiralförmig aufgebauten Curricula sind die Lehrenden oft entsetzt darüber, dass als sicher angenommene Lernvoraussetzungen schlichtweg fehlen. Und schon gar nicht sollten mündliche oder schriftliche Zensuren erteilt werden. Jede Bewertung erstickt die Bereitschaft der Lernenden, ganz offen kundzutun, was sie wissen und können. Müssen die Lernenden befürchten, dass Lehrkräfte sich negativ über den aktuellen Kenntnis- oder Kompetenzstand äußern, dann unterlaufen sie die Methode, indem sie – je nach Absicht – ein zu niedriges oder zu hohes Niveau vortäuschen.

Eine Sortieraufgabe mit Kärtchen ist kein Spiel
„Kindergarten!" ist häufig zu hören von Lehrenden aus Erwachsenenbildung, Hochschule und Sekundarstufe, wenn Lehr-Lern-Arrangements Begriffs- oder Farbkärtchen beinhalten. Entscheidend für den Wert eines Lehr-Lern-Arrangements ist die kognitive Aktivierung und nicht die äußere Form. Sortieraufgabe, Ampelmethode, Strukturlegetechnik usw. sind keine Spiele, die man von vorneherein ablehnen sollte und die aus einem ernsthaften Unterricht verbannt werden müssen. Vielmehr kann man sie mit großem Erfolg bis hin zur Weiterbildung von Universitätsprofessoren und Vorstandsmitgliedern großer Unternehmen einsetzen, wenn die Aufgaben selbst entsprechend anspruchsvoll gestaltet sind. Das zeigen unsere langjährigen Erprobungen.

Nicht im Plenum sortieren
Lehrkräfte neigen zuweilen dazu, möglichst viel Zeit im Plenum zu verbringen, weil sie kleineren Sozialformen wie Einzel-, Partner- und Kleingruppenarbeit nicht trauen. Deshalb greifen sie gerne einzelne Lernende heraus oder führen ein „Gespräch" mit der gesamten Klasse oder Gruppe. Bei der Sortieraufgabe ist das kein sinnvolles Vorgehen. Erstens kommt es darauf an, möglichst alle Lernenden zu einer Auseinandersetzung mit der Thematik zu bewegen und nicht nur einzelne. Und zweitens kann nur dann eine einigermaßen präzise Diagnose erstellt werden, wenn man die Sortierergebnisse möglichst vieler Lernender vorliegen hat und nicht nur jener, die herausgegriffen wurden oder die sich im Plenum geäußert haben.

1.2 Strukturlegetechnik

! **Hinweis:** Die Methode „Strukturlegetechnik" wird hier in Zusammenhang mit der Organisation und Diagnose des Vorwissens bzw. des „mitgebrachten" Könnens dargestellt. Sie kann aber nicht nur zu Beginn eines Lernprozesses, sondern auch in dessen weiterem Verlauf zur kognitiven Aktivierung sowie gegen Ende zur Vertiefung und Sicherung eingesetzt werden.

Die von mir entwickelte Strukturlegetechnik (Wahl 1995) – in Anlehnung an die Forschungsmethode „Heidelberger Strukturlegetechnik SLT" von Scheele und Groeben (1988) – ist ein besonders anspruchsvolles Lehr-Lern-Arrangement zur Organisation und Diagnose des Vorwissens. Dabei werden Begriffe oder Inhalte so angeordnet, wie sie ihrem Sinn nach zusammengehören. Dies geschieht mit Kärtchen, wie sie schon bei der Sortieraufgabe verwendet wurden. Damit versuchen die Lernenden, ihr Wissen zu visualisieren, also „sichtbar" zu machen (Mandl &

Fischer 2000). Als Ergebnis entstehen zweidimensionale Wissensstrukturen. Weil das menschliche Gedächtnis nicht hierarchisch organisiert ist, sondern nach der semantischen Gedächtnistheorie in Form von flexiblen Netzwerken (Anderson 2005; Rumelhart & Norman 1978; Steiner 2001; Woolfolk 2008), ist die bekannte Methode „Mindmapping" deutlich weniger zur Vorwissensorganisation geeignet, denn Mindmaps sind starr nach Ober- und Unterbegriffen angeordnet. Bei der Strukturlegetechnik hingegen werden flexible, netzwerkartige Strukturen gebildet.

Da jede Person über einzigartige gedankliche Strukturen verfügt, fallen die Visualisierungen sehr unterschiedlich aus. Das irritiert viele Lehrkräfte, denn sie erwarten einigermaßen identische Anordnungen, sollen doch alle Lernenden möglichst das Gleiche aus dem Unterricht mitnehmen. Die Stärke der Strukturlegetechnik liegt jedoch nicht im Ergebnis, sondern im Prozess! Bei der Vorwissensorganisation kommt es vor allem darauf an, dass eine intensive Auseinandersetzung mit den kommenden Inhalten stattfindet. Werden die Lernenden animiert, die einzelnen Begriffe oder Themen visuell anzuordnen, um damit deren Beziehungen untereinander zu verdeutlichen, so wird ihnen ganz eindeutig „higher order thinking" abverlangt, also eine tiefe Auseinandersetzung mit dem, was in nächster Zeit gelernt werden soll. Empirische Erprobungen in den letzten 20 Jahren zeigen, dass die Lernenden aller Altersgruppen, von der Primarschule bis hin zur Universität, mit diesem Lehr-Lern-Arrangement hoch aktiv arbeiten, ihr Wissen elaborierend organisieren und damit ausgezeichnete Voraussetzungen für die nachfolgenden Lernprozesse schaffen. Weiterhin ist nachzuweisen, dass intrinsische Motivation und Kompetenzerleben ansteigen. Zurückzuführen ist dies unter anderem auf die unseren Menschenbildannahmen entsprechende autonome, reflexive und kommunikative Arbeitsweise, durch die sich die Lernenden als aktiv handelnde Subjekte erfahren (vgl. hierzu den Originalbeitrag von Jörg Schlee Teil V, Kap. 4).

Was ist zu beachten?

Erstens sollte die Anzahl der Begriffe oder Kärtchen nicht zu groß sein, weil es sonst schwer ist, eine übersichtliche Anordnung zu erreichen. Die Anzahl der Begriffe sollte umgekehrt nicht zu klein sein, denn sonst stellt das Legen einer Struktur keine besondere Herausforderung dar. Bewährt haben sich Begriffs- bzw. Kärtchenzahlen ganz grob zwischen 15 und 25.

Zweitens sollte der Aufwand so gering wie möglich sein. Manche Lehrkräfte arbeiten deshalb nicht mit selbst hergestellten Kärtchen, sondern mit kleinen Post It-Zetteln, von denen Packs mit 500 oder 1000 Stück preiswert zu erwerben sind.

Drittens ist es wichtig, dass in den beiden kleinsten Sozialformen gearbeitet wird, also in Einzelarbeit und maximal Partnerarbeit. Sobald Lernende versuchen, in Gruppen von drei und mehr Personen eine Einigung darüber herzustellen, wie die Struktur gelegt werden könnte, scheitern sie in der Regel daran, dass die Ver-

knüpfungen von Subjekt zu Subjekt so unterschiedlich sind, dass es zu fruchtlosen Debatten ohne gemeinsame Lösung kommt.
Viertens ist die Strukturlegetechnik dann besonders wirksam, wenn in den folgenden Phasen gearbeitet wird:

(1) In Einzelarbeit sortieren. Danach wechselseitig Informationen austauschen, um Lücken zu schließen. Im Plenum ergänzen (siehe die Ausführungen zur Sortieraufgabe in Kapitel 1.1).
(2) In Einzelarbeit Strukturen legen. Das ist der Königsweg, weil jede Person unterschiedliche Vernetzungsmöglichkeiten bevorzugt. Will man jedoch erreichen, dass die Lernenden sich mit alternativen Ideen auseinandersetzen müssen, also ausdrücklich kommunizieren, dann ist es auch möglich, die Strukturlegetechnik in Partnerarbeit anzugehen.
(3) Nach dem Visualisieren einer anderen Person in Partnerarbeit die eigene Struktur erläutern, Wissen also „hörbar machen". Da der Anordnung der verschiedenen Kärtchen nicht unbedingt anzusehen ist, was sich die Person beim Entwickeln einer Struktur gedacht hat, ist es unverzichtbar, dass die Verknüpfungen zwischen den einzelnen Begriffen oder Inhalten verbalisiert werden. Hierdurch entstehen – ohne die recht zeitaufwändige Verwendung von beschrifteten Pfeilen – auf elegante Weise „Concept Maps" (vgl. Brüning & Saum 2017, S. 42 ff.).
(4) Das abschließende Plenum sollte kurz sein, denn die Hauptarbeit ist geleistet, die in der Organisation der individuellen, einzigartigen Begriffswelten besteht. So kann beispielsweise die Lehrkraft im Plenum noch einige Zusatzinformationen geben oder auf die eine oder andere Möglichkeit hinweisen, wie die Inhalte strukturiert werden könnten. Natürlich können auch ausgewählte Strukturen anderer Lernenden präsentiert werden. Doch das ist grenzwertig, denn die Kärtchen sind ja sehr klein, also schon aus geringer Entfernung nicht mehr lesbar. Stehen jedoch ein Visualizer, eine Dokumentenkamera oder vergleichbare technische Möglichkeiten zur Verfügung, durch die eine gelegte Struktur für die gesamte Lerngruppe sichtbar gemacht werden kann, so ist es durchaus möglich, dass Lernende etwas präsentieren. Wird dieser Weg gewählt, dann sollte die Lehrkraft zuvor gut überlegen, welche zusätzlichen Ziele sie damit verfolgt. Denn alle Lernenden haben ja ihre eigenen Gedankenwelten schon in Einzelarbeit visualisiert und in Partnerarbeit verbalisiert.

Mit der Strukturlegetechnik kann man in der Primarstufe ab Klasse 2 beginnen. In Abb. 18 ist eine Struktur aus Klasse 3 zu sehen. 10 der 28 Kärtchen sind abgebildet. Es geht im Sachunterricht um das Thema „Getreide". Die Anzahl der Kärtchen erscheint mit 28 für diese Schulstufe sehr hoch. Das ist dem Umstand geschuldet, dass manche Zuordnungen einfach sind. So sind unter dem Oberbegriff „Getreidesorten" sieben Unterbegriffe zu finden sowie unter dem Oberbegriff

„Getreideprodukte" fünf Unterbegriffe. Das heißt, dass die Hälfte der Kärtchen relativ leicht zugeordnet werden kann. Wirklich anspruchsvoll ist dagegen der Aufbau der Getreidepflanze mit zehn Elementen. Hier sind nicht nur einige spezielle Fachinhalte häufig unklar bis unbekannt (Keimling, Ähre, Mehlkörper, Grannen, Spelze usw.), sondern auch deren sachlogische Verknüpfungen. Bei der Vorwissensorganisation stellt dieser hohe Anspruch keine Überforderung dar, denn die Schülerinnen und Schüler dürfen alle Begriffe auf die Seite legen, die ihnen nicht vertraut sind und die sie folglich auch nicht sinnvoll zuordnen können.

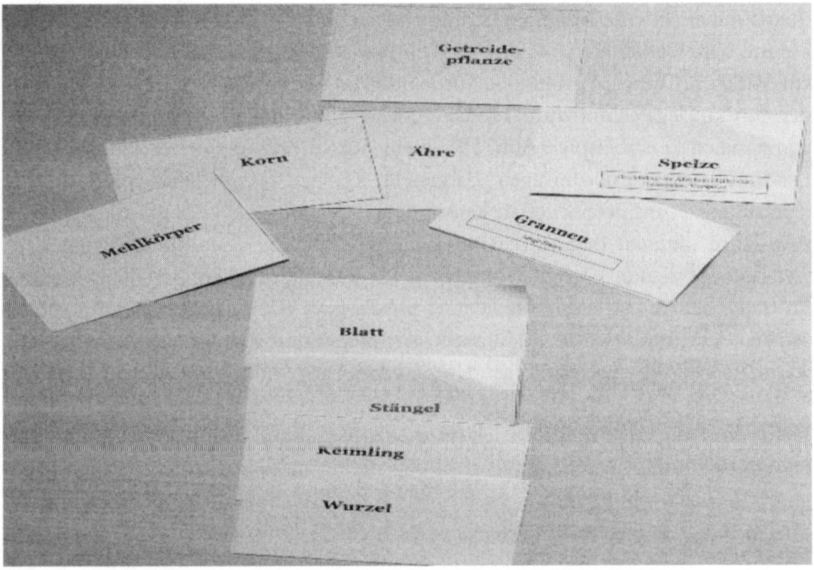

Abb. 18: Praxisbeispiel Primarstufe, Klasse 3, Sachunterricht: „Getreide". Ausschnitt aus einer Strukturlegetechnik.

Im Beispiel der Klasse 6 „Veränderungen in der Landwirtschaft" (ohne Abbildung) wird mit zwei verschiedenen Kartenfarben gearbeitet. Grund dafür ist die vorauslaufende Sortieraufgabe, die in Form des Wechselseitigen Lehrens und Lernens (WeLL) angelegt wurde. Person A hatte sich in Einzelarbeit mit den zehn weißen bzw. hellen Kärtchen intensiv zu befassen, also zum Beispiel mit den Begriffen „tiergerechte Haltung", „Melkroboter" oder „Entsorgung von Kot und Urin". Person B hatte sich in Einzelarbeit mit den zehn gelben bzw. dunklen Kärtchen zu beschäftigen, also mit „Preisentwicklung beim Schweinefleisch", „Schweinezyklus" usw. In der nachfolgenden Partnerarbeit verbalisieren beide ihr bescheidenes Vorwissen und versuchen, im Dialog eine gemeinsame Struktur zu entwickeln. Im abschließenden Plenum werden einige zusätzliche Informationen

gegeben, etwa von der Lehrkraft oder von Schülerinnen bzw. Schülern, die über besondere Kenntnisse verfügen. Dadurch erweitert sich das Vorwissen, sodass eine brauchbare Basis für die nun beginnende Lehrplaneinheit entsteht.
Im Gegensatz zu Sachfächern ist es zum Beispiel im Fach Mathematik deutlich schwieriger, Strukturlegetechniken zur Organisation des „mitgebrachten" Wissens und Könnens einzusetzen. Wie wir später noch sehen werden, eignen sich dafür Methoden wie Partnerinterview, Multiinterview und Ampelmethode besser. Doch immer dann, wenn eine neue Lehrplaneinheit zwingend die Inhalte einer vorausgehenden Lehrplaneinheit voraussetzt, ist es sinnvoll, die bislang erworbenen mathematischen Inhalte mit einer Strukturlegetechnik ins Bewusstsein zu heben. So könnte beispielsweise zu Beginn der Lehrplaneinheit „Quadratische Funktionen" zur Vorkenntnisorganisation eine Sortieraufgabe mit einer sich daran anschließenden Strukturlegetechnik zum Thema „Lineare Funktionen" eingesetzt werden. Im gymnasialen Praxisbeispiel (Abb. 19) ist ein Ausschnitt aus einer Strukturlegetechnik zum Thema „Zuordnungen" dargestellt. Zentrale Begriffe sind „proportionale Zuordnung", „antiproportionale Zuordnung", „Wertepaare", „Graph", „Ursprung" usw. Wird diese zu Beginn der umfassenden Thematik „Funktionen" eingesetzt, weil dort auf diesem Vorwissen aufgebaut werden soll, dann können die Lernenden im ersten Schritt sortieren, was sie noch wissen bzw. was sie noch können. Und im zweiten Schritt können sie ihr Wissen visualisieren und verbalisieren. Damit ist gewährleistet, dass in der jetzt folgenden Zeit daran angeknüpft bzw. darauf aufgebaut werden kann. Das dürfte vor allem für schwächere Lernende eine enorme Hilfe ein. Denn diese zeichnen sich im Fach Mathematik dadurch aus, dass sie sich aus der bestens bekannten „Mathematik- Hilflosigkeit" heraus retten, indem sie – ohne tieferes Verstehen – in irgendwelche Formeln irgendwelche Zahlen einsetzen und auf diesem Weg zuweilen auch zu den gewünschten Ergebnissen kommen.

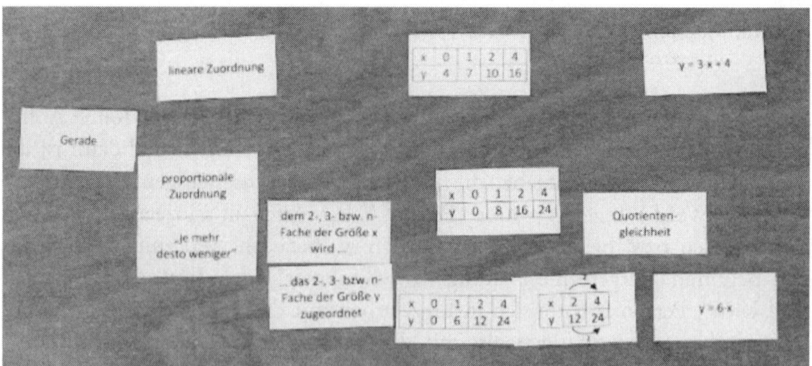

Abb. 19: Praxisbeispiel Mathematik, Sekundarstufe I: „Zuordnungen". Ausschnitt aus einer Strukturlegetechnik. Autor: Thorsten Jürgensen-Engl, ASG Hürth

Sicherlich gibt es etliche Lehrkräfte, die an der praktischen Verwendung der Strukturlegetechnik zweifeln, weil sie Gebiete unterrichten, die überwiegend handlungsbezogen sind. Dazu zählen beispielsweise das Fach Sport, künstlerische Fächer, die Ausbildung zu bestimmten Berufen usw. Doch auch hier sind an einigen Punkten im Lernprozess besondere kognitive Leistungen erforderlich. Das psychologische Konstrukt „Handeln" beinhaltet nämlich nicht nur das ganz konkrete Agieren. Vielmehr macht es deutlich, dass ohne reflexive Handlungssteuerung kein professionelles Handeln möglich ist. Also auch wenn das praktische Tun ganz klar dominiert, wie etwa im Bereich des Sports, ist es immer wieder sinnvoll, dass gedankliche Zusammenhänge geschaffen werden, damit es nicht zu „blinden" Aktionen kommt. Formen wie Sortieraufgabe und Strukturlegetechnik werden dennoch als höchst ungewöhnlich erlebt, weil man sich schlecht vorstellen kann, dass beispielsweise in einer Turnhalle etwas anderes gemacht wird, als Sport zu treiben. In Fortsetzung des Handball-Beispiels (vgl. Abb. 11) sollen deshalb die bei der Strukturlegetechnik zum Thema „Handball" verwendeten Begriffe gezeigt werden.

6:0 Abwehr
5:1 Abwehr
4:2 Abwehr
Angriff
Annehmen eines Gegners
Auftaktschritte
Aufsetzerball
Bodenpass
Distanzwurf
Gegenstoß
Kreisläufer
....
....
....
Tempospiel
Torwart
Überzahl
Unterzahl
Wurfarmseite

Abb. 20: Das Legen von Strukturen ist selbst im Fach Sport möglich. Sekundarstufe I, Thema „Handball": Ausschnitt aus den 30 verwendeten Begriffen.

Je anspruchsvoller die Thematik, desto wichtiger ist es, die vielfältigen theoretischen Inhalte in einen Zusammenhang zu bringen. Soll beispielsweise in der zwölften Gymnasialklasse im Fach Geschichte der Erste Weltkrieg behandelt werden (Abb. 21) im Nachgang zu den vorauslaufenden „Balkankrisen", so ist es gleichermaßen möglich wie sinnvoll, das mittlerweile vorhandene Wissen im Sinne einer Vorwissensorganisation zu ordnen. Da weiterhin davon auszugehen ist, dass die einen oder anderen Gymnasiasten auch schon Wissen über Zustandekommen, Verlauf und Ende des Ersten Weltkriegs besitzen, können Inhalte wie „Attentat von Sarajevo“, „Bündnisse“, Kriegsbegeisterung, Versailler Vertrag angeboten werden. Dennoch wird die Vorwissensorganisation hohe Ansprüche an die Lernenden stellen. Doch wenn man sich vorstellt, dass die gleiche Strukturlegetechnik am Ende der Lehrplaneinheit erneut vorgelegt wird, um damit den „Ersten Weltkrieg“ abzuschließen und zugleich die Basis für die sich anschließende Thematik „Weimarer Republik“ zu schaffen – dann werden deutlich mehr der vorgegebenen Begriffe geläufig sein und es können dementsprechend fachlogisch adäquatere Strukturen gelegt werden.

Attentat von Sarajevo	Julikrise	Bündnisse	Industrialisierung des Krieges
Geschwindigkeit und Angriff	Kriegsverbrechen	Kriegswirtschaft	Kriegsziele
Blankoschecks	multi-ethnische Reiche	Balkankrise	Mobilität und Kommunikation
Kriegsbegeisterung	Mehrfrontenkrieg	Mobilisierung der Öffentlichkeit	Imperialismus
Versailler Vertrag	„Bargaining“	Revisionismus	Krieg als „Wohltat für die Gesellschaft“

Abb. 21: Praxisbeispiel Gymnasium, Klasse 12, Geschichte: „Der 1. Weltkrieg“

Betrachtet man die Lehre an Hochschulen und Universitäten, so stellt man fest, dass die gebräuchlichsten hochschuldidaktischen Formen der Vortrag Lehrender, Referate Studierender oder Diskussionen sind. Lehr-Lern-Arrangements, wie sie in diesem Buch beschrieben sind, kann man zwar auch finden – aber das ist bisher die Ausnahme. Das mag daran liegen, dass einerseits die Lehrenden bestimmte Methoden irrtümlich für schwer vereinbar halten mit dem von ihnen vertretenen wissenschaftlichen Anspruch. Andererseits wird natürlich auch der mit einer alternativen Methodik verbundene Aufwand gescheut. Deshalb erfreuen sich beispielsweise studentische Referate bei den Lehrenden noch immer großer Beliebtheit, obwohl Studierende nach einer von mir an 500 Personen durchgeführten Untersuchung dieser Form skeptisch bis ablehnend gegenüberstehen.
Am ehesten findet man deshalb innovative hochschuldidaktische Vorgehensweisen in der Lehrerbildung bei jenen Professorinnen und Professoren, die im Sinne des „Pädagogischen Doppeldeckers“ die verbal verkündeten Botschaften mit ihrem konkreten Handeln zur Deckung bringen möchten. Auf diese Weise gelangen auch aufwändige Methoden wie die Strukturlegetechnik in die Hörsäle. Beispielsweise wird im Hauptseminar „Innovative Formen des Lehrens und Lernens“ zur Organisation des Vorwissens eine Strukturlegetechnik eingesetzt. Da die Studierenden im Grundstudium, insbesondere in der „Einführung in die

Pädagogische Psychologie", schon zahlreiche Inhalte wie „Lernen", Motivation", „Lerntempounterschiede", „Gedächtnis", „Matthäus-Effekt", „Sandwichprinzip", „Advance Organizer" usw. kennengelernt haben, ist es ihnen möglich, sinnvolle Strukturen zu legen. Damit vernetzen sie ihr „mitgebrachtes" Wissen und schaffen die Grundlage für die Aufnahme spezieller Lehr-Lern-Arrangements.
Auf der Rückseite der 22 Kärtchen (ohne Abbildung) befinden sich vom Professor vorgegebene Erklärungen, sodass fehlendes Wissen kompensiert werden kann. So ist hinten auf dem Kärtchen „Lernmotivation" der kurze Text zu finden: „Lernmotivation speist sich vor allem aus der Einschätzung, den Anforderungen in einem Fach gewachsen zu sein." Oder auf der Rückseite des Kärtchens „Sandwichprinzip" ist zu lesen: „Tiefe Verarbeitung und persönliche Durchdringung der Inhalte durch in das kollektive Lernen eingeschobene Phasen individueller Aneignung." Wie den Rückmeldungen der Studierenden zu entnehmen ist, wird diese Form der Vorwissensorganisation als sehr positiv empfunden. Die Studierenden wissen es zu schätzen, dass die Lehrkraft die Mühe auf sich nimmt, nicht nur über die Vorwissensorganisation zu reden, sondern diese auch „am eigenen Leibe" erleben zu lassen. Damit ist der Boden bereitet für eine fruchtbare Diskussion über Chancen und Grenzen innovativer Lehr-Lern-Arrangements in den unterschiedlichen Fachdidaktiken.

Missverständnisse und Probleme

1. Die Strukturlegetechnik ist keine Plenumsmethode

Wie schon mehrfach erwähnt, bevorzugen es Lehrende, Wissen im Plenum zusammentragen zu lassen. So trifft man in der Praxis auf allen Stufen bis hin zur Erwachsenenbildung die folgende Vorgehensweise an: Das kommende Thema wird mit Hilfe eines Mediums notiert (z.B. Flipchart, Tafel, Whiteboard, Visualizer, Dokumentenkamera usw.). Die Lernenden werden gebeten, in Form eines „Brainstorming" frei assoziierend zu verbalisieren, was ihnen dazu einfällt. Die einzelnen Beiträge werden per Zuruf eingebracht und strahlenförmig um das Thema herum notiert. Das Ergebnis ähnelt einer Mindmap und wird fälschlich meist auch so benannt. Nach der Sammelphase wird mit dem neuen Thema begonnen. Stellt man Lehrenden die Strukturlegetechnik als wirkungsvollere Alternative dazu vor, erhält man zuweilen die Antwort: „Das tun wir doch schon. Nur machen wir es in einer anderen Form." Ebenfalls versuchen Lehrkräfte, welche sich mit der Strukturlegetechnik befasst haben, das Brainstorming mit Hilfe der Moderationstechnik durchzuführen. Dabei schreiben Lernende ihre Einfälle zum Thema gut leserlich mit einem Filzstift auf große Karten. Die Karten werden nacheinander im Plenum erläutert. Die Lehrkraft heftet die Karten an und bittet die Lernenden um Vorschläge, wie die Beiträge sachlogisch geordnet werden könnten.

Warum sind beide Formen höchst problematisch?
Erstens ist – wie bei allen Plenumsmethoden – nur ein Teil der Lernenden aktiv. Bei der Vorwissensorganisation geht es aber darum, dass sich möglichst alle Lernenden mit ihrem bisherigen, hochgradig individuellen Wissen und Können auseinandersetzen. Nur dadurch schaffen sie eine günstige Basis für die Verankerung neuer Inhalte in der vorhandenen subjektiven Struktur.
Zweitens ist es nicht möglich, durch Interaktionen im Plenum zu Anordnungen zu kommen, die der Sichtweise aller Lernenden entsprechen. Dieses Unterfangen ist schon in Partnerarbeit schwierig genug zu realisieren.
Drittens ist ein Diskurs, eine Diskussion oder ein Gespräch im Plenum, an dem sich alle Lernenden gleichrangig beteiligen, eine Illusion. In der Regel handelt es sich, wie beim Thema „fragend-entwickelnder Unterricht" ausgeführt, um ein von der Lehrkraft gesteuertes, nach intransparenten Regeln verlaufendes Scheingespräch. Umgekehrt ist es unbestritten, dass durch die Thematisierung dessen, was die Lernenden schon wissen oder können, auch im Plenum Vorwissen optimiert wird. Allerdings ist dies wenig effektiv: Es geht viel Zeit verloren, viele Lernende sind rezeptiv statt aktiv und das visualisierte Ergebnis ist meist recht zufällig. Wirkungsvoller ist es, sich in Einzel- oder maximal Partnerarbeit mit dem „Mitgebrachten" zu beschäftigen, es zu strukturieren und damit zu optimieren.

2. Die Strukturlegetechnik hat keine eindeutigen Lösungen
Bedingt durch die schulische Sozialisation sind Lernende es gewohnt, stets danach zu fragen, was richtig ist und was falsch. So möchten sie natürlich gerne erfahren, ob das, was sie gelegt, strukturiert und verbalisiert haben, den Anforderungen genügt. Umgekehrt sind Lehrkräfte es gewohnt und sehen es zurecht als ihre Aufgabe an, Feedback zu geben, zu korrigieren und zu bewerten. Vor diesem Hintergrund ist es nicht einfach zu verstehen, dass es bei der Strukturlegetechnik in der Regel keine eindeutig richtigen Lösungen gibt. Es sei denn, es wäre eine vorgegebene Anordnung abzubilden, wie es zuweilen in technischen Bereichen der Fall ist oder es wäre ein Ablauf nachzuvollziehen, der nur auf eine präzis definierte Weise erfolgen kann.
Die Strukturlegetechnik im Bereich der Vorkenntnisorganisation hat vielmehr die Funktion, dass sich die Lernenden intensiv mit ihrem bisherigen Wissen bzw. Können beschäftigen und versuchen, die einzelnen Elemente zu vernetzen. Dadurch fällt es ihnen leichter, die neu zu erwerbenden Inhalte in die vorhandenen subjektiven Strukturen zu integrieren, was letztendlich das Verständnis erhöht und langfristiges Behalten nachweislich verbessert. Beim Betrachten der Strukturen sowie beim Zuhören kann die Lehrkraft erkennen, welche Elemente angemessen angeordnet und welche Verknüpfungen nachvollziehbar vorgenommen worden sind. So kann

sie den aktuellen Stand von Wissen bzw. Können zu Beginn der Lehrplaneinheit einschätzen und ihre didaktisch-methodische Planung darauf ausrichten.

3. Die Strukturlegetechnik ist keine typische Grundschulmethode
Wie schon bei der Sortieraufgabe erwähnt und wie später erneut bei zahlreichen Methoden thematisiert, werden innovative Lehr-Lernarrangements irrtümlich als „Spiele“ aufgefasst, weil sie spielerisch anmuten. Das führt häufig zu emotionaler Ablehnung, vor allem in der Erwachsenenbildung und in der universitären Lehre. So wird die Strukturlegetechnik gerne als typische „Grundschulmethode“ abgetan. Dabei ist sie genau das Gegenteil davon: Je mehr die Lernenden wissen, je mehr sie können, je höher ihre intellektuellen Fähigkeiten sind, desto besser können sie strukturieren und desto besser können sie begründen. In Erwachsenenbildung, Universität und Sekundarstufe II bringt deshalb die Strukturlegetechnik die größten Erfolge und trifft, wenn die mit ihr verfolgten Intentionen verstanden werden, auf die höchste Akzeptanz. Dagegen tun sich Grundschülerinnen und Grundschüler wegen der hohen Ansprüche bezüglich der Visualisierung und Verbalisierung deutlich schwerer mit der Strukturlegetechnik.

1.3 Netzwerk – die Schwestermethode der Strukturlegetechnik

! **Hinweis:** Die Methode „Netzwerk“ wird hier in Zusammenhang mit der Organisation und Diagnose des Vorwissens bzw. des „mitgebrachten“ Könnens dargestellt. Sie kann aber nicht nur zu Beginn eines Lernprozesses, sondern auch in dessen weiterem Verlauf zur kognitiven Aktivierung sowie gegen Ende zur Vertiefung und Sicherung eingesetzt werden.

Obwohl die eben beschriebene Strukturlegetechnik mittlerweile allerorten im Bildungsbereich anzutreffen ist, hat die ebenfalls von mir entwickelte Methode „Netzwerk“ (Wahl 1995) noch nicht überall Eingang gefunden. Dabei handelt es sich um ein nahezu identisches Vorgehen, allerdings in der umgekehrten Reihenfolge. Während bei der Strukturlegetechnik das Vorwissen zuerst „sichtbar“ gemacht und dann im zweiten Schritt verbalisiert wird, steht beim Netzwerk das differenzierte Verbalisieren im Mittelpunkt. Das Visualisieren kommt hinterher. Wissen „hörbar“ zu machen ist eine hilfreiche Strategie, um Gedächtnisinhalte ins Bewusstsein zu rufen, zu ergänzen und zu vernetzen. Aber verbalisierende Verfahren sind bisher weniger geläufig als visualisierende Vorgehensweisen wie etwa Mindmapping, Flussdiagramm, Kreislaufdiagramm, Baumdiagramm, Concept Map usw. (vgl. z.B. Brüning & Saum 2017).
Der zweite Unterschied liegt in der Sozialform. Die Strukturlegetechnik eignet sich vor allem für Einzel- und Partnerarbeit. Das „Netzwerk“ ist hingegen als

Gruppenmethode konzipiert. Gruppenarbeiten sind zwar insgesamt höchst anspruchsvoll und es muss gut überlegt werden, wie sie in die Sandwich-Architektur integriert werden können (siehe Teil I dieses Buches, Kapitel 7). In diesem speziellen Fall ist die Gruppenarbeit jedoch gut strukturiert und der Leistungsvorteil der Gruppe wird gezielt ausgenutzt. Dieser besteht darin, dass sich die einzelnen Gruppenmitglieder spezialisieren und ihr vertieftes Wissen der Gruppe zur Verfügung stellen. Günstige Gruppengrößen sind 4, 5 oder 6. Größer sollten die Gruppen nicht sein, weil sonst die einzelnen Gruppenmitglieder in der Vernetzungsphase zu selten in eine aktive Rolle kommen. Partnerarbeit und Dreiergruppen sind möglich, aber für diese Methode nicht optimal. Der Grund dafür liegt in der höheren Zahl vorzubereitender Begriffe oder Teilthemen.
In welchen Phasen läuft die Methode „Netzwerk" ab.

(1) Verteilen der zentralen Begriffe
Zu entscheiden ist, wie groß die Gruppen sein sollen und wie viele Begriffe jeder Person zugeordnet werden. Bei 25 Lernenden können z.B. Fünfergruppen gebildet werden. Liegen zur Thematik „Ebola" fünfzehn Begriffe vor (siehe Abb. 22), dann werden diese in jeder Fünfergruppe per Zufall ausgeteilt. Jede Person erhält drei Begriffe. Im Bereich der Vorwissensorganisation ist es erleichternd, wenn die Lernenden Begriffe entsprechend des vorhandenen Vorwissens untereinander austauschen können. Günstig ist es, für die Begriffskarten ein großes Format zu wählen, zum Beispiel ein Drittel oder ein Viertel einer A4-Seite. Das hat den Vorteil, dass auf der Vorderseite der Begriff (wie etwa „Inkubationszeit") deutlich erkennbar geschrieben werden kann und dass auf der Rückseite ausreichend Platz für detaillierte Informationen zur Verfügung steht.

(2) Aneignungsphase
Die Lernenden setzen sich mit den ihnen zugeteilten Begriffen oder Teilthemen auseinander und tragen das dazu vorhandene Wissen zusammen. Beispiel: In einer Berufsfachschule „Gesundheit und Pflege" wird die aktuelle Ebola-Epidemie 2018 exemplarisch gewählt, um in die Thematik gefährlicher bis tödlich verlaufender Infektionskrankheiten einzuführen. Bevor auf die neuen Themen HIV/AIDS, Influenza A/H5N1 und Bakterielle Meningitis eingegangen wird, sollen die Lernenden ihr Basiswissen zu Infektionskrankheiten organisieren und optimieren. Dazu verwenden sie vorhandene Unterlagen, können jedoch auch Peers oder Lehrperson fragen. Die Aneignungsphase kann ausgelagert werden, indem sich die Lernenden zu Hause, im Internet sowie in Arbeitsphasen innerhalb von Lernplänen oder Lernbüros (Wochenplan, Daltonplan, Freiarbeit usw.) über ihre drei Begriffe informieren. Denkbar ist es auch, in der Aneignungsphase jene Lernenden kooperieren zu lassen, die eines oder mehrere Teilthemen gemeinsam haben.

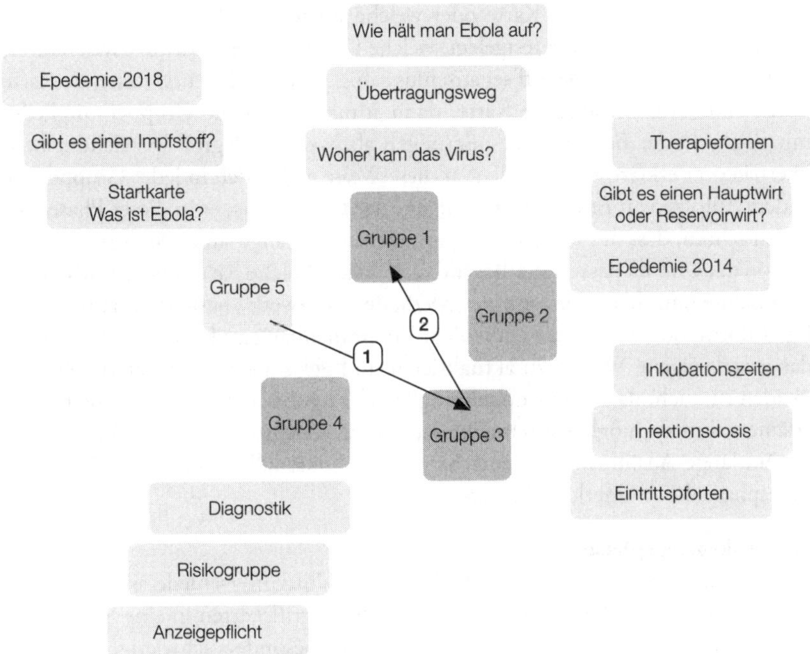

Abb. 22: Praxisbeispiel Berufsfachschule Gesundheit und Pflege. Methode „Netzwerk" für Fünfergruppen mit fünfzehn per Zufall ausgeteilten Begriffen zum Thema: „Ebola".

(3) Startphase

Wichtig ist es, jene Karte zu definieren, mit der die Vernetzung begonnen werden soll. Diese Karte wird mit der Bezeichnung „Startkarte" markiert. Sie soll es in besonderem Maß ermöglichen, dass andere Begriffe oder Teilthemen mit ihr verknüpft werden können. Gleichzeitig soll sie von hoher Allgemeinheit sein, damit die Breite der Thematik in den Blick gerät. Eine mögliche Startkarte wäre „Was ist Ebola?" Alternativ wären auch Begriffe wie „Was ist eine Infektion?" oder „Infektionskrankheiten" oder „Was ist eine Epidemie?" denkbar. Die Lehrkraft achtet darauf, dass die Ausführungen zur Startkarte eine gewisse Mindestqualität besitzen. Das kann sie dadurch tun, dass sie die Rückseiten der Startkarten einzeln mit jenen Lernenden bespricht, die diese Karte per Zufall erhalten haben. Sie kann auch kurz vor dem Beginn der Vernetzungsphase die „Starter" in einer Ecke zusammenrufen und klären, was zur Startkarte auf jeden Fall gesagt werden sollte.

(4) Vernetzungsphase

Nun beginnt der interessanteste Abschnitt der Methode „Netzwerk". Die „Startkarte" beginnt mit ihren Informationen. Die anderen Gruppenmitglieder hören zu. Sie überlegen, welche Karte oder welche Karten anschlussfähig sind. Es ist also nicht von vorneherein festgelegt, welche Karte als zweite, dritte usw. erläutert wird. Wer glaubt, sein Begriff sei anschlussfähig, der hält die entsprechende Karte hoch. Sind es mehr als eine Karte, dann stimmen sich die Gruppenmitglieder mit Blicken oder mit kurzen Äußerungen ab, welcher Begriff als nächster bzw. übernächster erklärt werden soll. Auf diese Weise ergibt sich in jeder Gruppe eine andere Abfolge von Erklärungen. Aufgabe der Lehrkraft ist es in dieser Phase darauf zu achten, dass die Verbalisierungen ausreichend lange sind. Denn zuweilen ist zu hören: „Und da passt mein Begriff auch dazu." Solche Sätze sind grundsätzlich auszuschließen, denn der Sinn der Methode „Netzwerk" besteht ja darin, wichtige Informationen in einen sinnvollen Zusammenhang zu bringen, um dadurch das jeweils eigene Wissen zu aktualisieren und ggfs. noch zu erweitern. Zu vermeiden ist auch, dass ein Gruppenmitglied alle seine Karten direkt nacheinander erläutert, um sie möglichst schnell loszuwerden. Ebenso ist es unerwünscht, dass extrem lange Ausführungen gemacht werden. Sonst fällt während der Verknüpfungsphase die Aufmerksamkeit ab.

(5) Strukturlegephase

Die Gruppen arbeiten unterschiedlich schnell. Um Unterschiede auszugleichen, können einzelne Gruppen damit beginnen, die Begriffskarten in eine Struktur zu bringen. Wie oben schon ausgeführt, ist dies eine besonders schwierige und nicht immer ertragreiche Aufgabe, weil es schon bei zwei Personen Probleme beim Finden einer gemeinsamen Lösung geben kann. Aber erfahrungsgemäß orientieren sich die Lernenden an jener Reihenfolge, die beim Verbalisieren gewählt wurde und entscheiden sich eher selten für eine ganz grundsätzliche Neuordnung.

(6) Plenumsphase

Wie schon bei der Strukturlegetechnik ausgeführt, machen Präsentationen im Plenum wenig Sinn. Die Lernenden haben sich informiert und sie haben nach Verknüpfungsmöglichkeiten gesucht. Beides hat die Vorkenntnisse verbessert. Noch einmal alle Begriffe durchzugehen wäre Zeitverschwendung. Allerdings ist es durchaus sinnvoll, dort nachzubessern, wo Informationen zu einzelnen Begriffen oder Teilthemen unvollständig oder fehlerhaft waren. Die Lehrkraft kann Wünsche in dieser Richtung erfragen. Zusätzlich kann sie sich in die Nähe der einen oder anderen Gruppe stellen, um zu hören, in welcher Qualität Informationen gegeben und Verknüpfungen konstruiert wurden. Beides hilft ihr bei der Entscheidung, ob mit dem Folgethema begonnen werden kann oder ob zuvor noch wichtige Lücken geschlossen werden müssen.

Variationsmöglichkeiten

Wie schon bei der Strukturlegetechnik diskutiert, kann die Organisation des Vorwissens dadurch unterstützt werden, dass die Lehrkraft nicht nur die Begriffe oder

Teilthemen vorgibt, sondern auf der Rückseite der Netzwerkkarten zusätzlich eine prägnante fachliche Erläuterung. Das ist dann empfehlenswert, wenn zu befürchten ist, dass es den Lernenden in der Aneignungsphase schwerfallen wird, zu angemessenen Lösungen zu kommen. Umgekehrt bedeutet dies natürlich für die Lehrkraft einen deutlich erhöhten Vorbereitungsaufwand. Jener kann sich dann lohnen, wenn die Netzwerkkarten hinterher eingesammelt und später erneut verwendet werden. In Abb. 23 sind zwei Beispiele dafür zu finden.

Vorderseite	Rückseite
Startkarte Was bedeutet EHEC?	EHEC bedeutet: E = entero H = hämorrhagische E = Escherichia C = Coli (benannt nach dem Entdecker Theodor Escherich) entero = den Darm betreffend, hämorrhagische = blutend → deutet an, dass dieser Erreger beim Menschen blutige Durchfallerkrankungen auslösen kann.

Vorderseite	Rückseite
Säure-Base-Titrationen	Die Konzentration einer Säure oder Base wird durch die Neutralisation einer Probe mit einer Maßlösung bestimmt: Den Äquivalenzpunkt erkennt man am Farbumschlag des zugesetzten Indikators.
pH-Wert	Der pH-Wert ist der negative Zahlenlogarithmus des Zahlenwerts der Konzentration der Hydronium-Ionen. Die pH-Skala reicht von pH = 0 bis pH = 14. Es gilt: pH + pOH = 14 (= pKW)

Abb. 23: Ausgewählte Netzwerkkarten zu Themen aus dem Gesundheitsbereich und aus der Chemie. Links jeweils die Vorderseite mit dem zu vernetzenden Begriff. Rechts die von der Lehrkraft (und nicht von den Lernenden) verfassten Erklärungen.

Modeling unverzichtbar

Weil die Methode „Netzwerk" Lehrenden wie Lernenden wenig vertraut ist, bedarf es ganz ausdrücklich einer gründlichen Einführung, damit alle wissen, was sie zu tun haben. Deshalb ist es unverzichtbar, dass ein Modeling der Start- sowie der Vernetzungsphase durchgeführt wird. In der Praxis lässt man zunächst alle Lernenden die Aneignungsphase durchlaufen. Ist dies geschehen, dann versammeln sich die Lernenden um einen beliebigen Gruppentisch. Die Mitglieder der Gruppe nehmen dort Platz. Die Lehrkraft fungiert als Regisseurin oder Regisseur. Sie leitet an, wie die Lernenden agieren sollen und unterbricht sofort, wenn vom geplanten Vorgehen abgewichen wird. Die Lehrkraft lässt das Modeling so lange andauern, bis wirklich allen Anwesenden klar ist, wie die Gruppenarbeit verlaufen soll. Alternativ kann sie als Gruppenmitglied fungieren, sich selbst beispielhaft verhalten und zusätzlich die entsprechenden Regieanweisungen geben.

Beispiel aus der Primarschule

Für Primarschülerinnen und Primarschüler stellt die Methode „Netzwerk" eine erhebliche Herausforderung dar. Das betrifft weniger die Aneignungsphase. Bei unseren umfangreichen Praxiserprobungen hat es sich gezeigt, dass die kleinen Menschen gut mit der Aufgabe zurechtkommen, ihr Wissen zu einigen Begriffen oder Teilthemen zusammenzutragen und in einfachen Worten festzuhalten. Das Problem liegt in der Vernetzungsphase. Für einen Teil der Schülerinnen und Schüler ist es nicht einfach, anderen Personen das vorzutragen, was sie gerade selbst ausgearbeitet haben. Leider kommt es häufiger als zu vermuten ist vor, dass die gesamte Erklärung aus einem einzigen gemurmelten Satz besteht. Es ist zwar eine anzustrebende Kernkompetenz, dass Lernende präsentieren können. Aber das muss erst einmal erlernt und ausreichend eingeübt werden. Umgekehrt gibt es sprachmächtige Schülerinnen und Schüler mit großem Darstellungsbedürfnis, die in Gruppenarbeiten wie im Plenum kaum zu stoppen sind. Mir ist es mehr als einmal passiert, dass ich von mir gehaltenen Unterrichtsstunden kaum zu Wort kam, weil einige Lernende hochmotiviert die gesamte Zeit über Beiträge leisten wollten. Insgesamt ist die Methode „Netzwerk" in der Primarstufe nur dann zu empfehlen, wenn sie zuvor gut eingeübt wurde. Das gilt aber für zahlreiche andere Arrangements ebenfalls, angefangen beim Sitzkreis und endend bei WeLL – Methoden.

Im nachstehenden Beispiel (Abb. 24) geht es um das Thema „Luft" im Sachunterricht des dritten Schuljahrs. Nachdem mittlerweile in Kindergarten und Vorschule zunehmend Experimente durchgeführt werden, wie etwa jener Versuch mit der unter einem Glas langsam verlöschenden Kerze, kommen die Schülerinnen und Schüler zum Teil mit erheblichem Vorwissen in die Lehrplaneinheit „Luft". Begriffe wie „Sauerstoff" wurden beispielsweise meinem Sohn schon im Kindergarten beigebracht. Deshalb erscheint es äußerst lohnenswert, eine Vorwissensorganisation durchzuführen, um den Boden für die nun folgenden aktiven Lernphasen zu bereiten. Diese werden häufig in Form von Stationenlernen, Lernwerkstatt oder Gruppenprojekten durchgeführt. Das Interesse am Experimentieren ist erfahrungsgemäß hoch. Die Leidenschaft, die theoretischen Zusammenhänge zu verstehen, ist dagegen weniger stark ausgeprägt. Warum beispielsweise ein Flugzeug fliegen kann, ist gar nicht so leicht zu erklären und die Strömungsgleichungen von Bernoulli sind nicht jedermanns Sache. Oder warum ein riesiges Schiff aus Metall nicht untergeht im Gegensatz zu einer kleinen Münze. Umso wichtiger ist es, das

Wissen der Schülerinnen und Schüler ins Bewusstsein zu rufen, zu vernetzen und damit eine Basis für bescheidene theoretische Erklärungsversuche zu schaffen.

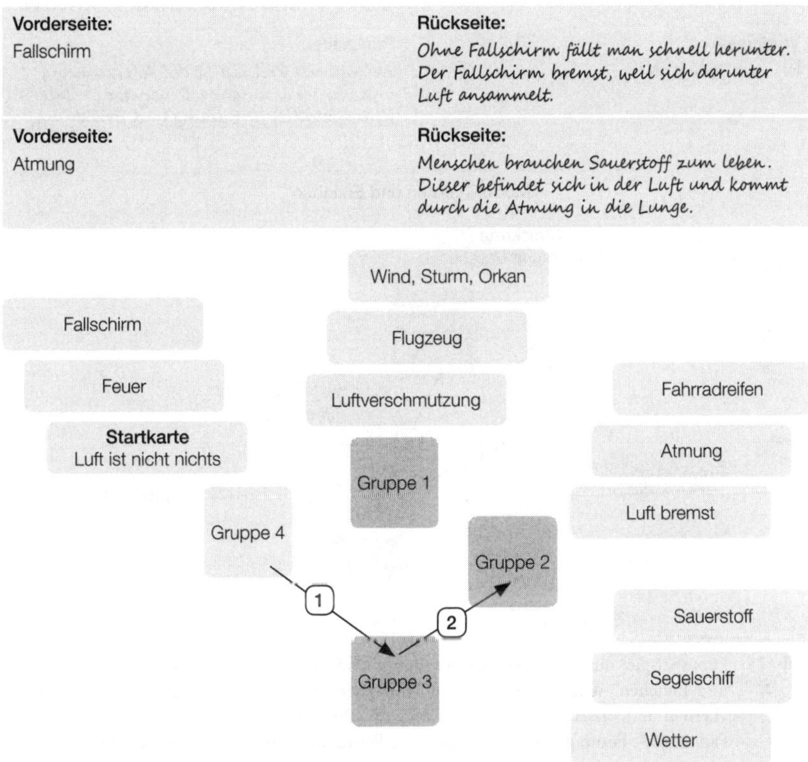

Abb. 24: Praxisbeispiel zum Thema „Luft“. Vierergruppen. 12 zentrale Begriffe werden per Zufall verteilt. Die Lernenden bereiten je 3 Begriffe vor, siehe etwa die Karten „Fallschirm“ und „Atmung“. Begonnen wird mit der Startkarte: „Luft ist nicht nichts“. Daran schließen sich die 11 anderen Teilthemen in einer von den Lernenden eigenständig hergestellten Verknüpfung an.

Beispiel aus der Hochschule

In Hochschulen und Universitäten verläuft die Methode „Netzwerk“ sehr effektiv. Das Modeling wird rasch verstanden, das Präsentieren fällt leicht(er). Die Verknüpfungen können nachvollziehbar begründet werden. Die Akzeptanz der Methode ist hoch.

Vorderseite:	**Rückseite:**
Selbstorganisiertes Lernen	Eigenständige Zielsetzung, Selbstmotivation, Auswahl von Lernstrategien, Planen – Überwachen – Bewerten der eigenen Lernprozesse
Vorderseite:	**Rückseite:**
Inklusive Pädagogik	Wesentliches Prinzip ist die Anerkennung und Wertschätzung von Diversität (= Unterschiedlichkeit) in Bildung und Erziehung.

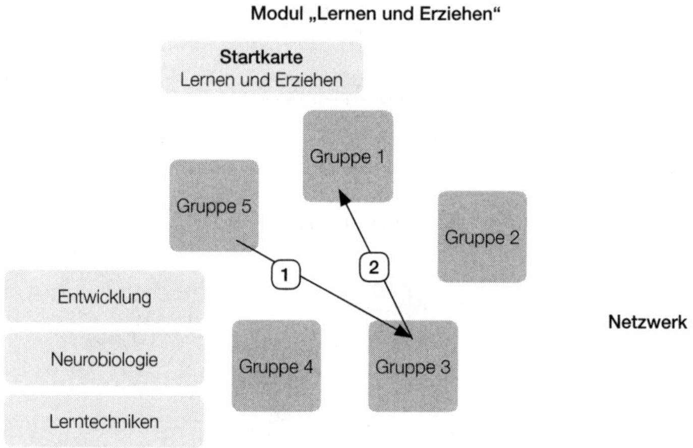

Abb. 25: Praxisbeispiel aus einer erziehungswissenschaftlichen Hochschule. Zum Modul „Lernen und Erziehen“ wird ein Netzwerk als Vorwissensorganisation durchgeführt. Startkarte ist „Lernen und Erziehen“. Teilthemen sind z.B. „Selbstorganisiertes Lernen“ oder „Inklusive Pädagogik“. Fünfergruppen. 15 Karten. Je Person drei auszuarbeitende Begriffe.

Missverständnisse und Probleme

Das Netzwerk ist keine Plenumsmethode

Um die Kontrolle über das Lerngeschehen zu behalten und um sich das lästige Modeling zu ersparen, wird das Netzwerk gerne im Plenum durchgeführt. Hierbei hat jede Person in der Aneignungsphase nur einen einzigen Begriff auszuarbeiten. Das geht schnell. Danach wird im Plenum vernetzt. Die Lehrkraft kann regeln, wenn Verknüpfungen nicht günstig erscheinen. Sie kann je nach Qualität des Beitrags bestätigen, ergänzen und korrigieren. Damit ist sichergestellt, dass nichts Falsches transportiert wird. Darüber hinaus kann die Lehrkraft präzise diagnostizieren, was die Lernenden schon wissen und was noch nicht. Das sind viele Vorteile und die Entscheidung der Lehrenden für eine Plenumsmethode ist nachvollziehbar. Dennoch ist es eine schlechte Wahl. Denn die Aktivität der Lernenden in der Aneignungsphase bezieht sich nur auf 1 Teilthema. In der Vernetzungsphase müssen die Lernenden z.B. in einer Klasse oder einem Seminar mit 25 Personen 24 Mal zuhören und dürfen nur 1 Mal selbst sprechen. Hinzu kommt, dass die Vernetzungsphase lange dauert. Würde jede Person eine Minute lang informieren, dann müsste sie umgekehrt 24 Minuten zuzuhören. Bei unseren Erprobungen weisen alle Ergebnisse darauf hin, dass die Aufmerksamkeit der Lernenden erlischt, wenn sie den eigenen Beitrag geleistet haben. So wird das „Netzwerk" in Form einer Plenumsmethode als recht zäh erlebt.

1.4 Szene – Stopp – Reaktion

! **Hinweis:** Die Methode „Szene-Stopp-Reaktion" wird hier in Zusammenhang mit der Organisation und Diagnose des „mitgebrachten" Könnens dargestellt. Sie kann aber nicht nur zu Beginn eines Lernprozesses, sondern auch in dessen weiterem Verlauf zur kognitiven Aktivierung sowie gegen Ende zur Vertiefung und Sicherung eingesetzt werden.

Die von mir entwickelte Methode „Szene – Stopp – Reaktion" (Wahl 1995) ist im Bereich der Handlungskompetenzen anzusiedeln. Ziel ist es, die „mitgebrachten" Handlungskompetenzen zu identifizieren (Diagnose) und – im Sinne der Organisation vorhandenen Wissens und vorhandenen Könnens – sich mit ihnen auseinanderzusetzen. Entstanden ist die Methode „Szene – Stopp – Reaktion" im Rahmen eines mehrjährigen Forschungsprojektes. Dort ließen wir Lehrkräfte in realen Situationen handeln. Da sich jedoch echte schulische Situationen nicht standardisieren lassen, haben wir versucht, eine gewisse Vergleichbarkeit dadurch herzustellen, dass wir mit kurzen Videofilmen gearbeitet haben. Hierbei zeigte sich eine verblüffende Ähnlichkeit zwischen dem realen Handeln im Unterricht und dem Reagieren auf Videoszenen. Allerdings nur dann, wenn den Lehrkräften – in Analogie zum alltäglichen Handeln – keine längeren Entscheidungszeiten als in der Unterrichtswirklichkeit zugestanden wurden. Aufwändige, zweijährige Validierungsexperimente ergaben, dass mit jenen Rekonstruktionen, die aufgrund der standardisierten Filmsituationen gewonnen wurden, künftiges Lehrhandeln ebenso gut prognostizierbar war wie mit jenen Handlungsmustern, die aufgrund der realen Handlungen konstruiert werden konnten. Die Ursache dafür liegt im Aufbau menschlichen Handelns (siehe Teil III, Kap. 2): Menschen entwickeln in ihrer Biografie Strukturen, die es ihnen erlauben, Situationen in wenigen Sekunden zu analysieren und zu beantworten. Diese hoch verdichteten Strukturen bezeichnen wir als „Situationsprototypen" und als „Aktionsprototypen".
Die als Nebenprodukt der Grundlagenforschung entstandene Methode „Szene – Stopp – Reaktion" bringt nachweislich handlungssteuernde Strukturen (Prototypen) und Prozesse (Gedanken und Gefühle) zum Vorschein. Deshalb erscheint

es äußerst aussichtsreich, mit klug angelegten Simulationen vom Typus „Szene-Stopp-Reaktion" herauszufinden, was die Lernenden in einem umschriebenen Bereich schon können und was sie noch nicht können. Das hilft den Lehrenden, das kommende Lehr-Lern-Geschehen begründet zu planen. Das hilft aber auch den Lernenden, weil sie dadurch erkennen, welche Kompetenzen sie schon besitzen und welche ihnen noch fehlen.
Das Lehr-Lern-Arrangement „Szene – Stopp – Reaktion" wird von den Lernenden als aktivierend und interessant erlebt. Es ist beliebt, weil hierbei nicht nur reflektiert wird, sondern weil es eine motivierende Handlungsveranlassung besitzt. Dennoch sind keine ernsthaften negativen Konsequenzen zu befürchten, weil ja nicht im tatsächlichen Handlungsfeld agiert wird, sondern nur so getan wird, als ob. So gesehen ist „Szene – Stopp – Reaktion" von der Primarschule bis zur Universität eine höchst empfehlenswerte Methode. Völlig frei von Konsequenzen ist die Methode natürlich nicht. Denn obwohl sie in einem geschützten Rahmen in Form einer Simulation abläuft, muss dennoch gehandelt werden. Und wie bei jeder Handlung, bewertet man seine eigene Leistung (Selbstbewertung). Und da mindestens eine weitere Person im Raum ist, die an diesem Handeln teilnimmt oder darüber informiert ist, gibt es auch Fremdbewertungen. Doch sind beide Bewertungsformen deutlich milder als beim realen Handeln.

Wie geht man bei „Szene – Stopp – Reaktion" vor?
Ich mache dies an einem Beispiel klar. Zunehmend werden Jugendliche Opfer von Internet – Mobbing. Mittlerweile bestätigen 42% der Mädchen und 33% der Jungen zwischen 12 und 19 Jahren, wenn man den Ergebnissen der zwanzigsten JIM-Studie aus dem Jahr 2017 (Jugend, Information, Multi-Media des Medienpädagogischen Forschungsverbundes Südwest) Glauben schenken will, sie hätten mitbekommen, dass es in ihrem Bekanntenkreis solche Vorfälle gegeben hat. Auf die Frage: „Ich wurde selbst schon mal von jemandem per Handy/im Internet fertig gemacht", sind es insgesamt 8%, wobei es keine bedeutsamen Unterschiede zwischen den Geschlechtern gibt.
Angenommen, eine Lehrkraft möchte gerne durch eine handlungsorientierte Lehrplaneinheit zum Thema „Cyber – Mobbing" die Kompetenzen der Lernenden im Umgang mit diesem Konflikt erhöhen, dann könnte sie zu Beginn mit dem Arrangement „Szene – Stopp – Reaktion" erheben, wie sich die Lernenden in vergleichbaren Situationen aktuell verhalten. Dabei durchläuft sie planvoll die folgenden Schritte: (1) Den allgemeinen Rahmen skizzieren. (2) Die konkrete Situation anschaulich beschreiben. (3) Zum Handeln veranlassen in drei Varianten. (4) Verbalisieren der handlungssteuernden Gedanken und Gefühle. (5) Die Angemessenheit des eigenen Handelns reflektieren (vgl. Abb. 28).

1. Den allgemeinen Rahmen skizzieren

Da zum Handeln veranlassende Situationen sehr spezifisch sind, müssen die Lernenden zunächst in das Handlungsfeld gedanklich wie gefühlsmäßig „eintauchen“. In unserem Beispiel geschieht dies dadurch, dass die Thematik „Handy- bzw. Internetmobbing“ angesprochen wird, die Lehrkraft ihr bekannte Beispiele anschaulich berichtet und vielleicht auch die einen oder anderen Lernenden eigene Episoden hinzufügen. Dies geschieht so lange, bis allen Anwesenden klar ist, in welchem Bereich das Handeln angesiedelt ist und um welche Art von Situationen es insgesamt geht. Vor allem jene Lernenden können sich gut einfühlen, die selbst schon davon betroffen waren.

2. Die konkrete Situation anschaulich beschreiben

Die Lehrkraft konfrontiert die Lernenden danach mit einer Situation, auf die diese in kurzer Zeit zu reagieren haben. Je konkreter die Situation, desto besser. Vorteilhaft ist es, Episoden auszuwählen, die sich tatsächlich exakt auf diese Weise abgespielt haben. In unserem Beispiel berichtet die Lehrkraft von folgendem Geschehen:

Ein Junge, 16 Jahre, wird von drei Mädchen auf Facebook gemobbt. Die Mädchen haben beim Baden an einem See ein höchst unvorteilhaftes Foto des Jungen gemacht. Darauf ist an einer Stelle eine Deformation seines Körpers zu entdecken, die man im bekleideten Zustand nicht sehen kann. Dieses Bild haben sie an etliche Mitschüler des Jungen zusammen mit einem abfälligen Kommentar geschickt.

3. Zum Handeln veranlassen in 3 Varianten

Die Lernenden können auf verschiedene Weisen zum Handeln animiert werden, die unterschiedlich realitätsnah sind. Aber es ist immer die gleiche Frage, die ihnen vorgelegt wird:

„Du kennst die drei Täterinnen und du kennst das Opfer.
Was machst du?“

(A) Variante 1: Agieren im Partnerrollenspiel

Die Lerngruppe wird in Paare aufgeteilt. Danach werden die Rollen festgelegt. Eine Person stellt wortwörtlich die obige Frage und setzt damit ihr Gegenüber unter Entscheidungsdruck. Die andere Person antwortet unverzüglich und danach kann der Dialog ohne weitere Vorgaben fortgesetzt werden, bis die Lehrkraft diese Phase durch ein Zeichen beendet. Ganz wichtig: Alle Paare agieren völlig zeitgleich, damit es keinesfalls zu den von Lernenden gefürchteten Mittelpunktsituationen im Plenum kommt, bei denen zwei sich zu produzieren haben, während der Rest zuschauen darf.

Erste Person (dunkel) stellt folgende Frage so herausfordernd, wie es ihr möglich ist:

„Du kennst die drei Täterinnen und du kennst das Opfer. Was machst du?"

Zweite Person (hell) muss sofort antworten.

Alle Pärchen agieren zeitgleich.

Abb. 26: Praxisbeispiel Cyber-Mobbing: Konkrete Arbeitsanweisung für Szene-Stopp-Reaktion in der Variante Partnerrollenspiel.

Die Variante „Partnerrollenspiel" fordert am stärksten zu sofortigen Reaktionen heraus. Damit sind die Chancen groß, dass das in der Simulation gezeigte Handeln dem in der Realität gezeigten typischen Handeln nahekommt. Umgekehrt muss die Lehrkraft bei dieser Form besonders gut vorausplanen, wie sie das Rollenspiel so anlegen kann, dass alle tatsächlich zeitgleich agieren und dass die Methode nicht zu einem ungewollten Spektakel entartet. Es sind also bei der methodischen Durchführung gleichermaßen Geschick wie Erfahrung erforderlich.

(B) Variante 2: Prototypenwahl mit der Ampelmethode

Weitaus einfacher ist es, mit der Ampelmethode zu erfassen, wie die Lernenden reagieren würden. Wie oben geschildert, wird die Situation bis zur entscheidenden Frage: „Was machst du?" vorangetrieben. Danach werden den Lernenden vier typische Handlungsmöglichkeiten angeboten. In wenigen Sekunden sollen sie eine davon wählen. Die vier angebotenen Prototypen werden durch Farbkärtchen symbolisiert, z.B. durch Rot, Gelb, Grün und Blau. Oder sie heben als fünfte Möglichkeit die Hand, um zu signalisieren, dass sie keinen der skizzierten vier Prototypen wählen würden.

Was machst du?

Rot = Ich spreche die drei Mitschülerinnen direkt an. Warum?

Gelb = Ich melde den Vorfall einer Lehrkraft. Warum?

Grün = Ich rede mit dem gemobbten Mitschüler. Warum?

Blau = Ich halte mich ganz heraus. Warum?

Hand = Ich mache etwas anderes, nämlich … Warum?

Abb. 27: Praxisbeispiel Cyber-Mobbing: Konkrete Arbeitsanweisung für Szene-Stopp-Reaktion in der Variante Ampelmethode.

„Szene-Stopp-Reaktion" in der Variante „Ampelmethode" besitzt folgende Vorzüge und Grenzen: Ist die Auswahl der häufigsten Handlungsmuster (bzw. Prototypen) für diese spezielle Situation einigermaßen gelungen, so können sich die Lernenden leicht zurechtfinden und sich rasch für eine der angebotenen Möglichkeiten entscheiden. Im Gegensatz zum Partnerrollenspiel ist es nicht erforderlich, in eine Interaktionssituation einzutreten und sich entsprechend stark zu exponieren. Deshalb sind Widerstände gegen diese Variante von „Szene-Stopp-Reaktion" selten. Umgekehrt regt die Entscheidungssituation dazu an, sich auf die Problematik einzulassen und zu reflektieren, warum man gerade diese und keine andere Handlungsweise gewählt hat. Unsere Erfahrungen zeigen, dass die Lernenden in aller Regel engagiert mitarbeiten. Die Lehrkraft kann beim Hochhalten der Farbkarten auf einen Blick sehen, welche Aktionen die Lernenden bevorzugen und damit beurteilen, wie nahe sie den angestrebten Lernzielen kommen. Gleichzeitig sehen sich die Lernenden damit konfrontiert, dass sich ihr eigenes Handeln vom Handeln anderer Personen zum Teil erheblich unterscheidet. Das ist eine hervorragende Basis für die nachfolgenden Lernprozesse.
Nachteile der Prototypenwahl mit der Ampelmethode liegen einmal in der begrenzten Anzahl der angebotenen Handlungsmöglichkeiten. Geht man davon aus, dass jede Person im Laufe ihrer Biografie durch Lernen an der Erfahrung eine höchst individuelle Prototypenstruktur entwickelt, so kann man diese Vielfalt natürlich nicht adäquat abbilden. Die zur Entscheidung vorgelegten Alternativen sind folglich wenig ausdifferenziert und wenig personenspezifisch. Vorgegeben wird lediglich die grobe Ausrichtung. Zweitens ist es handlungspsychologisch betrachtet ein enormer Unterschied, ob ich in konkrete, rasche, zum Teil nicht vorhersehbare Interaktionen mit einer anderen Person eintrete oder ob ich mich lediglich für eine Auswahlantwort zu entscheiden habe. Die Distanz zum tatsächlichen Agieren im thematisierten Problemfeld ist also deutlich größer als beim Partnerrollenspiel.

(C) Variante 3: Schriftliches Festhalten des eigenen Handelns
Für Lehrkräfte am einfachsten zu realisieren ist die dritte Variante von „Szene – Stopp – Reaktion". Auf die Frage: „Du kennst die drei Täterinnen und du kennst das Opfer. Was machst du?" notieren die Lernenden in Einzelarbeit stichwortartig, wie sie reagieren würden. Der Unterschied zum konkreten Handeln ist groß. Am schnellen Handeln unter Druck sind Situations- und Aktionsprototypen beteiligt. Diese besitzen wegen des hohen Verdichtungsgrades überwiegend implizite Strukturen. Zwar können sie prinzipiell unter günstigen forschungsmethodischen Voraussetzungen expliziert werden. Charakteristisch für Handeln ist jedoch der sekundenschnelle Zugriff auf die Prototypenstruktur, die ihrerseits zum sofortigen Bewerten und Beantworten der Situation befähigt.

Demgegenüber sind beim schriftlichen Reagieren vor allem reflexive Prozesse zu erwarten. Beim Schreiben „verfertigen" sich die Gedanken ebenso wie beim Reden (Kleist) erst „allmählich". Im Mittelpunkt steht also häufig nicht mehr das spontane Agieren, sondern das Nachdenken darüber, was man tun „würde" oder tun „könnte". Dabei fallen den Lernenden nach unseren Erfahrungen deutlich mehr unterschiedliche Möglichkeiten ein als beim Handeln unter Entscheidungsdruck in realen Situationen. Die Aufforderung, aufzuschreiben, was man „ganz spontan" tun würde, ist in sich selbst ein wenig paradox. Denn in der Regel geht beim Nachdenken die Spontaneität verloren. Dennoch ist es sinnvoll, auch diese Variante in Betracht zu ziehen, weil sie eine ausgezeichnete Basis für den vierten Ablaufschritt von „Szene-Stopp-Reaktion" bildet, nämlich die Auseinandersetzung mit den eigenen handlungssteuernden Kognitionen und Emotionen.

4. Verbalisieren der handlungssteuernden Gedanken und Gefühle

Die Methode „Szene-Stopp-Reaktion" hat nicht nur eine diagnostische Funktion, sondern soll helfen, die Kompetenzen der Lernenden im Umgang mit den thematisierten Handlungsfeldern zu erhöhen. Deshalb bleibt man nicht beim bloßen Agieren stehen, sondern strebt einen Veränderungsprozess an. Dieser beginnt bei der Auseinandersetzung mit jenen Kognitionen und Emotionen, die im Akteur abliefen bei der Wahrnehmung der „eingefrorenen" Situation sowie bei der Auswahl der Aktion. Methodisch hat es sich besonders bewährt, diese Aufgabe in Partnerarbeit anzugehen.

Die Anweisung lautet: „Bitte schildere Deinem Gegenüber so präzise wie möglich, was bei der Wahrnehmung der Situation und bei der Entscheidung für eine Handlungsmöglichkeit in Dir ablief. Berichte abschließend Deinem Gegenüber, inwieweit sich Deine Reaktion im Fallbeispiel von Deinem alltäglichen Handeln unterscheidet."

5. Die Angemessenheit des eigenen Handelns reflektieren

Ganz automatisch ergibt sich beim Vergleich des Handelns in der Simulation mit dem eigenen alltäglichen Handeln die Frage, wie die Problematik „richtig" zu bewerten ist und welche Aktionen im Grunde die „richtigen" wären. Diese Fragen sind natürlich nicht leicht zu beantworten. Erstens kommt es darauf an, welche Ziele die Lehrkraft mit der Lehrplaneinheit „Cyber-Mobbing" anstrebt. Zweitens ist es wichtig, ob zur speziellen Thematik wissenschaftlich fundierte Ergebnisse oder wenigstens bewährtes Expertenwissen vorliegen. Drittens muss die Lehrkraft entscheiden, ob sie dem kontroversen Diskurs der Lernenden dahingehend vertraut, dass sich aus diesem die für einen Modifikationsprozess unverzichtbare Veränderungsmotivation ergibt.

Verfolgt die Lehrkraft beispielsweise das übergreifende Ziel, die Kompetenzen der Lernenden im Bereich der „Zivilcourage" zu steigern und ihnen Mut zu machen, sich aktiv mit Konflikten auseinanderzusetzen, dann wird sie versuchen, diese Botschaften in den Mittelpunkt stellen. Aber das wird nicht ausreichen. Hinzukommen muss das Anbahnen der Fähigkeiten, in Form „gekonnter" Konfliktgespräche Probleme metakommunikativ zu thematisieren, in der Rolle von Moderatoren oder „Friedensstiftern" akute Vorfälle strategisch klug anzugehen sowie von Experten empfohlene Sofortreaktionen auf ausgeübte Gewalthandlungen anzuwenden. Dazu zählen zum Beispiel das spontane, aktive Solidarisieren mit anderen in der Nähe befindlichen Personen oder das überlaute Signalisieren, dass jetzt im Moment Menschen seelisch oder körperlich verletzt werden. Alle diese Inhalte gehören jedoch nicht mehr zur Vorwissensorganisation bzw. zum Bewusstmachen und zur Reflexion vorhandener Kompetenzen. Vielmehr sind sie Hauptbestandteile der Lehrplaneinheit insgesamt.

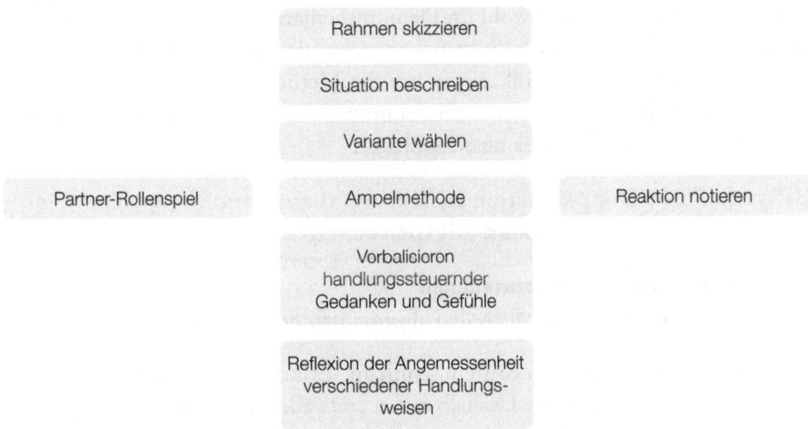

Abb. 28: Übersicht zum Ablauf der Methode „Szene-Stopp-Reaktion".

Beispiele aus Primarstufe, Sekundarstufe, Berufsbildung und Hochschule

Szene-Stopp-Reaktion in der Primarschule

Szene-Stopp-Reaktion kann durchaus schon in der Primarschule mit Gewinn eingesetzt werden. Die Voraussetzung ist, dass dieses anspruchsvolle Lehr-Lern-Arrangement vorher gut eingeübt wurde. Primarschülerinnen und -schüler sind teilweise recht impulsiv. Das ist positiv zu sehen, weil dadurch das Unterrichtsgeschehen erfreulich lebendig verläuft. Umgekehrt fällt es den Lernenden bei derart anregenden Vorgehensweisen wie einem Partnerrollenspiel oder einer Ampelmethode zuweilen recht schwer, sich an die Regeln zu halten. Das habe ich selbst häufig genug am eigenen Leibe erfahren müssen bei in Forschungssemester eingestreuten Lehrversuchen in der Primarschule.

Die Schritte (1) Den allgemeinen Rahmen skizzieren, (2) die konkrete Situation anschaulich beschreiben und (3) zum Handeln veranlassen in den Varianten Partnerrollenspiel und Ampelmethode können in der Primarschule gut durchlaufen werden. Eher abzuraten ist von der Variante „schriftliches Festhalten des eigenen Handelns", weil je nach Klassenstufe die dazu erforderlichen Schreibprozesse mühsam sein können. Wenig ergiebig ist in der Primarschule nach unseren Erfahrungen Schritt 4: „Verbalisieren der handlungssteuernden Gedanken und Gefühle". Das hängt einmal mit der sich im Laufe der Biografie zunehmend entwickelnden Fähigkeit zusammen, introspektiv handlungsleitende Kognitionen und Emotionen wahrzunehmen. Diese Kompetenz ist in der Primarschule noch nicht so ausgeprägt wie beispielsweise bei Erwachsenen. Parallel dazu fällt es den Lernenden einigermaßen schwer, innerpsychische Prozesse ausreichend verständlich zu verbalisieren. Dagegen kann Schritt 5 „die Angemessenheit des eigenen Handelns reflektieren" sehr wohl im Plenum thematisiert werden, um damit den genuinen Übergang zu den zentralen Lernzielen der Lehrplaneinheit herstellen. Ein authentisches Beispiel soll zeigen, wie die Methode „Szene-Stopp-Reaktion" im Bereich der Beschäftigung mit den schon vorhandenen Handlungskompetenzen zu Beginn einer Thematik aussehen kann.

Beispiel: Szene-Stopp-Reaktion zur Thematisierung von Kompetenzen im Bereich des Umgangs mit Gleichaltrigen

1. In das Handlungsfeld „eintauchen"

Die Lehrkraft schildert mündlich den allgemeinen Sachverhalt:

Luca befindet sich im dritten Schuljahr. Er kommt aus einer Familie, der die Schule wichtig ist. Deshalb hat er stets alle Materialien vollständig dabei. Darüber hinaus ist Luca sehr freundlich. Bitten ihn Mitschüler, ihm etwas auszuleihen, so ist er dazu bereit. Das Problem für ihn besteht darin, dass das Ausgeliehene höchst selten zurückgebracht wird. So muss er häufig im Klassenzimmer suchend umhergehen, um zu sehen, wo seine Materialien geblieben sind und sie sich selbst zurückholen. Denn zuweilen gehen diese von Hand zu Hand. Manchmal nervt ihn das so sehr, dass er es zu Hause seinen Eltern klagt. Umgekehrt will er nicht als „Assi", also als unsozial gelten.

2. Die konkrete Situation anschaulich beschreiben

Jonas hat sich in der heutigen Mathematikstunde-Doppelstunde mit dem Thema „Zeichnen geometrischer Formen" zuerst das Lineal von Luca ausgeliehen, dann später noch den Radiergummi. Beides hat er nicht zurückgebracht.

Jetzt kommt er zum dritten Mal und sagt:

„Kannst du mir bitte deine Farbstifte leihen"?"

3. Mit der Ampelmethode zum Handeln veranlassen

4. im Plenum die Entscheidungen begründen

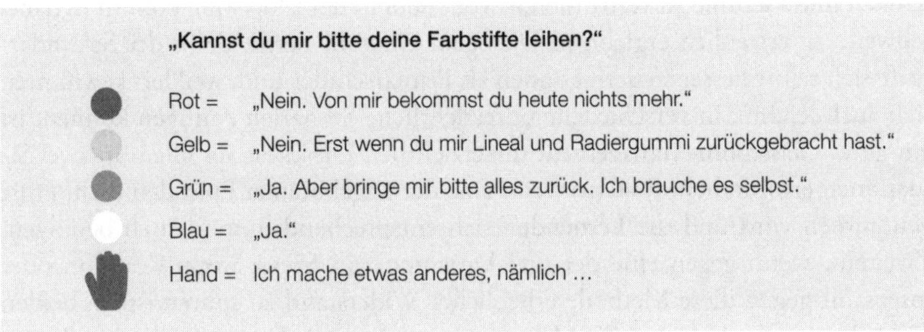

Abb. 29: Praxisbeispiel aus der Primarschule: Arbeitsanweisung für Szene-Stopp-Reaktion in der Variante Ampelmethode.

Die Lernenden halten zeitgleich Farbkarten oder Hände hoch. Danach lässt die Lehrkraft Lernende jeder Farbe die jeweiligen Entscheidungen begründen bzw. erklären jene, die etwas anderes machen würden, was und warum sie keine der vier angebotenen Alternativen gewählt haben. An den Häufigkeiten kann die Lehrkraft ablesen, welche Prototypen bevorzugt gewählt werden. An den im Plenum gegebenen Erklärungen kann sie erkennen, welche Gründe im Sinne handlungsleitender Gedanken und Gefühle die Lernenden dafür nennen. Dagegen wird bewusst auf das sonst übliche Verbalisieren in Partnerkonstellationen verzichtet, weil sich dieses Vorgehen in der Primarschule meist als unergiebig erwiesen hat.

5. Die Angemessenheit des eigenen Handelns reflektieren

Die Lernziele der Lehrkraft sind klar definiert: Sie möchte einerseits das soziale Miteinander fördern. Andererseits will sie die Selbstbehauptung, den Widerstand, die Verweigerung für jene Situationen stärken, in denen asymmetrisch interagiert wird, die einen Personen also die anderen Personen ausnützen oder übervorteilen. Ihrer Ansicht wie dem Lehrplan nach ist die Unterstützung der Schülerinnen und Schüler bei der Weiterentwicklung ihrer Selbst- und Sozialkompetenzen eine zentrale Aufgabe des Unterrichts. Sie weiß jetzt, wie nahe ihre Lernenden diesen situativ schwer auszubalancierenden Zielen schon gekommen sind und kann nun die zentralen Inhalte der Lehrplaneinheit darauf abstimmen.

Szene-Stopp-Reaktion in der Sekundarschule

Szene-Stopp-Reaktion kann in den Sekundarstufen I und II in den genannten fünf Schritten vollständig realisiert werden. Darauf weisen sowohl unsere langjährigen Feldexperimente als auch meine eigenen punktuellen Lehrversuche bei dieser Altersgruppe hin. Die Lernenden sind in der Regel nach einer Einübungsphase, ohne die ein derart komplexes Lehr-Lern-Arrangement nicht auskommt, in der Lage, sich in verschiedene Problemsituationen hineinzudenken, rasch eine für sie typische Aktion auszuwählen und in Partnerarbeit handlungsleitende Gedanken und Gefühle zu verbalisieren. Vor allem in der Oberstufe kommt es dabei teilweise zu erfreulich ergiebigen Dialogen. Obwohl Lernende in der Sekundarstufe sich selbst besser steuern können als Primarschüler und, weil lerngewohnter, sich auch leichter in verschiedene unterrichtliche Szenarien einfügen können, ist ein gutes Classroom-Management unverzichtbar. Dieses ist vor allem in zwei Situationen erforderlich. Erstens, wenn eine der angebotenen Episoden nicht ernst genommen wird und die Lernenden sich entsprechend humoristisch betätigen. Zweitens, wenn gegen eine der drei Varianten von Szene-Stopp-Reaktion oder insgesamt gegen diese Methode erheblicher Widerstand zu spüren ist. In beiden Fällen bietet es sich an, auf die Metaebene zu gehen, die Lernenden um Äußerungen zu bitten, gut zuzuhören und ggfs. auf die Durchführung ganz zu verzichten. Szene-Stopp-Reaktion ist in der Sekundarstufe bei vielfältigen Thematiken sinnvoll. Zum Beispiel kann man im Fremdsprachenunterricht Anlässe nennen, in denen in der Zielsprache in Partnerarbeit agiert werden muss. So kann man als Basissituation einen Auslandsaufenthalt schildern, bei dem jemand in einer Gastfamilie wohnt. Person A erhält die Rolle Gastgeberin oder Gastgeber. Person B hat die Rolle Gast. Person A stellt beispielsweise die Frage: „Have you got a hobby that you could tell me something about?" Und Person B hat spontan zu reagieren. Da alle Partnerrollenspiele zeitlich parallel verlaufen, werden hohe Sprechanteile in der Zielsprache erreicht. Die Lehrkraft kann sich beim selektiven Zuhören einen Eindruck über Interaktionsfähigkeit, Flüssigkeit und Wortschatz einzelner Lernender verschaffen und darauf die weitere Gestaltung der Lehrplaneinheiten abstimmen.

Domäne für Szene-Stopp-Reaktion in der Sekundarschule ist jedoch sicherlich das soziale Lernen. Kompetenzen im Umgang mit anderen Personen zu fördern, Interaktionen in Alltagssituationen sowie die Kommunikation in Konfliktsituationen angemessener zu gestalten, das sind zentrale Thematiken. Dazu gehört natürlich auch der Umgang mit den eigenen Eltern bzw. den jeweils erziehungsberechtigten Personen. In diesem Bereich wirken nicht nur die Älteren auf die Jüngeren ein, sondern auch die Jüngeren auf die Älteren. Wer selbst Kinder hat, der weiß sehr wohl, wie groß der Einfluss auf die Eltern sein kann, wenn es um Ernährung, Kleidung, Medien, Reisen oder Sport geht. In manchen Zusammenhängen ist es sinnvoll, den Einfluss der Jüngeren auf die Älteren systematisch zu nutzen. Wird beispielsweise im Unterricht über gesunde Ernährung gesprochen, so können sich erhebliche Diskrepanzen ergeben zwischen dem Verhalten der Eltern und jenen Konzepten, die den Kindern im Unterricht nahegelegt werden. Deshalb stellt sich die Frage, wie man die Kompetenzen von Lernenden stärken kann, persönliche Meinungen zu kommunizieren, eigene Interessen zu vertreten

und Entscheidungen auszuhandeln. Fähigkeiten, die fächerübergreifend von großer Bedeutung sind.
Das folgende authentische Beispiel stammt aus dem Bereich eines ökologisch angemessenen Verhaltens. Die Lehrkraft strebt an, in Fragen der Müllentsorgung, des Energieverbrauchs, der Luftreinhaltung, der Verpackungen usw. die Lernenden von der Notwendigkeit nachhaltiger Lösungen zu überzeugen. Da diese sich jedoch gegenüber Erziehungsberechtigten in einer schwächeren Position befinden, sollen sie befähigt werden, in angemessener Weise zu einem ökologisch sinnvollen Meinungs- oder Einstellungswandel der Erwachsenen beizutragen. Das ist einerseits erstrebenswert, andererseits eine ganz besonders schwierige Aufgabe für die Lernenden, aus einer untergeordneten, wenig machtvollen Rolle heraus Veränderungen zu erreichen. Um diagnostizieren zu können, welche Kompetenzen auf diesem Gebiet schon vorhanden sind, und um – im Sinne einer Organisation von Vorkenntnissen – zur Auseinandersetzung mit schon vorhandenen Fähigkeiten auf diesem Gebiet beizutragen, arbeitet die Lehrkraft mit Szene-Stopp-Reaktion. Im konkreten Beispiel geht es um die Gestaltung einer Back-Home-Situation.

Szene-Stopp-Reaktion zum Aushandeln von Entscheidungen im Bereich des Umgangs mit den Eltern bzw. den Erziehungsberechtigten

1. In das Handlungsfeld „eintauchen"
Die Lehrkraft schildert mündlich den allgemeinen Sachverhalt:
Du hast in der Schule gehört, dass zu Hause wenig ökologisch gelüftet wird. In den meisten Haushalten wird die durchgängige Kipplüftung bevorzugt. Diese führt jedoch zu einem geringen Luftaustausch und zu einem erheblichen Wärmeverlust. Stoßlüftung in Form der Querlüftung sorgt für einen jeweils kurzen Durchzug mit wenig Wärmeverlust, schnellem Luftaustausch und sie vermindert wirksam Feuchtigkeit sowie Schimmelbildung.

2. Die konkrete Situation anschaulich beschreiben
Bei dir zu Hause wird das Fenster tagsüber gekippt bzw. schräg gestellt. Du erklärst den Erwachsenen, dass du in der Schule gelernt hast, dass das ökologisch nicht sinnvoll ist. Du schlägst vor, ab jetzt die Stoßlüftung zu praktizieren.

3. In der Variante „Partnerrollenspiel" zum Handeln veranlassen
Darauf bekommst du die folgende Antwort:

> „Mag sein, dass es dein Lehrer so erklärt hat. Aber das hier ist meine Wohnung und ich lüfte so, wie ich es will und nicht, wie dein Lehrer es will!"

4. Verbalisieren der handlungssteuernden Gedanken und Gefühle
Im Anschluss an das Partnerrollenspiel, das etwa ein bis zwei Minuten dauert und erfahrungsgemäß besonders lebendig abläuft, weil die Lernenden typische Argu-

mentationen der Erwachsenen bestens kennen und entsprechend genussvoll wiedergeben, bleiben die Pärchen zusammen. Jede Person schildert, wie sie das Handeln des Gegenübers wahrgenommen hat sowie welche Gedanken und Gefühle das in ihr auslöste. Ebenso werden die abgelaufenen innerpsychischen Prozesse bei der Wahl von Aktionen und Reaktionen beschrieben. Abschließend wird die Frage angegangen, wie denn typischerweise zu Hause vergleichbare Diskussionen ablaufen und in welcher Weise sie selbst dabei agieren.

5. Die Angemessenheit des eigenen Handelns reflektieren

Daraus ergibt sich die Frage, wie man gekonnt seine eigene Meinung so äußert, dass die Gegenüber zuhören, wie man seine Interessen vertritt und wie man aus einer schwächeren Position heraus erfolgreich verhandeln kann. Daran sind die Lernenden in der Sekundarstufe stark interessiert, weil das ihnen im Umgang mit Erwachsenen aller Art helfen kann. Umgekehrt reicht es nicht aus, wenn die Lehrkraft im Laufe der Lehrplaneinheit von den Lernenden zusammentragen lässt, wie sie bisher in vergleichbaren Situationen agieren und aufzählen lässt, welche Strategien sich bewährt haben. Sie muss deutlich darüber hinausgehen, indem sie Konzepte erfolgreicher Verhandlungsführung thematisiert, indem sie zum Umgang mit überstarken Emotionen befähigt (z.B. Cooling Down Strategien), indem sie auf die Bedeutung verbindlicher Entschlüsse hinweist, die ihrerseits wieder in Probezeiträumen getestet werden usw. Schließlich sollte sie nach dem Prinzip des „Pädagogischen Doppeldeckers" alle jene Situationen nützen, in denen die Lernenden im schulischen Raum ihre Meinungen äußern, ihre Interessen vertreten und mit Erwachsenen verhandeln. Anlässe dafür gibt es genug.

Szene-Stopp-Reaktion in der Berufsschule

Je stärker Lehr-Lernprozesse auf den Erwerb konkreter Handlungskompetenzen abzielen, desto fruchtbarer ist die Methode Szene-Stopp-Reaktion. Man kann dabei an kommunikative Kompetenzen denken, wie sie etwa bei Bewerbungen erforderlich sind. Im Gesundheitsbereich kann man die Lernenden in Form zeitlich paralleler Partnerrollenspiele mit einem halbseitig gelähmten Patienten konfrontieren, den sie umzudrehen haben, um zu sehen, inwieweit sie schon in der Lage sind, Patienten zu aktiver Mithilfe zu animieren. Bei der Ausbildung zum Polizeivollzugsdienst kann man die Lernenden mit dem Video-Interaktions-Simulator in brenzlige Situationen stürzen. In technischen Berufen können in Maschinen Fehler eingebaut werden. Im Bereich der Informationstechnologien können in einem Netzwerk Computerviren simuliert werden, die zu beseitigen sind, bevor sie dem System schaden usw.

Immer dann, wenn es nicht ausreicht, Wissen zu vermitteln, sondern wenn das klare Ziel darin besteht, Können anzubahnen, müssen die Lernenden befähigt werden, typische berufliche Situationen professionell zu beantworten. Viele dieser Situationen können mit der Methode Szene-Stopp-Reaktion simuliert werden.

Zunächst zu Beginn von Lehrplaneinheiten, um der Lehrkraft einen Einblick in „mitgebrachte“ Kompetenzen zu erlauben und die Lernenden zu einer Auseinandersetzung mit dem zu veranlassen, was sie schon im Berufsfeld zu leisten vermögen. Dann wieder gegen Ende des Lernprozesses, um mit dieser Vorgehensweise „unter Druck“ zu testen, wie groß die Lernfortschritte sind und was ggfs. noch nachgebessert werden muss. So erweist sich die Methode Szene-Stopp-Reaktion in beruflichen Lernprozessen als ganz besonders empfehlenswert.

Szene-Stopp-Reaktion in der Lehrerbildung

Die Lehrerbildung ist ebenfalls eine auf Kompetenzen hin orientierte Form der Aus-, Fort- und Weiterbildung. Leider ist diese, vor allem im Lehramtsstudium, noch so stark mit Wissen gefüllt, dass es auch den leistungsstärksten Studierenden nicht einmal ansatzweise gelingt, alle vermittelten Theorien Schritt für Schritt in professionelle Kompetenzen umzuwandeln. Dazu sind die Praxisphasen einerseits zu kurz und andererseits nicht kohärent genug mit jenen Inhalten verknüpft, die in Vorlesungen und Seminaren vermittelt werden. Lehrende an Universitäten und Hochschulen scheuen sich, wie schon erwähnt, innovative und vor allem handlungsorientierte Lehr-Lern-Arrangements in ihren Veranstaltungen zu verwenden. Dagegen sind sie gerne auf dem allerneuesten technischen Stand, wenn es gilt, digitale Bildungsplattformen zu installieren, weil man auf diesen nicht nur Texte komfortabel einstellen, sondern auch studentische Leistungen bequem hochladen kann. Manche Lehrende sind sogar so begeistert von den neuen Medien, dass sie ernsthaft der Meinung sind, man könne zwischenmenschliches Kommunizieren an einem PC-Bildschirm lernen. Auf nachweislich deutlich wirkungsvollere Formen der Lehrerbildung gehe ich in Teil IV dieses Buches ein.

Szene-Stopp-Reaktion ist in allen Phasen der Lehrerbildung gewinnbringend einzusetzen. Die Methode ersetzt nicht die Praxis, kann aber kompetenzorientiert auf sie vorbereiten. Unterrichtliches Geschehen zeichnet sich durch eine Vielfalt typischer, wiederkehrender, im Detail jedoch unterschiedlicher Situationen aus. Von Interesse ist es für Seminarleiter oder Hochschullehrer, sich ein Bild zu machen von den schon vorhandenen Fähigkeiten der angehenden oder schon praktizierenden Lehrkräfte. Für die „Novizen“ ist es wichtig, die „mitgebrachten“ Kompetenzen mit jenen abzugleichen, die angestrebt werden. Und da menschliches Handeln extrem stabil ist, lohnt sich in der Anfangsphase einer Thematik die Auseinandersetzung mit der eigenen Prototypenstruktur, um erkennen zu können, welche Modifikationen vermutlich notwendig sein werden.

Angenommen es geht in der Fachdidaktik um das Reagieren auf nicht erwünschte Verhaltensweisen der Schülerinnen und Schüler, wie etwa spontanes Lachen bei einer Antwort oder einer Lösung, so erlebt die angehende Lehrperson eine doppelte Herausforderung: Sie soll einerseits auf die im Vordergrund stehende Leistung achten und andererseits auf die Reaktionen einzelner Lernender oder

der ganzen Klasse. Dieses Dilemma kann man unterschiedlich lösen. Sie kann das soziale Lernen in den Mittelpunkt stellen und die fachliche Lösung beiseiteschieben. Sie kann auf die fachliche Richtigkeit eingehen und sich vornehmen, in einer späteren Stunde Formen des Umgangs untereinander zu thematisieren. Sie kann auch versuchen, beide Aspekte in der Situation selbst miteinander zu verbinden. Alle drei Varianten von Szene-Stopp-Reaktion eignen sich für die Beschäftigung mit diesem Dilemma zu Beginn einer Thematik: Zeitlich paralleles Rollenspiel, Ampelmethode mit zur Auswahl angebotenen Prototypen, schriftliches Notieren einer Handlungsweise.

Mathematik. Flächenberechnung des Rechtecks.

I: „Wie verändert sich die Fläche eines Rechtecks, wenn man die Länge und Breite verdoppelt?"

S: „Sie wird 9mal so groß!"

Einige MitschülerInnen lachen.

Abb. 30: Konkrete Arbeitsanweisung für Szene-Stopp-Reaktion. Von mir selbst im Unterricht miterlebtes Praxisbeispiel aus der Lehrerbildung. Dunkles Rechteck: Bei diesem sollen Länge und Breite verdoppelt werden. Hellere Rechtecke: die richtige Lösung wäre 4-fach. Ganz helle Rechtecke: Diese Lösung (9-fach) hat die Schülerin gefunden. Sofort reagiert werden kann im Partnerrollenspiel, mit der Ampelmethode oder durch Aufschreiben.

Unsere Erfahrungen mit Szene-Stopp-Reaktion in allen Phasen der Lehrerbildung sind ganz ausgezeichnet. Die angehenden bzw. praktizierenden Lehrkräfte erleben die Methode als anforderungsreich, gilt es doch, in einer komplexen Situation rasch zu reagieren. Sie sind in der Lage, auf anspruchsvollem Niveau ihre handlungsleitenden Kognitionen und Emotionen zu verbalisieren und sie sind im Anschluss mehr als neugierig darauf, welche fundierten theoretischen und empirischen Erkenntnisse ihnen vorgestellt werden. Und natürlich wollen sie vor allem wissen, ob diese zu wirkungsvolleren Handlungsmöglichkeiten führen als ihr bisheriges Repertoire an Verhaltensweisen. Umgekehrt kommt es einem hochschuldidaktischen Paradigmenwechsel gleich, in Vorlesungen, Seminaren oder Colloquien mit kompetenzorientierten Lehr-Lern-Arrangements zu arbeiten.

Missverständnisse und Probleme

Szene-Stopp-Reaktion ist keine Plenumsmethode

Bei der Methode Szene-Stopp-Reaktion kommt es darauf an, dass möglichst alle Lernenden aktiviert werden und nicht nur einzelne. Angezielt ist eine Auseinandersetzung mit den von Person zu Person verschiedenen Prototypen sowie den beim Wahrnehmen und Agieren handlungsleitenden Kognitionen und Emotionen. Das ist im Partnerrollenspiel besonders gut zu erreichen. Beim Transfer dieses Lernarrangements gibt es jedoch ein klassisches Missverständnis: Zahlreiche Lehrkräfte – weil sie es von anderen Rollenspielvarianten her gewohnt sind – führen ganz automatisch Szene-Stopp-Reaktion im Plenum durch. Das kann man bei der erstmaligen Einführung der Methode machen, damit alle Lernenden genau sehen und hören, wie in den einzelnen Phasen vorzugehen ist. Ansonsten sind bei dieser Methode Rollenspiele im Plenum ungeeignet, weil dabei lediglich zwei Personen aktiv sind und alle anderen beobachten. Bestenfalls können die beiden Akteure ihre eigenen Handlungsstrukturen erkennen. Die Zuschauer erhalten jedoch keinen Einblick in ihr eigenes prototypischen Agieren. Und nacheinander alle Lernenden im Plenum auftreten zu lassen, würde nicht nur zahlreiche unterschiedliche Ausgangssituationen erfordern, sondern auch viel Zeit kosten.

Szene-Stopp-Reaktion ist kein Gag zum Auflockern des Unterrichts

Es geht sehr lebendig zu bei dieser Methode. Zeitweise wird auch viel gelacht. Deshalb treffen wir zuweilen eine recht oberflächliche Adaption in der Praxis an. Etliche Lehrkräfte suchen nach Methoden, die den Unterricht auflockern, finden das handlungsnahe Vorgehen toll und lassen die Lernenden mit Genuss auf alltägliche Situationen oder noch besser auf ungewöhnliche Extremsituationen reagieren. Sie vergessen es dabei, in der vierten Phase die handlungsleitenden Strukturen und Prozesse verbalisieren zu lassen, sondern erfreuen sich an den Überraschungseffekten. Natürlich gibt es dieses Kernproblem bei allen innovativen Methoden: Man denkt, dass die Methode dem Unterricht Qualität verleiht und vergisst dabei, dass Lehr-Lern-Arrangements nur eine dienende Funktion besitzen. Wer häufig wie ich im Unterricht hospitiert, wundert sich manchmal über inhaltsarme Methodenfeuerwerke, die nicht die angestrebten Lernprozesse nach sich ziehen, sondern leicht als „Show“ identifiziert werden können. Deshalb sollte Szene-Stopp-Reaktionen nur an zwei klar definierten didaktischen Orten eingesetzt werden: (1) zu Beginn von Lehrplaneinheiten zur Diagnose „mitgebrachter“ Prototypen sowie zur subjektiven Auseinandersetzung mit den schon vorhandenen Fähigkeiten; (2) gegen Ende von Lehrplaneinheiten zur Überprüfung des Kompetenz-Zuwachses sowie zum Verfestigen der modifizierten Handlungsstrukturen und -prozesse.

1.5 Partnerinterview

! **Hinweis:** Die Methode „Partnerinterview“ wird hier in Zusammenhang mit der Organisation und Diagnose des Vorwissens bzw. des „mitgebrachten“ Könnens dargestellt. Sie kann aber nicht nur zu Beginn eines Lernprozesses, sondern auch in dessen weiterem Verlauf zur kognitiven Aktivierung sowie gegen Ende zur Vertiefung und Sicherung eingesetzt werden.

Es hat sich als besonders wirkungsvoll erwiesen, die eigenen Vorkenntnisse bzw. das „mitgebrachte“ Können mit Hilfe einer anderen Person zu organisieren und zugleich zu optimieren. Der spezifische Vorteil liegt darin, dass bei einer geschickten Strukturierung der Interaktion das Gegenüber sowohl anregend als auch überprüfend agieren kann. Das führt zu interessanten und zielgerichteten Lernprozessen. Eine von uns über einen langen Zeitraum hinweg erprobte Form ist dabei das Partnerinterview. Hierbei stellen sich die Lernenden abwechselnd Fragen, um das Vorwissen des Gegenübers zu aktivieren und zu kontrollieren. Hierauf weist die Bezeichnung „Interview“ hin. Oder sie stellen sich gegenseitig Aufgaben, um zu schauen, was die andere Person schon kann. Der Begriff „Partner – Interview“ ist allerdings für die Charakterisierung dieser Variante eher weniger treffend gewählt.
Das von mir entwickelte Partnerinterview (Wahl 2004b) orientiert sich an den Grundgedanken des „Gruppenturniers“ (Slavin 1978 und 1983), verzichtet jedoch ganz bewusst auf den Wettbewerbsaspekt und reduziert die Zahl der Akteure auf zwei, um es einfacher realisieren zu können. Das Partnerinterview gehört wie das Multiinterview, die Strukturierte Kontroverse, die Gruppenrallye, das Lerntempoduett, das Partnerpuzzle und das Gruppenpuzzle zu den WeLL-Methoden. WeLL ist ein Akronym und bedeutet „Wechselseitiges Lehren und Lernen.“ Spezielle Merkmale dieser Gruppe von Lernarrangements sind die Gleichberechtigung der Rollen, drei typische Lernphasen sowie der systematische Wechsel von Expertenstatus und Novizenstatus. (Vgl. A.A. Huber 2004, 2005 und 2007; Wahl 2013, S. 161–182).
WeLL zeichnet sich durch eine außergewöhnlich starke Handlungsveranlassung aus. Damit ist gemeint, dass die Lernenden aus der Tätigkeit heraus motiviert sind, sich aktiv im Lernprozess zu engagieren. Das ist eine Ausnahme. Normalerweise sinkt die Lernmotivation von Jahr zu Jahr. Darauf weisen auch unsere eigenen Untersuchungen deutlich hin. Die Ursache? Das Lernen innerhalb von Institutionen wird zunehmend als mühselige Arbeit empfunden und immer seltener mit positiven Emotionen verknüpft. Folgen sind das bestens bekannte Unterlaufen didaktischer Szenarios durch Passivität oder durch „so tun als ob“, vergleichbar mit einem „Dienst nach Vorschrift“. Dadurch büßen Lehr-Lern-Arrangements die angezielte Wirkung ein, lassen Lehrkräfte mit der Zeit resignieren und auf alles verzichten, was über die einfachsten didaktischen Formen hinausgeht. Lehrkräfte, die trotz längerer Berufstätigkeit ihre Experimentierfreudigkeit auf der Basis einer hohen Veränderungsmotivation behalten, sind deshalb recht selten.

Was ist die Ursache der ausgeprägten Handlungsveranlassung? Diese ist in der Abfolge der drei typischen Lernphasen zu sehen. In der ersten Lernphase erwerben die Lernenden einen eng umschriebenen Expertenstatus. Das scheint im ersten Moment nichts Besonderes zu sein. Bei genauer Betrachtung wird jedoch deutlich, dass das Erarbeitete ganz dringend benötigt wird, um in der zweiten Lernphase zurecht zu kommen. Das erworbene Wissen oder Können muss nämlich in der zweiten Lernphase aktiv präsentiert werden. Nicht nur von einer einzigen Person, wie es häufig bei Auftritten im Plenum der Fall ist, sondern ausnahmslos von allen Lernenden. Niemand kann sich ganz heraushalten. Und wer in der ersten Phase die Methode unterläuft, indem er in langjährig perfektionierter Passivität weit hinter den Lernzielen zurückbleibt in der Hoffnung, das würde wie immer niemand bemerken, der wird in der zweiten Phase beschämt werden. Denn das Gegenüber bemerkt sofort das Fehlen der erwarteten Expertise, kann den Status als Novize an diesem Punkt nicht überwinden und zeigt folglich wenig Lust, dem leistungsverweigernden Subjekt beim Lernen zu helfen durch Präsentation des eigenen mühsam erworbenen, komplementären Anteils an Wissen oder Können.
Wer mit WeLL – Methoden arbeiten möchte, sollte sich deshalb darauf einstellen, dass die ersten Gehversuche scheitern werden. Die Lernenden benötigen aufgrund ihrer Lernbiografie nach unseren Erfahrungen einige Wochen, bis wirklich alle realisiert haben, dass sich niemand bei diesen didaktischen Arrangements ganz heraushalten kann. Wer jetzt glaubt, das sei nur bei Lernenden so, der irrt sich. Ich erlebe ständig bei Fortbildungen mit Lehrenden aller Art, von der Primarstufe bis hin zu Universitätsprofessoren, dass trotz meines expliziten Hinweises, niemand könne sich von der Methodenerprobung ausschließen, weil diese sonst nicht funktioniere, regelmäßig Menschen für eine gewisse Zeit unauffindbar sind, so dass deren Gegenüber gleichermaßen enttäuscht wie beschäftigungslos herumstehen. Und etliche Male war es auch geradezu grotesk, dass eben jene Personen, die keine Lust zur aktiven Teilnahme demonstrierten, sich bitter über die mangelnde Motivation ihrer Schülerinnen, Schüler, Studentinnen oder Studenten beklagten.
WeLL-Methoden erbringen insgesamt die folgenden Effekte (vgl. Huber 2004, 2005 und 2007; Wahl 2013): (1) Die Lernenden setzen sich besonders intensiv mit den Inhalten auseinander, weil sie sich im Interaktionsgeschehen gegenseitig animieren und zugleich überwachen. (2) Durch den in der ersten Phase erworbenen Status als „Miniexperte" bekommen sie das Gefühl, etwas zu können. Das steigert nachweislich ihr Kompetenzerleben. (3) WeLL – Methoden wirken sich günstig auf den Erwerb von Lernstrategien aus. Sie verlangen es den Lernenden ab, Sachverhalte prägnant darstellen sowie die Angemessenheit von Lösungen oder die Qualität von Leistungen beurteilen zu können. (4) Gefördert werden zudem überfachliche Kompetenzen in den Bereichen der Kommunikation und Kooperation. (5) Die zur Verfügung stehende Lernzeit wird gut genutzt, denn sowohl in den Phasen der An-

eignung (Handlungsveranlassung) wie des Austausches (Interaktion) ist der Lernprozess zielorientiert und vor allem sehr klar strukturiert.
Wie kann man sich ein Partnerinterview im Bereich der Organisation des Vorwissens bzw. im Bereich des „mitgebrachten" Könnens vorstellen? Dazu ein Beispiel: An einer Hochschule für Heilpädagogik werden – aufbauend auf einer früheren Lerneinheit zum Thema „Demenz" – die Studierenden mit Behandlungsmethoden vertraut gemacht, die sie ansatzweise im nachfolgenden Praktikum im Umgang mit Patienten erproben sollen. Um die schon vorhandenen Kenntnisse ins Gedächtnis zu rufen, zu ergänzen und zu ordnen wird das folgende Partnerinterview durchgeführt:

Partnerinterview zum Thema „Demenz"	
Person A stellt diese Fragen	**Person B stellt diese Fragen**
1. Was versteht man unter dem Begriff „Demenz"?	
	2. Wer erkrankt an Demenz?
3. Welche Krankheit ist die häufigste Form der Demenz?	
	4. Was sind die Unterschiede zwischen einer primären und sekundären Demenz?
5. Welche Veränderungen zeigen sich am Gehirn dementiell erkrankter Menschen?	
	6. Welches sind die Hauptsymptome einer Demenz?
7. Welche Stadien einer Demenz lassen sich unterscheiden?	
	8. Welche Behandlungsmöglichkeiten gibt es?

Abb. 31: Partnerinterview zum Thema „Demenz"

1. Einteilung

Die komplementären Rollen A und B werden nicht ausgehandelt. Das wäre Zeitverschwendung. Sie werden zugeteilt. Praktisch kann dies durch unterschiedliche Arbeitsblätter geschehen: Die eine Hälfte ist auf weißem Papier gedruckt, die andere Hälfte auf farbigem Papier. Die Blätter werden so ausgeteilt, dass auf der einen Seite des Raumes die eine Rolle vorherrscht, auf der anderen Seite des Raumes die andere. Dieses Vorgehen hat mehrere Vorteile. (1) Erstens können sich in der Aneignungsphase die nebeneinander sitzenden Lernenden bei der Lösung ihrer eigenen Aufgaben unterstützen. (2) Zweitens ist sichergestellt, dass es in der Austauschphase zu neuen Paarbildungen kommt. Das ist sehr wichtig. Denn zuweilen ist es doch so, dass Personen, die ständig nebeneinandersitzen und viel miteinander interagieren, rasch zur stillen Übereinkunft kommen, dass sie sich nicht anstrengen, sondern nur den Anschein intensiver Mitarbeit erwecken wollen, während sie sich über Privates austauschen. Mit weiter entfernt sitzenden Personen sind solche Übereinkünfte natürlich ebenfalls möglich, in der Regel jedoch schwieriger zu arrangieren. (3) Es besteht die Chance, die Phasen 1 (Aneignung) und 2 (Austausch) sowohl getaktet ineinander zu überführen, indem sich alle Paare gleichzeitig bilden. Es ist aber auch möglich, die Phase 2 im individuellen Arbeitstempo beginnen zu lassen: Sobald Personen mit unterschiedlich farbigen Arbeitsblättern fertig sind, dürfen sie sich zusammentun und mit dem Austausch beginnen, ohne auf alle anderen warten zu müssen. Würde man jedoch von vorneherein so austeilen, dass schon in der Aneignungsphase ein A neben einem B sitzt, dann würde ein Lerntempoduett (siehe Teil II, Kap. 2.3) erfahrungsgemäß scheitern. Denn in der Regel würde gleichermaßen aus Rücksichtnahme wie aus Gewohnheit auf die jeweiligen Nebenleute gewartet werden.

2. Aneignungsphase

Rolle A hat die Aufgabe, die ungeraden Fragen vorbereitend zu bearbeiten. Sie beginnt mit: „Was versteht man unter dem Begriff Demenz?“ Dabei stützt sie sich zunächst auf ihre Erinnerungen. Reichen diese nicht aus, so kann die neben ihr sitzende Person um Rat gefragt werden. Vielleicht sind auch noch Unterlagen aus der entsprechenden Lehrplaneinheit vorhanden oder es ist möglich, auf Bücher oder elektronische Hilfsmittel zurückzugreifen. Der Raum für Notizen ist auf dem Arbeitsblatt bewusst klein gehalten. Es sind lediglich Stichworte zu notieren. Dadurch werden Umfang und Differenziertheit der auszuarbeitenden Lösungen begrenzt. Auf diese Weise bewältigt Rolle A die Hälfte des von der Lehrkraft für bedeutsam gehaltenen Vorwissens, indem sie 4 der 8 Aufgaben löst.

Zeitgleich verfährt Rolle B mit ihren 4 Fragen genauso. Die Besonderheit liegt hier in Frage 8: „Welche Behandlungsmöglichkeiten gibt es?“ Hier ist es nicht möglich, auf die Inhalte der früheren Lehrplaneinheit zurückzugreifen, weil dieser Bereich dort nicht thematisiert wurde. Folglich muss Person B prüfen, ob sie im Laufe ihres Studiums, ihrer Praktika, im privaten Kontakt mit dementiell erkrankten Menschen oder über irgendwelche Medien schon Kenntnisse über Behandlungsmöglichkeiten gewonnen hat. Notfalls kann sie hier nichts eintragen. Das ist nicht nachteilig. Denn erstens könnte es sein, dass ihr Gegenüber schon etwas weiß und dadurch zur Optimierung der Vorkenntnisse beiträgt. Und zweitens kann, ein grundsätzliches Interesse am Studium der Heilpädagogik vorausgesetzt, auch die Motivation entstehen, mehr darüber erfahren zu wollen.

Ziel der Aneignungsphase ist es, dass sich die Lernenden ganz speziell mit der Hälfte der für die Weiterarbeit relevanten Informationen auseinandersetzen, um einen eng begrenzten Expertenstatus zu erwerben. Dies geschieht in der klaren Erwartung, später als „Miniexpertin“ oder „Miniexperte“ auftreten zu können. Die damit verbundene Verpflichtung erhöht die Bereitschaft, sich gründlich mit dem Lösen der Fragen oder Aufgaben zu beschäftigen. Die Lehrkraft gibt die Sozialform vor. In

Frage kommen vor allem die Einzelarbeit, seltener die Partnerarbeit, noch seltener Kleingruppen wegen der mit Gruppenarbeiten verknüpften Probleme (vgl. Teil I, Kap. 7). Denkbar ist es auch, die Sozialform frei wählen zu lassen. Letzteres sollte jedoch mit Augenmaß geschehen, denn Lernende mit geringer Anstrengungsbereitschaft wählen gerne Großgruppen, weil es in diesen kaum auffällt, wenn sie sich nicht mit vollem Engagement in die gemeinsame Arbeit einbringen.

3. Austauschphase

In der Interview-Phase geht es nicht darum, dass sich die Lernenden gegenseitig berichten, welches Vorwissen sie haben oder was sie schon können. Das wäre ein grobes Missverständnis, das sich intuitiv nahelegt, wenn man zum Beispiel schon Erfahrungen mit Partnerpuzzles oder Gruppenpuzzles gemacht hat. Vielmehr geht es darum, dem Gegenüber genau jene Fragen zu stellen, auf die man sich gerade eben gründlich vorbereitet hat. Viele Lehrkräfte erleben das als widersinnig und fragen, warum man nicht einfach puzzleartig berichten lässt, was gerade ausgearbeitet wurde. Das wäre doch viel einfacher und vom Ablauf her viel leichter zu organisieren? Die Begründungen dafür sind in der Art der Aktivitäten zu finden. Ließe man die Mini-Experten einfach berichten, so befänden sich ihre jeweiligen Partnerinnen oder Partner in einer rezeptiven Rolle. Im ersten Teil dieses Buches wurde demgegenüber argumentiert, dass beim Zuhören und Zuschauen deutlich weniger nachhaltig gelernt wird als bei hoher eigener Aktivität. Durch die erste Frage von Rolle A: „Was versteht man unter dem Begriff Demenz?" kommt Rolle B ins Schwitzen, muss nachdenken, Wissensstücke zusammentragen. Dadurch erkennen beide recht gut, was sicher gewusst wird, was Halbwissen ist und welche Informationen nicht mehr präsent sind. Kommt B mit dem Beantworten der ersten Frage zu Ende, dann wird A aktiv: Bestätigt, korrigiert und ergänzt. Durch dieses Coaching festigt sich noch einmal das Wissen von A und zugleich wird das Vorwissen der „interviewten" Person B nicht nur organisiert, sondern zugleich auch optimiert. Ergebnis sind nicht eine aktive und eine rezeptive Rolle, wie in der Austauschphase beim Partnerpuzzle, sondern es sind beide Lernenden aktiv. Ist die erste Frage abgearbeitet, dann stellt B die Frage Nummer 2: „Wer erkrankt an Demenz?" Das hat A natürlich nicht vorbereitet und antwortet entsprechend unsicher. B bestätigt, korrigiert, ergänzt. Auf diese Weise werden alle acht Themenkreise gestreift, die aus Sicht der Lehrkraft als Basis für die kommende Einheit unverzichtbar sind. Und die so wichtige Organisation des Vorwissens wird von ständig aktiven Lernenden durchgeführt.

Modeling unbedingt erforderlich

Führt man leicht verständliche Lehr-Lern-Arrangements wie etwa Ampelmethode oder Think – Pair – Share in Unterricht oder Lehre ein, dann genügen meist klare Arbeitsanweisungen, um schon bei den ersten Versuchen zum Erfolg zu kommen. Beim Partnerinterview ist dies anders. Trotz eindeutiger Arbeitsanweisungen münzen die Lernenden intuitiv das Partnerinterview in ein Partnerpuzzle um. Sie

sind es gewohnt, dass jene Person, die sich mit einer Frage besonders beschäftigt hat, ihr Wissen weitergibt – und nicht etwa jene Person danach fragt, die sich nicht damit auseinandergesetzt hat. Folglich muss man den Lernenden unmissverständlich vor Augen führen, was in der Austauschphase zu tun ist.
Hier bietet sich das Modeling an. Damit ist gemeint, dass Schritt für Schritt jene Interaktionen vorgemacht werden, die hinterher von allen Lernenden auszuführen sind. Folgende Vorgehensweise hat sich bewährt: Die Lehrkraft schlüpft in Rolle A und bittet eine beliebige Person B nach vorne. Alle anderen Lernenden schauen zu. Die Lehrkraft stellt Frage Nummer 1: „Was versteht man unter dem Begriff Demenz?" Natürlich ist es für die ausgewählte Person B besonders unangenehm, vor der gesamten Gruppe eine Frage zu beantworten, auf die sie sich nicht vorbereitet hat. Ganz gleich, was B murmelt, greift die Lehrkraft dies positiv auf und macht beispielhaft vor, wie man bestätigt, korrigiert und ergänzt. Dabei geht sie bewusst auf die Metaebene und erklärt, WIE sie bestätigt, WIE sie korrigiert und WIE sie ergänzt.
Ist dieser erste Teil abgeschlossen, bitte die Lehrkraft die ausgewählte Person B, Frage 2 zu stellen: „Wer erkrankt an Demenz?" Die Lehrkraft antwortet darauf absichtlich nicht in höchster Perfektion, sondern gibt sich mit einer schlichten Erklärung zufrieden. Sie gibt damit Person B die Gelegenheit, zu bestätigen, zu korrigieren und zu ergänzen. Im Anschluss daran geht die Lehrkraft erneut auf die Metaebene und gibt Person B vor der gesamten Gruppe Feedback darüber, WIE sie bestätigt hat, WIE sie korrigiert hat und WIE sie ergänzt hat. Situativ wird danach entschieden, ob das Modeling fortgesetzt wird mit den Fragen 3, 4 usw., bis der Eindruck entsteht, das Vorgehen sei deutlich genug demonstriert. Um den Lernenden die Möglichkeit zu geben, das Gesehene in das eigene Handeln zu übertragen, wird eine Vergewisserungsphase bzw. „Murmelphase" eingeschoben (genauer beschrieben in Teil II, Kapitel 2.1), in der sich die Lernenden kurz Gedanken machen, was sie zu tun haben. Danach wird erstmalig mit dem Partnerinterview begonnen. Insgesamt empfiehlt sich Modeling bei Methoden wie Lerntempoduett, Netzwerk, Strukturlegetechnik, Partnerinterview, Multiinterview, Strukturierte Kontroverse, Partnerpuzzle usw. – also bei allen Lehr-Lern-Szenarios, die bisher nicht praktiziert wurden, eine gewisse Komplexität aufweisen und eher kontraintuitiv ablaufen.

4. Abschluss im Plenum

Haben die Lernenden die Partnerarbeit beendet, so schließt sich nach dem Sandwich-Prinzip wieder eine Plenumsphase an. Diese sollte diagnostisch genutzt werden. Die Lernenden können berichten, an welchen Punkten gutes Vorwissen vorhanden und an welchen Punkten Lücken sichtbar waren. Es ist jedoch nicht sinnvoll, alle Fragen oder Aufgaben noch einmal ganz systematisch durchzugehen. Das würde all jene Lernenden langweilen, die ihr Vorwissen durch das Partnerinterview ausreichend organisiert haben. Möglich ist es hingegen, dort nachzubessern, wo erhebliche Defizite bestehen, ohne deren Bearbeitung die Thematik nicht ertragreich weitergeführt werden kann. Bei den ersten Erprobungen erscheint es zielführend, auf die Metaebene zu gehen und mit den Lernenden darüber zu sprechen, wie sie mit der Methode „Partnerinterview" zurechtgekommen sind: Wurde die Expertenphase als hilfreich empfunden? Ist die Austauschphase in Form eines Interviews abgelaufen oder wurde entgegen der Zielstellung nur wechselseitig informiert? Konnten die Lernenden akzeptierend bestätigen, freundlich korrigieren und kompetent ergänzen? Abschließend sollte man die Meinung der Lernenden einholen, ob diese Methode künftig häufig, selten oder gar nicht eingesetzt werden sollte. Hierzu eignet sich die Ampelmethode:

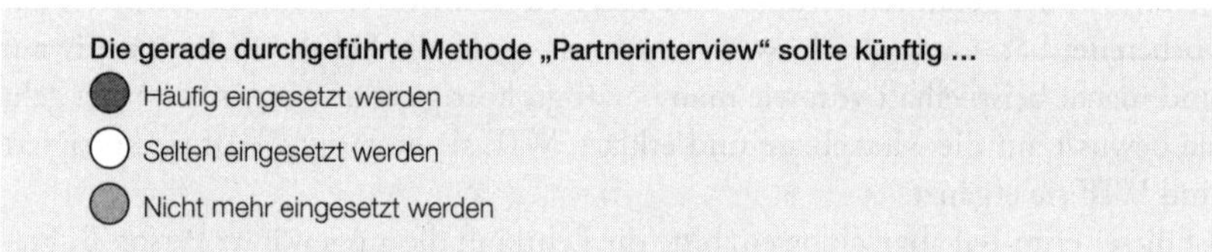

Abb. 32: Ampelmethode zum Überprüfen der Methodenakzeptanz.

Das Partnerinterview im Bereich des Könnens

Beim kompetenzorientierten Unterrichten geht es nicht nur darum, dass etwas gewusst wird. Viel bedeutsamer erscheint es, dass die Lernenden am Ende des Lernprozesses etwas können. Im Bereich der Organisation und Optimierung hierzu „mitgebrachter" Kompetenzen können Partnerinterviews durchaus hilfreich sein. Hierbei geht es nicht um das Fragenstellen. Wie schon erwähnt, führt der Begriff „Interview" hier ein wenig in die Irre. Vielmehr werden dem Gegenüber Aufgaben präsentiert, die zu lösen sind.

In der Aneignungsphase setzen sich die Lernenden jeweils mit der Hälfte der Aufgaben auseinander. In der Austauschphase legen sie Partnerin oder Partner jene Aufgaben vor, die sie gerade selbst zu bewältigen versucht haben. Während das Gegenüber in der Rolle als „Novize" die Aufgaben bearbeitet, beobachtet der „Mini-Experte" aufmerksam den Lösungsprozess. Dabei erkennt er, an welchen Stellen es Probleme bis hin zu völligem Unverständnis gibt. Danach wechseln die Rollen. Im abschließenden Plenum berichten beide, welche Aufgaben gelöst werden konnten, welche Kompetenzen schon vorhanden sind und welche noch fehlen.

Im nachstehenden Beispiel geht es um die aus drei Sätzen bestehende Satzgruppe des Pythagoras. Ähnlich wie bei der weltbekannten Einsteinformel zur Äquivalenz von Masse und Energie $E = mc^2$ ist auch beim Satz des Pythagoras anzunehmen, dass zahlreiche Lernende von $a^2 + b^2 = c^2$ gehört haben lange vor der häufig in Klasse 8 angesiedelten Behandlung. Es kann auch sein, dass im Projektunterricht, in Schulen mit viel Freiarbeit oder anderen offenen Formen durchaus schon früher eine Begegnung mit dieser Thematik stattgefunden hat. Ebenfalls ist es möglich, dass Lehrkräfte anderer Schulen oder anderer Klassenstufen sich dieses Inhaltes angenommen haben. Es ist bei gründlicher Diagnose recht selten, dass vor dem Beginn einer Lehrplaneinheit niemand aus dem Kreis der Lernenden irgendetwas von einem definierten Thema gehört hat. Dass Schülerinnen und Schüler zuweilen vorgeben, überhaupt nichts von dem zu wissen oder zu können, was behandelt werden soll, kann zutreffen, kann aber auch als Schülertaktik entlarvt werden. Üblicherweise ist von einer nicht unbeträchtlichen Heterogenität im Vorwissen und in den „mitgebrachten" Kompetenzen auszugehen.

Wie laufen die Organisation und die Optimierung der zum Satz des Pythagoras „mitgebrachten" Kompetenzen ab? In der Aneignungsphase beschäftigt sich Rolle A mit den in Abb. 33 wiedergegebenen Aufgaben. Die erste Aufgabe kann auch schon mit minimalen Kompetenzen gelöst werden. Die zweite Aufgabe ist deutlich anspruchsvoller. Aber wenn – laut Schulbuch – schon eine Spinne ihre Laufwege still rechnend am Satz des Pythagoras auszurichten vermag, dann könnte es ja durchaus sein, dass auch ein junger Mensch dies leisten kann, noch ohne den entsprechenden Mathematikunterricht genossen zu haben. Um das Bewältigen zu erleichtern, sind die Quadratwurzeln eingefügt sowie eine Lösung als Selbstkontrolle vorgegeben. Dennoch ist zu erwarten, dass Aufgabe 2 von wenigen Lernenden oder noch von niemand gelöst werden kann.

Satz des Pythagoras

Aufgabe für Partnerin/Partner A

Überprüfe durch Rechnung, ob das Dreieck mit den Seiten a=6, b=5 und c=8 rechtwinklig ist.

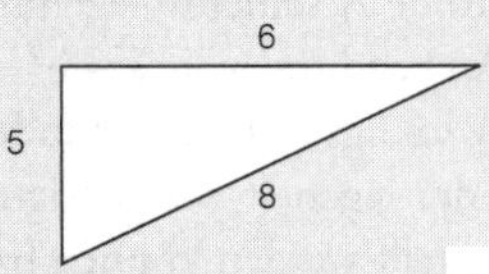

Wurzel aus
16=4
17=4,123
18=4,242
19=4,359
20=4,472
21=4,582
22=4,690
23=4,795
24=4,899
25=5

Satz des Pythagoras

Aufgabe für Partnerin/Partner A

Eine Spinne möchte an das andere Ende eines rechtwinkligen Raumes. Der Raum ist 2 cm breit und 4 cm lang. (a=2cm, b=4cm)

Wie viel kürzer müsste die Spinne krabbeln, wenn sie anstelle des Weges entlang der Wände die Diagonale entlang krabbelt?

1. Die eigenen Aufgaben auf einem gesonderten Blatt ausrechnen.
2. Dann dem Gegenüber die Aufgaben stellen und deren Ausrechnung im Feld darunter überwachen. Nicht parallel rechnen!!!!!!

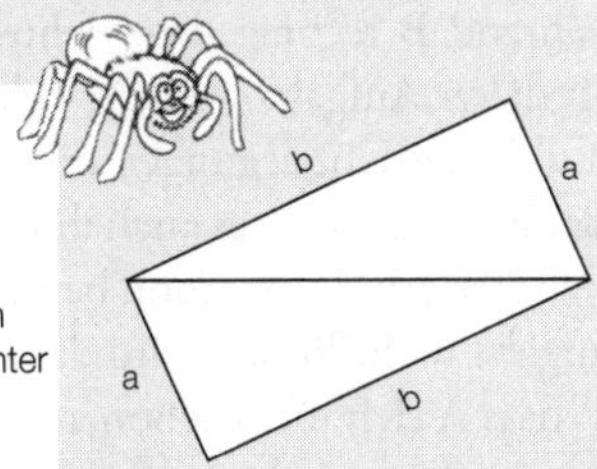

Der Weg über die Diagonale ist 1,53 cm kürzer

Dieses Feld frei lassen für die Rechnungen ihrer Partnerin/ihres Partners	Dieses Feld frei lassen für die Rechnungen ihrer Partnerin/ihres Partners

Abb. 33: Partnerinterview im Bereich „mitgebrachter" Kompetenzen am Beispiel der Satzgruppe des Pythagoras. Hier: Rolle A.

Zeitlich parallel hat Rolle B ebenfalls eine einfachere und eine komplexere Aufgabe zu bewältigen. Die erste Aufgabe werden einige Lernende eventuell lösen können. Die zweite Aufgabe setzt voraus, dass der Satz des Pythagoras in einem anderen Zusammenhang schon einmal gründlich behandelt wurde. Wichtig ist natürlich, dass den Lernenden im Vorfeld deutlich gemacht wird, dass es sehr wahrscheinlich ist, dass keine der beiden Aufgaben gelöst werden kann. Dass es jedoch durchaus sein kann, dass der eine oder andere Lernende schon mit Teilen der Problematik zurechtkommt. Das ist ja das Ungewöhnliche an der Organisation des Vorwissens und der „mitgebrachten" Kompetenzen, dass man die Lernenden zu Beginn durchaus auch schon mit dem konfrontiert, was erst am Ende gewusst oder gekonnt werden sollte. (Wir werden später in Teil II, Kapitel 1.8. auf diese nicht alltägliche Perspektive treffen, wenn mit dem Instrument „Advance Organizer" sozusagen „im Voraus" eine Expertenstruktur zu allen jenen Inhalten angeboten wird, die erst am Ende der Lehrplaneinheit beherrscht werden sollen.)
Angenommen im Fach Sport ginge es um das Erlernen von Hochsprungtechniken bis hin zum Fosburyflop, dann stellen sich die Partner wechselseitig die folgenden Aufgaben, um herauszufinden, welche Kompetenzen schon vorhanden sind. Erst danach beginnt das Erlernen der von der Lehrkraft angestrebten Techniken.

1. Springe über die elastische Hochsprungschnur.
2. Springe mit dem Scherensprung über die elastische Hochsprungschnur.
3. Springe mit der Straddle-Technik über die elastische Hochsprungschnur.
4. Springe mit dem Fosburyflop über die elastische Hochsprungschnur.

In der Austauschphase des Mathematikbeispiels legt Rolle A seinem Gegenüber zunächst die einfachere Aufgabe vor, in der durch Anwendung von $a^2 + b^2 = c^2$ $(36 + 25 = 64)$ zu prüfen ist, ob es sich um ein rechtwinkliges Dreieck handelt. Während B rechnet, beobachtet A aufmerksam. Aus der eigenen Beschäftigung mit dieser Aufgabe weiß A, welche Überlegungen angestellt werden können bzw. an welchen Überlegungen er selbst gescheitert ist. Entsprechend kann A coachen oder beichten, dass es auch ihm nicht gelungen ist. Gemeinsam entsteht interaktiv die Erkenntnis, was schon bewältigt werden kann und was noch nicht. Ist die erste Aufgabe nicht lösbar, wird die zweite gar nicht erst vorgelegt. Ganz entscheidend ist, dass A sich nicht schon an den Aufgaben von B versucht, solange B sich noch um eine Lösung der von A gestellten Aufgaben bemüht. Paralleles Rechnen bzw. parallele Lösungsversuche schränken das Überwachen und Coachen ein. Sie unterstützen damit deutlich weniger die Organisation und Optimierung des „mitgebrachten" Könnens. Danach wechseln die Rollen.

Satz des Pythagoras

Aufgabe für Partnerin/Partner B

Aus dünnen Baumstämmen sollen Balken mit rechteckigem Querschnitt hergestellt werden. Welchen Durchmesser müssen die Bäumchen mindestens haben, wenn a = 9 cm und b = 12 cm betragen?

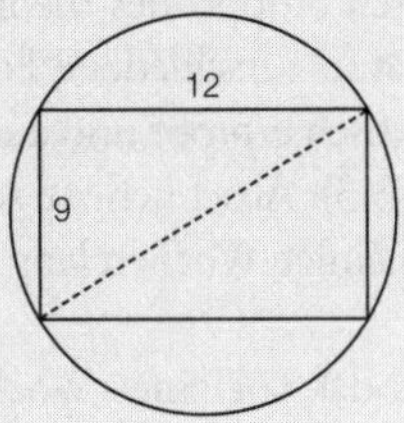

Wurzel aus
16 = 4
17 = 4,123
18 = 4,242
19 = 4,359
20 = 4,472
21 = 4,582
22 = 4,690
23 = 4,795
24 = 4,899
25 = 5

1. Die eigenen Aufgaben auf einem gesonderten Blatt ausrechnen.
2. Dann dem Gegenüber die Aufgaben stellen und deren Ausrechnung im Feld darunter überwachen. Nicht parallel rechnen!!!!!!

Satz des Pythagoras

Aufgabe für Partnerin/Partner B

Es soll eine neue Pyramide erbaut werden. Die Grundfläche ist quadratisch mit 2 m · 2 m. Die Höhe beträgt 4 m. Wie viele Steine werden für eine Bahn der Seitenkante (von der Spitze bis zum Boden) benötigt, wenn ein Stein die Länge 1 m hat.

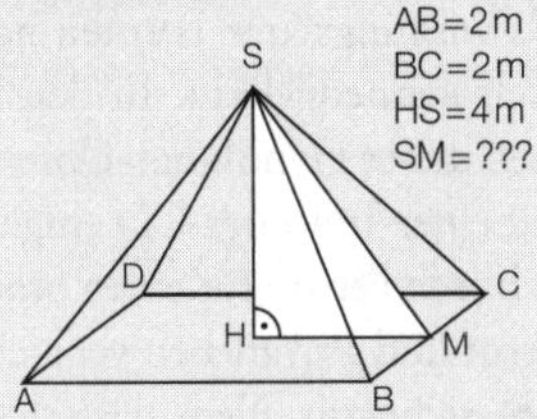

SM = 4,123m. Es sind also 5 Steine erforderlich, wobei der letzte Stein gekürzt werden muss.

Dieses Feld frei lassen für die Rechnungen ihrer Partnerin/ihres Partners

Dieses Feld frei lassen für die Rechnungen ihrer Partnerin/ihres Partners

Abb. 34: Partnerinterview im Bereich „mitgebrachter" Kompetenzen am Beispiel der Satzgruppe des Pythagoras. Hier: Rolle B.

Insgesamt kann man leicht sehen, dass es einfacher ist, das „Mitgebrachte" im Bereich des Wissens zu organisieren und zu optimieren als im Bereich des Könnens. Zum Können trägt zwar auch Wissen bei. Aber es sind noch viele andere Elemente entscheidend, bis kompetentes Handeln entsteht. Alle diese Teilkompetenzen zu erkennen und entsprechend anzubahnen, das ist eine große Herausforderung. Deshalb kann es eine durchaus sinnvoll sein, mit alternativen didaktischen Strategien zu arbeiten und im Bereich des Könnens auf die Methode „Partnerinterview" zu verzichten. Eine Möglichkeit wäre etwa die schon beschriebene Sortieraufgabe, die sowohl im Bereich des Wissens wie des Könnens rasch durchführbar ist. Eine andere Möglichkeit wäre, sich von den Lernenden einzeln vormachen zu lassen, was sie schon können. Dabei muss allerdings geprüft werden, wie viel Zeit dafür erforderlich ist und wie man jene Lernenden beschäftigt, die gerade nicht an der Reihe sind.

Mit gezielter Unterstützung das Vorwissen im Partnerinterview optimieren

Besteht eine gewisse Skepsis, ob die Lernenden in der Lage sind, sich korrekt an die schon behandelten Inhalte zu erinnern und befürchtet man zugleich, dass durch

das eingeschränkte Expertentum auch wenig Zutreffendes transportiert und durch die Methode Partnerinterview zusätzlich verfestigt wird, dann bietet es sich an, mit gezielten Hilfen zu arbeiten. Dazu ein Beispiel aus der Erwachsenenbildung. Das Thema des wöchentlich je ein Mal stattfindenden Kurses lautet „Selbstsicherheitstraining". Die Teilnehmenden haben sich in den vorangegangenen Sitzungen mit der Frage beschäftigt, wie man es in kritischen Situationen schaffen kann, unüberlegt-emotionale Reaktionen zu unterbrechen und stattdessen reflexiv zu handeln. Als wirkungsvolle Formen haben sie die von uns entwickelten Stoppcodes theoretisch kennengelernt. In den kommenden Sitzungen sollen nun verschiedene Formen dieser Handlungs-Unterbrechungs-Strategien ganz praktisch erprobt und auch mit einer Trainings-CD eingeübt werden (siehe Teil IV, Kap. 3.3). Abschließend soll sich jede Person für einen Stoppcode entscheiden und diesen einige Wochen lang in Beruf und Privatleben versuchsweise einsetzen.
Um sicherzustellen, dass sich die Teilnehmenden noch an das vor einer Woche Behandelte erinnern und um zugleich Wissenslücken kompetent zu schließen, führt der Leiter des Selbstsicherheitstrainings ein Partnerinterview durch. Im Unterschied zu den bisher diskutierten Varianten werden den „Mini-Experten" kurze Antworten für die ihnen zugeordneten Fragen zur Verfügung gestellt. Die Antworten sind also nicht wie bisher von den „Mini-Experten" zu finden, sondern sie werden vom Kursleiter ausgearbeitet. In der Aneignungsphase beschäftigen sich die Teilnehmenden mit diesen Texten. Dadurch unterstützen sie einerseits den Erinnerungsprozess, andererseits optimieren sie ihn. In der Austauschphase stellen sie ihrem Gegenüber die ihnen zugeteilten Fragen. Natürlich hat, wie oben schon beschrieben, das Gegenüber andere Fragen und damit auch andere Textfragmente. Folglich hat die fragenstellende Person nicht nur die Aufgabe, die Frage zu stellen, sondern auch aufmerksam zuzuhören, zu bestätigen, zu korrigieren und zu ergänzen – genau wie bei jener Variante des Partnerinterviews, bei der die Antworten selbst zu konstruieren sind. In der abschließenden Plenumsphase werden offene Punkte besprochen und erst danach beginnen die praktischen Erprobungen und das Training.

Partnerinterview
Teil A
(auf weißem Papier)

1. Warum ist es Menschen möglich, innerhalb von 1 bis 3 Sekunden aufeinander zu reagieren?

Sinngemäße Antwort:
Beim „Handeln unter Druck" sind wir Menschen nur deshalb handlungsfähig, weil das „Verstehen der Situation" durch den Vergleich der neuen Situation mit schon vorhandenen Situations-Prototypen erfolgt und weil die eigene Reaktion aus schon vorhandenen Reaktions-Prototypen ausgewählt wird. Im Grunde werden also Problemanalyse und Problemlösung gedanklich bereitgehalten. Wir müssen nichts Neues entwickeln. Wir müssen nur vergleichen und wählen. Das macht es uns möglich, schnell zu handeln. In Interaktionen geschieht dies in Intervallen von 1 bis 3 Sekunden.

3. Wozu benötigt man Stoppcodes und was muss man beim Einsatz beachten?

Sinngemäße Antwort:
Stoppcodes können die Situations-Reaktions-Verkettungen bzw. Gewohnheiten bzw. Automatismen unterbrechen, also abstoppen. Deshalb die Bezeichnung „Stoppcode". Damit dies funktioniert, muss man mindestens zwei Dinge beachten: Erstens muss man früh erkennen, dass die unerwünschte Handlung wieder in Gang kommt. Auf diese sog. „Vorläufersignale" muss man achten und dann so schnell wie möglich den Stoppcode aktivieren. Zweitens muss man Stoppcodes gut einüben, sonst funktionieren sie nicht.

5. Wie könnten für Dich passende Stoppcodes heißen?

Keine Antwortvorgabe

Abb. 35: Partnerinterview mit gezielter Unterstützung. Beispiel: Selbstsicherheitstraining, Stoppcodes als wirkungsvolle Handlungs-Unterbrechungs-Strategien. Hier: Arbeitsblatt für Rolle A. Besonderheit: Frage 5 soll den Transfer anbahnen.

Partnerinterview
Teil B
(auf farbigem Papier)

2. Warum handeln wir manchmal so, dass wir hinterher unzufrieden mit uns selbst sind?

Sinngemäße Antwort:
Beim „Handeln unter Druck" muss alles sehr schnell gehen. Deshalb machen wir beim Verstehen einer Situation immer wieder den Fehler, diese einem „falschen" Prototypen zuzuordnen bzw. wählen einen ungeeigneten Prototypen als Reaktion aus. Man nennt dies „Gewohnheiten" oder auch „Situations-Reaktions-Verkettungen" oder auch „Automatismen". Diese sind dann besonders hartnäckig, wenn starke Gefühle eine Rolle spielen. Gefühle wirken nämlich wie gestellte Weichen: Sie lenken das Handeln in eine ganz bestimmte Richtung.

4. Welche vier verschiedenen Arten von Stoppcodes kann man unterscheiden? Welche davon sind besonders wirksam?

Sinngemäße Antwort:
(1) Stoppcodes, die von außen auf das Handeln einwirken; (2) lautes Sprechen wirkt wie eine Selbstverpflichtung; (3) unhörbares inneres Sprechen; (4) durch sekundenschnelle Entspannung unterstützte Stoppcodes. – Besonders wirksam sind trainierte, durch sekundenschnelle Entspannung unterstützte Stoppcodes. Sehr wirksam sind auch von außen kommende Stoppcodes oder lautes Sprechen von Stoppcodes. Unhörbares inneres Sprechen ist am ehesten störungsanfällig.

6. Welche der vier verschiedenen Arten von Stoppcodes sagen Dir zu?

Keine Antwortvorgabe

Abb. 36: Partnerinterview mit gezielter Unterstützung. Beispiel: Selbstsicherheitstraining, Stoppcodes als wirkungsvolle Handlungs-Unterbrechungs-Strategien. Hier: Arbeitsblatt für Rolle B. Besonderheit: Frage 6 soll den Transfer anbahnen.

Partnerinterviews mit gezielter Unterstützung durch Antwortvorgaben werden von den Lernenden sehr geschätzt. Erstens helfen die kurzen Texte, die Inhalte ins Gedächtnis zu rufen. Zweitens wird an schon vergessene Punkte erinnert. Drittens ist es leichter, nur einen vorgegebenen Text zu lesen als mühsam eine Antwort zu entwerfen. Viertens wird das Gefühl von Sicherheit vermittelt, denn man kann ja davon ausgehen, dass die von der Lehrkraft bereitgestellten Lösungs-

hilfen korrekt sind und zugleich das Wesentliche enthalten. Umgekehrt ist die verringerte Aktivität (nur lesen statt aktiv konstruieren) weniger günstig für die Vorwissensorganisation, weil die Auseinandersetzung mit der Thematik nicht so intensiv verläuft.
Aus Sicht der Lehrkraft liegen Freud und Leid eng zusammen. Erstens kann sie sicher sein, dass während des Partnerinterviews überwiegend inhaltlich zutreffende Informationen ausgetauscht werden. Zweitens ist der Zeitbedarf für Aneignungs- und Austauschphase deutlich kürzer als bei der Variante mit von den Lernenden entwickelten Antworten. Bei großen Wissenslücken wird nämlich – entgegen der Arbeitsanweisung, die Informationen in eigenen Worten zu vermitteln – häufig schlicht vorgelesen. Und drittens sträuben sich die Lernenden in der Regel nicht gegen diese Variante, weil sie einfach, schnell und ohne große Anstrengung zu realisieren ist. Der Preis für die drei Vorteile ist der deutlich höhere Vorbereitungsaufwand: Die Lehrkraft muss die Lösungen differenziert ausarbeiten sowie zwei Arbeitsblätter erstellen und kopieren. Bei der ersten Variante ist es dagegen möglich, den Vorbereitungsaufwand niedrig zu halten, indem man die Fragen diktiert und damit ohne vervielfältige Arbeitsblätter auskommt.
Das Partnerinterview wird von der Primarstufe an eingesetzt. Häufig verwendet beim kleinen Einmaleins, beim halbschriftlichen Rechnen im Zahlenraum bis 1000, im Sachunterricht bei Themen wie Hundeberufen, Luft oder Feuer, im Deutschunterricht beim Rechtschreiben oder in der Grammatik. Je kompetenter und selbstgesteuerter die Lernenden werden, desto einfacher ist es, sich im Bereich der Vorwissensorganisation oder im Bereich des „mitgebrachten" Könnens Fragen oder Aufgaben zu stellen. Deshalb ist diese Methode für die Sekundarstufen I und II in nahezu allen Fächern empfehlenswert. Im universitären Bereich wird das Partnerinterview bisher eher selten eingesetzt, obwohl es gerade hier bei den Lernenden auf große Gegenliebe trifft. Die Lehrenden tun sich schwer, die in Vorlesungen und Seminaren üblichen, jahrhundertealten hochschuldidaktischen Formen mit innovativen Lehr-Lern-Arrangements anzureichern.

Missverständnisse und Probleme

Das Partnerinterview kostet zu viel Zeit

Lehrkräfte sehen ihr Jahrespensum, verteilen es auf Monate, Wochen und Stunden. So besitzen sie stets einen Fixpunkt, der ihnen bei der Einschätzung hilft, ob sie im Stoff voraus sind, ob sie gut im Zeitplan liegen oder ob sie eigentlich schon viel weiter sein sollten. Dieser im alltäglichen Jargon als „Stoffdruck" bezeichnete Sachverhalt führt häufig dazu, dass Lehrkräfte nach Wegen suchen, das Lehr-Lern-Geschehen zu beschleunigen. Deshalb erlebe ich es bei meinen zahlreichen Hospitationen in allen Schularten bis hin zu Erwachsenenbildung und Hochschulen, dass die Lehrkräfte der Meinung sind, sie müssten zu Beginn eines neuen Themas die Vorkenntnisorganisation selbst in die Hand nehmen. Hierzu verwendete Formen

sind eine kurze Wiederholung des Wesentlichen durch die Lehrkraft selbst oder ein „Plenums-Interview" mit der gesamten Lerngruppe, bei der jene Fragen gestellt werden, durch welche die entscheidenden Punkte abgedeckt werden.
Richtig ist: Das geht eindeutig schneller als ein Partnerinterview und ist von der Lehrkraft, die ja alle Fäden in der Hand behält, gut zu kontrollieren. Demgegenüber ist das Partnerinterview sehr voraussetzungsreich: Es ist mit einem Modeling einzuführen. Dann ist eine „Durststrecke" zu überwinden, in der die Lernenden die zum Durchführen der Methode erforderlichen Kompetenzen erwerben. Schließlich verlangen Partnerinterviews den Lehrkräften gewisse organisatorische Fähigkeiten ab. Fazit: Höherer Vorbereitungsaufwand, größerer Zeitbedarf, längere Eingewöhnungsphase. So kommt es, dass Lehrkräfte zwar das Partnerinterview einsetzen, aber bei diesem Lehr-Lern-Arrangement Schritte weglassen. Sie verzichten auf das Modeling. Sie lassen die Aneignungsphase weg und beginnen gleich mit dem Austausch. Sie gönnen den Lernenden keine Eingewöhnungsphase. Ja, und dann bekomme ich zu hören, dass die Methode wenig erfolgreich ist.
Will man wirkungsvoll unterrichten, also in einer Weise, dass nicht schon nach wenigen Tagen oder Wochen das eben Gelernte in Vergessenheit gerät, dann tut man gut daran, für die Vorwissensorganisation Zeit einzuplanen. Denn je besser es gelingt, das Neue mit dem Bekannten zu verknüpfen, desto nachhaltiger sind die Ergebnisse. So bleibt es für alle Lehrenden immer eine ganz grundsätzliche Entscheidung, ob man „mit dem Stoff durchkommen" möchte oder ob man es demgegenüber anstrebt, dass das Wesentliche an Wissen und Können gründlich erworben und gefestigt wird. Letzteres setzt voraus, dass man sich an den in Teil I dieses Buches genannten Erkenntnissen der nationalen und internationalen Unterrichtsforschung orientiert.

1.6 Multi-Interview

Hinweis: Die Methode „Multi-Interview" wird hier in Zusammenhang mit der Organisation und Diagnose des Vorwissens bzw. des „mitgebrachten" Könnens dargestellt. Sie kann aber nicht nur zu Beginn eines Lernprozesses, sondern auch in dessen weiterem Verlauf zur kognitiven Aktivierung sowie gegen Ende zur Vertiefung und Sicherung eingesetzt werden.

Das von mir entwickelte Multi-Interview (Wahl 2004c) läuft im Prinzip wie das eben beschriebene Partner-Interview ab. Der Unterschied: Die Lernenden tauschen sich nicht nur mit einem einzigen Gegenüber aus, sondern wechseln ihre Partnerinnen bzw. Partner immer dann, wenn die Frage beantwortet oder die Aufgabe gelöst ist. Das setzt voraus, dass jede Person Expertin bzw. Experte für lediglich eine Aufgabe ist. Zugleich sind die Fragen oder Aufgaben von ihrem zeitlichen Umfang her betrachtet so gewählt, dass während der zur Verfügung stehenden Zeit mehrere Fragen oder Aufgaben bearbeitet werden können.

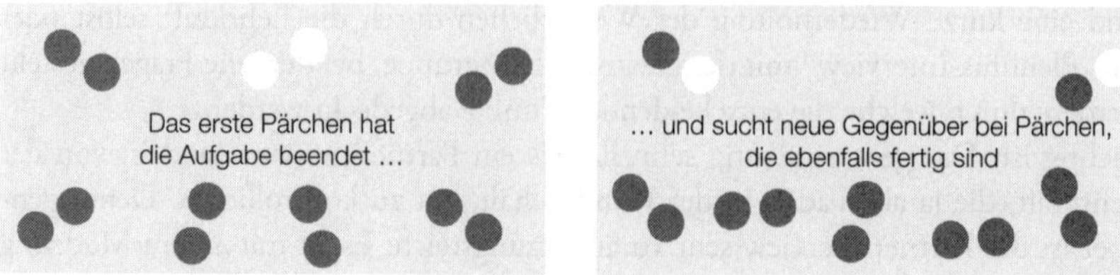

Abb. 37: Beim Multi-Interview wird im eigenen Tempo bei der Bearbeitung jeder Frage oder Aufgabe das Gegenüber gewechselt.

Das wirkt zunächst sehr verwirrend. Lehrende können sich, obwohl ich diese Methode in Weiterbildungen mit den Anwesenden 1:1 durchführe, ganz schlecht vorstellen, wie ein Multi-Interview in einem Seminarraum oder in einem Klassenzimmer funktionieren soll. Und das, obwohl sie gerade eben „am eigenen Leibe" erlebt haben, wie problemarm alles verläuft. Befürchtet werden chaotische Zustände, vertane Lernzeit und ein kaum zu bewältigendes Classroom-Management. Die praktischen Erfahrungen, die wir bei unseren langjährigen Erprobungen mit allen Arten von Lernenden gemacht haben, sprechen eine völlig andere Sprache. Das Multi-Interview wird von den Lernenden sehr geschätzt. In etlichen Fällen wird es gar als „Lieblingsmethode" bezeichnet. Die Durchführung verläuft in der Regel erstaunlich reibungslos. Voraussetzung ist allerdings, wie bei sämtlichen WeLL-Methoden: Das Multi-Interview muss gut eingeübt werden.

Wer mit dem Multi-Interview arbeiten möchte, sollte sich darüber klarwerden, wie stark sich diese Art eines Lehr-Lern-Arrangements von der gängigen Lehre bzw. dem üblichen Unterricht unterscheidet. Deshalb ist das Multi-Interview vor allem jenen Lehrkräften zu empfehlen, die Erfahrung im Umgang mit Think-Pair-Share, WeLL-Methoden und anderen Formen haben, in denen Lernende hoch aktiviert werden und über eine gewisse Zeit selbständig arbeiten – zugleich jedoch in ein klar strukturiertes Setting eingebunden sind. Wie die in Teil I dargestellte empirische Unterrichtsforschung zeigt, kommt es vor allem auf eine strukturierte kognitive Aktivierung an. In Lernkulturen, in denen entweder strukturiert, aber gleichzeitig wenig aktiv gelernt wird – oder in denen aktiv, aber gleichzeitig wenig strukturiert gearbeitet wird, kommen Formen wie Multi-Interview, Strukturlegetechnik, Szene-Stopp-Reaktion usw. eher einem Paradigmenwechsel gleich.

Wie läuft das Multi-Interview ab?

1. Vorbereitung der Lehrenden und Einteilung

Von der überlegten Planung des Multi-Interviews hängt viel ab. Da ist zunächst über die Anzahl der Aufgaben zu entscheiden. Jede Person soll ja Expertin oder Experte für eine einzige Aufgabe werden. Jetzt ist die Frage, ob so viele Aufgaben zur Verfügung stehen wie Lernende im Raum sein werden. Wenn ja, dann können alle Personen untereinander durchwechseln. Wenn nein, dann werden Untergruppen gebildet. Angenommen, es sind 24 Personen, die das Multi-Interview durchlaufen sollen. Dann kann die Lehrkraft entweder mit 24 Aufgaben arbeiten, oder mit 12 Aufgaben (2 Gruppen), oder mit 8 Aufgaben (3 Gruppen) oder mit 6 Aufgaben (4 Gruppen). Dabei werden in den einzelnen Untergruppen jeweils dieselben Fragen oder Aufgaben bearbeitet. Hilfreich ist es, die Aufgabenblätter in verschiedenen Farben auszuteilen, damit alle wissen, innerhalb welcher Gruppe sie durchwechseln sollen.

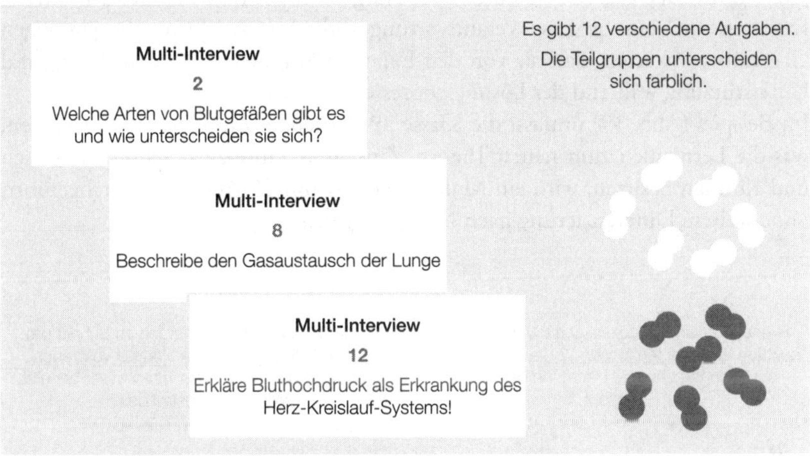

Abb. 38: Multi-Interview zum Thema „Blutkreislauf" als Vorwissensorganisation zum Folgethema „Herz-Kreislauf-Krankheiten". Hier: 24 Lernende, jedoch nur 12 Fragen. Besonderheit: Frage 12 bezieht sich direkt auf das Folgethema.

Bei der Vorbereitung der Aufgaben kann es sinnvoll sein, darüber nachzudenken, ob allen Lernenden derselbe Schwierigkeitsgrad angeboten werden soll oder ob – erneut farblich unterschieden – die Vorwissensorganisation in Gruppen mit unterschiedlichem Leistungsniveau erfolgen soll. Schließlich gibt es auch die Möglichkeit, einige wenige Lernende ganz vom Multi-Interview auszunehmen. Diese arbeiten dann in direktem Kontakt mit der Lehrperson, während alle anderen mit dem Multi-Interview beschäftigt sind. Damit wird es möglich, einem oder ganz wenigen Lernenden mit extremen Rückständen zu helfen, wenigstens rudimentäre Vorkenntnisse anzubahnen. Oder es kann mit besonders leistungsfähigen Lernenden interagiert werden, für die eine Teilnahme am Multi-Interview eine klare Unterforderung darstellen würde. So bietet dieses Lehr-Lern-Arrangement ganz verschiedene Differenzierungsmöglichkeiten an.

2. Aneignungsphase

Wie bei allen WeLL-Methoden, hat die Aneignungsphase das Ziel, dass sich die Lernenden für jeweils ihre Frage oder Aufgabe, die sonst niemand in der Gruppe hat, zu Expertinnen und Experten machen. Dazu versuchen sie, anhand des „mitgebrachten“ Wissens oder Könnens die Frage zu beantworten bzw. die Aufgabe zu lösen. Bei Problemen können andere Lernende um Unterstützung gebeten werden. Die Lehrperson kann um Rat gefragt werden. Bei manchen Inhalten bieten sich Selbstkontrollmöglichkeiten an. Elektronische Hilfsmittel können zuweilen sinnvoll sein. Aus Sicht der Motivationspsychologie verläuft die Auseinandersetzung mit der zugeteilten Frage oder Aufgabe intensiv, weil mit dem „Mini-Expertentum“ eine gewisse Verantwortung verknüpft ist. Denn die jeweiligen Gegenüber erwarten, dass sie von den Experten kompetente Rückmeldung und Unterstützung während des Lösungsprozesses erhalten.
Im Beispiel (Abb. 39) umfasst die Klasse 29 Lernende. Zur Organisation dessen, was die Lernenden zum neuen Thema „Zins- und Zinseszins“ schon an Wissen und Können besitzen, wird ein Multi-Interview mit 29 Aufgaben durchgeführt, ohne weitere Differenzierung nach Niveaugruppen.

1 Testauktion einer Autozeitschrift. Von 60 untersuchten Werkstätten führen 12 die Testreperatur nicht sachgerecht aus. Berechne den Anteil in Prozent.	2 In der Bundesrepublik werden im Schnitt pro Tag und Person 140 Liter Wasser verbraucht. Davon werden nur 5% als Trinkwasser benutzt. Wie viel Liter sind das?
25 Der menschliche Körper besteht etwa zu 60% aus Wasser, zu 20% aus Eiweiß, zu 14% aus Fett und zu 6% aus anderen Stoffen. Berechne die jeweiligen Anteile für eine 60 kg schwere Person.	29 Ein Konto wird einige Tage um 980 Euro überzogen. Es werden ohne Rücksicht auf die Dauer pauschal 11% Überziehungszinsen berechnet. Wie viel Euro sind an Zinsen zu bezahlen?

Abb. 39: Multi-Interview im Fach Mathematik der Sekundarstufe I mit 29 Aufgaben für 29 Lernende zur Organisation des „mitgebrachten“ Könnens für die kommende Lehrplaneinheit „Zins- und Zinseszins“.

Die Lehrkraft hat in der Phase der Unterrichtsvorbereitung die Aufgaben dem Schulbuch entnommen und diese auf den einzelnen Arbeitsblättern festhalten. Die zugeteilte Aufgabe ist von den „Mini-Experten“ jeweils auf der Rückseite zu lösen und zwar in vorbildlicher Weise, sozusagen als Musterlösung. Zur Kontrolle sind seitlich im Klassenraum die Lösungen ausgehängt, sodass alle Lernenden sicher sein können, dass sie korrekt vorgegangen sind. Die Lehrkraft geht während der Aneignungsphase umher und schaut sich an, was die Lernenden produzieren. Sie hilft, wenn sie Probleme erkennt oder wenn sie gerufen wird. Unter den Aufgaben sind solche, die rasch und auch im Kopf gelöst werden können, wie etwa die Aufgaben Nummer 1 oder 2. Es sind aber auch solche zu finden, die längere Lösungszeiten benötigen, wie etwa Aufgabe 25, bei der vier Prozentzahlen zu bestimmen sind. Besonderheit: Aufgabe 29 leitet auf das Thema „Zinsrechnung“ über.

3. Austauschphase

Wegen der unterschiedlichen Aufgaben und der unterschiedlichen Fähigkeiten der Lernenden ergeben sich erhebliche Differenzen in den Bearbeitungszeiten. Deshalb bietet es sich an, jene Lernenden in die Austauschphase zu entsenden, die ihre Frage früher beantwortet bzw. ihre Aufgabe früher gelöst haben, während die restlichen Lernenden sich noch in der Aneignungsphase befinden. Damit sich in der Austauschphase keine Orientierungsprobleme ergeben, mit welchen Personen schon kooperiert wurde, befindet sich am Rande des Aufgabenblattes eine Liste mit Zahlen. Auf jener ist nach jeder Partnerarbeit zu markieren, mit welchen Personen die Dyade bereits durchlaufen wurde.

Im Praxisbeispiel (Abb. 40) ist ein Multi-Interview aus dem Fach Deutsch zum Thema „Zeichensetzung“ wiedergegeben. Der vorgegebene Satz: „Etwas Schlimmeres als seine Kinder zu enttäuschen konnte ihm nicht passieren.“ ist von Person 11 zu diktieren. Das Gegenüber, in diesem Fall Person 14, hat beim Schreiben die Aufmerksamkeit besonders auf die Zeichensetzung zu richten. Die Zeichensetzung ist zu begründen. Die Expertin bzw. der Experte bestätigt, hilft, korrigiert und erklärt notfalls die zutreffende Rechtschreibregel. Ist die Aufgabe abgeschlossen, dann ist Person 14 mit dem Diktieren an der Reihe: „Sie mag Spinnen und Schnecken sowie Kröten.“ usw. Bei 18 Lernenden im Raum hat jede Person ein eigenes Beispiel sowie 17 fremde Beispiele zu bearbeiten. Gerade in einer Zeit, in der nachlassende Rechtschreibkompetenzen beklagt werden, ist ein Multi-Interview eine höchst anregende, abwechslungsreiche und zugleich lernintensive Variante eines Orthographie-Trainings.

1
2
3
4
5
6
7
8
9
10
11
12
13
14
15
16
17
18

11

Etwas Schlimmeres
als seine Kinder zu enttäuschen
konnte ihm nicht passieren.

1
2
3
4
5
6
7
8
9
10
11
12
13
14
15
16
17
18

14

Sie mag Spinnen und Schnecken
sowie Kröten

Abb. 40: Beispiele aus einem Multi-Interview im Fach Deutsch mit 18 Aufgaben für 18 Personen zum Thema „Zeichensetzung“.

Lernende mit viel Wissen bzw. großem Können arbeiten schnell, machen wenig falsch und kommen auf diese Weise zu vielen Übungsgelegenheiten. Lernende mit großen Leistungsrückständen bleiben möglicherweise schon bei der ersten oder zweiten Aufgabe hängen, weil ihnen die entsprechende Basis fehlt. Im Austausch mit ihrer Expertin bzw. ihrem Expertin können sie die eine oder andere Lücke schließen. Auf diese Weise ergibt sich, ohne dass die Lehrkraft spezielle Maßnahmen vorsieht, ganz automatisch eine Differenzierung. Es ist nicht das Ziel des Multi-Interviews, dass ausnahmslos alle Lernenden alle Aufgaben vollständig bearbeiten. Vielmehr steht eine von der Lehrkraft bestimmt Zeit zur Verfügung, in der alle Lernenden so viele Aufgaben angehen, wie es ihr Lösungstempo erlaubt. Für den Fremdsprachenunterricht eignet sich das Multi-Interview in ganz besonderer Weise, weil es hier darum geht, zu kommunizieren und in der Zielsprache den eigenen Standpunkt zu vertreten. In Abb. 41 ist ein Beispiel aus dem Fach Englisch wiedergegeben, das für Unterstufe, Mittelstufe und Oberstufe ausgearbeitet ist. Es werden Sechsergruppen gebildet. Jede Person erhält farblich zugeordnet eine Aufgabe. In der Aneignungsphase (Einzelarbeit) wird die eigene Argumentation vorbereitet. Schlüsselbegriffe werden notiert, damit sie in der Kommunikation präsent sind. In der Austauschphase (Arbeit mit wechselnden Gegenübern) tragen die Lernenden ihre Entscheidungen vor und begründen diese. Die abschließende Plenumsphase ist der Sicherung gewidmet. Dafür ist ausreichend Zeit vorzusehen, insbesondere bei der Oberstufen – Variante. Zum Ausgleich von Lerntempounterschieden, die sich regelmäßig ergeben, werden Erweiterungs- und Transferaufgaben bereitgehalten.

Unterstufe (Klasse 6/7):

Your form/grade/course is going on a field trip to a campground by a lake. This trip is to be organised by the pupils/students/learners themselves. Your task is … (see below). Make a list of the possible …… you can think of. Then decide on one or two and make a list of the reasons in favour!

KEYWORDS ONLY!!!

Tasks (colour-coded):

What to drink? — *What to eat?*
What games to play? — *What sports gear to take along?*
What security equipment is needed? — *What clothing should we wear and taken with us to change?*

Complete your list and take notes on the choices and reasons that your classmates give you!

Mittelstufe (Klasse 8/9):

Your form/grade/course is having a pyjama party at the weekend. No parents or teachers will be there, only two school officials. This event is to be organised by the pupils/students/learners themselves. Your task is … (see below). Make a list of the possible …… you can think of. Then find a classmate of the same colour and discuss with him/her the different possibilities. Together decide on one or two and make a list of the reasons in favour!

KEYWORDS ONLY!!!

Tasks (colour-coded):

Food *Drinks* *Games* *Equipment* *Music* *Rules*

Oberstufe (ab Klasse 10):

We've just finished reading/watching …… Now we want to have a closer, but also very personal look at our story. Your task is … (see below). Choose one option and give reasons in favour of your choice. If possible, also think of arguments against your choice. Then find a classmate of the same colour and discuss with him/her your findings. Together decide on ONE and write down the most convincing reasons for your choice.

KEYWORDS ONLY!!!

Tasks (colour-coded):
Who is the most amiable character? Why?
Whom did you most dislike? For what reasons?
Who had most impact on the development of the plot? How?
What was the most emotional scene? Why?
Cuts and changes for a theatre adaption – which? Why?
……– the character's life years after the story: How and why?

Present your findings in class and evaluate critically!

Abb. 41: 3 Praxisbeispiele zum Multi-Interview im Fach Englisch für Unterstufe, Mittelstufe und Oberstufe. Autor Bernhard Semrau.

Interessant ist, was ich selbst im Hochschulbereich erlebt habe. Kurze Zeit vor einer Modulprüfung arbeitete ich ein Multi-Interview aus, mit dem die wesentlichen 12 Prüfungsinhalte im Fach Pädagogische Psychologie geübt werden konnten zum Thema „Der weite Weg vom trägen Wissen zum kompetenten Handeln". Die 36 Studierenden des Hauptseminars wurden in drei Zwölfergruppen aufgeteilt, deren Arbeitsblätter sich farblich unterschieden. Für die Austauschphase hatte ich lediglich 20 Minuten eingeplant, weil ich fest davon überzeugt war, nach dieser Zeit würde die Motivation der Studierenden abflachen. Doch als ich abbrechen wollte, gab es Proteste. Die Studierenden wollten alle 12 Prüfungsfragen durcharbeiten. Und so dauerte das Multi-Interview weit über eine Stunde, denn alle waren begierig, sich mit jeder Prüfungsfrage zu beschäftigen sowie von der Kompetenz der „Mini-Experten" zu profitieren. Vergleichbare Erfahrungen machen wir auch in Schulklassen, speziell im Fach Mathematik. Gerade die schwächeren Lernenden nutzen intensiv die Chance, sich beim Lösen einer Aufgabe von einer Mitschülerin bzw. einem Mitschüler ausführlich helfen zu lassen. Wir sind immer wieder überrascht, dass das Interesse viel später erlischt als bei anderen Lehr-Lern-Arrangements. Die Gründe sind vermutlich darin zu suchen, dass Leistungsstarke in ihrem hohen Tempo ebenso arbeiten können wie Leistungsschwache in ihrem geringen. Und geht man vom Phänomen der „Mathematik – Hilflosigkeit" aus, die unter anderem daher rührt, dass sich Leistungsschwache dem Durchschnittstempo nicht gewachsen fühlen, dann erleben es diese positiv, wenn sie endlich einmal nicht hetzen müssen, sondern sich unter Anleitung einer anderen Person in Ruhe einer Aufgabe widmen können.

Das Multi-Interview eignet sich auch im Bereich von Handlungsausführungen. Zum Beispiel gibt es im Gesundheits- und Pflegebereich zahlreiche einzelne Handlungen, die im Laufe einer beruflichen Ausbildung zu erlernen sind. Darunter fallen Tätigkeiten wie die Wundversorgung, der Verbandswechsel, die Dekubitusbehandlung, die Blutdruck- und Blutzuckermessung, die Gabe von Medikamenten usw. Beim Einstieg in eine neue Thematik können sich die Lernenden gegenseitig Aufgaben stellen, durch die jenes „mitgebrachte" Können organisiert und optimiert wird, auf dem aufgebaut werden soll. Das ist in jeder beruflichen Ausbildung möglich bis hin zum flüssigen Beherrschen von Programmen in der Informationstechnologie.

4. Abschluss im Plenum

Diagnose von Wissen und Können. Die einzelnen Expertinnen und Experten berichten, wie gut oder schlecht ihre Gegenüber mit den Fragen oder Aufgaben zurecht kamen, was sie schon konnten und was sie nicht mehr bzw. noch nicht kompetent bewältigten. Das erlaubt der Lehrkraft eine recht präzise Diagnose über den Stand des Wissens oder Könnens. Entsprechend steigt sie entweder direkt in das neue Thema ein, weil die Lernvoraussetzungen der meisten Lernenden dies erlauben. Oder sie bessert an jenen Punkten nach, deren Beherrschung unverzichtbar sind für die weiteren Lernprozesse. Kontraindiziert ist es, aus einem Perfektionsdrang heraus noch einmal alle Fragen bzw. Aufgaben im Plenum zu besprechen. Das würde nicht nur eine überlange Plenumsphase ergeben, sondern die Motivation der Lernenden völlig untergraben. Denn im Wissen, dass im Plenum ohnehin jede Aufgabe gründlich behandelt wird, würden sie keine Handlungsveranlassung mehr sehen, sich in der Aneignungs- wie in der Austauschphase des Multi-Interviews anzustrengen.
Methodenreflexion. Im Abschlussplenum kann man die Methode Multi-Interview auch dazu nutzen, Methodenfeedback einzuholen. Hierbei erhält jede Person eine andere Frage und holt dazu die Antworten aller anderen Personen im Raum bzw. in der Teilgruppe ein. Da die Fragensteller hinterher nicht mitteilen, welche Person welches Feedback gegeben hat, kann man mit relativ offenen Äußerungen rechnen. Nutzt man das Multi-Interview als Feedback-Methode, dann können die einzelnen Fragen wie folgt lauten:

1. Wie gut bist du in der Vorbereitungssphase mit deiner Aufgabe zurecht gekommen?
2. War für dich die Vorbereitungsphase zu lange, gerade richtig oder zu kurz?
3. Waren für dich die Aufgaben in der Austauschphase insgesamt zu schwierig, gerade richtig oder zu einfach?
4. War die Zeit für die Austauschphase zu lange, gerade richtig oder zu kurz?
5. Konnten dir deine Partnerinnen und Partner beim Lösen helfen?
6. Konntest du deinen Partnerinnen und Partner beim Lösen helfen?
7. Wie gut hat das Durchwechseln funktioniert?
8. Wie hast du die Lautstärke erlebt?
9. Konntest du in deinem eigenen Tempo arbeiten oder musstest du hetzen?
10. Soll die Methode Multi-Interview künftig häufiger oder seltener eingesetzt werden?

In einer Gruppe mit 20 Personen könnte man 2 Teilgruppen bilden, so dass hinterher zu jeder der 10 Fragen zwei der Interviewer im Plenum berichten würden. In abgewandelter Form kann man diese Form des Einholens von Feedback auf jedes andere Lehr-Lern-Arrangement übertragen.

Missverständnisse und Probleme

1. Das Multi-Interview kann man nur in großen Räumen durchführen
Es ist immer gut, wenn man in großen Räumen unterrichten kann. Dann können sich die Lernenden ohne Einschränkungen bewegen und sie können sich so im Raum verteilen, dass sie durch andere Paare wenig beeinträchtigt werden. Gerne wird deshalb gegen WeLL-Methoden wie MultiInterview, Partnerinterview, Strukturierte Kontroverse usw. eingewendet, sie seien in kleinen Räumen nicht durchführbar. Erstens sei kaum Platz da, um sich problemlos ein neues Gegenüber zu suchen. Zweitens säßen die Lernenden so dicht beieinander, dass durch den Lärm sinnvolles Kommunizieren extrem erschwert sei. Und deshalb kämen derartige Lehr-Lern-Arrangements grundsätzlich nicht in Frage. Nach unseren Erfahrungen sind beengte Platzverhältnisse oder – wie es in Hörsälen der Fall ist – starres Mobiliar in der Tat ungünstig für alle aktivierenden Lernformen. Doch diese „nicht artgerechte Haltung“ ist kein K.-o.-Kriterium. Beispielsweise ist es möglich, in der 1. Runde des Multi-Interviews mit jener Person zu arbeiten, neben der man sitzt. In der 2. Runde kann man mit einer Person weitermachen, hinter der man sitzt, in der 3. Runde mit einer Person, vor der man sitzt usw.
Was die Lautstärke betrifft, so ist zunächst zu bedenken, dass es sich um eine Partnerarbeit handelt. Wer argumentiert, Methoden wie zum Beispiel ein Partnerinterview würden eine viel zu hohe Lautstärke hervorrufen, der muss auch jede Form einer Partnerarbeit aus seinem Methodenrepertoire streichen. Das kann man natürlich machen. Übrig bleiben dann aber nur noch die Einzelarbeit und Plenumsmethoden. Alle Lehr-Lern-Arrangements, bei der Lernende direkt miteinander kommunizieren, sind folglich ausgeschlossen. Zum Beispiel die in sehr vielen Schule geläufige Methode Think-Pair-Share. Meine eigenen Erfahrungen gehen dahin, dass Partnerarbeiten im Prinzip bei jeder Raumgröße und jeder Art des Mobiliars möglich sind. Selbst in kommunikationsfeindlichen Hörsälen mit mehreren hundert Plätzen kann man mit Gewinn Methoden wie einfache Partnerarbeit, Partnerpuzzle, Partnerinterview usw. einsetzen. Formen wie Gruppenpuzzle oder Multiinterview sind dagegen tatsächlich nicht mehr sinnvoll zu arrangieren.

2. Alle Lernenden sollen alle Aufgaben bearbeiten
Führt man das Multi-Interview ein, dann sind in der Regel Lehrende wie Lernende enttäuscht, dass es nicht alle Lernenden in der zur Verfügung stehenden Zeit schaffen, sich mit allen Fragen oder allen Aufgaben auseinanderzusetzen. Das liegt

an den unterschiedlichen Lernvoraussetzungen und den daraus resultierenden extrem verschiedenen Bearbeitungstempi. Das ist ein betrüblicher Sachverhalt, für den ich keine Lösung anbieten kann. Für Lernende mit geringen Vorkenntnissen, ungünstigen Lernstrategien, niedriger Lernmotivation und unterdurchschnittlicher Begabung ist es bei jeder Form des Lehrens und Lernens so, dass sie in der gleichen Zeit weniger zustandebringen als Lernende mit günstigeren Voraussetzungen. Es wäre eine Alternative, die Zeit so üppig zu bemessen, dass auch die Langsameren alle Aufgaben bearbeiten könnten. Aber das würde bedeuten, dass die Schnelleren ihre wertvolle Zeit tatenlos vertrödeln müssten. Und gäbe man den Leistungsstärkeren andere Aufgaben zur Überbrückung der Wartezeiten, dann könnten wieder nicht alle ausnahmslos alle Aufgaben bewältigen. Wir müssen uns damit abfinden, dass Menschen unterschiedlich viel lernen. Mein Credo lautet: Jede Person soll so viel lernen können, wie möglich. Aber es wird niemals so sein, dass alle das Gleiche lernen und das Gleiche können.

1.7 Ampelmethode

! **Hinweis:** Die „Ampelmethode" wird hier in Zusammenhang mit der Organisation und Diagnose des Vorwissens bzw. des „mitgebrachten" Könnens dargestellt. Sie kann aber nicht nur zu Beginn eines Lernprozesses, sondern auch in dessen weiterem Verlauf zur kognitiven Aktivierung sowie gegen Ende zur Vertiefung und Sicherung eingesetzt werden.

Eine schlichte und zugleich wenig vorbereitungsintensive Form der Organisation von Vorwissen und „mitgebrachtem" Können ist die sog. Ampel-Methode, im Methodenset von Rabenstein, Reichel & Thanhoffer (1995) auch als „Ampel-Feedback" bezeichnet. Im Gegensatz zu den meisten in diesem Buch beschriebenen Verfahren ist es eine überwiegend im Plenum ablaufende Methode. Die Ampelmethode hat eine Doppelfunktion: Sie soll einmal die Lernenden kognitiv aktivieren, wenn möglich im Bereich des „higher order thinking". Die andere Funktion betrifft die Diagnose: Die Lehrenden erkennen mit einem Blick, was die Lernenden schon wissen oder schon können. Das erlaubt ihnen eine fundierte didaktische Planung der kommenden Inhalte. Eine Besonderheit: Die Ampelmethode wird in ihrer Nützlichkeit völlig unterschätzt. Sobald bunte Kärtchen eine Rolle spielen, denken Lehrende wie Lernende in einem emotionsgesteuerten Abwehrreflex: „Kindergarten – nichts für mich!" Dabei ist es möglich, selbst auf Universitätsniveau Aufgaben höchster Schwierigkeit zu stellen. Die Ampelmethode ist nichts anderes als eine Multiple Choice Aufgabe. Die Farben der Verkehrsampel rot, gelb und grün (daher der Name) repräsentieren die Lösungsmöglichkeiten A, B und C. Es können auch weitere Farben hinzugefügt werden, um mehr als drei Antwortalternativen zu generieren und dadurch die Ratewahrscheinlichkeit von 33% auf 25%, 20% oder noch stärker zu reduzieren. Natürlich wäre die Me-

thode nicht sinnvoll, wenn rot bedeuten würde: diese Lösung ist falsch und grün, diese Lösung ist richtig. Denn dann wäre ja jedes Nachdenken oder Entscheiden überflüssig.
Mit dem zunehmenden Einzug elektronischer Systeme in Hörsäle, Seminarräume und Klassenzimmer ist es mittlerweile möglich, auf ehrenrührige bunte Kärtchen zu verzichten und die geforderten Antworten mit dem Smartphone zu geben. Der Vorgang wie die kognitive Beanspruchung sind exakt gleich, aber – weil es nun mit modernen Geräten erledigt wird – ist die Akzeptanz deutlich höher. Die Gesamtheit dieser Rückmeldesysteme wird als „Electronic Voting Systems", „Audience Response Systems" oder „Classroom Response Systems" bezeichnet. Einzelne Entwicklungen bzw. Apps tragen Namen wie ARSnova, EduVote, Online-TED (TU München), PINGO (Universität Paderborn), Android-App Kahoot!, Android-App Socrative usw. Einige dieser Rückmeldesysteme sind kostenlos zu erhalten. Ein Vorteil: Die Ergebnisse können sofort für alle sichtbar projiziert werden. Ein Nachteil: Sobald Lernende während des Lernprozesses mit elektronischen Geräten arbeiten dürfen, ist die Gefahr hoch, dass diese Geräte zweckentfremdet genutzt werden. Dadurch kommt es zu Problemen bei der Aufmerksamkeit. Die Ampelmethode kann man nicht nur mit Kärtchen oder mit elektronischen Abstimmungssystemen durchführen, sondern auch mit Gegenständen in den Farben rot, gelb und grün. Zuweilen werden auch nur ganz schlicht die Finger benützt im Sinne von ein Finger für Lösung 1, fünf Finger für Lösung 5 usw.

Wie geht man bei der Ampelmethode vor?
Praxisbeispiel. In der Vorlesung „Einführung in die Pädagogische Psychologie" möchte ich meine Studierenden mit drei grundlegenden psychologischen Theorien vertraut machen: Dem Behaviorismus, weil dieser viele Jahrzehnte lang unverständlicherweise das Flaggschiff der empirisch-psychologischen Forschung war. Der Psychoanalyse, dem bei Laien wohl bekanntesten theoretischen Ansatz, wobei bis heute für viele Hypothesen noch kein empirischer Nachweis erbracht wurde. Die psychologische Handlungstheorie, zu deren Vertretern ich mich selbst rechne, einem hoch komplexen Ansatz, in dem Kognitionen, Emotionen, Automatismen, Motivation, Volition (Wille) usw. in sehr anspruchsvollen Modellen untereinander verknüpft werden (vgl. hierzu Teil III dieses Buches). Nach einer Reihe von 90-minütigen, nach dem Sandwichprinzip abgehaltenen Vorlesungen, möchte ich prüfen, wie gut die Studierenden diese drei Theorien verstanden haben, bevor ich – aufbauend auf dem vorhandenen Vorwissen – auf kritische Aspekte und später auch Anwendungsmöglichkeiten eingehe. Dazu gebe ich Fallbeispiele vor und frage die Studierenden, welche der drei Theorien leistungsstark genug wäre, den Sachverhalt adäquat zu erklären. Die Studierenden können kurz in Partnerarbeit reflektieren, danach entscheiden sie sich für eine, zwei oder drei Farbkärtchen, die auf ein Zeichen synchron hochgehalten werden.

Fallbeispiel

Eine Studentin kämpft einerseits ständig mit den in ihr aufsteigenden Bedürfnissen, zwischen den Mahlzeiten oft Süßigkeiten zu naschen. Andererseits hat sie ein klares Schönheitsideal vor Augen, das durch ihre Essgewohnheiten täglich in Frage gestellt wird. Welche der nachfolgenden Theorien ist leistungsstark genug, diese Diskrepanz zwischen Wunschfigur und Essgewohnheiten zu erklären?

- Behaviorismus (rot)
- Psychoanalyse (gelb)
- Handlungspsychologie (grün)

Abb. 42: Praxisbeispiel zur Ampelmethode im Bereich der Vorwissensorganisation. Hochschule, Fach Pädagogische Psychologie, Bewertung der Erklärungsstärke konkurrierender theoretischer Ansätze. Richtig sein können eine, mehrere oder alle der angebotenen Alternativen.

Sind die Karten hochgehalten worden, dann bitte ich die Studierenden, jenes Kärtchen bzw. jene Kärtchen sichtbar vor sich hinzulegen, die sie gewählt haben sowie die nicht gewählten Kärtchen darunter zu verbergen. In der nun folgenden Plenumsphase habe ich ausreichend Zeit, einzelne Studierende zu bitten, ihre Lösung zu begründen. Durch das sichtbare Ablegen erspare ich es ihnen, über mehrere Minuten ihr Kärtchen nach oben halten zu müssen. Würde ich mit einem Electronic Voting System arbeiten, könnte das Ergebnis mit dem Beamer für alle sichtbar projiziert werden. Das wäre ein Vorteil. Der Nachteil bestünde darin, dass ich nicht wüsste, welche Person welche Antwortmöglichkeit bevorzugt hätte, sodass ich niemand gezielt um eine Begründung bitten könnte. Letzteres wäre vor allem bei jenen Studierenden interessant, die zwei oder gar alle drei der skizzierten Theorie für angemessen halten, das Fallbeispiel stimmig zu erklären.

Die Ampelmethode aktiviert erfahrungsgemäß meine Studierenden, denn die Lösung ist wirklich schwer. Man kann behavioristisch argumentieren (Stimulus, Response, Konsequenz), wobei es im Behaviorismus keine Schönheitsideale als kognitiv-emotionale innere Bilder gibt. Man kann psychoanalytisch argumentieren mit dem Konflikt zwischen kontrollierendem Über-Ich und unkontrolliertem Es, wobei die Konstrukte „Über-Ich" wie „Es" unpräzise, spekulativ und empirisch schwer zu fassen sind. Man kann handlungspsychologisch argumentieren z.B. mit der Rubikon-Theorie, also der Kluft zwischen Wünschen und Willen, oder mit prototypengesteuerten, rasch ablaufenden, nicht mehr bewusstseinspflichtigen, wohl aber bewusstseinsfähigen Prozessen (vgl. Teil III dieses Buches). An den Argumentationen der Studierenden, die ich je nach gewählter Ampelfarbe bzw. Lösung um Begründungen für ihre Entscheidung bitte, erkenne ich, wie gut die Theorien verstanden worden sind. Und das macht es mir möglich, dort nachzubessern, wo es notwendig ist. Denn die nachfolgenden Vorlesungsteile bauen ja auf dem Vorhandenen auf. Zuweilen bin ich nach der Ampelmethode deprimiert, weil so vieles noch nicht verstanden worden ist. Zuweilen bin ich froh, weil ich

nun genau weiß, wo und wie ich weitermachen kann. Die Ampelmethode ist ein fester Bestandteil meiner Lehre, selbst bei der hochschuldidaktischen Weiterbildung von Professorinnen und Professoren. Sie stößt, wenn die Aufgaben oder Fragen wirklich zum Denken herausfordern, auf hohe Akzeptanz, auch wenn beim ersten Einsatz die bunten Kärtchen skeptisch beäugt werden.
Die Ampelmethode lässt sich mit Gewinn vom ersten Schuljahr an einsetzen. Sie kann sowohl für die Organisation und Diagnose von Vorwissen als auch von „mitgebrachtem" Können verwendet werden. Dazu Beispiele aus verschiedenen Stufen, von der Primarschule bis zur Erwachsenenbildung.

Primarstufe
In der Primarschule erfreut sich die Ampelmethode großer Beliebtheit. Zur Vereinfachung wird sie gerne mit nur zwei Antwortmöglichkeiten versehen und als „Richtig-Falsch-Quiz" bezeichnet. Die Kärtchen können grün und rot sein. Sind Kinder mit einer Rot-Grün-Sehschwäche in der Klasse, kann man auch andere Farben wählen, zum Beispiel rot und blau. Im Beispiel (Abb. 44) geht es im Bereich der Thematik der Überwinterungsmöglichkeiten von Tieren um die Frage, was über Zugvögel schon an Wissen vorhanden ist. Im Praxisbeispiel, ich war selbst im Unterricht als Beobachter dabei, geht es um den Weißstorch, der in der betreffenden Region verbreitet, den Schülerinnen und Schülern also ein vertrauter Anblick ist. Es ist aufschlussreich, welche der sieben Fragen von der Mehrzahl der Lernenden richtig beantwortet wird und bei welchen Sachverhalten noch keine klaren Vorstellungen bestehen.

Richtig-Falsch-Quiz

- ○ Der Weißstorch ist ein Zugvogel.
- ○ Er kann bis zu 2m groß werden.
- ○ Er kann 3 bis 5 Junge bekommen.
- ○ Er zieht im Frühling nach Afrika.
- ○ Er fliegt quer über das Mittelmeer.
- ○ Er besitzt einen angeborenen Richtungssinn.
- ○ Er orientiert sich beim Flug an Küsten, Seen und auch an Kirchtürmen.

Abb. 43: Praxisbeispiel Primarschule. Sachunterricht. Überwinterungsmöglichkeiten von Tieren. Diagnose und Organisation des Vorwissens. Hier in Form einer auf ein Richtig-Falsch-Quiz reduzierten Ampelmethode. Die Farbkärtchen werden vor dem Quiz ausgeteilt, hinterher wieder eingesammelt. Die Methode ist eingeübt.

Erfreulich ist, wie sehr es die Lernenden anstreben, möglichst viele der Aufgaben richtig zu beantworten. Daraus resultiert automatisch der Wunsch, mehr über die Thematik zu erfahren, vor allem wenn man die richtige Lösung nicht kennt. Für die Lehrkraft, die ja vor der Behandlung eines Themas nicht sicher wissen kann, was im Laufe der Schulzeit im regulären Unterricht, in Projekt- oder Freiarbeit, bei Ausflügen usw. sich an Kenntnissen zur Überwinterung von Tieren und speziell zum Weißstorch angesammelt hat, ist die Methode eine diagnostische Hilfe. Sie kann entscheiden, was gar nicht mehr behandelt werden muss, was nur kurz zu ergänzen ist und was vertieft thematisiert werden sollte. Wer in der Primarschule auf eine Verknüpfung von Lernen und Bewegung setzt, kann auf Kärtchen verzichten und stattdessen mit Aufstehen (Lösung A) bzw. Sitzenbleiben (Lösung B) arbeiten.

Vor allem in der Primarschule ist bei der Ampelmethode besonders auf eine gründliche Einübung sowie auf eine angemessene Klassenführung zu achten. Die Begeisterung kann schnell in Konkurrenzdenken umschlagen, bei dem richtige Lösungen überschwänglich gefeiert und falsche Lösungen als Niederlage empfunden werden. Dies hat zuweilen zur Folge, dass die Methode unterlaufen wird. Es werden vermeintlich wissende Schülerinnen und Schüler genau beobachtet und deren Lösung wird ohne eigenes Überlegen einfach übernommen, nur um möglichst gut abzuschneiden. Oder das hochgehaltene Kärtchen wird heimlich ausgetauscht, sobald erkennbar wird, dass die Lösung falsch ist. Oder man setzt sich schnell hin oder springt rasch auf entgegen der ursprünglichen Entscheidung, um so zu tun, als hätte man es gewusst. Da der Mensch laut psychologischer Experimente stark zum Lügen und Betrügen neigt, und das jeden Tag mehrmals, muss man annehmen, dass dies nicht nur auf führende Politiker zutrifft, sondern auch auf Primarschülerinnen und -schüler. So ist die Lehrkraft gefordert, diesen typischen Verhaltensweisen entgegenzuwirken. Das kann einmal dadurch geschehen, dass den Lernenden klar kommuniziert wird, dass es für Lehrerin oder Lehrer wichtig ist, zu sehen, was schon gekonnt wird und was noch nicht, um den Unterricht darauf abstimmen zu können. Zum anderen müssen durch klare Regeln die Chancen auf Täuschungsbemühungen verringert werden. Das kann durch völlig gleichzeitiges Zeigen der Lösungen auf ein vereinbartes Signal hin geschehen. Weiter kann ganz gezielt auf jede nachträgliche Änderung geachtet und diese sofort unterbunden werden.

Auch in Fächern wie Mathematik, Muttersprache und Fremdsprache ist die Ampelmethode ein wichtiges didaktisches Instrument. Wenn es darum geht, systematisch auf bestehendem Wissen und Können aufzubauen, benötigt man einerseits eine präzise Diagnose. Andererseits sind die Organisation und die damit verknüpfte Optimierung des „Mitgebrachten" in den genannten Bereichen besonders relevant. Will die Lehrkraft im Fach Mathematik beispielsweise Sachaufgaben aus dem Bereich der Division in Angriff nehmen, bei denen es unter anderem auch um Beziehungen zwischen Geschwindigkeit, Streckenlänge und Zeitbedarf geht (vgl. Abb. 44), dann kann sie im Vorfeld die nachstehende Aufgabe stellen. Mit der Ampelmethode gibt sie drei mögliche Lösungen vor und lässt durch Heben der Hand eine zusätzliche Möglichkeit für weitere Ergebnisse, denn es könnte ja auch sein, dass keine der angebotenen Alternativen richtig ist. Die Lernenden aktivieren bei der Auseinandersetzung mit der Aufgabe ihr mathematisches Können im Bereich der Division sowie ihr Wissen über Zeitmaße. Die Lehrkraft erkennt an der Häufigkeit der gewählten Lösungen sowie an den verbalen Begründungen, wie der Stand des Wissens und Könnens im Moment beschaffen ist und kann entsprechend vorgehen: Sie kann im Gleichschritt mit allen vorgehen, sie kann tutorielle Lernarrangements nach Kartenfarben bilden (starker Löser plus schwacher Löser), sie kann nach Art der Fehler differenzieren, sie kann eventuell auch einzelne Lernende ausfindig machen, die einer Sonderbehandlung bedürfen usw.

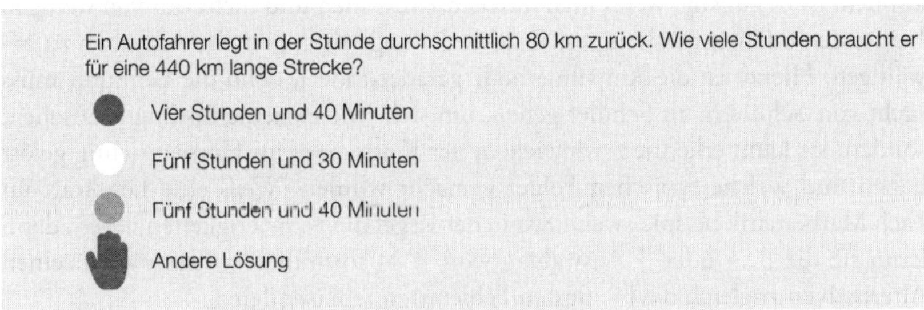

Abb. 44: Praxisbeispiel Primarschule. Ampelmethode im Fach Mathematik.

Sekundarstufe

Die Einsatzmöglichkeiten für die Ampelmethode in den Sekundarstufen I und II sind außerordentlich vielfältig. Einer der großen Vorteile ist, dass dieses Lehr-Lern-Arrangement, ist es einmal eingeübt, auch ganz spontan und ohne jede Vorbereitung eingesetzt werden kann. Das entlastet Lehrkräfte bei der alltäglichen Unterrichtsvorbereitung. Und dass die Lernenden nach vielen Jahren der Erprobung noch immer positiv auf die Methode reagieren, ist wohl der menschlichen Neugier geschuldet. Denn sonst würden sich Quizsendungen im Fernsehen nicht dieser hohen Beliebtheit erfreuen. Und zuweilen ertragen die Zuschauer sogar lange Werbepausen, nur um zu erfahren, wie denn nun die richtige Lösung lautet. Manche Lehrkräfte gehen in dieser Richtung noch einen Schritt weiter. Sie orientieren sich am Format „Wer wird Millionär", stufen die Aufgaben nach Schwierigkeitsgraden ab und lassen die Entscheidungen mit der Ampelmethode treffen.
Mittlerweile arbeiten viele Lehrkräfte in allen Bildungsinstitutionen mit der Ampelmethode und so kommt es vor, dass mir völlig unaufgefordert Praxisbeispiele zugehen. Im konkreten Fall geht es um Stilmittel, deren Beherrschung bei der Interpretation von Gedichten gefordert wird.

B) Warum ein längerer Anfahrtsweg kürzer ist

- Metapher rot
- Paradoxon gelb
- Ironie grün
- Euphemismus Hand

B) Wieviel Kohl steckt in Merkel?

- Paronomasie rot
- Oxymoron gelb
- Rhetorische Frage grün
- Neologismus Hand

Abb. 45: Praxisbeispiel Sekundarstufe. Ampelmethode im Fach Deutsch: Stilmittel Gedichtinterpretation. Autorin Heike Nolte.

Um den Stand des Vorwissens und schon vorhandenen Könnens einschätzen zu können, ist es günstig, wenn man möglichst von allen und nicht nur von wenigen Lernenden erfährt, wie kompetent sie in der Lage sind, gestellte Aufgaben zu bewältigen. Hierzu ist die Ampelmethode geradezu ideal, denn die Lehrkraft muss nicht von Schülerin zu Schüler gehen, um sich jede einzelne Lösung anzusehen, sondern sie kann erkennen, wie viele in der Klasse oder im Hörsaal richtig gelöst haben und welche typischen Fehler gemacht wurden. Weiß eine Lehrkraft im Fach Mathematik beispielsweise, wo in der Regel die Schwierigkeiten liegen, dann kann sie die 3, 4 oder 5 Auswahlantworten so formulieren, dass die einzelnen Alternativen zugleich die häufigsten Fehlerarten repräsentieren.

Gegeben ist die Funktion f mit der Gleichung $f(x) = x^2$

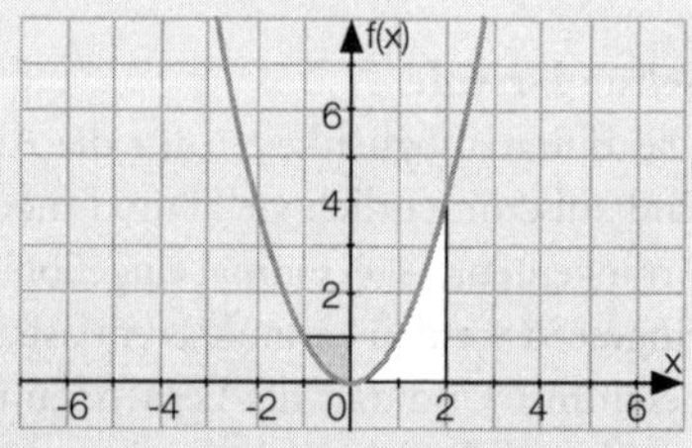

1. Die Steigung des Graphen an der Stelle $x=3$ ist
   a) 9
   b) 6
   c) 3
2. Die Funktion f mit $f(x) = \frac{1}{3}x^3 + x$ ist
   a) eine Stammfunktion von f
   b) die Ableitungsfunktion von f
   c) weder Stammfunktion noch Ableitungsfunktion
3. Für die Fläche zwischen zwei Graphen benötigt man die
   a) Schnittpunkte der Graphen
   b) Nullstellen der Funktionen
   c) relativen Extrema der Funktionen

Abb. 46: Praxisbeispiel Sekundarstufe. Ampelmethode im Fach Mathematik: Funktionen.

Schließlich kann man die Ampelmethode zur Organisation, zur Optimierung und zur Diagnose von Kompetenzen einsetzen, wie auch schon in Teil II, Kapitel 1.4 bei der Methode „Szene – Stopp – Reaktion" gezeigt wurde. Das Vorgehen ist einfach: Man gibt eine zu bewältigende Situation vor und bietet dazu in Frage kommende Handlungsmöglichkeiten an. Die Lernenden signalisieren durch Hochhalten der Karten, welche Lösung oder welche Lösungen sie für angemessen halten. Dazu ein Beispiel aus der Berufsbildung sowie ein Beispiel aus dem Fach Sport.

Eine Patientin will sich nicht waschen lassen.

Authentische Fallschilderung: Eine 85-jährige Frau in gutem Allgemeinzustand, jedoch verwirrt … usw. weigert sich, …

- Ich lasse der Patientin ihren Willen, weil … (grün)
- Ich versuche die Patientin zu überreden, weil … (gelb)
- Ich verschiebe die Handlung, weil … (rot)
- Andere Lösung, nämlich … (Hand heben)

Abb. 47: Praxisbeispiel zur Organisation, Optimierung und Diagnose von Kompetenzen. Hier: Berufsfachschule im Bereich der Pflege.

Schneller Topspin mit starker Rotation auf die Vorhandseite

- lange Vorhand – Abwehr
- Gegen – Topspin
- Blockball
- Vorhand – Flip
- Andere Lösung

Abb. 48: Praxisbeispiel zur Organisation, Optimierung und Diagnose von Kompetenzen. Hier: Fach Sport, Tischtennis AG. Die Lernenden entscheiden, welche Lösungen sie wählen würden und realisieren diese hinterher in der Praxis am Tisch.

Missverständnisse und Probleme

Wenn man in der schulischen Praxis häufig beobachtend dabei ist, trifft man auf zwei typische Probleme beim Einsatz der Ampelmethode. Das eine Problem ist die mangelnde Einübung. Die Methode wirkt so kinderleicht, dass viele Lehrkräfte denken, sie selbst wie die Lernenden würden sofort damit zurechtkommen. Das führt dazu, dass es kein eindeutiges Signal zum Hochhalten der Kärtchen oder anderer Repräsentationsformen gibt. Oder dass schon die ersten Kärtchen in die

Luft gestreckt werden, während die Lehrkraft noch am Nennen der Alternativen ist. Oder dass man sich an jenen Personen orientiert, von denen man glaubt, sie wüssten die Lösung besser als man selbst usw. Daraus ergibt sich die Notwendigkeit, wie bei allen strukturierten Lehr-Lern-Arrangements, dass es eine Phase der gründlichen Einführung gibt, in der die Regeln erklärt und das gewünschte Verhalten eingeübt wird.

Das zweite Problem ist, dass Lehrkräfte zuweilen die Methode als Feedbacksystem zu allen möglichen Problemen verwenden im Sinne von rot = nein, gelb = unentschieden und grün = ja. Hier muss genau geprüft werden, worüber abgestimmt werden soll. So habe ich es mehr als einmal bei meinen Hospitationen erlebt, dass Lehrkräfte über die Qualität ihres eigenen Unterrichts abstimmen ließen im Sinne von grün = positiv, gelb = dazwischen und rot = negativ. Ich denke, es ist leicht nachvollziehbar, dass dies keine sinnvolle Einsatzmöglichkeit ist. Ich habe schon erlebt, dass Lehrkräfte völlig enttäuscht waren über das ungünstige Pauschalfeedback zu ihrem Unterricht. Abstimmen können die Lernenden zum Beispiel darüber, ob sie eine Methode künftig häufiger oder seltener wünschen. Wem das Tempo des Vorgehens insgesamt zu langsam ist, für wen es gerade richtig ist und für wen es zu schnell ist.

1.8 Advance Organizer

Ich kenne keine Methode, die so gründlich falsch verstanden wird wie der „Advance Organizer". Mittlerweile ist dieser Begriff Lehrkräften vertraut. Aber wie der Problemlösepsychologe Dietrich Dörner in der „Logik des Misslingens" so schön schreibt: Zuweilen ändert sich das Sprechen, nicht aber das zugehörige Handeln. Der Zugewinn an Eloquenz (Dörner, 1992, S. 304) ist eher hinderlich, denn man glaubt, damit schon den entscheidenden Schritt getan zu haben. Was also ist ein „Advance Organizer" denn nun wirklich? Er ist der Versuch, eine Brücke zwischen dem Wissen der Lernenden (Novizen) und dem Wissen der Lehrenden (Experten) zu schaffen. Diese Brücke soll zu Beginn einer umfangreichen Thematik geschlagen werden, also „im Voraus", was im Englischen „in advance" heißt. Das von Experten in einem Kurzvortrag präsentierte Wissen soll eine klug durchdachte Struktur („Organizer") besitzen, die alle wesentlichen Aussagen enthält. Ein „Advance Organizer" ist folglich ein im Voraus gegebener, maximal viertelstündiger Abriss der gesamten Thematik in einer verständlichen, eingängigen, animierenden und vor allem sandwichartigen Form. Wie wirkungsvoll der Advance Organizer ist, das hat man empirisch nachgewiesen. In hunderten von Untersuchungen (vgl. Wahl 2011 und 2013; Hattie 2009 und 2017, Hattie und Zierer 2018) wurde gezeigt, wie erfolgreich sich Behalten, Transfer, Aufmerksamkeit, Interesse und Selbstwirksamkeit durch diese Vorgehensweise entwickeln.

Eklatante Missverständnisse: Ein Advance Organizer ist kein neuer Begriff für eine Themenübersicht; ist kein neuer Begriff für das Transparentmachen von Ablauf, Zielen und Inhalten; ist kein neuer Begriff für den „informierenden Unterrichtseinstieg" nach Monika und Jochen Grell (1979); ist kein neuer Begriff für eine Agenda; ist kein neuer Begriff für eine hübsch bebilderte Anordnung der kommenden Themen; ist kein neuer Begriff für eine Problemstellung in der Einstiegsphase; ist kein neuer Begriff für eine visualisierte Vernetzung der kommenden Inhalte. Solche Missverständnisse lassen sich ganz einfach durch aufmerksames Zuhören aufdecken. Kommen in den Ausführungen der Lehrkräfte Sätze vor wie: „Und dann sprechen wir über…", oder: „In den nächsten Stunden werden wir sehen, was sich hinter XY verbirgt"; oder: „Wir werden spannende Experimente machen bzw. einen interessanten Text lesen zum Thema XY"; oder: „Das Thema XY erarbeiten wir uns in Form von Lernstationen" usw., dann handelt es sich mit Sicherheit um keinen Advance Organizer. Es handelt sich lediglich darum, die Lernenden darüber zu informieren, was die Lehrperson geplant hat. Das ist außerordentlich sinnvoll und lobenswert. Das sollte auch unbedingt gemacht werden. Aber es ist nun mal kein Advance Organizer.

Ein Advance Organizer ist ein rein inhaltliches Lehr-Lern-Arrangement. Experten informieren Novizen in einem normalerweise 8 bis 12 Minuten dauernden Vortrag über die wesentlichen Aussagen eines kommenden umfangreichen Themas. Sie erklären das Wesentliche im Voraus. Sie schaffen eine neue Struktur in den Köpfen der Lernenden. Daran können im späteren Verlauf die einzelnen Details, die sich mühsam durch den „Flaschenhals der Informationsaufnahme" gezwängt haben, aufgehängt werden. Weil man dann besonders leicht aufnimmt und nachhaltig speichert, wenn man weiß, wie die neuen Inhalte mit dem vorhandenen Wissen zu verbinden sind, bieten die Lehrenden etwas enorm Wertvolles an: Sie machen den Lernenden auf gut nachvollziehbare Weise klar, wie die kommende Thematik im Kopf eines Experten aussieht, was die wesentlichen Grundaussagen sind, was besonders wichtig und was eher unwichtig ist. Sie helfen zu verstehen, noch bevor Einzelheiten entweder von den Lernenden erarbeitet oder von den Lehrenden systematisch vermittelt wurden. Dieses grundlegende Verständnis vermittelt den Lernenden die subjektive Hoffnung, das Wesentliche begreifen und die mit den Inhalten verbundenen Anforderungen bewältigen zu können.

Und warum wird der „Advance Organizer" flächendeckend falsch interpretiert? Die Antwort ist einfach: Er widerspricht vielen Glaubenssätzen und zahlreichen Mythen, die sich im Laufe der Berufsbiografie Lehrender angesammelt haben. Das führt zu emotionaler Verstörung. So sagte einmal eine Lehrkraft bei einem Pädagogischen Tag völlig aufgebracht zu mir, nachdem ich die Methode „Advance Organizer" erläutert und live 1:1 vorgemacht hatte: „Sie stellen ja alles auf den Kopf!". Demgegenüber bin ich der festen Überzeugung, dass durch einen Advance Organizer die kommenden Lernprozesse auf sichere Füße gestellt werden.

Mythos 1: Nimmt man alles vorweg, auch wenn dies nur in einem kurzen Vortrag geschieht, dann sinkt die Motivation der Lernenden

Empirisch betrachtet lässt ein Advance Organizer das Interesse ansteigen. Das ist faszinierend, denn unsere eigenen Untersuchungen zeigen, dass normalerweise die Motivation der Lernenden von Jahr zu Jahr absinkt. Und warum? Weil Lernen sehr viel mehr mit Anstrengung und Pflicht zu tun hat als mit Eigeninteresse. Vermutlich gibt es wenige Schülerinnen und Schüler, die nachts aus Vorfreude nicht schlafen können, weil am morgigen Tag das Plusquamperfekt, der 2. Strahlensatz, der Felgaufschwung am Reck, Schrödingers Katze oder die Flucht des Themas durch die Stimmen auf dem Lehrplan stehen. Das übersehen Lehrende häufig, denn sie unterrichten ja in der Regel eine Thematik, für die sie selbst ein genuines Interesse haben sowie eine hohe Kompetenzüberzeugung besitzen. Arbeitet man entgegen der üblichen Praxis jedoch mit dem Instrument „Advance Organizer", so gewinnen die Lernenden den Eindruck, den Anforderungen eher gewachsen zu sein, was sich positiv auf ihre Selbstwirksamkeit auswirkt. Diese wiederum hängt nach der kognitiven Motivationstheorie mit der Anstrengungskalkulation zusammen: Wenn ich glaube, es schaffen zu können, strenge ich mich mehr an, als wenn ich der Ansicht bin, mein Kräfteeinsatz lohne sich nicht.

Mythos 2: Alles muss von den Lernenden erarbeitet werden; möglichst wenig sollen die Lehrenden „vorkauen"

Es ist grundsätzlich nicht möglich, die in 10 000 Jahren erbrachten Leistungen der menschlichen Kultur in wenigen Jahren oder gar wenigen Stunden von den Lernenden „entdecken" zu lassen. Darauf habe ich schon hingewiesen. Wenn überhaupt etwas in Schule oder Hochschule eigenständig „entdeckt" werden kann, dann gelingt dies nur auf der Basis guter Vorkenntnisse. Und der Advance Organizer ist eine faszinierende Möglichkeit, in kurzer Zeit eine Basis zu schaffen, auf der selbstgesteuerte Lernformen greifen können. Eigenständiges Denken wird folglich nicht verhindert, sondern erleichtert. Und genau diese paradox anmutende Leistung erbringt der Advance Organizer: Er nimmt alles vorweg und macht es dadurch möglich, dass die Lernenden sich auf einer tragfähigen Grundlage problemorientiert und eigenständig mit wichtigen Thematiken auseinandersetzen können

Mythos 3: Ein Advance Organizer ist abzulehnender Frontalunterricht

An Hochschulen und Universitäten wird mit Freude frontal gelehrt. Dagegen wird in Schulen Frontalunterricht gebrandmarkt. Natürlich ist ein Advance Organizer – als eine von der Lehrperson in wenigen Minuten „am Stück" vorgetragene Präsentation – ganz eindeutig Frontalunterricht. Aber das ist höchst nützlich, weil dabei Experten ihr über lange Zeiträume entstandenes Wissen in komprimierter, dennoch aber verständlicher Form anbieten, um den Lernenden schon zu Beginn einer Thematik die Orientierung zu erleichtern. Universitäten täte ein deutlicher

Zuwachs an aktiven Lernphasen gut. Primar- und Sekundarschulen wären gut beraten, wenn die Lehrkräfte ihr Wissen ab und zu in kurzen, interessanten Präsentationen darbieten würden.

Mythos 4: Würde man zu Beginn die grundsätzlichen Zusammenhänge und Inhalte vorwegnehmen, wäre eine flexible didaktische Gestaltung unter Einbeziehen von Interessen der Lernenden nicht mehr möglich

Der „Advance Organizer“ nimmt nicht alles vorweg. Das kann er nicht, weil die Komprimierung von beispielsweise vierzehn 90-Minuten-Einheiten auf 8 bis 12 Minuten völlig unmöglich ist. Erreichen kann man dagegen ein grundlegendes Verständnis der Thematik. Die meisten Details sind noch nicht festgelegt und es gibt zahlreiche Möglichkeiten der Lernenden, ihre Interessen einzubringen. Umgekehrt sollten Lehrkräfte schon wissen, sei es in der Primarschule oder an einer Universität, in welche Richtung sie gehen möchten. Sich von Stunde zu Stunde selbst überraschen zu lassen, wie der Lehr-Lern-Prozess verläuft, führt vermutlich nicht immer zum gewünschten Erfolg. Ein Advance Organizer zwingt die Lehrenden zu einer fundierten Planung des Lehr-Lern-Geschehens. Und das schadet normalerweise nicht.

Wie wird ein „Advance Organizer“ konstruiert?

Der Advance Organizer hat das Ziel, Expertise in den Köpfen der Lernenden anzubahnen. Um dies leisten zu können, müssen Expertin oder Experte zunächst einmal ihr eigenes, teilweise implizites Expertenwissen (vgl. Neuweg 2015) gezielt explizieren. Es hat sich bewährt, wenn die Lehrkraft zunächst etwa 20 zentrale Begriffe der kommenden Thematik in einem Brainstorming für sich selbst notiert und diese sachlogisch anordnet, zum Beispiel mit einer Strukturlegetechnik, per Mindmap oder mit einem anderen grafischen Verfahren. Die eigene Expertenstruktur wird dadurch sichtbar gemacht. Danach kommt die didaktische Übersetzung. Die Expertenstruktur muss so präsentiert werden, dass Novizen das Wesentliche verstehen können. Wie kann dies gelingen? „Verständlichermacher“ sind die Lösung! Darunter versteht man alle Maßnahmen, die eine Präsentation für die Zuhörenden nachvollziehbar machen. Dazu gehört nicht nur das freie Sprechen, das nachweislich deutlich besser entschlüsselt wird als ein abgelesener Text. Sondern auch eine Visualisierung. Denn die „phonologische Schleife“ und der „räumlich-visuelle Notizblock“ sind zwei weitgehend voneinander unabhängige Zugänge zum Arbeitsgedächtnis im Mehrkomponentenmodell von Baddelay & Hitch (1974). Das Verstehen und Behalten erleichtern zusätzliche „Codierungsformen“ wie etwa anschauliche Beispiele, passende Vergleiche, tragfähige Analogien und vor allem interessante kurze Geschichten oder Episoden, durch die das Vorgetragene und Gezeigte leichter nachvollziehbar wird. Mit diesen Zutaten lässt sich eine mehrfachcodierte Präsentation entwickeln, die es erlaubt, in kurzer Zeit viel zu begreifen.

Der Advance Organizer ist wie ein Sandwich aufzubauen (Abb. 49). Im ersten Schritt ist es günstig, wenn sich die Lernenden zunächst einmal selbst fragen, was sie über die kommende Thematik schon wissen oder was sie schon können. Hilfreich sind hierbei alle Methoden zur Organisation des Vorwissens bzw. des schon vorhandenen Könnens, wie sie gerade eben in Teil II, Kapitel 1.1. bis 1.7. diskutiert wurden. Das kann eine Sortieraufgabe sein, die Ampelmethode, eine Strukturlegetechnik, ein Netzwerk, Szene-Stopp-Reaktion, ein Partnerinterview oder ein Multi-Interview. Sollte wenig Zeit zur Verfügung stehen, so können auch eine Murmelphase, Think-Pair-Share, ein kurzes Brainstorming, ein Quiz usw. dafür sorgen, dass die Lernenden ihr bisheriges Wissen aktivieren. Es ist eine didaktische Entscheidung der Lehrkraft, wie viel Raum sie insgesamt der aktiven Auseinandersetzung geben möchte. Das hängt auch vom Umfang der Thematik ab. Erstreckt sich diese über 20 Stunden und mehr, dann lohnt sich eine längere Beschäftigung mit dem „Mitgebrachten". Sind für die Behandlung der Inhalte dagegen nur 6, 8 oder 10 Stunden vorgesehen, sind dem vorauslaufenden Sandwich zur Aktivierung und zur Optimierung des Vorwissens nicht viel mehr als 20 bis 30 Minuten zuzugestehen. Diese Investition zahlt sich jedoch aus, wie die empirischen Untersuchungsergebnisse zeigen. Zusätzlich wird jene Zeit eingespart, die bislang für den „Einstieg" bzw. die „Stufe der Motivation" vorgesehen war. Das „Advance-Organizer-Sandwich" ist folglich nichts anderes als eine wissenschaftlich bestens begründete Form des Einstiegs in eine neue Thematik.

Aktive Auseinandersetzung der Lernenden mit der kommenden Thematik

Mehrfachkodierte Präsentation der Lehrperson 8 bis 12 Minuten Dauer

Aktive Auseinandersetzung der Lernenden mit den Inhalten des Advance Organizer

Abb. 49: Der Advance Organizer in Form eines Sandwiches.

Im zweiten Schritt trägt die Lehrkraft den Advance Organizer vor. Die Lernenden hören zu. In der Regel haben sie ein Arbeitsblatt oder ein Handout vor sich, das ihnen das Mitschreiben erleichtert bzw. das als Gedächtnisstütze fungiert. Sinnvoll ist es auch, die Lernenden anzuregen, auf dem Blatt Pfeile zu machen, Ausrufezeichen und Fragezeichen zu setzen, Begriffe zu unterstreichen – insgesamt so aktiv und eigenständig wie möglich mit dem Vorgetragenen umzugehen. Es darf nicht übersehen werden, dass rezeptive Phasen im Plenum für die Aufmerksamkeit stets eine besondere Herausforderung darstellen. Deshalb sind Lehrende gut beraten, wenn sie die Obergrenze von maximal 15 Minuten keinesfalls überschreiten und sich im Zeitraum von 8 bis 12 Minuten tummeln. In der Primarschule ist die Obergrenze besser bei 8 als bei 15 Minuten anzusetzen.

Im dritten Schritt geht es darum, die Lernenden zu aktivieren. Neue Informationen sind auf sie eingeströmt. Bisheriges Wissen ist mit kommendem Wissen verknüpft worden. Es sind Fragen aufgeworfen und beantwortet worden. Deshalb bekommen die Lernenden Zeit, sich damit auseinanderzusetzen, bevor die „eigentliche" Behandlung der Inhalte beginnt. Ganz einfach wäre es, eine Sortieraufgabe mit den Symbolen Plus und Minus anzuregen: Auf dem Arbeitsblatt bzw. Handout werden jene Begriffe oder grafischen Elemente mit einem Plus versehen, die eingeordnet werden können; ein Minus erhalten jene Begriffe oder grafischen Elemente, die entweder nicht verstanden wurden oder deren Verknüpfungen nicht nachvollziehbar waren. Denkbar sind auch Partnerinterview und Ampelmethode. Aufwändiger wären Strukturlegetechnik und Netzwerk usw. Dem didaktischen Einfallsreichtum stehen hier viele Möglichkeiten offen. Entscheidend für die Auswahl ist, dass sich die Lernenden vertiefend mit dem Vorgetragenen auseinandersetzen und vor allem, dass sie aktiv versuchen, das Bekannte mit dem Neuen zu verknüpfen. Auf dieser Grundlage ist ein fruchtbarer Lernprozess zu erwarten.

Praxisbeispiel

Im Hauptseminar „Theorie und Praxis der Emotionsregulation" möchte ich Studierende des Faches Psychologie befähigen, mit den eigenen Gefühlen in kritischen Situationen gekonnt umzugehen sowie anderen Personen beizubringen, wie man Emotionen regulieren kann. Im Mittelpunkt steht dabei eine Handlungs-Unterbrechungs-Strategie, die es erlaubt, in wenigen Sekunden emotionsgeladene Spontanreaktionen abzustoppen und, obwohl die eigenen Gefühle noch deutlich zu spüren sind, überlegt bis professionell zu agieren. (Vgl. Teil IV, Kap. 3.3). Gelingen kann dies mit den von mir entwickelten Stoppcodes, die intensiv zu trainieren sind, damit sie das eigene Handeln wirkungsvoll unterbrechen können. Im wöchentlich stattfindenden Hauptseminar, das sich insgesamt über 14 mal 90 Minuten erstreckt, will ich die Studierenden mit Emotionstheorien sowie mit den gängigsten Regulationstechniken vertraut machen, vom Autogenen Training bis hin zu modernen Biofeedbackverfahren. Zwischen den Sitzungen sollen sie in speziell zu diesem Zweck gebildeten Praxis-Tandems kontinuierlich die selbst gewählten Stoppcodes trainieren, unterstützt durch eine Trainings-CD. Die ersten 45 Minuten des Hauptseminars sind der Vorwissensorganisation gewidmet. Ein Advance Organizer in Form eines Sandwiches soll einerseits Interesse wecken, andererseits die erfahrungsgemäß umfangreichen Vorkenntnisse der Studierenden aktivieren, ordnen und ergänzen.

Teil 1 des Advance Organizer Sandwiches:

Aktive Auseinandersetzung der Lernenden mit der kommenden Thematik

Als didaktische Form wähle ich ein Quiz. Erstens macht dies neugierig. Zweitens ist die Arbeitsanweisung leicht zu befolgen. Drittens können alle Studierenden doppelt aktiviert werden. Einmal in Einzelarbeit beim Lesen und Ankreuzen der Fragen (Think-Phase). Zum anderen in Partnerarbeit beim Vergleich ihrer Lösungen mit einer in der Nähe sitzenden Person. (Pair-Phase). Schließlich werden im Plenum die Lösungen diskutiert (Share-Phase). Die von Lyman (1981) entwickelte Think-Pair-Share-Methode (denken, austauschen, vorstellen) ist eine ebenso schlichte wie universell einsetzbare Möglichkeit, Lernende jeden Alters zu aktivieren.

Quiz zum Thema „Theorie und Praxis der Emotionsregulation"

1. Starke Emotionen drängen den Menschen zum sofortigen Entscheiden.
   Das geht so schnell, dass schon nach 0,4 Sekunden bis 1,0 Sekunden reagiert werden kann.
   Ja, das ist richtig *Ich weiß es nicht sicher* *Nein, das ist falsch*
2. Je größer Säugetiere sind, desto stärker sind ihre Emotionen.
   Ja, das ist richtig *Ich weiß es nicht sicher* *Nein, das ist falsch*
3. Physiologisch betrachtet bereitet der Parasympathikus den Körper auf Flucht und Angriff vor.
   Ja, das ist richtig *Ich weiß es nicht sicher* *Nein, das ist falsch*
4. Es ist empirisch nachgewiesen, dass klassische Hintergrunds-Musik (60 Schläge pro Minute) den Lernerfolg erhöht („Superlearning" nach Georgi Lozánov).
   Ja, das ist richtig *Ich weiß es nicht sicher* *Nein, das ist falsch*
5. Die historisch älteste Form der Emotionsregulation ist Yoga.
   Ja, das ist richtig *Ich weiß es nicht sicher* *Nein, das ist falsch*
6. Ein Stoppcode ist eine Handlungs-Unterbrechungs-Strategie, die dann besonders gut wirkt, wenn sie innerlich gesprochen wird.
   Ja, das ist richtig *Ich weiß es nicht sicher* *Nein, das ist falsch*
7. Das Menschenbild der Psychoanalyse mit den Instanzen Es, Ich und Überich spricht gegen die eigenaktive Regulation von Gefühlen, denn nach Freud ist das Ich nicht Herr im eigenen Haus.
   Ja, das ist richtig *Ich weiß es nicht sicher* *Nein, das ist falsch*
8. Der Mensch kann nur deshalb innerhalb von 1 bis 3 Sekunden reagieren, weil er über eine biografisch entstandene Prototypenstruktur verfügt.
   Ja, das ist richtig *Ich weiß es nicht sicher* *Nein, das ist falsch*
9. Wer die Vorläufersignale seines eigenen Handelns kennt, kann ungewollte Reaktionen besonders erfolgreich unterbrechen.
   Ja, das ist richtig *Ich weiß es nicht sicher* *Nein, das ist falsch*
10. Sprechen Sie Limbisch?
    Ja *Ich weiß es nicht* *Nein*

Abb. 50: Praxisbeispiel Advance Organizer – Sandwich. Hier: Aktivierung der Lernenden mit einem Quiz, realisiert in Form von Think-Pair-Share.

Die Studierenden haben in der Regel verstreutes Wissen über physiologische Abläufe (autonomes Nervensystem), über die Psychoanalyse, über Lernen mit Musik, über Entspannungsverfahren (Autogenes Training, Muskelentspannung, Tai Ji, Yoga usw.) und natürlich gehen sie seit dem ersten Lebenstag mit den eigenen Emotionen um bzw. reagieren auf die Emotionen ihrer Mitmenschen. Deshalb sind sie im Umgang mit den zehn Fragen nicht ratlos, sondern trauen sich bei einem Teil davon eine begründete Lösung zu. Das führt zu intensiven Diskussionen in der Pair-Phase sowie zu einem genuinen Interesse, in der Share-Phase die Lösungen zu erfahren. Folglich gehe ich die zehn Aussagen im Plenum durch und auf Nachfragen ein. Damit die Aufmerksamkeit bei dem nun folgenden Vortrag von 8 bis 12 Minuten voll vorhanden ist, schiebe ich eine kurze Murmelphase ein. Die Studierenden sollen paarweise austauschen, ob sie schon irgendwelche Entspannungsmethoden am eigenen Leibe erlebt haben. Nach maximal zwei Minuten unterbreche ich die Partnerarbeit und beginne die mehrfachcodierte Präsentation. Die Studierenden erhalten als Erinnerungsstütze das in Abb. 51 wiedergegebene Handout.

Teil 2 des Advance Organizer Sandwiches:
Mehrfachcodierte Präsentation der Lehrperson von 8 bis 12 Minuten

Teil A: Ich präsentiere Grafiken physiologischer Reaktionen sowie psychischer Belastungen von Lehrkräften, um zu zeigen, dass Emotionen krankmachen können.

Teil B: Ich skizziere meine Menschenbildannahmen (Mensch als autonomes, zur Selbstregulation fähiges Wesen) und gehe auf mit Emotionen verknüpfte Körperprozesse ein. In diesem Zusammenhang schildere ich eine authentische Episode, in der Schüler Handgranaten in die Schule bringen sowie die zugehörigen emotionalen Reaktionen.

Teil C: Ich erläutere die Prototypenstruktur menschlichen Handelns und zeige, wie mit Stoppcodes Handlungsabläufe unterbrochen werden können.

Teil D: Ich vergleiche das Training von Stoppcodes mit anderen Entspannungsverfahren.

Ich spreche frei, visualisiere mit dem Beamer, mache Beispiele, schildere eine Episode und versuche an die Fragen des Quiz anzuschließen. Ich bemühe mich, Sätze wie „und wir werden noch genauer besprechen wie …“ oder „auf das Thema XY werden wir in Sitzung Z eingehen“ zu vermeiden. Während der Präsentation schaue ich mehrfach auf die Uhr, damit ich nicht zu lange rede. Wenn Zwischenfragen kommen, nehme ich sie auf, beantworte sie aber nur kurz, damit ich insgesamt in der vorgesehenen Zeit von 8 bis 12 Minuten bleibe. Es kommt auch vor, dass ich 15 Minuten benötige. Aber das ist die Ausnahme.

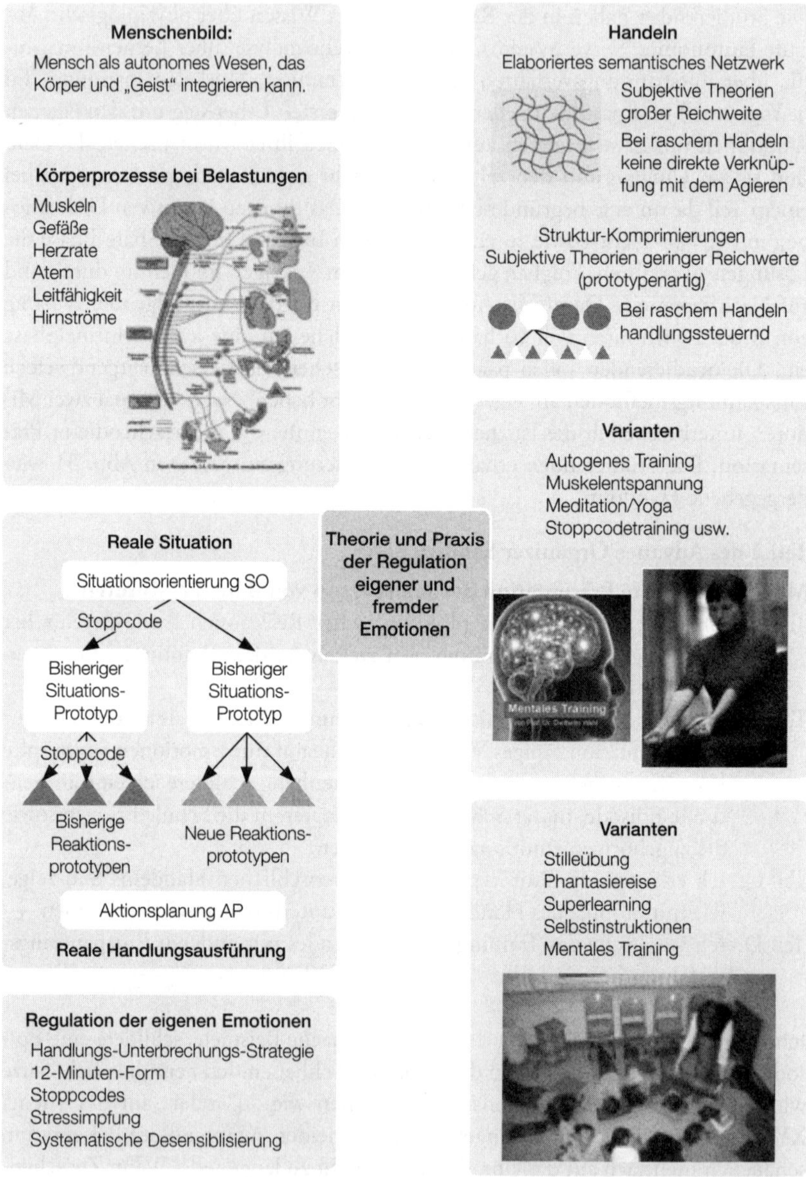

Abb. 51: Praxisbeispiel Advance Organizer – Sandwich. Handout zur mehrfachcodierten Präsentation von 8 bis 12 Minuten Dauer.

Teil 3 des Advance Organizer Sandwiches:

Aktive Auseinandersetzung der Lernenden mit den Inhalten der Präsentation
Die Verknüpfung von psychologischer Handlungstheorie und Emotionsregulation ist komplex. Vieles muss eingeordnet werden. Manches ist völlig fremd. Umgekehrt haben alle Studierenden die „Einführung in die Psychologie" als Pflichtveranstaltung besucht, in der „Emotionen" gleichermaßen wie die Steuerung des menschlichen Handelns sowohl behandelt als auch geprüft wurden. Doch wer sich bei Lerngewohnheiten Studierender in Bezug auf Modulprüfungen ein wenig auskennt, der weiß, wie schnell angelerntes Wissen wieder vergessen wird. Deshalb entscheide ich mich für eine Sortieraufgabe. Das Handout enthält 25 zentrale Begriffe. Aufgabe der Studierenden ist es, jene Konstrukte mit einem Plus zu versehen, die sie glauben verstanden zu haben. Entsprechend jene mit einem Minus, bei denen sie sich nicht sicher sind. Auch das geschieht im Rhythmus Think-Pair-Share, wobei die Studierenden in der Pair-Phase wechselseitig ihre Lücken schließen können. In der die gesamte Vorwissensorganisation beendenden Share-Phase frage ich nach jenen Begriffen, die trotz Quiz, trotz Vortrag und trotz gegenseitigen Informierens noch immer nicht klar sind. Häufig genannt werden – ich habe dieses Hauptseminar mehr als zehn mal gehalten – Menschenbild, elaboriertes semantisches Netzwerk, Strukturkomprimierung, Systematische Desensibilisierung und Stressimpfung. Diese und weitere Begriffe arbeite ich in der Share-Phase ab.

Beginn der „eigentlichen" Thematik
Bis hierher sind etwa 45 Minuten vergangen. Bleiben also noch 1215 Minuten übrig bzw. 13 Sitzungen zu 90 Minuten sowie aus der ersten Sitzung die Hälfte der Zeit. Angesichts dieser Zahlen kann niemand damit argumentieren, der Stoff könne nicht bewältigt werden, nur weil nicht gleich mit dem neuen Thema begonnen wurde. Das Thema ist umfangreich und gerade deshalb lohnt es sich, Zeit für die Vorwissensorganisation aufzuwenden, weil damit grundlegendes Verständnis geschaffen, Interesse geweckt sowie mitgebrachtes Wissen eingeordnet werden kann. Ganz konkret wird das Hauptseminar fortgesetzt mit einem organisatorischen Teil: Die Studierenden werden gebeten, Trainings-Tandems zu bilden, die sich wöchentlich je ein Mal für 30 Minuten zum Üben mit der CD treffen. Die Bereitschaft dazu war Vorbedingung für die Zulassung zum Hauptseminar. So gebe ich nun ein paar Minuten Zeit für die Absprachen der Studierenden untereinander. Danach beginnt die „eigentliche" Thematik mit der differenzierten Skizze jener Menschenbildannahmen, die einer bewussten, selbstgesteuerten Emotionsregulation zugrunde liegen.

Ein Praxisbeispiel aus der Primarschule

Ein Advance Organizer in der Primarschule ist ein bislang seltenes Ereignis. Dennoch gibt es Lehrerbildungsinstitutionen, in denen zum Beispiel im Bereich NMG (Natur, Mensch, Gesellschaft) bzw. im Sachunterricht der Einstieg mit einem Advance Organizer verbindlicher Standard ist. Doch damit tun sich Lehrerinnen und Lehrer in der Primarschule meist schwer, weil sie der festen Überzeugung sind, alle Inhalte müssten eigenaktiv „erarbeitet“ werden und darüber hinaus könne man Menschen in diesem Alter keine Präsentation von 8 bis 12 Minuten zumuten. Meine Erfahrungen sind gegenläufig. Gerade wenn eine Lehrkraft in der Primarschule einmal nicht alles zusammentragen und einmal nicht alles „entdecken“ lässt, dann folgen die Schülerinnen und Schüler mit hoher Aufmerksamkeit und ungewohnter Stille interessant dargebotenenen Ausführungen.

In Abb. 52 ist als Praxisbeispiel ein Advance Organizer zum Thema „Coca Cola“ wiedergegeben, in der Primarschule für die Klassen 1 bis 3 gedacht. Der Grafik sieht man zunächst nicht an, ob es sich um eine bebilderte Agenda handelt oder um einen Advance Organizer. Das kann man nur entscheiden, wenn man hört, was die Lehrkraft dazu sagt. Wenn sie nur die einzelnen Teilthemen ankündigt im Sinne von: „Und dann werden wir erfahren, ob Coca Cola gesund ist“ oder „Wir gehen in den Supermarkt, um uns zu erkundigen, was mit den Flaschen und Dosen passiert“, dann ist es eine Agenda. Wenn sie aber in einem spannenden Kurzvortrag erzählt, dass Coca Cola das bekannteste Markenzeichen der Welt ist, dass es 1886 erfunden wurde und wegen der Zutaten Kokablatt und Kolanuss als Medizin in der Apotheke gekauft werden musste, dass bis heute darüber gestritten wird, ob und wie viel Kokain Coca Cola zu Beginn tatsächlich enthielt, dass das Getränk wegen der über 30 Zuckerwürfel je Liter Fettleibigkeit begünstigt und deshalb von Foodwatch kritisiert wird, dass Coca Cola aus sieben verschiedenen Zutaten hergestellt wird usw., dann ist es ein Advance Organizer.

Auch hier stellt sich wiederum die grundlegende Frage, ob man mit diesen Ausführungen den Lernenden alles vorweg- und damit wegnimmt, so dass der nachfolgende Unterricht überflüssig wird, oder ob man dadurch Zusammenhänge sichtbar macht, Interesse weckt und vorhandenes Wissen so mit neuen Informationen verknüpft, dass selbstgesteuertes Lernen in Projekten, Freiarbeit, Lernstationen usw. erst möglich wird. Geht man von einem Organizer-Sandwich aus, bei dem im aktivierenden ersten Teil Vorwissen organisiert wird mit der Ampelmethode, dem Partnerinterview, Think-Pair-Share usw. sowie im aktivierenden dritten Teil die Auseinandersetzung mit den Inhalten des Advance Organizer erfolgt, z.B. mit einer Strukturlegetechnik, einer Sortieraufgabe, einem Quiz usw., dann kann man sicher sein, dass alle nachfolgenden Lernphasen, seien sie im Plenum, in Einzelarbeit, in Partner- oder Gruppenarbeit, wirkungsvoll verlaufen, weil sie auf einem tragfähigen Fundament ruhen.

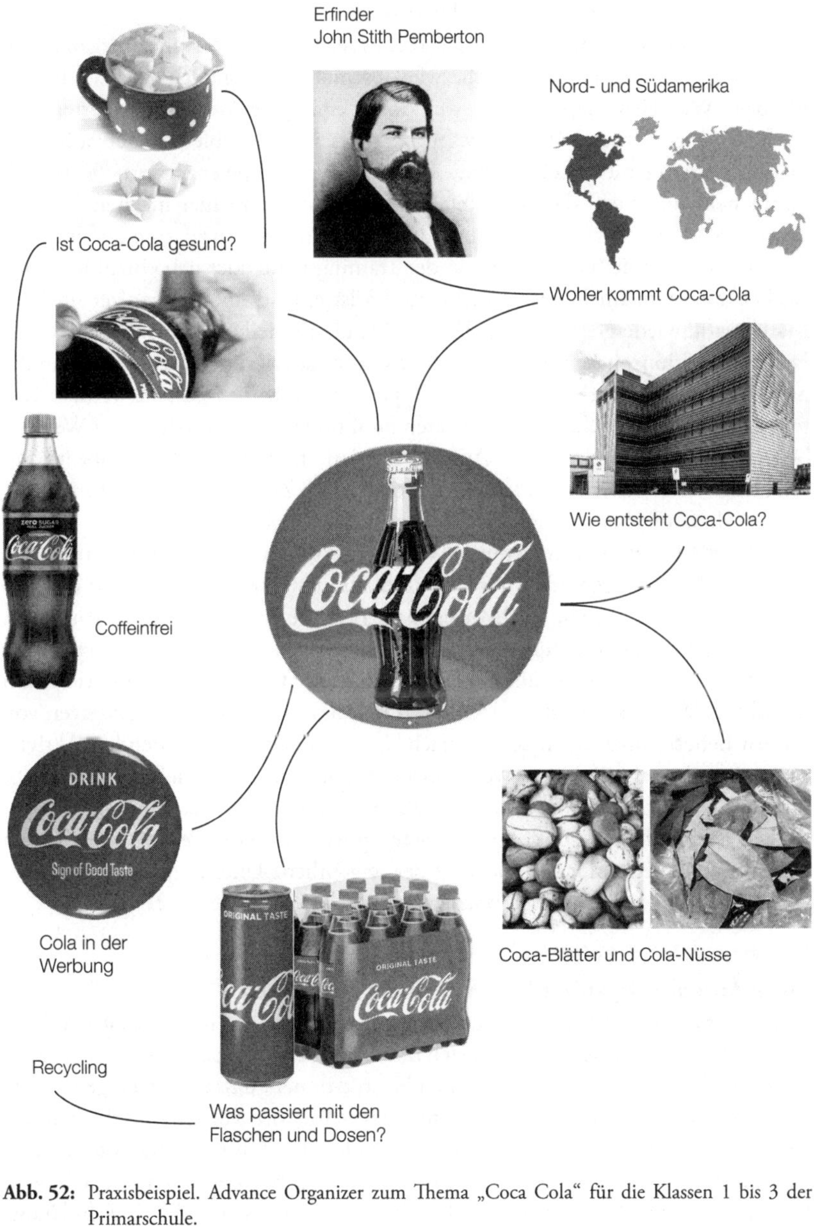

Abb. 52: Praxisbeispiel. Advance Organizer zum Thema „Coca Cola" für die Klassen 1 bis 3 der Primarschule.

Ein Praxisbeispiel aus der Sekundarstufe

Es gibt Inhalte bzw. Fächer, in denen fällt es leicht, einen Advance Organizer zu konstruieren. Dazu zählen Bereiche wie Geschichte, Geografie, Physik, Chemie, Biologie, Wirtschaft, Politik usw., weil dort vielfältige Fakten von Experten hilfreich geordnet werden können. Dagegen gibt es andere Gebiete wie etwa Mathematik, Sport, Fremdsprachen usw., in denen der Kompetenzerwerb im Mittelpunkt steht und nicht das geordnete Wissen. Doch selbst hier machen Advance Organizer einen Sinn, wenn es um die Begegnung mit umfassenden Inhalten geht, wie etwa in der Grammatik, in der Trainingslehre oder neu einzuführenden Rechenverfahren. Im Praxisbeispiel Abb. 53 ist ein Advance Organizer im Fach Mathematik wiedergegeben zum Thema „Quadratische Funktionen".

Der Präsentationsphase geht sandwichartig eine Aktivierungsphase voraus, in der in Form eines Partnerinterviews zwei Typen von Aufgaben gestellt werden. Erstens zur ausführlich behandelten linearen Funktion $y = mx + b$ samt einer Wertetabelle plus Grafik. Zweitens eine Aufgabe zur Anfertigung einer Wertetabelle samt Grafik zur noch nicht behandelten Funktion $y = x^2$. Zu Beginn der Plenumsphase werden die Aufgaben besprochen, danach wird der Advance Organizer präsentiert. Jedes Element der Gleichung $y = ax^2 + c$ wird einzeln erläutert, schrittweise größer und kleiner gemacht, mit Plus und Minus versehen usw., damit die Lernenden erkennen, welche nachvollziehbare Bedeutung jedes dieser Zeichen hat. Die Schülerinnen und Schüler sollen durch die anschauliche und leicht eingängige Vorgehensweise das Gefühl bekommen, dass die Quadratische Funktion kein unlösbares Welträtsel darstellt, sondern durch das ganz praktische Einsetzen von Zahlen beherrschbar wird. In der nach der Präsentation beginnenden Aktivierungsphase ist mithilfe einer Wertetabelle in Form eines tutoriellen Lerntempoduetts eine Brücke zu konstruieren, welche die Form einer nach unten offenen, flachen Parabel hat. Besonderheit: Wer fertig ist, hilft einer Person, die noch an der Aufgabe arbeitet. Danach beginnt der „eigentliche Unterricht" zu den Quadratischen Funktionen, der sich über sechs bis acht Wochen erstreckt.

Missverständnisse und Probleme

Einen Advance Organizer kann man nicht „erarbeiten"

Wer es gewohnt ist, Inhalte nicht selbst zu präsentieren, sondern alles Wissen zusammentragen zu lassen, der tut sich schwer mit einer Präsentation „am Stück". Deshalb erlebe ich es häufig bei meinen Hospitationen, dass nach wenigen Sätzen des Vortrags Lehrkräfte in das gewohnte Frage-Antwort-Muster zurückfallen. Sie versuchen, in der Interaktion mit den Lernenden den Advance Organizer zu entwickeln. Aus Sicht der Lehrkraft ist dies nachvollziehbar, denn sie fühlt sich beim Präsentieren unwohl, weil ihr das kontinuierliche Feedback durch Schülerantworten fehlt. Aus Sicht der Lernenden ist es blanker Unsinn. Denn wenn diese es tatsächlich schaffen könnten, in wenigen Minuten eine tragfähige Expertenstruktur zu entwickeln, dann wären sie klügere Experten als die Lehrkraft selbst.

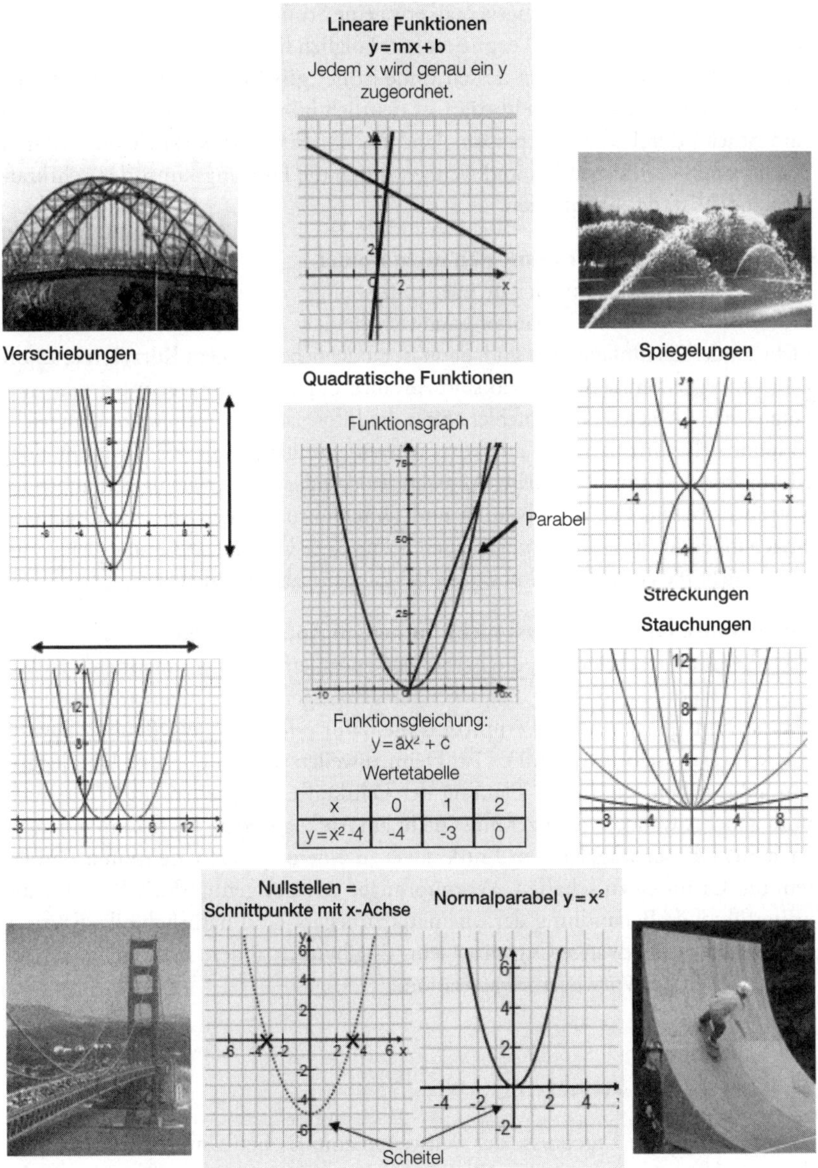

Abb. 53: Praxisbeispiel. Advance Organizer zum Thema „Quadratische Funktionen" für Sekundarstufe I. Autor: Dominik Bernhart.

Denn diese benötigt erfahrungsgemäß etwa eine Stunde, bis sie die eigene implizite Struktur zufriedenstellend expliziert hat. Folglich handelt es sich wieder einmal um ein Marionettenspiel. An dessen Ende ist der gewünschte Organizer tatsächlich entstanden. Aber der Zeitbedarf ist deutlich höher als bei einer Präsentation „am Stück" durch die Lehrperson. Und ob das Ergebnis wirklich mehr durch Nachdenken der Lernenden und weniger durch die Führungskunst der Lehrkraft entstanden ist, das bleibt offen.

Ein Advance Organizer lohnt sich nicht immer

Erstreckt sich eine Thematik nur über ganz wenige Stunden, dann ergibt sich ein Problem. Das Advance-Organizer-Sandwich braucht Zeit. Und wenn die Inhalte nicht sonderlich umfangreich sind, dann ist tatsächlich mit einem Kurzvortrag schon alles vorweggenommen. Deshalb sind Advance Organizers vor allem bei sehr umfangreichen Gebieten zu empfehlen. Sind die Informationen nicht so umfangreich, so lohnt sich normalerweise eine kurze Vorwissensorganisation, z.B. in Form einer Murmelphase, Think-Pair-Share, Ampelmethode oder anderer wenig zeitraubender Vorgehensweisen. Die Ausarbeitung und Durchführung eines Advance Organizer, eingebunden in zwei Aktivierungsphasen, käme einer Überdidaktisierung gleich und würde nicht die gewünschten positiven Wirkungen nach sich ziehen.

Ein Advance Organizer muss nicht immer am Anfang stehen

Viele Lehrkräfte schätzen es, die Lernenden zuerst einmal experimentieren zu lassen, zur Hypothesenbildung anzuregen, zu ganz eigenen Gedanken aufzufordern. Das ist sinnvoll, wenn der Lernprozess die dafür erforderliche Offenheit besitzt, was keinesfalls selbstverständlich ist. Denn zuweilen werden nur jene Überlegungen aufgegriffen, die in der Planung der Lehrkräfte vorgesehen sind. Wie auch immer, der Advance Organizer muss nicht am Anfang stehen. Man kann ihn auch nach einer Phase ungelenkten Entdeckens zu einem späteren Zeitpunkt darbieten, um Ordnung zu schaffen, Verknüpfungen aufzuzeigen und die Basis für die weiterführende Behandlung der Thematik zu legen. Und natürlich gilt: Es muss nicht immer ein Advance Organizer sein. Es gibt auch andere wirkungsvolle Vorgehensweisen der Vorwissensorganisation.

2 Kognitive Aktivierung

Betrachtet man die Ergebnisse der weltweiten empirischen Unterrichtsforschung, dann sind es nur ganz wenige Merkmale, die einen wirkungsvollen Unterricht ausmachen, wie in Teil I dieses Buches dargestellt. Neben einer freundlich-konsequenten Klassenführung und einem auf die Konzentrationsfähigkeit der Lernenden abgestimmten, sandwichartig angelegten Lehr-Lern-Geschehen ist vor allem die „kognitive Aktivierung" das entscheidende „Tiefenmerkmal". Darunter

versteht man, dass Lernende mit ausreichendem Basiswissen bzw. vorhandenen Basiskompetenzen anspruchsvoll angeregt werden sollen zum Analysieren, Denken und Problemlösen. Ab einer gewissen Leistungsstärke sind Auswendiglernen, wiederholendes Üben und variationsarme Aufgabenreihen kontraindiziert für eine tiefe und nachhaltige Durchdringung der Inhalte. „Higher order thinking" ist gefragt! Ziele sind, etwas zu verstehen, etwas zu begreifen und etwas zu beherrschen, um zu Könnerinnen und Könnern auf einem speziellen Gebiet zu werden. Dadurch wird dem Vergessen vorgebeugt. Denn was einmal verstanden wurde, muss nicht ständig repetiert werden. Für das, was man begriffen hat, benötigt man keine Eselsbrücken und kein stures Memorieren.
Was sind das nun für Aufgabenformate, die in ein Sandwich „eingeschoben" werden können zur kognitiven Aktivierung?
Ganz grundsätzlich: Es müssen keine speziellen Aufgabenformate sein, wie ich sie nachfolgend vorstelle. Alle Lehrenden haben in ihren Bereichen ganz gewiss zahlreiche Aufgaben entwickelt, von denen sie wissen, dass sie mit diesen das Analysieren, Denken und Problemlösen ihrer Lernenden anregen. Solche Aufgaben sind natürlich bereichsspezifisch. Das heißt: sie sehen in Musik anders aus als im Sport. In Mathematik anders als in Fremdsprachen. In Geschichte anders als in Physik. Diese speziellen Aufgaben zusammenzutragen, das ist eine in jeder einzelnen Fachdidaktik zu erbringende Leistung.
Ergänzend weise ich im Rahmen dieses Buches auf einige allgemeine, in nahezu jedem Bereich einsetzbare Aufgabenformate hin, die wir seit vielen Jahren in allen Alterstufen erproben, von der Grundschule bis zur Universität. Sieben sind in Zusammenhang mit der Vorwissensorganisation schon ausführlich beschrieben worden. Fünf weitere kommen jetzt noch hinzu. Untergliedert sind sie nach dem erforderlichen Planungsaufwand (siehe Abb. 54). Einige davon können ganz spontan und ohne viel Vorbereitung eingesetzt werden. Das ist wichtig, weil die zur Unterrichtsvorbereitung zur Verfügung stehende Arbeitszeit von Lehrkräften sehr begrenzt ist. Einige davon erfordern mehr Zeit und teils auch mehr Material. Diese lohnen sich besonders dann, wenn sich Themen innerhalb definierter Zeiträume (je Semester, je Jahr usw.) wiederholen.

Universell einsetzbare Aufgabenformate ohne großen Planungsaufwand

Vergewisserungsphase **Kap. 2.1**
Zweiphasig: Einzel- oder Partnerarbeit gefolgt von Plenum.

Think – Pair – Share **Kap. 2.2**
Dreiphasig: Einzelarbeit (denken), Partnerarbeit (austauschen; möglich als Lerntempoduett), Plenum (vorstellen).

Lerntempoduett **Kap. 2.3**
Zweiphasig: Einzelarbeit im eigenen Tempo, Partnerarbeit mit einer Person vergleichbaren Arbeitstempos.

Ampelmethode **Kap. 1.7**

Spezielle Aufgabenformate mit einem gewissem Planungsaufwand

Partnerpuzzle **Kap. 2.4**
Dreiphasig: Einzel- oder Partnerarbeit, Partnerarbeit mit komplementärem Gegenüber – möglich in Form eines Lerntempoduetts, Plenum.

Strukturierte Kontroverse **Kap. 2.5**
Dreiphasig: Einzel- oder Partnerarbeit, Partnerarbeit oder Vierergruppen – möglich in Form eines Lerntempoduetts, Plenum.

Partnerinterview **Kap. 1.5**
Dreiphasig: Einzelarbeit, Arbeit mit einem stabilen Gegenüber – möglich in Form eines Lerntempoduetts, Plenum.

Multiinterview **Kap. 1.6**
Dreiphasig: Einzelarbeit, Arbeit mit ständig wechselnden Gegenübern, Berichte im Plenum.

Sortieraufgabe **Kap. 1.1**
Dreiphasig: Einzelarbeit, Partnerarbeit – möglich in Form eines Lerntempoduetts, Plenum – ggfs. gefolgt von einer Strukturlegetechnik.

Strukturlegetechnik **Kap. 1.2**
Dreiphasig: Einzelarbeit, Partnerarbeit – möglich in Form eines Lerntempoduetts, Plenum – ggfs. im Anschluss an eine Sortieraufgabe.

Netzwerk **Kap. 1.3**
Zweiphasig: Einzelarbeit gefolgt von Kleingruppenarbeit.

Szene – Stopp – Reaktion **Kap. 1.4**
Handlungssimulationen in drei verschiedenen Varianten.

Abb. 54: Zwölf Lehr-Lern-Arrangements zur kognitiven Aktivierung.

2.1 Vergewisserungsphase

Viele Lehrkräfte möchten ausdrücklich, dass Lernende gründlich nachdenken. Sie wollen Inhalte nicht einfach präsentieren, sondern „gemeinsam erarbeiten“. Das ist begrüßenswert. Doch betrachtet man die alltägliche Unterrichtspraxis, so stellt man fest, dass die für das Analysieren, Denken und Problemlösen zur Verfügung gestellte Zeit häufig nur ganz wenige Sekunden beträgt: Die Lehrperson stellt eine Frage – die Lernenden denken nach – und wenn es nach durchschnittlich 1 bis 3 Sekunden keine Anzeichen für Beiträge gibt, dann wird die Frage umformuliert, es werden Hilfen gegeben oder die Frage wird von der Lehrkraft selbst beantwortet. Jedermann muss klar sein, dass man in wenigen Sekunden nicht herausfinden kann, warum ein Hubschrauber flugfähig ist, ob die antike griechische Demokratie wirklich demokratisch war, wie das Verhalten der einen Schüler liebenden Lehrerin in der Novelle „Schweigeminute“ zu bewerten ist, ob der Brexit England eher nützt oder eher schadet. Dennoch sind extrem kurze Wartezeiten von der Primarschule bis zur Universität die Regel. „Higher order thinking“ in 3 Sekunden ist schwierig. Im Grunde wird nur zusammengetragen, was an Wissen oder Problemlösungen schon vorhanden ist.
Kognitive Aktivierung als Tiefenmerkmal setzt voraus, dass erstens ausreichend Zeit dafür bereitgestellt wird und dass zweitens – das wird häufig übersehen – nicht nur die blitzschnell reagierenden Lernenden aktiviert werden, sondern mög-

lichst alle, die sich im Raum befinden. Seien es nur eine einzige Person oder seien es 1500, das ist die bisher höchste Zahl an Teilnehmenden, die ich vor mir hatte. Deshalb spricht Lyman (1981) auch von „the inclusion of all students". Brüning & Saum (2007, S. 12) verlangen: „Die Mitarbeit aller Schüler fördern." Eine ganz einfache Möglichkeit hierfür ist die Vergewisserungsphase, teils auch „Murmelphase" oder „Buzzing" (= Summen eines Bienenschwarms) genannt wegen des dabei entstehenden Gemurmels. Nach der Devise von Mary Budd Rowe (1974 a und b), „slowing down may be a way of speeding up", erzwingt die Vergewisserungsphase eine Verlangsamung des Unterrichtsgeschehens, regt zu Denkprozessen an und führt damit zu größeren Lernfortschritten. Erreicht wird dies durch einen aktivierenden Einschub innerhalb der Sandwich-Architektur, der meist nur ein bis drei Minuten dauert – je nach Komplexität der Aufgabenstellung. Die Lernenden werden aufgefordert, sich kurz mit Nachbarin oder Nachbar über das gestellte Problem auszutauschen. Beispielsweise kann in der Grundschule beim Thema „Auftrieb" die Frage gestellt werden:

„Warum versinkt eine Zwei-Euro-Münze mit einem Gewicht von 8,5 Gramm im Wasser, ein Schiff aus Metall mit einem Gewicht von 70 000 Tonnen aber nicht?"

Auch wenn sich jetzt der kleine Archimedes spontan meldet und seine Antwort unbedingt loswerden möchte, wird er nicht aufgerufen. Vielmehr werden alle Schülerinnen aufgefordert, paarweise über mögliche Erklärungen nachzudenken. Hat die Lehrkraft den Eindruck, dass die Denkphase ausreichend lange war, dann beendet sie diese durch ein Zeichen und bittet um Äußerungen. Erfahrungsgemäß steigt durch eine Vergewisserungsphase die Zahl der Wortmeldungen und die Bandbreite der gebildeten Hypothesen wird größer. Die Ursache dafür ist, dass sich die Mehrzahl der Lernenden mit der gestellten Frage auseinandergesetzt hat. Die Diskussion mit einer anderen Person macht zusätzlich Mut, sich zu melden und das Ergebnis des eigenen oder des gemeinsamen Denkprozesses zu präsentieren – denn man konnte sich vorher vergewissern.

Gerade in der Grundschule ist es extrem wichtig, immer wieder das Lehr-Lern-Geschehen anzuhalten, denn das Bedürfnis der Schülerinnen und Schüler, etwas zu sagen, ist hoch. So habe ich in einer Unterrichtsstunde zum Thema „Angst" im ersten Schuljahr nicht nur die Kinder über eigene Ängste berichten lassen, was diese so intensiv taten, dass ich kaum noch zu Wort kam. Sondern ich habe auch ganz bewusst eine Vergewisserungsphase von einer Minute eingeschoben mit der Frage:

„Wovor haben Erwachsene Angst?"

Das war für die meisten Schülerinnen und Schüler eine eher ungewöhnliche Perspektive. Sie mussten zuerst in die Frage hineinfinden. Und danach erhielt ich reichhaltige und teils verblüffende Antworten. Natürlich war es vorausgehend

wichtig, auf die erste in die Klasse gerufene Antwort eines Schülers: „Mein Papa hat keine Angst!" bewusst nicht einzugehen, sondern auch ihn zu bitten, sich im Dialog mit einem Partner weitere Gedanken zu machen.
Die Vergewisserungsphase ist bei jeder Thematik möglich. Ihr größter Vorteil: Stellt die Lehrperson fest, dass entgegen der Verlaufsplanung eine Plenumsphase zu lange gedauert hat, dann kann sie aus der Situation heraus eine Frage zum Nachdenken formulieren und den Lernenden Zeit zur Bearbeitung geben, bevor es im Plenum weitergeht. Auch wenn es vorkommt, dass einige Lernende den Einschub nützen, um über andere Dinge zu sprechen, ist das nicht tragisch. Derartige „Abschweifer" gibt es immer, sei es beim Zuhören, beim sog. „Unterrichtsgespräch" oder bei einer allgemeinen Diskussion. Wichtig ist stets, dass sich möglichst viele Lernende mit dem Problem beschäftigen. Jene Unterrichtsform, bei der alle Lernenden zu je 100% in völligem Flow-Erleben in einer Thematik aufgehen, muss erst noch erfunden werden.

Varianten der Vergewisserungsphase

1. Sozialform

Der spontane Austausch mit einer anderen Person über kurze Zeit hinweg (Partnerarbeit) wird am häufigsten realisiert. Möglich ist es aber auch, die Sozialform zu variieren. Hier bietet sich vor allem die Einzelarbeit an. Alle Lernenden sollen sich – ohne Nachbarin oder Nachbar zu kontaktieren – mit einem Problem beschäftigen. Danach werden im Plenum die Lösungen erfragt. Wir werden diese Phase bei der Schwestermethode „Think-Pair-Share" als Standard vorfinden, die allerdings direkt nach der Einzelarbeit nicht das Plenum, sondern noch eine kooperative Zwischenphase vorsieht. Sinnvoll ist es, als Lehrkraft zu verlangen, dass die Lernenden nicht nur denken, sondern dass sie zusätzlich ihre Denkergebnisse notieren. Beim Umhergehen im Raum lässt sich daran ablesen, ob an dem gestellten Problem gearbeitet oder ob einfach nur geduldig gewartet wird, bis die Vergewisserungsphase vorbei ist. Kleingruppen als Sozialform sind grundsätzlich möglich. Aber Gruppenarbeit ist aufwändig und hat entsprechende räumliche, zeitliche und organisatorische Voraussetzungen. Für einen schnellen, kurzen Austausch ist sie nach unseren Erfahrungen weniger geeignet.

2. Mit oder ohne Hilfen

Vergewissern kann man sich nicht nur bei den in der Nähe befindlichen Personen. Man kann auch etwas nachschlagen, nachlesen, recherchieren. Das können die eigenen Aufschriebe sein, Bücher, Lexika oder elektronische Geräte. Lehrkräfte müssen entscheiden, wie viel Zeit sie einer Vergewisserung einräumen möchten. Normalerweise ist deutlich mehr Zeit erforderlich, wenn Unterlagen oder Geräte verwendet werden sollen.

3. Kürzer oder länger

Die Vergewisserungsphase ist als kurzer, schneller, spontaner Einschub in ein Lehr-Lern-Sandwich gedacht. Denkbar ist es aber auch, mehr Zeit zur Verfügung zu stellen, wenn umfangreicher nachgedacht und Problemfragen intensiver diskutiert werden sollen. In diesen Fällen ist es zielführend, schon in der Planung eine entsprechend lange Dauer vorzusehen. Sinnvoll kann es auch sein – wie bei jeder längeren Aktivitätsphase – den Austausch in Form eines Lerntempoduetts (siehe Teil II Kap. 2.3) anzulegen. Ganz grundsätzlich ist es jedoch günstig, wenn man umfangreichere Aktivitätsphasen stärker strukturiert, als dies bei einer schlichten Vergewisserungsphase der Fall ist. Als Aufgabenformate bieten sich dann je nach Aufgabenstellung eher Think-Pair-Share, Partner-Interview, Partner-Puzzle und Strukturierte Kontroverse an.

4. Die Vergewisserungsphase von der Primarschule bis zur Universität

Mit großem Erfolg wird in allen Schulstufen, in der Erwachsenenbildung und in Universitäten „gemurmelt". Entscheidend ist stets, dass eine anspruchsvolle Frage, ein schwieriges Problem, eine zum Denken anregende Aufgabe gestellt werden. Es soll ja nicht nur gesammelt oder wiederholt werden. Es soll gründlich nachgedacht und kritisch reflektiert werden. Vergewisserungsphasen werden nur dann von den Lernenden abgelehnt, wenn die Lösungen längst auf der Hand liegen. Nach der kognitiven Motivationstheorie wird der eigene Kräfteeinsatz rational kalkuliert. Und wenn es sich nicht lohnt, warum sollte man dann zusammen mit einer anderen Person daran arbeiten? Ich bin der Überzeugung, dass Expertinnen und Experten in ihrer Lehre bzw. in ihrem Unterricht ohne Mühe zahlreiche Anlässe finden, die in hohem Maße spannend sind und die Lernenden zu einem intensiven Kurzaustausch animieren. Dazu einige Beispiele:

Praxisbeispiel Universität/Hochschule

Im Fach Psychologie werden regelmäßig durchschnittlich etwa 200 Studierende in der einführenden Vorlesung mit grundlegenden Themen wie Lernen, Motivation, Emotion und Intelligenz vertraut gemacht. Zwei bis vier Sitzungen sind für jeden Inhalt vorgesehen. Für jene, die später in Richtung Lehrberufe streben, ist es interessant darüber nachzudenken, wie intelligent wohl jene Menschen sind, die vor ihnen sitzen. Dazu gibt es populistische Aussagen von „digitaler Demenz" bzw. „cyberkrank" über konzentrationsgeschwächte Kinder bis hin zum nachlassenden Arbeitsgedächtnis der heutigen Jugend. Um eine kritische Auseinandersetzung mit dieser Thematik anzuregen, schiebe ich eine Vergewisserungsphase ein. Im beengten Hörsaalgestühl sucht sich jede Person eine Nachbarin oder einen Nachbar, mit dem zusammen sie innerhalb von drei Minuten „murmelnd" Hypothesen samt Begründungen entwickeln soll zur nachstehenden Frage, die ich mit dem Beamer visualisiere:

„Sind die heutigen Jugendlichen, gemessen mit Intelligenztests,
deutlich intelligenter als die Generation ihrer eigenen Eltern;
ähnlich intelligent wie ihre Eltern;
deutlich weniger intelligent als ihre Elterngeneration?
Und warum?“

Erfahrungsgemäß wird intensiv diskutiert. Denn die Studierenden sind ja insofern selbst betroffen, als in der Frage auch das Verhältnis ihrer eigenen Intelligenz zur Intelligenz der Elterngeneration impliziert ist. Dabei bemerken sie sehr schnell, dass der Begriff „Intelligenz“, der zuvor wenig hinterfragt und damit eigentlich „klar“ war, plötzlich problematisch wird. Und so richtet sich meist das Interesse der sich im Plenum äußernden Studierenden mehr darauf, was denn Intelligenz überhaupt sei, wie man Intelligenz messen könne und welche Arten von Intelligenz es gäbe. Entsprechend werden auch – und das mit Recht – die Ergebnisse der berühmten Flynn-Studie angezweifelt. Diese zeigt bekanntlich anhand von Testergebnissen aus 14 Industrienationen, dass die Zunahmen der IQ-Werte vor allem im Bereich der nonverbalen sog. „flüssigen“ Intelligenz zwischen 5 und 25 Punkten pro Generation betragen. Mein subjektiver Eindruck: Den anschließend von mir vorgetragenen Informationen zu Intelligenzbegriff und Intelligenzmessung wird hohe Aufmerksamkeit entgegengebracht.

Praxisbeispiel Erwachsenenbildung

In der Berufsbildung ist der Arbeitsschutz ein wichtiges Thema. Jede berufliche Tätigkeit hat Auswirkungen auf die körperliche und geistige Verfassung der Berufstätigen. Dabei kommt es auch zu Erkrankungen. Besteht ein ursächlicher Zusammenhang zwischen Beruf und Krankheit, so spricht man von einer Berufskrankheit. Der Unfallversicherungsträger hat zu entscheiden, ob die gemeldete Beeinträchtigung als Berufskrankheit anerkannt werden kann. Für die Angehörigen einer Berufsgruppe ist es von Interesse, darüber nachzudenken, welche Risiken die Berufsausübung mit sich bringt. Bevor das Thema „Berufskrankheiten“ vertieft wird, sollen sich die Lernenden deshalb in einer Vergewisserungsphase „murmelnd“ zwei Minuten mit folgender Frage beschäftigen und das Ergebnis notieren:

„Welche beiden Berufskrankheiten werden am häufigsten gemeldet,
welche am häufigsten anerkannt?“

In der sich anschließenden Plenumsphase begründen die Teilnehmenden ihre Vermutungen. Vermutet werden meist Rückenleiden und psychische Krankheiten wie etwa Stress oder Burnout. Danach werden sie mit den aktuellen Statistiken konfrontiert, die besagen, dass Hautkrankheiten am häufigsten gemeldet werden, dass jedoch Lärmschwerhörigkeit am häufigsten anerkannt wird. Das regt erfahrungsgemäß zur intensiven Auseinandersetzung mit der Thematik an.

Praxisbeispiel Sekundarstufe

Im Oberstufenunterricht Psychologie (Jahrgangsstufen 11 und 12) sollen die Jugendlichen Einsichten in das Erleben und Verhalten des Menschen gewinnen. Vor einiger Zeit habe ich dort einige Unterrichtsstunden gehalten. Ich habe den 32 Jugendlichen folgende Aufgabe gestellt, visualisiert mit dem Beamer, über die sie 2 Minuten in einer Vergewisserungsphase „murmelnd" reflektieren sollten:

> „Im Sport gibt es ein Rätsel. Beim Elfmeter benötigt der Ball durchschnittlich 0,4 Sekunden vom Elfmeterpunkt zum Tor. Der Torhüter benötigt jedoch durchschnittlich 1,0 Sekunden, um in eine Ecke seines Tores zu kommen. Bei jedem Elfmeter liegt folglich der Ball schon 0,6 Sekunden im Tor, bevor der Torhüter zur Stelle ist. Es ist physikalisch unmöglich, einen Elfmeter zu parieren. Trotzdem gibt es Torhüter, die viele Elfmeter halten. Warum?"

Für das Paradoxon gibt es einfache Lösungen (Zettel im Stutzen des Torhüters) und anspruchsvolle Lösungen (Psychologie der Antizipation). Im weiteren Verlauf zeige ich auf, dass nicht nur die meisten Sportarten enorme Antizipationsleistungen verlangen und dass deshalb Antizipation speziell trainiert werden muss, sondern dass viele menschliche Handlungen ohne Antizipation gar nicht ausgeführt werden könnten. Durch die Eigenaktivität in der Vergewisserungsphase können diese Überlegungen leichter nachvollzogen werden.
Ein zweites Beispiel für eine Vergewisserungsphase aus der Sekundarstufe, die je nach Lehrplan in den Klassen 5 bzw. 6 oder in der Oberstufe eingesetzt werden kann. Die Lernenden sollen sich zwei Minuten mit folgender Frage beschäftigen:

„Warum braucht der Mensch zwei Ohren?"

Letztendlich geht es darum, dass räumliches Hören mit einem Ohr nicht möglich ist. Bei zwei Ohren spielen der Abstand beider Ohren, der Winkel, die Schallgeschwindigkeit sowie die daraus resultierenden Zeitunterschiede des Signalempfangs (interaurale Laufzeitdifferenz von minimal einer Mikrosekunde bis maximal 0,6 Millisekunden) eine Rolle. Die Vergewisserungsphase dient dazu, dass sich die Lernenden aktiv mit der im Grunde trivial anmutenden Frage beschäftigen, deren Lösung „higher order thinking" erfordert. Dabei ist natürlich nicht zu erwarten, dass alle wissenschaftlich relevanten Aspekte diskutiert und gefunden werden. Das Ziel ist schon erreicht, wenn im Dialog begonnen wird, über das Problem nachzudenken.

2.2 Think-Pair-Share

Stärker strukturiert als die Vergewisserungsphase ist deren Schwestermethode Think – Pair – Share, 1981 von Lyman propagiert. Im deutschen Sprachraum haben Brüning & Saum (2007, S. 17) diesen Dreischritt als „das Grundprinzip des kooperativen Lernens" bezeichnet und ihn unter den Begriffen „Denken –

Austauschen – Vorstellen“ verbreitet. Mittlerweile ist „Think-Pair-Share“ eine der bekanntesten Vorgehensweisen. Warum? Think-Pair-Share ist ohne großen Vorbereitungsaufwand bei jeder Einzelarbeit universell einsetzbar. Think – Pair – Share ist ab einer Teilnehmerzahl von 2 Personen möglich. Nach oben gibt es in der Anzahl keine Limitationen. Selbst bei frontaler Bestuhlung und Hunderten von Personen kann Think – Pair – Share erfolgreich durchgeführt werden.

Einsatzmöglichkeiten für Denken – Austauschen – Vorstellen finden sich an allen Stellen des Lehr – Lern – Geschehens: (1) Zu Beginn bei der Organisation des Vorwissens, bei der Diagnose schon vorhandener Kompetenzen, beim Bilden von Hypothesen oder bei der Begegnung mit Problemstellungen. (2) Im Hauptteil beim Lösen von Aufgaben, beim Bearbeiten von Fallbeispielen, beim Üben und beim Trainieren. (3) Gegen Ende beim Vertiefen, Sichern, Vernetzen und bei der Transferanbahnung. Ziel ist es nicht, Lehre oder Unterricht „aufzulockern“ durch Einstreuen eines speziellen Lernarrangements zur Erhöhung der „Methodenvielfalt“. Ziel ist es vielmehr, ohne jede Ausnahme alle Lernenden in strukturierter Weise zu aktivieren. Dabei sollte man jedoch darauf achten, dass die Lernenden – wo immer möglich und sinnvoll – kognitiv gefordert werden. Wie alle in diesem Buch beschriebenen Lehr-Lern-Arrangements muss auch „Denken – Austauschen – Vorstellen“ systematisch eingeübt werden. Nur bei sachgerechter Durchführung entfalten die einzelnen Methoden ihre Wirkung. So ist beispielsweise bei Think-Pair-Share ganz besonders darauf zu achten, dass in der Think-Phase nicht kooperiert wird, sondern dass sich jede Person alleine mit der Fragestellung oder Aufgabe beschäftigt. Das kann durch zwei Vorgehensweisen sichergestellt werden:

1. Während der Think-Phase haben die Lernenden etwas Sichtbares oder Erkennbares zu produzieren, zum Beispiel etwas zu notieren, etwas herzustellen, etwas zu erledigen. Da erfahrungsgemäß einige Lernende im Laufe ihrer Biografie eine gewisse Meisterschaft darin entwickelt haben, Lernprozesse möglichst unbeschadet zu überstehen, werden sie versuchen, in der Phase der Einzelarbeit in einen Energiesparmodus zu schalten, um dann in der Pair-Phase im Sinne sozialen Faulenzens von den Ergebnissen einer anderen Person zu profitieren. Deshalb sollten Lehrende aufmerksam diagnostizieren, welche ihrer Lernenden etwas notieren oder zu Wege bringen und welche in selbstgewählter Aktivitätsarmut verharren. Entsprechend sollten sie auf fragliche Lernende einwirken.
2. Während der Think-Phase sollte jeder Kooperationsversuch freundlich, jedoch konsequent unterbunden werden. Brüning und Saum (2007 S. 23) formulieren unmissverständlich: „Einzelarbeit ist Einzelarbeit“. Etliche Lernende erleben Einzelarbeit als anstrengend und zugleich wenig unterhaltsam. Deshalb weichen sie gerne auf Partnerarbeit aus.
3. Bei der systematischen Einübung der Methode sollte deutlich gemacht werden, welche Funktion jeder der Schritte Denken, Austauschen und Vorstellen besitzt. Die Einzelarbeit ist eine Chance für Lernende, die sich im Plenum

ungerne äußern, sich voll zu engagieren. Umgekehrt konfrontiert sie jene Lernenden, die einer Anforderung gerne ausweichen, mit einer Aufgabe. Die Partnerarbeit ist dann besonders fruchtbar, wenn beide schon erste Ergebnisse vorlegen und auf dieser Grundlage weiter in die Problematik eindringen können. Die Plenumsphase bringt nicht nur den Vergleich mit den Resultaten zahlreicher anderer Lernender, sondern gibt auch einen Einblick in die Perspektive der lehrenden Expertin bzw. des lehrenden Experten.

Bei allen drei Phasen ist die Zeit zu beachten. Das gilt vor allem für das Plenum. Die Berichte der einzelnen Lernenden in der Share-Phase, deren Diskussion plus die sich daran anschließende Weiterführung der Thematik sollten zusammen eine gute Viertelstunde nicht überschreiten. Und wichtig: Auch wenn es gelungen ist, alle Lernenden in Einzel- und Partnerarbeit zu aktivieren, dann muss das noch lange nicht heißen, dass auch alle Lernenden nacheinander im Plenum zu Wort kommen müssen. Es reicht, wenn einzelne Lernende berichten, andere ergänzen, die Lehrkraft ihr Expertenwissen hinzufügt – und dann geht es weiter. Dass Plenumsphasen häufig länger dauern als Aktivitätsphasen, weil Lehrkräfte irrtümlich glauben, alle ohne Ausnahme dran nehmen zu müssen, um ja niemand zu benachteiligen, ist leider ein in der Praxis recht häufiges Phänomen, das einem wirkungsvollen Unterricht höchst abträglich ist.

Zwei Praxisbeispiele aus der Primarstufe

Beispiel A. Lebensprozesse auf unserem Planeten sind in hohem Maße von Temperaturen abhängig. Hohe Temperaturen können lebensfeindlich sein. Das Absinken von Temperaturen verlangsamt den Stoffwechsel der Pflanzen, bereitet aber auch Tieren Probleme, weil weniger Nahrung zur Verfügung steht und weil die erforderliche Körpertemperatur schwieriger aufrechtzuerhalten ist. Für dieses Dilemma haben Tiere ganz unterschiedliche Lösungen entwickelt, zum Beispiel Tierwanderung (zwischen 5 000 und 10 000 wandernde Arten werden geschätzt), Winterruhe, Winterschlaf und Winterstarre. Im Unterricht kann die Lehrkraft das Problem der sinkenden Temperaturen aufwerfen (Winter) und die Schülerinnen und Schüler bitten, sich in Form von Think – Pair – Share zu überlegen, welche Problemlösungen Tiere entwickelt haben.

Denken – Austauschen – Vorstellen:

„Welche Maßnahmen ergreifen Tiere, um den Winter zu überstehen?“

In der Denkphase werden in Einzelarbeit Notizen gemacht, in der Austauschphase werden die Ergebnisse verglichen. In der Plenumsphase werden die Lösungen gesammelt und – wie es didaktisch sinnvoller erscheint – entweder in Form eines Advance Organizers systematisiert oder es wird eine Tierart herausgegriffen, die exemplarisch für eine typische Lösung stehen kann.

Beispiel B. Im Gebiet naturwissenschaftlicher Phänomene ist es in der Grundschule wichtig, dass nicht nur mit großem Eifer experimentiert wird, sondern dass zuerst Hypothesen gebildet werden, die anschließend durch eines oder mehrere Experimente zu überprüfen sind. Ich war viele Jahre wöchentlich Gast im Sachunterricht und weiß deshalb gut, dass nicht alle Schülerinnen und Schüler total begeistert reagieren, wenn sie einen biologischen, chemischen oder physikalischen Sachverhalt durchdenken sollen. Der Dreischritt „Think – Pair – Share" ist hier eine deutlich lernwirksamere Lösung, als im Plenum Hypothesen bilden zu lassen. Denn im „Unterrichtsgespräch" ist nicht gewährleistet, dass sich möglichst viele Lernende Gedanken machen. Besser ist es, eine Versuchsanordnung zu schildern und die Lernenden danach in Einzelarbeit Hypothesen bilden und vor allem begründen zu lassen, sich in Partnerarbeit darüber auszutauschen und im Plenum einige Vermutungen zu äußern. Direkt darauf folgt die experimentelle Phase, in der es darum geht, genau zu beobachten.

Denken – Austauschen – Vorstellen

Ihr werdet gleich eine brennende Kerze in ein Gefäß mit Wasser stellen. Was wird wohl passieren?

- Die Kerze geht aus, sobald sie bis zum Wasserspiegel heruntergebrannt ist. Warum? (rot)
- Die Kerze brennt eine gewisse Zeit auch unterhalb des Wasserspiegels weiter. Warum? (gelb)
- Die Kerze brennt bis ganz zu Ende unter Wasser weiter. Warum? (grün)
- Es wird etwas ganz anderes passieren, nämlich … Warum?

Abb. 55: Think-Pair-Share in der Primarstufe: Bilden von Hypothesen im Bereich naturwissenschaftlicher Phänomene.

Zwei Praxisbeispiele aus der Sekundarstufe

Beispiel A. Die Förderung von Kritikfähigkeit und Meinungsbildung sind in zahlreichen Lehrplänen als grundlegende Ziele verankert. In einer Welt, in der die reichsten 1% der Menschheit mehr als 50% des globalen Vermögens besitzen, ist es nicht immer einfach, klar Stellung zu beziehen. Vergleicht man beispielsweise das Einkommen bewunderter Spitzenverdiener mit jenem Einkommen, das die Schülerinnen und Schüler einmal durchschnittlich zu erwarten haben, dann kommt man ins Grübeln. Begriffe wie Leistung, Vergütung, Gerechtigkeit usw. können mit der nachfolgenden Aufgabe in der Sekundarstufe problematisiert werden.

Denken – Austauschen – Vorstellen

> Das Durchschnittseinkommen einer deutschen Familie betrug 2017 rund 40 000 Euro pro Jahr.
>
> Die Spitzensportler Ronaldo und Messi verdienten an jedem der 365 Tage des Jahres 2017 rund 200 000 Euro.
>
> Inwiefern sind diese Einkommensunterschiede gerechtfertigt, inwiefern sind sie es nicht?

Beispiel B. Das Thema „Kommunikation" ist in allen Lehrplänen zu finden. Gerne wird das Kommunikationmodell nach Schulz von Thun in Nachfolge des Ansatzes von Watzlawick behandelt. Ein großes Problem ist dabei die Wahl der Beispiele. Außer dem sattsam bekannten: „Die Ampel ist grün!" ist wenig zu finden. Nützlich sind derartige Modelle jedoch nur dann, wenn es den Jugendlichen gelingt, ihre eigene alltägliche Kommunikation kompetent zu durchschauen. Um diesem Ziel näher zu kommen, verwende ich gerne das nachstehende authentische Ereignis, das sich in meinem Umfeld zugetragen hat.

Think – Pair – Share

Analysieren Sie die folgende Situation mit dem 4-Seiten-Modell von Schulz von Thun:

> Ein Jugendlicher beendet die Beziehung zu seiner Freundin per SMS mit den folgenden Worten:
> *„Es ist aus. Ich will nichts mehr mit dir zu tun haben."*

Sachebene =
Selbstoffenbarung =
Beziehungsebene =
Appell =

Abb. 56: Think-Pair-Share in der Sekundarstufe: Kommunikationsanalyse nach Schulz von Thun.

Ein Praxisbeispiel aus der Berufsbildung

Da Think-Pair-Share universell einsetzbar und ohne Mühe in nahezu jedes didaktische Konzept integrierbar ist, kann die Liste der Beispiele noch lange fortgesetzt werden. Wichtig ist, zu zeigen, dass mit dieser Strategie eine anspruchsvolle kognitive Aktivierung möglich ist.

Letztes Beispiel. Im Bereich der Aus- und Weiterbildung im Bankwesen arbeite ich seit über 20 Jahren mit einer großen Stuttgarter Bank zusammen. Dort werden vielfältige Themen geschult, unter anderem geht es auch um die Riester-Rente. Diese ist kompliziert, schwer durchschaubar und die Stiftung Warentest kommt zu dem Ergebnis, dass nur 5 von 29 getesteten Angeboten empfehlenswert sind.

Ein heute 30-jähriger Mann muss bei einer durchschnittlichen Lebenserwartung von 78 Jahren mindestens 92 Jahre alt werden, um seine einbezahlten Beträge samt Zinsen zurück zu bekommen. Ein recht ambitioniertes Unterfangen. Folglich lautet die Arbeitsanweisung für Think-Pair-Share:

„Warum ist die Riester-Rente umstritten?"
Notizen machen – vergleichen – im Plenum darüber sprechen

Missverständnisse und Probleme bei der Vergewisserungsphase und bei Think – Pair – Share

1. Vergewisserungsphase und Think-Pair-Share erfordern eine freundlich-konsequente Klassenführung

„Wehe, wenn sie losgelassen!" Nicht nur in Schillers Glocke, sondern auch in Hörsälen, Seminarräumen und Klassenzimmern existiert die Furcht vor nicht beherrschbaren Situationen. Deshalb lassen viele Lehrende bewusst nicht los, bleiben im von ihnen geleiteten Plenum und scheuen es, etwas „einzuschieben", weil es hier stets das Problem der Rückführung ins Plenum gibt. Bei umfangreicheren Einschüben ist es nicht so tragisch, wenn es einige Zeit dauert, bis alle Lernenden bereit sind, ihre Aufmerksamkeit wieder nach vorne zu richten und alle anderen Aktivitäten zu beenden – einschließlich der verbalen Kommunikation. Aber bei einer kurzen Angelegenheit, wie etwa einer zweiminütigen Vergewisserungsphase, wäre es höchst problematisch, wenn ein oder zwei Minuten vergehen würden, bis Ruhe einkehrt. Deshalb sind zwei Dinge wichtig. Erstens sind alle in diesem Buch vorgestellten Methoden gut einzuüben, damit nicht ständig wertvolle Lernzeit verloren geht.
Zweitens ist in diesem Rahmen ein klares akustisches Signal zu empfehlen, auf dessen Erklingen umgehend der kurze Einschub beendet wird. Ich selbst arbeite hier mit einer kleinen Klangschale, weiß aber wohl, dass es viele Lernende gibt, die das überhaupt nicht schätzen. Denn ganz gleich, wie wohlklingend das Signal tönen mag – es ist immer sehr unangenehm, eine Tätigkeit schlagartig unterbrechen zu müssen. Hilfreich ist es deshalb, den Lernenden zu erklären, warum es ohne ein klares Signal nicht geht. Denn zu warten, bis alle Lernenden die Aufgabe beendet haben, würde wegen der extremen Lerntempounterschiede bedeuten, mit langen Übergangsphasen leben zu müssen. Deshalb empfehle ich, bei kurzen Einschüben ganz konsequent auf dem Einhalten der zur Verfügung gestellten Zeit zu bestehen, dies jedoch metakommunikativ zu begründen und zugleich auf der emotionalen Ebene gleichermaßen freundlich wie akzeptierend zu agieren. Natürlich hat man es leichter, wenn man den Rat eines betrieblichen Dozenten befolgt. Der hatte nach einer mehrtägigen Weiterbildung, in der ich das Sandwichprinzip vorstellte, eine geniale Idee: „Wenn wir beim Sandwich-Prinzip alle Einschübe weglassen würden, dann ginge es viel schneller!"

2. Den Unterricht bewusst auf Sandwich umstellen
Vergewisserungsphase und Think-Pair-Share sind schlichte Aufgabenformate. Viele Lehrkräfte gehen intuitiv so vor, ohne ihre Arbeitsweise mit diesen Namen zu belegen. Das ist gut, denn auf diese Weise fällt es ihnen leicht, ganz bewusst den Unterricht zu verlangsamen, indem sie ihn sandwichartig gestalten. Das beinhaltet, statt zahlreicher Fragen nur wenige zu stellen und die Fragen zugleich so auszuwählen, dass zu ihrer Bearbeitung tiefgehende Denkprozesse erforderlich sind. Die hierfür erforderliche, zusätzliche Zeit wird den Lernenden zugestanden. Auf diese Weise ergibt sich folgende charakteristische Struktur:

(1) Anspruchsvolle Frage oder Aufgabe – (2) Kurzer Einschub in Form einer Vergewisserungsphase oder in Form von Think-Pair – (3) Beiträge der Lernenden im Plenum – (4) Informationsphase durch die Lehrperson

2.3 Lerntempoduett

Das von mir entwickelte Arbeits- bzw. Lerntempoduett (Wahl 2004a) ist eine in allen Schularten universell einsetzbare Form bis hin zu Universität und Erwachsenenbildung. Mittlerweile hat das Arbeits- bzw. Lerntempoduett Einzug in die alltägliche Praxis gefunden. Es sind jedoch nicht nur begeisterte Stimmen zu hören, sondern es werden auch problematische Erfahrungen berichtet. Die Gründe dafür liegen erstens in der wenig erfreulichen Tatsache, dass Lernende es ohne große Mühe schaffen, jede Art von Methoden zu unterlaufen im Sinne des Vermeidens von Engagement, Anstrengung und Aktivität. Zweitens verlangt diese Vorgehensweise den Lehrkräften klares, konsequentes Organisieren ab, was nicht alle können oder wollen. Drittens ist das Arbeits- bzw. Lerntempoduett mit den Lernenden gut einzuüben, sonst funktioniert es nicht – das wird häufig übersehen. Gelingt es jedoch einer Lehrperson, das Arbeits- bzw. Lerntempoduett adäquat zu implementieren, dann kann sie damit auf einfache Weise individuelle Lernwege ermöglichen.
Warum führt im Grunde kein Weg am Arbeits- bzw. Lerntempoduett vorbei? Menschen sind sehr verschieden. Sie unterscheiden sich darin, was sie über ein neues Gebiet schon wissen bzw. was sie in diesem Bereich schon können (vgl. Teil I dieses Buches, Kap. 4). Menschen sind höchst unterschiedlich motiviert. Die einen strengen sich an, die anderen schonen sich. Die Aufmerksamkeit während des Arbeitens bzw. Lernens fluktuiert. Manche haben den „Kopf bei der Sache", manche wollen oder können sich nicht auf ihre Aufgaben konzentrieren (vgl. Teil I dieses Buches, Kap. 2 und 3). Es gibt Lernende mit exzellenten Strategien, die zielorientiert vorgehen. Andere irrlichtern herum und finden keinen geraden Weg zur Lösung. Die einen sind mit oberflächlichen Ergebnissen zufrieden, die anderen möchten die Materie tief durchdringen. Die Unterschiedlichkeit fängt schon beim bloßen Verstehen der im Unterricht verwendeten Fachbegriffe an. Nicht alle Lernenden können mit gleicher

Leichtigkeit decodieren, was gesagt wird oder was zu lesen ist. So zeigen Hart und Risley (1995), dass die Eltern 1- bis 3-jähriger Kinder bezüglich der Sprache grundverschieden agieren. Eltern aus bildungsnahen Familien reden mehr als doppelt so viel mit ihren Kindern als Eltern aus bildungsfernen Familien. Sie benützen einen deutlich größeren Wortschatz. Entsprechend ist der Wortschatz der Kinder breiter und diese sprechen deutlich mehr. Da muss man keine seltsamen Hypothesen über die Vererbung von Intelligenz bemühen, wenn man erklären will, warum manche Kinder die Sprache der Lehrkräfte besser entschlüsseln können als andere.

Konfrontiert man alle diese verschiedenartigen Lernenden mit identischen Anforderungen, so kann man feststellen, dass sich die Arbeits- bzw. Lerntempi extrem unterscheiden. Generelle Zahlen lassen sich nicht angeben, weil die Differenzen sowohl von der Homogenität bzw. Heterogenität der Bezugsgruppe abhängen als auch vom Schwierigkeitsgrad der zu bewältigenden Inhalte. Benjamin Bloom (1973) hält im Mathematikunterricht der Primarschule Unterschiede im Größenbereich von Faktor 5 für realistisch. Damit ist gemeint, dass langsamere Lernende für die Bewältigung einer Aufgabe oder für das Erlernen eines Inhaltes fünf Mal mehr Zeit benötigen als schnellere Lernende. Das stimmt grob mit unseren eigenen Messungen überein. Bei verhältnismäßig einfachen Mathematikaufgaben (halbschriftliches Addieren und Subtrahieren) im 3. Schuljahr fanden wir im Jahr 2018 den Faktor 6. Im siebten Schuljahr im Fach Biologie kamen wir beim Lesen und Markieren von Texten zum Ergebnis, dass die Langsamsten die dreifache Zeit für diese wenig anspruchsvolle Tätigkeit benötigten. Im Englisch-Unterricht des 8. und 9. Schuljahrs wurden Faktoren zwischen 2,5 und 5 gemessen, je nach Art der Anforderung. Bei Erwachsenen in einem Studiengang mit Teilnehmenden unterschiedlichen Alters (25 bis 55 Jahre) sowie unterschiedlicher Vorbildung konnten wir den Faktor 9 identifizieren. Die bisher höchsten von uns beobachteten Unterschiede in Arbeits- und Lerntempo fanden wir im Mathematikunterricht, Sekundarstufe I, bei Aufgaben zum 1. und 2. Strahlensatz. Hier benötigten die Langsamsten 18 Mal mehr Zeit als die Schnellsten. Dabei war für uns nicht entscheidend, ob die Aufgaben richtig oder falsch gelöst waren. Gemessen wurde lediglich, ob sie bearbeitet wurden. Um ein Missverständnis auszuräumen: Schnell kann nicht unbedingt mit leistungsstark und langsam nicht unbedingt mit leistungsschwach gleichgesetzt werden. Man kann schnell, oberflächlich und fehleranfällig agieren. Aber auch langsam, gründlich und reflektiert.

Betrachtet man die zwischen 2 und 18 liegenden Faktoren, so wird deutlich, dass man nicht davon ausgehen kann, dass alle Lernenden in der gleichen Zeit gleich weit kommen oder gleichviel bearbeiten. Auch wenn ich gerne einräume, dass es Aufgaben oder Inhalte geben mag, in denen die Differenzen niedriger sind als Faktor 2 bzw. höher sind als Faktor 18 – festzuhalten ist stets, dass die Unterschiede viel größer sind, als gemeinhin angenommen. Aber warum springt das nicht jedem unvoreingenommenen Beobachter direkt ins Auge? Das hängt mit der Anpassungs-

fähigkeit der Lernenden zusammen. Schnellere Personen lernen es, entweder zu trödeln oder die überschüssige Zeit für andere Aktivitäten zu nutzen. Sie möchten nicht als Strafe für unzulässig schnelles Lernen Zusatzaufgaben erhalten oder andere Lernende coachen müssen. Umgekehrt lernen es langsamere Personen, entweder zu hetzen oder die Nichtbewältigung geschickt zu verbergen.
Dabei wäre es viel sinnvoller, wenn jede Person in jenem Tempo voranginge, von dem sie sich die größten Lernfortschritte verspräche. Das käme allerdings einem Paradigmenwechsel gleich: Schnellere Lernende müssten sich nach zusätzlichen Aufgaben sehnen, langsamere müssten unbeeindruckt vom Tempo anderer ihren eigenen Weg gehen. Im Bereich des Sports ist dies eine Selbstverständlichkeit. In meiner Sportart Tischtennis will jeder so lange trainieren, wie es möglich ist. Zuweilen wird auch darum gestritten, wer denn nun an den Tisch darf, wenn zu viele Spieler in der Halle sind. Selbst in den Ferien mieten wir Hallen an, um ja unsere Sportart betreiben zu können. Aber ich kenne wenige Schülerinnen und Schüler, die während der Ferien unruhig um Schulen schleichen in der Hoffnung, eine davon könne zufällig geöffnet sein. Es ist also entscheidend, dass die Lehrkräfte in einer vorausgehenden, metakommunikativen Phase den Lernenden verdeutlichen, dass sie mit dem Arbeits- bzw. Lerntempoduett nicht nur in der gleichen Zeit größere Lernfortschritte erzielen, sondern auch angenehmer und selbstbestimmter lernen können. Gelingt es nicht, das Arbeits- bzw. Lerntempoduett als eine Chance zu sehen, dann ist die Gefahr groß, dass die Methode mit cleveren Schülertaktiken unterlaufen wird.

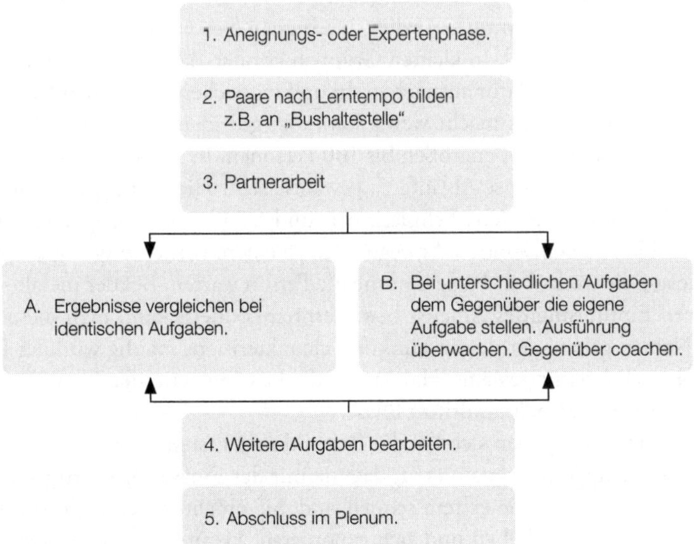

Abb. 57: Ablauf des fünfphasigen Arbeits- oder Lerntempoduetts.

1. Aneignungs- oder Expertenphase

Begonnen wird mit einer Einzelarbeit. Die Lernenden lösen eine Aufgabe, so wie sie es seit dem ersten Schultag gewohnt sind. Das kann in der Muttersprache oder in einer Fremdsprache sein, in Mathematik oder Biologie. Ein Experiment kann geplant, eine Bewegungsaufgabe ausgeführt, ein Teil eines Kanons einstudiert werden. Ein Fallbeispiel kann bearbeitet, eine Hypothese entwickelt, ein theoretischer Ansatz überprüft werden. Ein Bewerbungsschreiben kann abgefasst, ein Werkstück gefertigt, ein Wareneingang verbucht werden. Entscheidend ist, dass die Lernenden im eigenen Tempo arbeiten, weder hetzen noch trödeln, sich konzentriert der Tätigkeit widmen. In dieser ersten Phase ist keine Kooperation mit anderen Lernenden vorgesehen. Jede Person versucht, die Aufgabe ganz alleine zu bewältigen. Die Lehrenden achten nicht nur auf konsequente Einzelarbeit, sondern sie helfen auch dort, wo es Probleme gibt. Eine exakte Zeitvorgabe für diese Phase ist kontraindiziert. Bei potentiellen Tempodifferenzen bis zum Faktor 18 kann weder eine zeitliche Obergrenze, noch eine zeitliche Untergrenze genannt werden. Das ist unüblich und deshalb fragen die Lernenden gerne nach, wie viel Zeit für die Aufgabe vorgesehen ist. Meine Standardantwort lautet: „Ich weiß nicht, wie schnell Sie arbeiten. Deshalb gebe ich keine Zeiten vor. Stehen Sie zu Ihrem eigenen Tempo und kümmern Sie sich nicht um das Tempo anderer."

2. Paare bilden

Jetzt kommt die wohl schwierigste Phase innerhalb des Arbeits- bzw. Lerntempoduetts. Problematisch, weil recht ungewohnt. Wer die Bearbeitung der Aufgabe abgeschlossen hat, kommuniziert dies durch ein Zeichen, durch Aufstehen oder durch einen Ortswechsel. In kleinen Gruppen können das Hochhalten der Hand oder ein Blickkontakt dafür ausreichen. In umfangreicheren Gruppen hat sich das Aufstehen bewährt. Das macht wenig Lärm, ist gut identifizierbar und funktioniert auch noch in Gruppengrößen bis 100 Personen. In Schulklassen ist es wichtig, möglichst reibungslose Abläufe zu gewährleisten. Hier wird gerne mit einem Ortswechsel gearbeitet. Jene Schülerinnen und Schüler, die fertig sind, bleiben nicht am Platz stehen, sondern bewegen sich zu einem vorher festgelegten Ort, an dem sie auf die nächste in Frage kommende Person warten. Bei der metakommunikativen Einführung des Arbeits- bzw. Lerntempoduetts kann man diesem Ort einen Namen geben, der dessen Funktion charakterisiert. Häufig wird der Begriff „Bushaltestelle" dafür gewählt. Haben sich die Pärchen gefunden, dann beginnen sie mit der Partnerarbeit als dritter Phase.
Welche Probleme ergeben sich bei der Paarbildung? Erstens gibt es Gründe, warum Lernende ungerne signalisieren, dass sie mit der Einzelarbeit fertig sind. Das gilt zunächst für jene, die extrem schnell sind. Sie möchten sich nicht unbedingt aus der Menge herausheben und sich exponieren. Denn leicht wird ihnen dafür das Etikett „Streber" verpasst. Unangenehm ist es für sie auch, längere Zeit alleine

stehen zu müssen, während alle anderen noch arbeiten. Ein weiterer Grund: Manche Lernende sind fertig, möchten aber mit gewissen Personen nicht kooperieren, sondern lieber mit solchen, die ihnen mehr zusagen. Folglich tun sie so, als ob sie noch mitten in der Arbeit wären und warten einen günstigen Moment ab, in dem sie schlagartig fertig sind. Es ist die Aufgabe des Hochschullehrers, Erwachsenenbildners oder Lehrers, genau zu beobachten, was sich im Raum abspielt. Treten die eben skizzierten Phänomene auf, so können die fraglichen Personen gleichermaßen freundlich wie konsequent dazu animiert werden, deutlich das Ende der Einzelarbeit zu signalisieren und danach mit jener Person zu kooperieren, die als nächste fertig ist. Bei der metakommunikativen Einführung des Arbeits- bzw. Lerntempoduetts muss deutlich gemacht werden, dass diese Methode nur dann ihre Wirkung entfaltet, wenn jeder bereit ist, mit jedem anderen zu kooperieren. Zweitens ist die Paarbildung mit einer gewissen Unruhe verbunden. Diese rührt einmal vom Signalisieren her, von den sich anschließenden „wer mit wem"-Prozessen sowie vom Ortswechsel. Da die einen Lernenden sich noch in der Einzelarbeit befinden, erleben sie die Unruhe einerseits als Störung, andererseits als Hinweis darauf, dass sie zu langsam sind. Das verführt sie zum überstürzten, oberflächlichen Abschließen der Einzelarbeit, was im Sinne einer intensiven kognitiven Aktivierung völlig kontraproduktiv ist. Folglich muss beim Einüben des Arbeits- bzw. Lerntempoduetts darauf geachtet werden, dass die Paarbildung so geräuschlos wie möglich verläuft, dass niemand gestört wird und dass jene, die noch arbeiten, beim selbstgewählten Tempo bleiben und nicht in Hektik verfallen. Man kann an der Phase der Paarbildung gut erkennen, wie wichtig es ist, neue Methoden gründlich einzuüben, denn sonst erbringen diese nicht die angestrebten Effekte.

3. Partnerarbeit
Die Paare suchen sich eine Stelle, an der sie sich austauschen können. Je nach Art der Aufgaben gibt es verschiedene Austauschmöglichkeiten:

Variante A: Hatten alle Lernenden dieselbe Aufgabe zu bearbeiten, dann vergleichen sie jetzt ihre Ergebnisse. Gut ist es, irgendwo im Raum Selbstkontrollmöglichkeiten zu deponieren. Das können beispielhafte Lösungen sein, vorbildliche Werkstücke als Vergleichsmöglichkeit usw. Wenn die Gruppe überschaubar und die Lehrkraft nicht mit vorrangigeren Tätigkeiten beschäftigt ist, dann kann sie einen Blick auf die Ergebnisse werfen und selbst Feedback geben.
Variante B: Hatte die eine Hälfte der Lernenden die Aufgabe A, die andere Hälfte der Lernenden die Aufgabe Z, so verläuft die Partnerarbeit anders. In der Aneignungs- oder Expertenphase sind beide Personen zu „kleinen Experten" für die Lösung ihrer Aufgabe geworden und haben mit der Selbstkontrollmöglichkeit überprüfen können, ob sie die Aufgabe adäquat gelöst haben. In der Austauschphase stellt Person A ihrem Gegenüber genau jene Aufgabe, die sie gerade eben

selbst erfolgreich bearbeitet hat. (Abb. 59). Sie beobachtet, wie das Gegenüber an die Aufgabe herangeht. Sie überwacht und unterstützt, wo es erforderlich scheint. Zwei Dinge sind nicht erwünscht. Erstens sollen A und Z nicht parallel agieren, sondern nacheinander die Aufgaben ihrer Gegenüber bearbeiten, damit wechselseitiges Coaching bzw. Tutoring möglich wird. Zweitens soll A nicht die von ihm gelöste Aufgabe lediglich erklären, ohne dass sich Z der Mühe unterzogen hat, sich mit dieser intensiv auseinanderzusetzen. Erreicht werden soll eine Kombination der nachweislichen Vorteile von WeLL (Wechselseitiges Lehren und Lernen) mit jenen einer intensiven kognitiven Aktivierung.

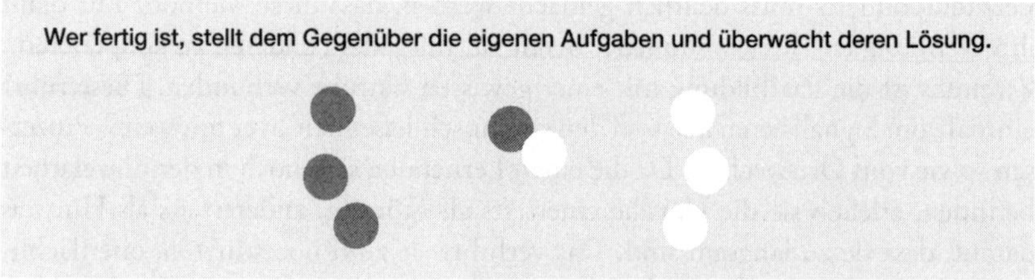

Abb. 58: Das Arbeits- bzw. Lerntempoduett mit zwei unterschiedlichen Aufgaben zur Verknüpfung von kognitiver Aktivierung und wechselseitigem Coaching.

Wie in der ersten Phase, so sind auch in der dritten Phase eher weniger Probleme zu erwarten. In beengten Räumlichkeiten kommt es allerdings darauf an, bei der Parallelität von Einzelarbeit und Partnerarbeit darauf zu achten, dass die einen die anderen nicht stören. Auch das muss eingeübt werden. Je älter die Lernenden sind, desto besser können sie gegenseitig Rücksicht nehmen. Ich habe aber auch schon in der Primarschule beeindruckende Beispiele reibungsloser, geräuscharmer Tempo-Duette miterlebt auf der Grundlage einer exzellenten, freundlich-konsequenten Klassenführung. Lehrkräfte, die Probleme mit der Klassenführung haben, sollten weise auf das Arbeits- bzw. Lerntempoduett verzichten.

4. Weiterarbeit

In der vierten Phase kommt die Stärke des Arbeits- bzw. Lerntempoduetts zur vollen Entfaltung. Während sich die letzten Lernenden noch in Phase 1 mit ihrer Aufgabe beschäftigen, haben die ersten Lernenden Paare gebildet (Phase 2) und sich ausgetauscht (Phase 3). Nach Maßstäben konventionellen Lernens sind sie jetzt „fertig“. Sie haben alles erfolgreich geleistet und sogar noch Zeit „übrig“, weil es noch nicht im Plenum weitergeht (Phase 5). Es besteht also die Chance, die Zeit zu nützen, um weitere Aufgaben anzugehen, um in noch höherem Maße die eigenen Kompetenzen zu optimieren. Wie schon erwähnt: Im Sport oder im Hobbybereich ist dies eine wunderbare Sache. In Kontexten, in denen die Lernenden jedoch wenig Freude an der Thematik haben oder nicht an der Steigerung ihrer eigenen Leistungsfähigkeit interessiert sind, stellen zusätzliche Herausforderungen eher eine Bedrohung dar, der durch intelligentes Vermeiden auszuweichen ist. In Phase 4 zeigt sich, wenn das Arbeits- bzw. Lerntempoduett schon häufiger durchlaufen wurde, ob der Paradigmenwechsel gelungen ist. In Universität und Erwachsenenbildung kann davon ausgegangen werden, dass die Lernenden mit der Zeit begreifen, welche positiven Möglichkeiten ihnen dieses Lehr-Lern-Arrangement eröffnet und es entsprechend schätzen. Im schulischen Umfeld ist dies nicht immer der Fall. Die Weiterarbeit sieht so aus, dass neue Aufgaben zu bearbeiten sind. Je nach didaktischer Intention entweder erneut in Einzelarbeit oder in Fortsetzung der Partnerarbeit.

Praxisbeispiel. An einer Hochschule für Pflege und Gesundheit geht es um die 1971 von Dorothea Orem entwickelte Theorie der Selbstpflege. In Phase 1 (Einzelarbeit) lautete die Aufgabe: „Nennen Sie die vier universellen Selbstpflegeerfordernisse nach Orem. Skizzieren Sie jeweils ein Beispiel dazu.“ Die Lernenden bilden in Phase 2 Paare, tauschen sich in Phase 3 aus, überprüfen ihre Lösungen anhand einer Selbstkontrollmöglichkeit (Gewährleistung ausreichender Luftzufuhr, Flüssigkeitszufuhr, Nährstoffzufuhr usw.) und bewerten die selbst entwickelten Beispiele. In Phase 4 (Weiterarbeit) setzen Lernende mit einem höheren Tempo die Partnerarbeit fort, indem sie an einem konkreten Fall entscheiden, welches der von Orem definierten drei Pflegesysteme gewählt werden soll. Dazu müssen sie die Grundintention von Orem, die drei Pflegesysteme sowie das Fallbeispiel aufeinander beziehen – eine anspruchsvolle Aufgabe, die auf den Transfer in die Praxis abzielt. (Abb. 59). Die noch zur Verfügung stehende, durch das Arbeiten im eigenen Tempo „gewonnene“ Zeit kann folglich gewinnbringend genutzt werden, um die theoretischen Inhalte auf künftige berufliche Situationen zu beziehen.

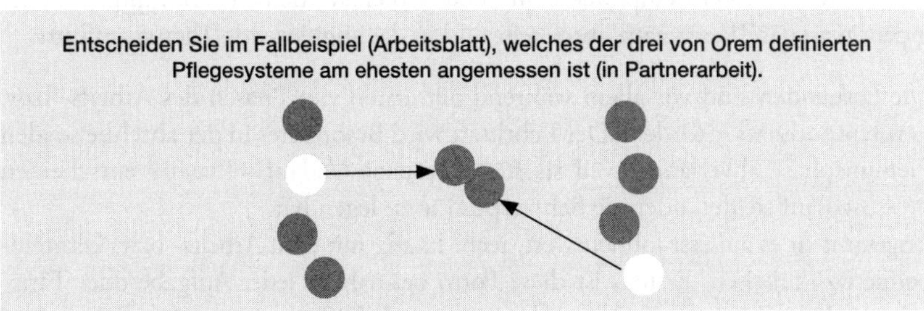

Abb. 59: Praxisbeispiel für die vierte Phase des Arbeits- bzw. Lerntempoduetts: Lernende mit einem höheren Arbeits- bzw. Lerntempo erhalten weiterführende Aufgaben.

5. Abschlussphase im Plenum

Ist die für Einzel- und Partnerarbeit vorgesehene Zeit (Phasen 1 bis 4) ausgeschöpft, so geht es zurück ins Plenum. Sinnvoll ist es, den Lernenden anzukündigen, dass sie ihre Tätigkeit in zwei, drei oder vier Minuten abschließen sollen – wie viele Minuten Vorlauf gegeben wird, das hängt vom zeitlichen Gesamtumfang des Arbeits- bzw. Lerntempoduetts ab. Für die Lehrkraft ist die Rückführung ins Plenum eine didaktische Herausforderung. Etliche Lernende sind noch immer in Phase eins (Einzelarbeit), ein Großteil befindet sich in Phase 3 (Partnerarbeit), einige haben Phase 4 (Weiterarbeit) abgeschlossen. Wie soll man da wieder zum gemeinsamen Lernen zurückfinden? Das war doch früher viel einfacher: Für eine Aufgabe wurde ein sinnvoll erscheinender Zeitabschnitt eingeräumt, alle schienen ähnlich weit gekommen zu sein und so konnte man diese Aufgabe im Plenum mit allen besprechen. Jetzt jedoch werden die unterschiedlichen Lernstände deutlicher sichtbar, weil die Lernenden im eigenen Tempo von Aufgabe zu Aufgabe gehen. Mehrere Formen der Plenumsarbeit sind möglich.

Erstens kann man den Schwerpunkt auf die Lernprozesse legen und fragen, wie gut die Lernenden mit der Einzelarbeit zurechtkamen, wie die Paarbildung geklappt hat, ob der Austausch ergiebig war, wie die Weiterarbeit empfunden wurde, ob die zur Verfügung stehende Zeit ausreichend bemessen war, ob es soziale Konflikte gab, ob die Selbstkontrollangebote hilfreich waren usw. An dieser Form des Plenums können sich alle Lernenden beteiligen. Erleichternd kann es sein, wenn vor der Diskussion der einen oder anderen Frage eine Murmelphase eingeschoben oder wenn die Einschätzungen aller mit der Ampelmethode abgerufen werden.

Zweitens kann man den Schwerpunkt auf die Inhalte legen und die eine oder andere Aufgabe exemplarisch besprechen, um wichtige Aspekte zu klären.

Drittens kann man den Schwerpunkt auf den Gesamtzusammenhang legen, indem man beispielsweise im Sinne eines Advance Organizer erläutert, wie die Aufgaben des Arbeits- bzw. Lerntempoduetts mit den restlichen Themen verknüpft sind oder indem man das Thema ganz abschließt und in das angrenzende Thema einführt.

Die Lernenden sind vor allem während der ersten vier Phasen des Arbeits- bzw. Lerntempoduetts gefordert. Der Lehrkraft wird Besonderes in der abschließenden Plenumsphase abverlangt, weil sie hier – je nach Verlauf – situativ entscheiden muss, worauf sie den oder die Schwerpunkte zu legen hat.

Insgesamt ist es äußerst lohnenswert, recht häufig mit dem Arbeits- bzw. Lerntempoduett zu arbeiten. Erstens ist diese Form bei nahezu jeder Aufgabe oder Tätigkeit möglich. Zweitens ergeben sich automatisch Differenzierungs- und Individualisierungsprozesse, ohne dass sie in der Vorbereitung oder Planung ganz akribisch ausgearbeitet werden müssen. Drittens entstehen bei den Lernenden wie bei den

Lehrenden tragfähige Routinen, durch die Reibungsverluste minimiert werden und das Arbeits- bzw. Lerntempoduett als eine ganz natürliche und im Grunde selbstverständliche Form erscheinen lassen. Umgekehrt ist davon abzuraten, nur einmal im Semester oder nur einmal im Schuljahr ein Arbeits- bzw. Lerntempoduett einzustreuen. Das führt eher zur Verwirrung als zum Erfolg. Besser ist es, ständig mit diesem Lehr-Lernarrangement zu arbeiten, weil dann auch die letzten Lernenden begreifen, dass sie mit dieser im Grunde ganz schlichten Vorgehensweise aufs Ganze gesehen am angenehmsten lernen und zugleich die größten Lernfortschritte erreichen.

Missverständnisse und Probleme beim Lerntempoduett

Gerecht ist, wenn alle in der gleichen Zeit das Gleiche lernen

Obwohl nationale wie internationale Forschung zeigen, wie unterschiedlich Lernende sind, halten Lehrkräfte gerne an der Illusion fest, die vor ihnen sitzenden Personengruppe sei recht homogen. Wäre dem so, dann könnte auf einem relativ einheitlichen Niveau begonnen werden. Durch geschickt angelegte Lehr-Lern-Prozesse würden alle ähnlich viel dazulernen. Das Endniveau könnte schließlich mit einer für alle gleichen Form der Leistungsmessung überprüft werden. In den subjektiven Theorien solcher Lehrkräfte spielt häufig der Begriff „Gerechtigkeit" eine Rolle: Sobald die einen Lernenden in der gleichen Zeit mehr lernen, üben oder trainieren können als die anderen, wie es etwa beim Lerntempoduett ganz offenkundig der Fall ist, erleben Lehrkräfte dies als Ungleichbehandlung und fragen dann sich (oder bei Fortbildungen fragen sie mich), ob dadurch nicht ihre Zensurengebung ad absurdum geführt würde.

Überprüft man die Angemessenheit dieser Gedankenwelt an einem Beispiel aus dem Sport, so kommen gewisse Zweifel auf. Manchmal besuche ich während der Ferien ein mehrtägiges Spezialtraining, geleitet von einem qualifizierten Trainer. In der Halle sind 30 Spielerinnen und Spieler. Alle beginnen zunächst mit denselben Übungen. Bessere Spieler durchlaufen diese Übungen schneller und kommen dadurch früher zu anspruchsvolleren Einheiten. Den Besten wird sogar zeitweise ein Einzeltrainer zugewiesen, der ihnen ausgefeilte Besonderheiten beibringt, während die Schwächeren noch mit den Basistechniken beschäftigt sind. Das ist alles ganz selbstverständlich und führt weder zu sozialen Konflikten unter den Spielern, noch machen sich die Trainer Gedanken über die Ungleichbehandlung. Allen ist klar, dass es enorme Leistungsunterschiede gibt und dass es sinnvoll ist, jede Person in dem für sie passenden Tempo zu fördern. Würde ein Trainer alle Spieler im Gleichschritt das Training durchlaufen lassen und keinerlei Differenzierung vornehmen, gälte er als sehr schlechter Trainer. Dennoch ist es möglich, die Leistung zu messen, was in dieser Sportart über Wettkämpfe und ein Punktesystem (Ranking) geschieht.

Mein Credo: Jede Person soll in der zur Verfügung stehenden Zeit und bei den gegebenen Randbedingungen wie Gruppengröße oder Ausstattung der Institution so viel lernen dürfen, wie es nur möglich ist. Das Arbeits- oder Lerntempoduett ist eine Chance für alle Lernenden und nicht nur für einzelne, sich in einer für sie angemessenen Weise mit der Thematik auseinanderzusetzen. Es orientiert sich dabei weder an den Leistungsschwachen noch an den Leistungsstarken, sondern kommt allen gleichermaßen entgegen. Deswegen überrascht es auch nicht, dass mit diesem und vergleichbaren Lehr-Lern-Arrangements in der gleichen Zeit größere Leistungsfortschritte erzielt werden als zuvor. Das drückt sich auch in den Zensuren aus, falls die Lehrenden nicht den Fehler machen, ihre Bewertungen an das gestiegene Niveau anzupassen (soziale Bezugsnorm), anstatt sich an den definierten Lernzielen zu orientieren (sachliche Bezugsnorm). Was Lehrkräften dennoch ins Grübeln bringt, ist die Erkenntnis, dass durch eine wirkungsvolle Gestaltung von Lehr-Lern-Prozessen nicht nur alle Lernenden mehr lernen, sondern dass zugleich „die Schere weiter aufgeht", die Leistungsunterschiede also größer als zuvor werden. Und dass dies nicht nur im Verborgenen geschieht, sondern auch ganz offenkundig wird.

Insgesamt stellt das Arbeits- bzw. Lerntempoduett die wohl einfachste Form der Differenzierung bzw. Individualisierung dar. Es ist von den Lehrenden zwar überlegt einzusetzen, jedoch ohne großen Aufwand vorzubereiten. Von den Lernenden wird es sehr geschätzt, wenn es in einer metakommunikativen Phase begründet eingeführt und hinterher gut eingeübt wird, sodass die Reibungsverluste gering sind. Mit der Zeit kann es zu einer ganz selbstverständlichen Form für alle Arten aktiven Lernens werden.

2.4 Partnerpuzzle

Die wohl am häufigsten gewählte Variante wechselseitigen Lehrens und Lernens ist das Gruppenpuzzle. Zugleich ist dies eine der am schwierigsten zu realisierenden Methoden. Die Folgen: Durcheinander bei der Organisation, große Lautstärke, höchst fraglicher Lernerfolg. Wenn Lehrkräfte hoch motiviert innovative Formen erproben wollen und dann mit dem Gruppenpuzzle beginnen, erleiden sie in aller Regel Misserfolge. Nicht selten führen derartige Erlebnisse zur pauschalen Ablehnung alternativer Lehr-Lern-Arrangements und im Abwehrreflex zur Stabilisierung überkommener didaktisch-methodischer Vorgehensweisen. Meine ganz persönliche Konsequenz: Ich rate allen Lehrenden dringend vom Gruppenpuzzle ab, es sei denn, sie hätten schon umfangreiche Praxiserfahrungen mit einfacheren Formen des wechselseitigen Lehrens und Lernens gemacht, wie etwa dem Arbeits- bzw. Lerntempoduett, dem Partnerinterview oder Think-Pair-Share.

Eher empfehlenswert ist das Partnerpuzzle, eine von Anne Huber 2007 in ihrer Habilitationsschrift „Wechselseitiges Lehren und Lernen als spezielle Form Kooperativen Lernens" sehr gründlich untersuchte Vorgehensweise. Aber Vorsicht: Im Gegensatz zu den bisher in diesem Buch diskutierten Methoden liegt der Fokus dieses Mal nicht auf einer tiefen Auseinandersetzung mit der Thematik, sondern auf der Vermittlung! Normalerweise geben Experten ihr Wissen oder Können an Novizen weiter – das ist sozusagen „Chefsache". Beim Partnerpuzzle sollen jedoch Novizen ihr Wissen oder Können an andere Novizen weitergeben. Um im Bild zu bleiben: Der Chef des Gourmet-Tempels kocht nicht selbst, sondern lässt seine Gäste kochen! Das kann natürlich nur dann gelingen, wenn es sich um nicht sonderlich schwierige und zugleich im Umfang eng begrenzte Ausschnitte handelt. Und es gelingt umso besser, je höher kommunikative und fachliche Kompetenzen der Lernenden sind. In der Erwachsenenbildung, an Hochschulen und Universitäten ist das Partnerpuzzle folglich wirkungsvoll realisierbar. Im schulischen Bereich absteigend von der gymnasialen Oberstufe bis zur Grundschule. Aber selbst bei den Kleinen kann man es mit Erfolg einsetzen, wenn man die entsprechenden Voraussetzungen berücksichtigt.

Die Vorteile des Partnerpuzzles gegenüber dem Gruppenpuzzle liegen einmal in der Anzahl der Beteiligten. Ganz grundsätzlich ist die Gruppengröße ein entscheidender Faktor für die Effektivität wechselseitigen Lehrens und Lernens (vgl. Huber 2007, S. 140 f.). Erstens hängt der Aktivitätsanteil der Lernenden davon ab. Zweitens ist der Koordinationsaufwand innerhalb der Gruppe geringer (vgl. hierzu auch die Ausführungen zur Problematik von Gruppenarbeit in Teil I, Kapitel 7). Drittens ist das Partnerpuzzle nicht nur in beengten Klassenzimmern einsetzbar, sondern selbst in Hörsälen mit unflexibler Bestuhlung. Die Wirksamkeit des Partnerpuzzles hat Anne Huber (2007) nachgewiesen. Im Vergleich mit dem konventionellen, lehrerzentrierten Unterricht kommt sie zu folgendem Urteil: „Die Lernenden waren motivierter, fühlten sich kompetenter und selbstbestimmter, setzten mehr tiefergehende Lernstrategien ein und erzielten sowohl in sofortigen als auch in verzögerten Wissenstests bessere Lernergebnisse" (S. 267). Interesse und Kräfteeinsatz waren höher. Darüber hinaus gaben die Lernenden an, sie müssten sich weniger Stunden auf die Leistungsmessungen vorbereiten.

Beispiele für Wissen. Welche Inhalte eignen sich für das Partnerpuzzle? Die Bandbreite ist groß. Wechselseitig kann fast alles vermittelt werden, wenn es einerseits nicht zu schwierig und andererseits nicht zu umfangreich ist. Eine erste Möglichkeit ist Wissen. Auf universitärer Ebene verwende ich es beispielsweise beim Thema Motivation. Teil A ist ein einseitiger Text (gelb) über „motivationstheoretische Grundlagen". Teil B ist ein einseitiger Text mit der Überschrift: „Konsequenzen für Lehrende und Lernende" (blau). Teilt man die Texte so aus, dass die beiden Farben sich abwechseln, so kann man selbst im großen Hörsaal ein Partnerpuzzle durchführen. In Geschichte, Biologie, Deutsch, Philosophie usw. können in der gymnasialen Oberstufe wechselseitig Kurzinformationen gegeben werden. In den Klassen 3 bis 10 können es Themen wie Hausschwein und Wildschwein, Kinderarbeit, Märchen, Kindheit im Mittelalter usw. sein (vgl. hierzu die sehr anschaulichen Praxisbeispiele in Bernhart & Bernhart (2007).

Beispiele für Können. Auch Handlungskompetenzen können mit dem Partnerpuzzle angebahnt werden. Im Sport kann eine Hälfte in der Rhythmischen Sportgymnastik mit dem Band kreative Bewegungen in Form von Spiralen entwickeln, die andere Gruppe kreative Bewegungen in Form von Schlangen. Danach bringen sich die Lernenden wechselseitig die Figuren bei. Im Tischtennis kann die eine Gruppe Aufschläge mit Unterschnitt (auch Slice genannt) lernen, die andere Gruppe Aufschläge mit seitlicher Rotation. Danach bilden sich Puzzlepaare, in denen sich die Lernenden wechselseitig Aufschläge beibringen. Das funktioniert auch im Bereich der Informatik bei der Software Powerpoint. Hier bringen Lernende sich wechselseitig bei, wie man ein Video in die Präsentation integrieren kann (= Teil A) und welche Möglichkeiten es gibt, Folieninhalte und Folienübergänge zu animieren (= Teil B). Fremdsprachen, Musik, Rechtschreibregeln, Experimente – alles was Lehrkräfte im Bereich der Handlungskompetenzen lehren können, das können sich auch die Lernenden wechselseitig beibringen. Allerdings unter der schon mehrfach genannten Voraussetzung, dass Umfang und Schwierigkeitsgrad minimiert sind.

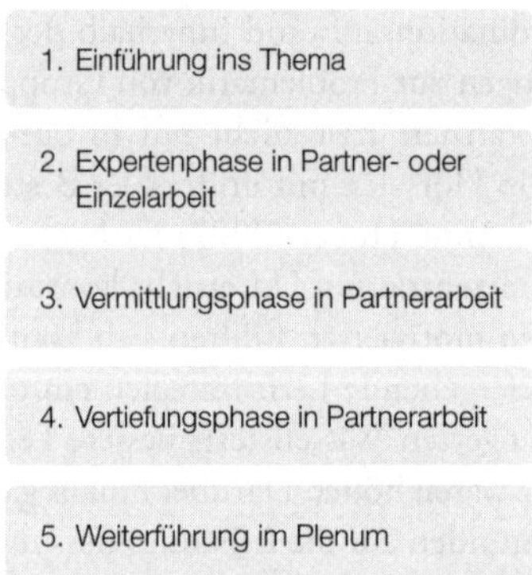

Abb. 60: Ablauf des fünfphasigen Partner-Puzzles.

1. Einführung ins Thema

Vor dem Partnerpuzzle sollte ins Thema eingeführt werden, denn die wechselseitige Vermittlung von Wissen oder Können ist ja nur ein kleiner Bestandteil der umfassenden didaktischen Planung. Je besser die Basis gelegt ist, sei es durch einen Advance Organizer, durch Übungen, Training usw., desto leichter fällt es den Lernenden, Zusammenhänge zu erkennen und sich wechselseitig zu schulen.

2. Expertenphase

Die Aneignung des zu vermittelnden Wissens oder Könnens sollte bei weniger kompetenten Lernenden in Partnerarbeit geschehen, damit sich diese gegenseitig bei

Problemen unterstützen können. Bei kompetenteren Lernenden kann die Expertise auch in Einzelarbeit erworben werden. Wichtig ist es, den Lernprozess zu strukturieren und mit Lernstrategien anzureichern, wie gleich im Beispiel gezeigt wird.

3. Vermittlungsphase
Es bilden sich Pärchen. Das Wissen wird wechselseitig vermittelt. Das Können wird dem Gegenüber demonstriert. Erneut ist es unverzichtbar, den Lernenden strukturierende Hilfen zu geben.

4. Vertiefungsphase
Sozialform ist in der Regel die Partnerarbeit, damit beide „kleinen Experten" ihre bescheidene Expertise in den Vertiefungsprozess einbringen können. Im Bereich des Wissens geht es um Festigen, gedankliches Nachvollziehen, um Verstehen, um Reflektieren, um Problematisieren. Im Bereich des Könnens stehen Üben und Trainieren im Mittelpunkt. Gut ist es, wenn auch für die Vertiefungsphase klare strukturierende Vorgaben gemacht werden.

5. Weiterführung im Plenum
Wie schon beim Lerntempoduett beschrieben, kann sich die Weiterführung schwerpunktmäßig an den abgelaufenen Lernprozessen orientieren, inhaltliche Aspekte aufgreifen oder die Thematik sandwichartig fortsetzen.

Beispiel für ein lernstrategiehaltiges Partnerpuzzle
Das nachstehend beschriebene Partnerpuzzle (6. Schuljahr, Biologie, Rote Waldameise; Autorin: Silvia Schmidutz) ist insofern beispielhaft, als es zahlreiche, generell einsetzbare Lernstrategien enthält und somit neben der Auseinandersetzung mit dem Thema die Optimierung von Lese-, Schreib- und Präsentationskompetenzen unterstützt. Insgesamt geht es um

1. **Sinnentnehmendes Lesen**
2. **Verdichtendes Schreiben**
3. **Vorbereitung einer Präsentation**
4. **Präsentieren**
5. **Visualisierendes Vernetzen**
6. **Verbalisierendes Vernetzen**

Expertenphase:
Partnerarbeit. Je zwei Schülerinnen bzw. Schüler beschäftigen sich mit dem grünen Text („Ameisen sind Nützlinge"), je zwei mit dem gelben („Leben in der Ameisenburg"). Die Texte sind zwar für diese Altersstufe nicht schwierig, aber sie sind inhaltsreich und enthalten den einen oder anderen Fachbegriff. Beim Decodieren können sich die Lernenden gegenseitig helfen. Das Kommunizieren während der Expertenphase unterstützt den Aneignungsprozess. Natürlich ist es

grundsätzlich möglich, die Expertenphase auch in Einzelarbeit bewältigen zu lassen, wenn dies der Wissens- und Kompetenzstand der Lernenden zulässt.
Um eine tiefergehende Auseinandersetzung mit dem Text zu erreichen, erhalten die Lernenden klare Vorgaben: Sie sollen den Text nicht nur lesen, sondern parallel dazu zentrale Begriffe durch Unterstreichen identifizieren (sinnentnehmendes Lesen). Wird zum Beispiel im grünen Text der Begriff „Schwertransporter" markiert, so ist dieser Begriff gut lesbar (wie auch alle anderen hervorgehobenen Begriffe) auf die Vorderseite eines leeren Kärtchens zu übertragen. Auf der Rückseite ist eine stichwortartige Erklärung zu verfassen, zum Beispiel: „Ameisen können das Vielfache ihres Körpergewichts tragen" (verdichtendes Schreiben). Dieses Vorgehen hat mehrere Funktionen. Erstens werden durch „Chunking" (Bündelung) umfassende Informationen in kurze Aussagen überführt und sind dadurch leichter zu speichern. Zweitens dienen die Kärtchen als Gedächtnisstütze und sind damit eine wichtige Grundlage für die spätere Präsentation. Sind alle Kärtchen verfasst, dann wird die Präsentation vorbereitet. Dies geschieht ganz einfach dadurch, dass die Kärtchen in exakt jene Reihenfolge gebracht werden, in der sie vorzutragen sind. Dadurch erhält die Präsentation eine klare Struktur.

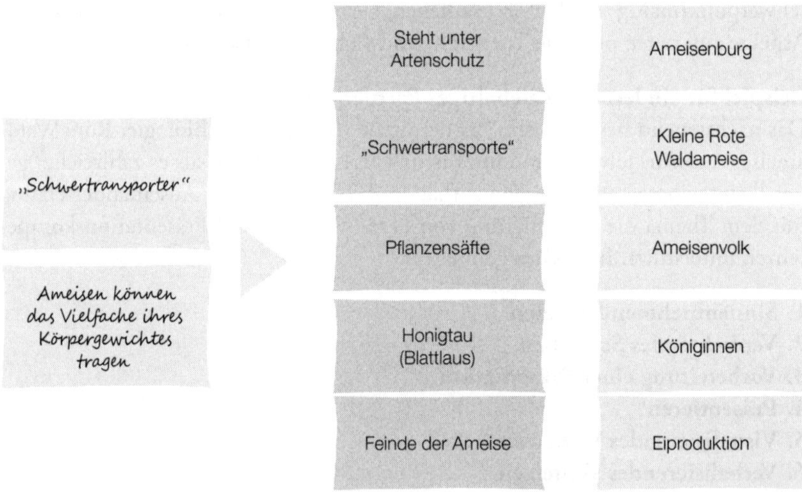

Abb. 61: Verdichten der Informationen auf zentrale Begriffe (Vorderseite der Kärtchen) und deren Erklärungen (Rückseite). Anordnen der Kärtchen in der für die Präsentation relevanten Abfolge.

Vermittlungsphase:
In der Expertenphase waren zahlreiche Arbeitsschritte zu durchlaufen. Allein beim Lesen und Markieren der Texte ist davon auszugehen, dass die einen Lernenden die dreifache Zeit der anderen benötigen. Deshalb ist zu empfehlen, jetzt in Form

eines Arbeits- oder Lerntempoduetts Pärchen bilden zu lassen. In der Partnerarbeit trägt erst die eine Person vor, dann die andere. Während der Präsentation wird Kärtchen für Kärtchen gut sichtbar vor dem Gegenüber abgelegt, sodass dieses dem Gedankengang gut folgen kann. Erinnert sich die vortragende Person nicht mehr an Einzelheiten, so kann sie stets auf der Rückseite nachsehen. Entscheidend ist jedoch, dass es sich um freies Sprechen handelt und nicht um das Ablesen eines Textes.

Vertiefungsphase:
Die beiden Lernenden setzen die Partnerarbeit mit der Strukturlegetechnik (vgl. Teil II, Kap. 1.2) fort (visualisierendes Vernetzen). Sobald andere Pärchen ebenfalls ihre Struktur gelegt haben, bilden sich Vierergruppen, in denen sich die Pärchen gegenseitig ihre Strukturen erläutern (verbalisierendes Vernetzen). Sollte noch Zeit verfügbar sein, so wird ein Partnerinterview (vgl. Teil II, Kap. 1.5) begonnen. Hierbei nimmt Person A alle Kärtchen, zeigt Person B den Begriff (Vorderseite), bittet um eine Erklärung und überprüft deren Angemessenheit mit den Stichworten auf der Rückseite, im Zweifelsfall durch gemeinsames Nachlesen in den beiden Ausgangstexten. Danach wechseln die Rollen.

Abb. 62: Legen einer gemeinsamen Struktur in der Vertiefungsphase (visualisierendes Vernetzen), die anschließend einem anderen Pärchen erläutert wird (verbalisierendes Vernetzen).

Missverständnisse und Probleme beim Partnerpuzzle

Ohne Struktur geht es nicht. Und es müssen nicht immer Texte sein

Beschreibung und Beispiel zeigen: Das Partnerpuzzle ist eine sehr anspruchsvolle Methode. Es ist zwar leichter zu realisieren als das Gruppenpuzzle. Aber wenn es gelingen soll, dann muss jede der drei zentralen Phasen eine klare Binnenstruktur aufweisen. Das bedeutet, dass die Lernenden ganz genau wissen müssen, was sie in jeder Phase zu tun haben. Es muss Vorgaben für die Aneignung geben, Vorgaben für die Vermittlung und Vorgaben für die Vertiefung. Das erfordert eine durchdachte didaktische Planung. Einfach zwei verschiedene Aufgaben stellen oder einfach zwei Texte austeilen mit der schlichten Anweisung: Mache dich zu Expertin bzw. Experte und gibt dein Wissen oder Können an dein Gegenüber weiter – dem begegne ich häufig in der Praxis – führt meist dazu, dass die Aneignung oberflächlich ist, die Vermittlung defizitär und die Vertiefung ganz fehlt. Verbunden mit dem bei allen kommunikativen Methoden entstehenden Geräuschpegel samt der in beengten Räumen erschwerten Mobilität ergeben sich suboptimale Lernfortschritte. Ich verstehe Lehrende aller Institutionen deshalb sehr gut, wenn sie von innovativen und kommunikativen Methoden nichts wissen wollen und dass sie mit zunehmender Berufspraxis das Lehr-Lern-Geschehen immer weniger gerne aus der Hand geben möchten.

Defizitäre Praxis. Methoden des Wechselseitigen Lehrens und Lernens, wie etwa das Partnerpuzzle oder Gruppenpuzzle, werden gerne auf die Arbeit mit Texten reduziert. Das treffe ich jedenfalls häufig bei meinen Hospitationen an. Die Texte sind in der Regel zu umfangreich und zu schwierig. Die in der Expertenphase zur Verfügung gestellte Zeit reicht selten aus, um die Inhalte nicht nur zu verstehen, sondern so weit zu durchdringen, dass einer anderen Person das Wesentliche vermittelt werden kann. Warum ist das so? Lehrkräfte sind hochgradige Fachleute auf ihren Gebieten. Jahr für Jahr steigt ihre Expertise, weil Wissen und Können kumulativ sind. Mit der Zeit erleben sie das, was sie vermitteln sollen, als einfach bis leicht verständlich. Texte aus ihren Bereichen brauchen sie nur rasch zu überfliegen, um die entscheidenden Ideen aufzugreifen. So fällt es ihnen schwer, jene Zeitdauer einzuschätzen, die ein Novize benötigt, um den Text zu decodieren und in eigene Worte umzuwandeln. Die Unterschätzung des Schwierigkeitsgrades findet man in allen Bereichen, wo es Experten mit Novizen zu tun haben. Besonders negativ wirkt sich das bei der Leistungsmessung aus, weil hier viele Lehrkräfte glauben, die von ihnen gestellten Prüfungsaufgaben seien „viel zu leicht".

2.5 Strukturierte Kontroverse

Bekannter als die „Strukturierte Kontroverse" ist die Methode „Pro und Contra". Bei „Pro und Contra" handelt es sich um eine kontrollierte Debatte mit speziellen Rollen (Anwalt der Pro-Gruppe, Anwalt der Contra-Gruppe, Diskussionsleiter), an deren Ende abgestimmt wird. „Pro und Contra" ist eine Plenumsmethode. Wie bei allen Plenumsmethoden sind nur wenige Lernende aktiv. Zurückhaltende Personen verharren in rezeptiven Rollen. Wenn es jedoch das Ziel ist, wirkungsvoll die eigene Meinung vertreten zu lernen, dann reicht es nicht aus, wenn sich nur jene beteiligen, die weniger Auftrittsängste haben. Es ist stets anzustreben, dass möglichst alle Personen im Raum aktiv sind. Deshalb wurde die „Strukturierte Kontroverse" von Johnson & Johnson (1994) entwickelt. Sie ist ganz ausdrück-

lich keine Plenumsmethode. Das wird gerne verwechselt, weil viele Lehrkräfte glauben, „Strukturierte Kontroverse“ und „Pro und Contra“ wären lediglich zwei unterschiedliche Bezeichnungen für dieselbe Methode. Dem ist nicht so!
Die „Strukturierte Kontroverse“ ist eine Methode des Wechselseitigen Lehrens und Lernens in Paaren und Vierergruppen (vgl. Huber 2004). Sie wird eingesetzt, wenn umstrittene Themen diskutiert werden sollen. Dazu gehören z.B. aktive Sterbehilfe, Dopingfreigabe im Spitzensport, Massentierhaltung, erneuerbare Energien und ihre Folgen, Militäreinsätze in Syrien, die Abschaltung von Atomkraftwerken unter Beibehaltung von Braunkohlekraftwerken, die Nutzung von Smartphones im Unterricht oder die Frage, ob „Germany first“ ein Weg wäre, um die Probleme der BRD zu lösen. Die Wirksamkeit dieser Methode ist belegt (vgl. Johnson & Johnson 1989, S. 88 ff.). Eine Metaanalyse zeigt, dass – im Vergleich zu Kontrollgruppen – die Qualität der Entscheidungsfindung höher ist, soziale Kompetenzen und gegenseitige Wertschätzung zunehmen sowie Lernleistung und Transfer auf vergleichbare soziale Situationen sich verbessern.
Die „Strukturierte Kontroverse“ läuft wie andere Methoden des Wechselseitigen Lehrens und Lernens (WeLL) in den charakteristischen drei Phasen ab:

Expertenphase in Partnerarbeit
Die Lernenden werden per Zufall in Befürworter und Gegner des umstrittenen Themas eingeteilt. Die zufällige Zuordnung ist gewollt, denn es geht darum, sich auf der Basis von Unterlagen, Internetrecherchen, Texten usw. intensiv mit der Materie auseinanderzusetzen, denn nur dann ist es möglich, sich eine gut begründete Meinung zu bilden, sei sie akzeptierend oder ablehnend. Es ist sinnvoll, einen Teil dieser Expertenphase im Sinne eines „intelligenten Arbeitsauftrages“ in die häusliche Vorbereitung auszulagern, damit die Lernenden in Ruhe alle verfügbaren Hilfen nützen können, um stichhaltige Argumente für die ihnen zugeteilte Perspektive zu sammeln. Gegen Ende der Expertenphase wird – ganz ähnlich wie im Partnerpuzzle – eine Präsentation vorbereitet. Sie soll Visualisierungen enthalten, damit die Gegenüber eine gewisse Gedächtnisstütze erhalten.

Austauschphase in Vierergruppen
Jeweils ein Pro- und ein Contrapärchen bilden eine Vierergruppe. (Bei beengten Räumlichkeiten drehen sich zwei Lernende einfach nach hinten um). Eine Seite trägt – wie beim Partnerpuzzle – ihren Standpunkt vor. Die andere Seite hört aufmerksam zu. Es wird noch nicht diskutiert. Verfügen die Lernenden über hohe Kompetenzen, wie es etwa an Universitäten oder in der Erwachsenenbildung der Fall ist, dann kann der Austausch in Partnerarbeit erfolgen. d.h. nur ein Vertreter der Pro- und nur ein Vertreter der Contraseite sitzen sich gegenüber. Das hat den Vorteil, dass die Aktivitätsanteile noch höher sind als in Vierergruppen. Ursprünglich war noch ein Rollen- bzw. Perspektivenwechsel Bestandteil der Strukturierten Kontroverse, d.h. es war die entgegengesetzte Position argumentativ zu vertreten. Unsere

Praxiserprobungen haben jedoch gezeigt, dass dieser Schritt selten die erstrebten positiven Effekte hervorruft und dass es deshalb besser ist, sich gleich in die freie Diskussion zu begeben, in der man sich vom vorgegebenen Standpunkt lösen darf.

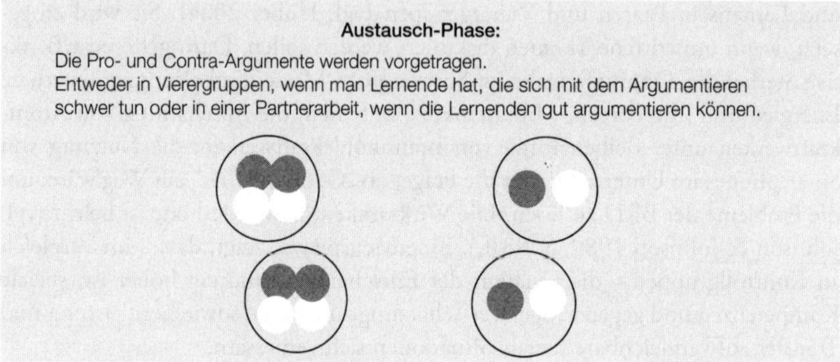

Abb. 63: Austauschphase bei der Strukturierten Kontroverse.

Vertiefungsphase in Vierergruppen

Die Vierergruppe (bzw. das Pärchen) bleibt zusammen. Jetzt kann frei diskutiert werden. Die Bindung an die per Zufall zugeteilte Position ist aufgehoben. Da jedoch auf der Basis fundierter Präsentationen umfangreiche Informationen über Für und Wider vorliegen, ist von einer Diskussion auszugehen, die stärker sachorientiert und weniger emotional geführt wird, als hätte man ohne Vorbereitung frei drauflos debattiert. Da die aktiven Handlungen von Lernenden strukturiert sein sollen, ist es hilfreich, Leitfragen zu formulieren, die nacheinander abgearbeitet werden (siehe die vier Fragen im Praxisbeispiel Sterbehilfe). Es wird auch Konstellationen geben, in denen auf hohem Niveau diskutiert wird, ohne die strukturierenden Hilfen zu benützen. In solchen Fällen sollte man sich einfach freuen, dass die Lernenden ohne diese spezielle Unterstützung zurechtkommen.

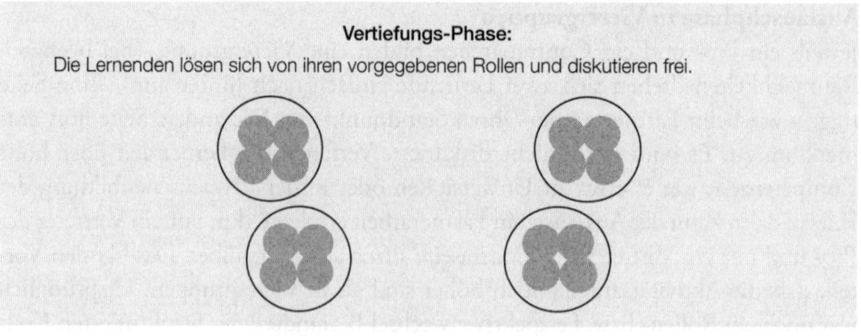

Abb. 64: Vertiefungsphase bei der Strukturierten Kontroverse.

Didaktischer Rahmen: Einführungs- und Abschlussphase
Die „Strukturierte Kontroverse" steht nicht für sich allein. Vielmehr wird in der Einführungsphase die Thematik angerissen, sei es durch eine animierende Problematisierung, einen Advance Organizer oder durch die Spontanabfrage eines Meinungsbildes mit der Ampelmethode usw. Gegen Ende kann man in der Abschlussphase, je nach didaktischer Intention, die in Vierergruppen bzw. Partnerarbeit geführte freie Diskussion in Form einer Plenumsdiskussion fortsetzen. Oder man kann erneut ein Meinungsbild mit der Ampelmethode erheben und analysieren, in welcher Weise dieses vom ersten Meinungsbild abweicht. Man kann auch einen prozessorientierten Schwerpunkt wählen und Rückmeldungen zur Interaktion in Experten-, Austausch- und Vertiefungsphase einholen.

Praxisbeispiel Sekundarstufe: „Sterbehilfe"
Die Lernenden erhalten hälftig per Zufall entweder den PRO- oder den CONTRA-Text und versetzen sich damit paarweise in einen begrenzten Expertenstatus. Sie präsentieren den Inhalt ihres Textes, den sie zusätzlich visualisieren. Zur Strukturierung der freien Diskussion in der Vertiefungsphase werden vier Leitfragen vorgegeben. Wiedergegeben sind beide Texte sowie strukturierende Fragen für die freie Diskussion in der Vertiefungsphase.

Strukturierte Kontroverse – PRO Sterbehilfe
„Sterbehilfe" ist ein unscharfer Begriff. Man unterscheidet folgende Formen: **Passive Sterbehilfe:** Sterbenlassen durch Unterlassen oder Abbruch lebensverlängernder Maßnahmen, was z.B. in einer Patientenverfügung festgelegt sein kann. 2008 standen 72% der Deutschen dieser in der BRD legalen Form positiv gegenüber. **Indirekte Sterbehilfe:** In Kauf nehmen eines früheren Todes aufgrund einer schmerzlindernden, palliativen Behandlung im Einverständnis mit der betroffenen Person (z.B. Patientenverfügung), in der BRD legal. Beide Formen werden wenig problematisiert im Gegensatz zum assistierten Suizid und zur aktiven Sterbehilfe. **Assistierter Suizid:** Hilfe bei der Selbsttötung, z.B. durch Bereitstellen von Gift. Dabei ist entscheidend, dass der Suizident selbst die Tat ausführt. In Deutschland wie in zahlreichen anderen Ländern ist dies dann legal, wenn der Betroffene die Tatherrschaft innehat. Die **aktive Sterbehilfe** ist ethisch noch stärker umstritten. Darunter versteht man das Töten eines anderen Menschen auf sein ausdrückliches Verlangen hin. In Belgien, den Niederlanden und in Luxemburg ist dies für Erwachsene und für Kinder ab 12 Jahren legal. In Deutschland, Österreich und der Schweiz ist es verboten. Darauf stehen teilweise Haftstrafen bis zu 5 Jahren.

Sterbehilfe ist ein seit Jahren kontrovers und emotional diskutiertes Thema. Aus ethischer Perspektive wird argumentiert, dass auch die Festlegung des Sterbezeitpunktes zum Recht auf Selbstbestimmung gehört. Die Würde des Menschen lässt sich nicht dadurch gewährleisten, dass man ihn unter Schmerzen möglichst lange am Leben erhält, sondern indem man ihm unnötiges Leid erspart. Das Recht auf menschenwürdiges Sterben wird zuweilen auf einen Satz verkürzt: „Mein Tod gehört mir". Die Autonomie des Menschen gilt auch für den Sterbeprozess. Christliche Maßstäbe, die oft als Grundlage für eine Gegenargumentation herangezogen werden, dürfen in einem modernen, säkularen Staat nicht für alle Menschen verbindlich sein. Für den Einzelnen können sie auf freiwilliger Basis eine Entscheidungshilfe darstellen, nicht aber als Begründung für eine Rechtslage dienen. Der legale assistierte Suizid wie die legale aktive Sterbehilfe ermöglichen es den schwerst- und unheilbarkranken Personen, ihrem Leben selbstbestimmt und zuverlässig ohne unnötige Qualen ein Ende zu setzen. Darüber hinaus stellt die Legalisierung von assistiertem Suizid wie von aktiver Sterbehilfe eine verlässliche Grundlage für Mediziner dar. Sie können durch die entsprechenden Maßnahmen straffrei das Leiden unheilbar Kranker verkürzen. Auch die Positionen der Kirchen weichen sich auf. So erklärte Papst Johannes Paul 2002, dass man bei der Komplexität des Menschen nicht nur den Körper berücksichtigen dürfe, sondern auch dessen Geist und dass es anmaßend wäre, allein auf eine Lebensverlängerung zu setzen. Organisationen wie EXIT (130 000 Mitglieder) oder DIGNITAS (8 000 Mitglieder) haben 2016 insgesamt 928 Schweizern beim Sterben geholfen (assistierter Suizid) sowie 611 Ausländern, darunter 268 Deutschen. Parallel gingen in den letzten Jahren in der Schweiz die Suizide um 25% zurück (von 1300 auf 1000).

Strukturierte Kontroverse – KONTRA Sterbehilfe

„Sterbehilfe" ist ein unscharfer Begriff. Man unterscheidet folgende Formen: **Passive Sterbehilfe:** Sterbenlassen durch Unterlassen oder Abbruch lebensverlängernder Maßnahmen, was z.B. in einer Patientenverfügung festgelegt sein kann. 2008 standen 72% der Deutschen dieser in der BRD legalen Form positiv gegenüber. **Indirekte Sterbehilfe:** In Kauf nehmen eines früheren Todes aufgrund einer schmerzlindernden, palliativen Behandlung im Einverständnis mit der betroffenen Person (z.B. Patientenverfügung), in der BRD legal. Beide Formen werden wenig problematisiert im Gegensatz zum assistierten Suizid und zur aktiven Sterbehilfe. **Assistierter Suizid:** Hilfe bei der Selbsttötung, z.B. durch Bereitstellen von Gift. Dabei ist entscheidend, dass der Suizident selbst die Tat ausführt. In Deutschland wie in zahlreichen anderen Ländern ist dies dann legal, wenn der Betroffene die Tatherrschaft innehat. Die **aktive Sterbehilfe** ist ethisch noch stärker umstritten. Darunter versteht man das Töten eines anderen Menschen auf sein ausdrückliches Verlangen hin. In Belgien, den Niederlanden und in Luxemburg ist dies für Erwachsene und für Kinder ab 12 Jahren legal. In Deutschland, Österreich und der Schweiz ist es verboten. Darauf stehen teilweise Haftstrafen bis zu 5 Jahren.

Sterbehilfe ist ein seit Jahren kontrovers und emotional diskutiertes Thema. Aus christlicher Perspektive wird argumentiert, das Leben ist ein Geschenk Gottes, über das der Mensch nicht eigenmächtig verfügen darf. In keiner der großen Weltreligionen wird die Tötung Schwerkranker oder Sterbender nahegelegt. Ebenso ist der Umgang mit und die Rücksicht auf Kranke und Schwache ein Indikator für den Zivilisationsgrad einer Gesellschaft. Eine hoch entwickelte Gesellschaft muss sie einbinden und im natürlichen Sterbeprozess begleiten. Die Niederländische Bischofkonferenz hat gegen aktive Sterbehilfe protestiert: „Das Ersuchen um aktive Sterbehilfe ist der Versuch, den letzten Gang des Lebens vollständig in die eigene Hand zu nehmen. Dies ist nicht vereinbar mit der Übergabe seiner selbst in die liebende Hand Gottes." Das ist nicht nur für die Schwerstkranken von Bedeutung, sondern auch für deren Angehörige, erklärt Franz Müntefering, der seiner krebskranken Frau im Sterbeprozess beigestanden ist und sich klar gegen die Tötung auf Verlangen positioniert. „Jedes Leben ist wertvoll", so der ehemalige Politiker. „Wir dürfen nicht anfangen, über die Nützlichkeit von Menschen zu diskutieren, nur weil sie auf Pflege angewiesen sind." Da Menschen häufig dazu neigen, Gesetzeslagen zum eigenen Vorteil auszunützen, besteht die Gefahr des „Drängens zum Tode". Manche Schwerkranke fühlen sich im Sinne eines moralischen Drucks zur Entlastung von Angehörigen zum Suizid gedrängt. Es ist auch nicht auszuschließen, dass assistierter Suizid und Tötung auf Verlangen sich zu neuen, gewinnträchtigen Geschäftsfeldern entwickeln. Dabei ist es heute der modernen Medizin möglich, den qualvollen Übergang vom Leben zum Tod so zu lindern, dass die Betroffenen nicht an ihrer Situation verzweifeln müssen, sondern in Würde ihre letzte Lebensphase gestalten können. Würdiges Sterben ist ohne assistierten Suizid und ohne aktive Sterbehilfe möglich, vor allem dann, wenn die Sterbenden anteilnehmend begleitet werden, wie es etwa die Hospizbewegung anstrebt als humaner Ort der Pflege und Betreuung.

Einige Anregungen für die Diskussion

1. Was ist Deine persönliche Meinung: Bist Du für assistierten Suizid und aktive Sterbehilfe oder hast du Zweifel an deren Richtigkeit? Findest du, der Mensch hat ein Recht darauf, sein Leben aufgrund von Schmerzen und Leid frühzeitig selbst zu beenden? Und wie denkst du über jene Personen, die diese lebensbeendigenden Maßnahmen ausführen?
2. Stell dir vor du wärst schwer krank. Würdest du in Erwägung ziehen, die Hilfe einer Organisation wie „Dignitas" oder „Exit" in Anspruch zu nehmen und als „Sterbetourist" in die Schweiz oder in einen Beneluxstaat zu reisen, um deinem Leiden ein Ende zu bereiten?

3. Welche Gedanken gehen in dir vor, wenn eine von dir geliebte Person den Wunsch nach herbeigeführter Lebensbeendigung äußert und dich um deine Hilfe bittet. Wärst du bereit, sie ins Ausland zu begleiten?
4. Stell dir vor, du bist Schweizer Bürger. Im Haus nebenan eröffnet ein neues „Sterbehaus“ von „Dignitas“ oder „Exit“. Könntest du mit dem Gedanken leben, dass bei deinen „Nachbarn“ täglich Menschenleben beendet werden?

Missverständnisse und Probleme bei der Strukturierten Kontroverse

Rechthaberei im Plenum anstelle begründeter Argumentation in kleinen Sozialformen

Gerade bei so anspruchsvollen Kompetenzen wie dem fundierten Bilden und wirkungsvollen Vertreten der eigenen Meinung ist es wichtig, dass möglichst viele Lernende die Chance erhalten, sich in diesem Handlungsfeld zu erproben. Deshalb kann nicht oft genug darauf hingewiesen werden, dass Diskussionen im Plenum nur für den kleineren Teil der Lernenden geeignet sind, um sich als selbstwirksam zu erleben. Umgekehrt schätzen es Lehrkräfte sehr, wenn sie mitverfolgen können, wie ihre Lernenden argumentieren. Lebhafte Diskussionen im Plenum erleben sie zuweilen als Sternstunden. Deshalb wird die Methode „Strukturierte Kontroverse“ gerne verkürzt. Die Lernenden bereiten sich in der Expertenphase vor, Austausch- sowie Vertiefungsphase entfallen und stattdessen wird sofort im Plenum diskutiert. Was ebenfalls häufig zu beobachten ist: Einer kurzen Diskussion innerhalb der Strukturierten Kontroverse folgt eine lange Diskussion im Plenum. Die Zielidee dieser WeLL-Methode wird dadurch verfehlt.
Ein zweites Problem: Der Mensch ist ein „homo ludens“. Und so wird die Strukturierte Kontroverse gerne als ein Spiel aufgefasst, bei dem es um Gewinnen und Verlieren geht. Lernende glauben irrtümlich, sie müssten die ihnen per Zufall zugeteilte Position mit allen ihnen zur Verfügung stehenden Mitteln behaupten. Und dann geht es nicht mehr um eine sachlich begründete Argumentation, sondern nur noch um die Frage, wer sich in der Debatte durchsetzt. Mir sind vergleichbare Szenarios aus gruppendynamischen Trainings vertraut. Und wer aufmerksam Politiker in Talk-Shows beobachtet, kann leicht erkennen, dass es häufig nicht um Inhalte, sondern nur um Dominanz geht. Es wäre ein grobes Missverständnis der Methode Strukturierte Kontroverse, würde man sie in Richtung einer sozialen Durchsetzung deuten. Vielmehr ist es das Entscheidende, dass bei der intensiven Beschäftigung mit einer kontroversen Problematik die eigene Meinung gebildet und gegenüber anderen Personen wirkungsvoll vertreten wird. Volkstribune und Rechthaber sind in diesem Zusammenhang unerwünscht.

Teil III
Die Anbahnung professionellen Handelns

1 Warum ist kompetentes bzw. professionelles Handeln so schwer zu modifizieren?

Wissen ist völlig anders strukturiert als Handeln. Nach der semantischen Gedächtnistheorie sind Wissen bzw. Bedeutungen netzwerkartig gespeichert, wobei begriffliche Knoten und verbindende Relationen die beiden Baustein-Gruppen bilden. Beim Handeln spielen zwar Kognitionen oder Gedanken ebenfalls eine Rolle. Aber wie die berühmte „Kluft" zwischen Wissen und Handeln zeigt, sind daneben eine ganze Reihe weiterer Komponenten beteiligt. Das sind Emotionen, durch die Handeln in Sekundenbruchteilen energetisiert und ausgerichtet wird. Das sind Automatismen oder Gewohnheiten, die zuweilen so schnell ablaufen, dass Reflexionen erst nach dem Agieren in Gang kommen. Das sind motivationale Strukturen und Prozesse, die im Sinne einer „Handlungsveranlassung" wirken und die in hohem Maße für die gezeigte Anstrengungsbereitschaft verantwortlich sind. Schließlich sind das willentliche, also volitionale Strukturen und Prozesse, (lat. velle = wollen; voluntas = Wille; Volitio = Willensakt) die nach der Rubikon-Theorie den „Start" wie den „Stopp" einer Aktion bewirken.
In unserem Bildungswesen herrscht weitgehend die Überzeugung vor, dass es ausreicht, jemanden das erforderliche Wissen zu vermitteln. Und kaum ist dieses aufgenommen, verwandelt es sich pfingstwunderartig in kompetentes Handeln. Leider ist das nicht so einfach, weshalb Gulbransson von „Eunuchenwissen" (vgl. Dörner 1992, S. 304) spricht: Man weiß zwar, wie es geht, aber man kann es nicht tun. Für die Lehrerbildung hat beispielsweise mein Doktorand Hans-Peter Gottein (2016) gezeigt, dass es herkömmliche Hochschuldidaktik in der Regel nicht vermag, die Kluft zwischen Wissen und Handeln zu überbrücken. Gottein ging dabei wie folgt vor:
An der Pädagogischen Hochschule Salzburg wurden Lehramtsstudierende der Fächer Geografie und Wirtschaftskunde für Sekundarstufe I zu Beginn und am Ende ihres Studiums untersucht (Versuchsgruppe). Für sie wurde ein spezielles hochschuldidaktisches Lehr-Lern-Arrangement entwickelt und erprobt. Als Kontrollgruppen dienten:

1. Lehramtsstudierende der gleichen Fachrichtung als erste Kontrollgruppe. Diese waren der bisherigen, konventionellen Hochschuldidaktik ausgesetzt, um zu prüfen, welche Art der Lehrerbildung die Unterrichtsplanung und das beobachtbare Unterrichtsdurchführung stärker verändert.

2. Im Schuldienst befindliche Lehrkräfte mit mindestens vier Jahren Berufserfahrung als zweite Kontrollgruppe, um zu prüfen, in welcher Weise sich das Handeln von Lehr – „Novizen“ und Lehr – „Experten“ in den Bereichen Unterrichtsplanung und beobachtbare Unterrichtsdurchführung unterscheidet.
   Es wurden die folgenden, recht aufwändigen Formen der Datengewinnung gewählt:
   (1) Unterrichtsplanung. Wie in der beispielhaften Untersuchung von Haas (1998) wurde der Unterricht in Anwesenheit des Untersuchungsleiters mittels der Methode des Lauten Denkens geplant. Die Äußerungen wurden auf Tonband festgehalten. Im Anschluss daran wurden die Aufzeichnungen ganz oder in Ausschnitten angehört (Stimulated Recall), um erklärungsbedürftige Passagen genauer explizieren zu können. Um handlungsrechtfertigende von handlungsleitenden Aussagen besser unterscheiden zu können, wurden die von mir entwickelten Stör- und Trenntechniken angewendet (Wahl 1991) und im Dialog-Konsens abgesichert. Mit einem an die Untersuchung von Haas (1998) angelehnten Kategoriensystem wurden die Aussagen zur Unterrichtsplanung ausgewertet. In den nachstehenden Abbildungen 65, 67, 69 und 71 sind je Kategorie die kumulierten Sinneinheiten dargestellt. „Eine Sinneinheit definiert sich dabei als Bedeutungseinheit, d.h. bei jeder inhaltlichen oder thematischen Änderung entsteht eine neue Sinneinheit“ (Gottein 2016, S. 194).
   (2) Unterrichtsdurchführung. Die Unterrichtsstunden wurden videografiert und mit der Kodiersoftware „Videograph“ hinsichtlich Sozialform, Interaktionsform, Verarbeitungsform und Sandwich-Architektur beim Einstieg, im Hauptteil sowie beim Ausstieg eingeschätzt.

Ergebnisse

Zu Studienbeginn zeigen die Lehramtsstudierenden ein Muster, das wenig überrascht. Bei der Unterrichtsplanung spielt die Methode 4, das fragend-entwickelnde Unterrichtsgespräch, die herausragende Rolle.

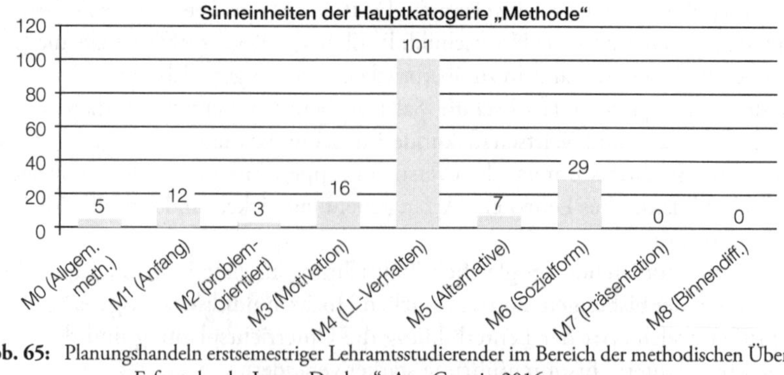

Abb. 65: Planungshandeln erstsemestriger Lehramtsstudierender im Bereich der methodischen Überlegungen. Erfasst durch „Lautes Denken“. Aus: Gottein 2016.

Das haben die Studierenden jahrelang in der Rolle von Schülerinnen und Schülern genossen und so wird dieses Lehr-Lern-Verfahren biografisch bedingt zu ihrer bevorzugten Vorgehensweise.
Die Videoaufzeichnungen der durchgeführten Unterrichtsstunden zeigen das gleiche Bild. Die Lern- oder Verarbeitungsformen sind überwiegend „passivitätszulassend“. Damit ist gemeint, dass die Lernenden sich in einem rezeptiven Modus befinden: Sie hören zu, sie schauen zu, sie nehmen am fragend-entwickelnden Unterrichtsgespräch teil, an dem zu einem definierten Zeitpunkt jeweils nur einzelne Schülerinnen oder Schüler partizipieren. Umgekehrt machen aktivierende Verarbeitungsformen nur etwa ein Drittel der Zeit aus. Damit sind Aufgaben zur Ergebnissicherung gemeint, Aufgaben zum Üben und vor allem kognitiv anspruchsvolle „Lernaufgaben“.

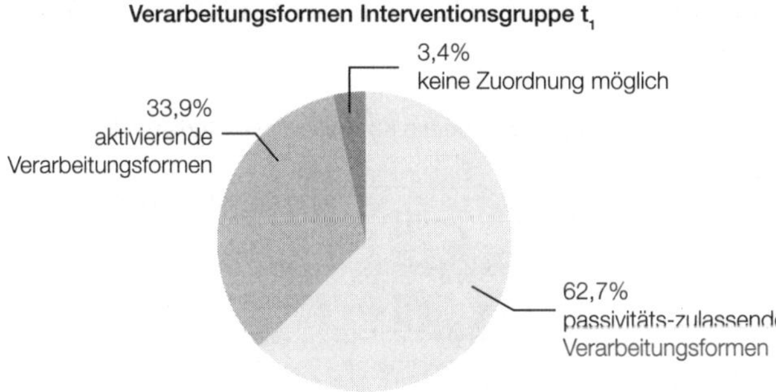

Abb. 66: In welchem Umfang aktivieren erstsemestrige Lehramtsstudierende ihre Schülerinnen und Schüler? Erfasst beim realen Unterrichten, festgehalten mit Videoaufzeichnungen. Aus: Gottein 2016.

Wie sieht es nun bei der Kontrollgruppe der Studierenden gegen Ende des Studiums aus? Machen sich die besuchten Vorlesungen, Seminare und Praktika dahingehend bemerkbar, dass Unterricht anders geplant und auch anders durchgeführt wird? Ist nachzuweisen, dass konventionelle Hochschuldidaktik mehr erreicht als eine bloße Zunahme an theoretischem Wissen oder, wie Dietrich Dörner (1992, S. 304) süffisant bezweifelt, deutlich mehr bewirkt als eine Steigerung der Eloquenz?
In der Unterrichtsplanung sind wenig Veränderungen festzustellen. Wie zu Beginn, so dominiert auch zu einem späteren Zeitpunkt im Lehramtsstudium das fragend-entwickelnde Unterrichtsgespräch, obwohl während des Studiums Informationen zu zahlreichen alternativen Formen sowohl durch Lehrveranstaltungen als auch durch die einschlägige Literatur vermittelt wurden. Die schon diskutierte „Überzeugungsgenese“ (vgl. Teil I, Kap. 6) im Sinne einer zunehmenden Entfernung von lehrerorientierten Überzeugungen hin zu schülerorientierten Überzeugungen bildet sich nicht in den Planungen ab.

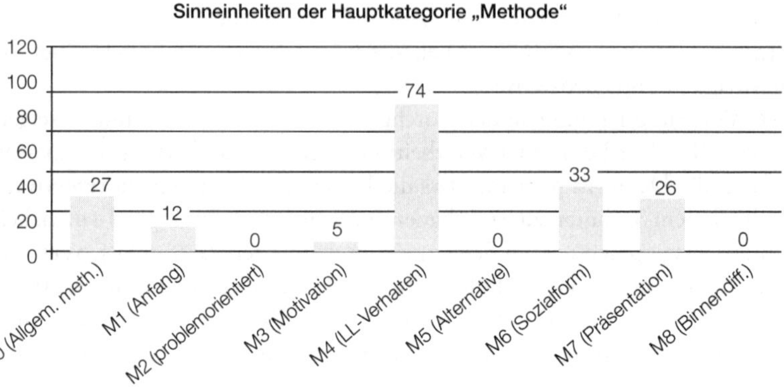

Abb. 67: Planungshandeln konventionell unterrichteter Lehramtsstudierender (Kontrollgruppe) gegen Ende ihres Studiums im Bereich der methodischen Überlegungen. Erfasst durch „Lautes Denken". Aus: Gottein 2016.

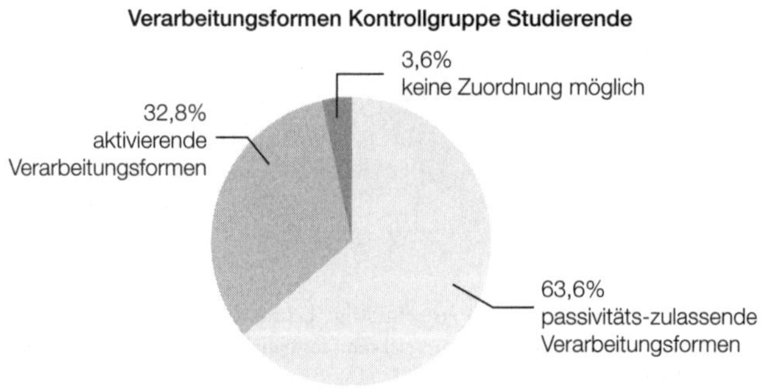

Abb. 68: In welchem Umfang aktivieren konventionell unterrichtete Lehramtsstudierende (Kontrollgruppe) gegen Ende ihres Studiums ihre Schülerinnen und Schüler? Erfasst beim realen Unterrichten, festgehalten mit Videoaufzeichnungen. Aus: Gottein 2016.

Auch die Videografien der gehaltenen Unterrichtsstunden belegen, dass die von der aktuellen Lehr-Lern-Forschung geforderte Betonung aktivierender Verarbeitungsformen schmerzlich vermisst wird. Stattdessen bietet sich das übliche Bild: Im Unterrichts überwiegt rezeptives Lernen. Theoretisches Wissen und praktisches Handeln fallen auseinander. Nun könnte man sich fragen, ob das ein Effekt ist, der mit dem Grad der Expertise zu tun hat. Novizen sind nicht sonderlich souverän in ihrem professionellen Handeln. Das werden sie erst dann, wenn sie einige Jahre in ihrem Berufsfeld mit Erfolg gearbeitet und die notwendige Sicherheit gewonnen haben. So betrachtet wäre es hypothetisch denkbar, dass sich nach einigen Dienstjahren die Unterrichtsplanung sowie die Unterrichtsdurchführung in jene Richtung verändern, die den studierten theoretischen Inhalten entspricht.

Um diese Vermutung zu überprüfen, wurde eine zweite Kontrollgruppe verwendet. Nämlich Lehrkräfte, die mindestens 4 Jahre bzw. durchschnittlich 15 Jahre unterrichtet haben.

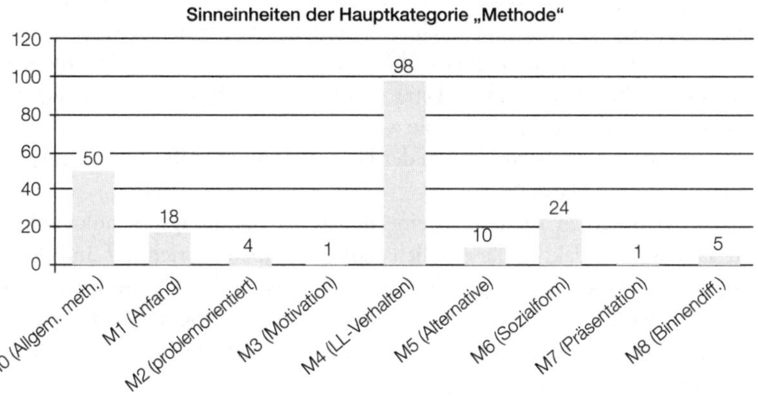

Abb. 69: Planungshandeln erfahrener Lehrkräfte mit durchschnittlich 15 Dienstjahren (Kontrollgruppe) im Bereich der methodischen Überlegungen. Erfasst durch „Lautes Denken". Aus: Gottein 2016.

Leider bleibt die Überraschung aus. Auch erfahrene Lehrkräfte legen ihren Unterricht überwiegend fragend-entwickelnd an. Nur im Bereich der Binnendifferenzierung sind in der Unterrichtsplanung erste zaghafte Bemühungen zu erkennen. Auch die Videoaufnahmen zeigen ein Vorherrschen von Verarbeitungsformen rezeptiver Art. Der Trend geht dahin, dass die beobachtbare Dominanz der Lehrkraft eher zunimmt anstatt sich zu verringern.

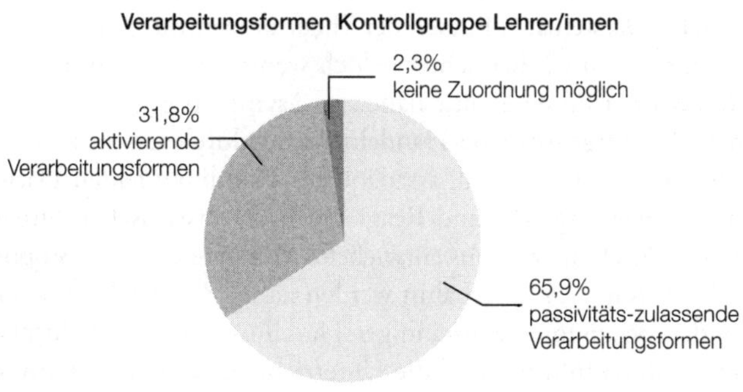

Abb. 70: In welchem Umfang aktivieren erfahrene Lehrkräfte mit durchschnittlich 15 Dienstjahren ihre Schülerinnen und Schüler? Erfasst beim realen Unterrichten, festgehalten mit Videoaufzeichnungen. Aus: Gottein 2016.

Wären die gerade skizzierten Befunde universell gültig, dann könnte man als logische Konsequenz erstens dieses Buch recyceln, zweitens die Lehrerbildung abschaffen und drittens Abiturienten im Alter von 18 bis 19 Jahren ohne jedes Examen sofort als Lehrkräfte einstellen. Es würden sich keine nennenswerten Qualitätsverluste für den alltäglichen Unterricht ergeben. Allenfalls könnten Lehrkräfte nicht ganz so eloquent über das reden, was sie definitiv nicht tun. Ganz bewusst hat deshalb Hans-Peter Gottein seine Dissertation mit der Frage überschrieben: „Tun sie denn, was sie wissen?" Und was die bisherigen, konventionellen, wissensorientierten Formen der Lehrerbildung betrifft, so ist die Antwort auf diese Frage ein klares Nein.

Dringend erforderlich ist deshalb eine neuartige, handlungspsychologisch fundierte Hochschuldidaktik, die deutlich stärker kompetenzorientiert und deutlich weniger wissensorientiert ausgerichtet ist. Deren wesentliche Grundzüge wurden von uns auf handlungstheoretischer Basis entwickelt und beispielhaft in der eben skizzierten Untersuchung realisiert. Wie später noch genauer erläutert wird, gehören dazu die folgenden Elemente:

(1) Lehrveranstaltungen (Vorlesungen, Seminare usw.) sind nach dem Prinzip des „Pädagogischen Doppeldeckers" anzulegen, d.h. die Lehrenden lehren grundsätzlich so, wie die Studierenden später unterrichten sollen. Dadurch erfahren die Studierenden nicht nur die Lehr-Lern-Arrangements am eigenen Leibe, was ihnen hilft, deren Stärken und Grenzen besser einzuschätzen. Sondern durch die Beobachtung des Handelns der Lehrenden entstehen klare innere Bilder, an denen sich die Studierenden orientieren können, wenn sie selbst Unterricht planen und durchzuführen. (Siehe Teil IV, Kap. 2.1: Der „Pädagogische Doppeldecker").

(2) Lehrveranstaltungen sind sandwichartig anzulegen. Die Phasen der Eigenaktivität sind zeitlich betrachtet dominant, weil es um den Aufbau von Kompetenzen geht. Darstellende Phasen der Theorievermittlung sind gleichermaßen unverzichtbar, zeitlich betrachtet jedoch weniger umfangreich. (Siehe Teil I, Kap. 6: Plädoyer für eine „ausbalancierte Asymmetrie".)

(3) Da man das unterrichtliche Handeln nur dadurch lernen kann, dass man selbst handelt, bedarf es realitätsadäquater Handlungsfelder. Dazu sind erstens das schnelle Agieren und Reagieren in berufstypischen Situationen zu zählen, das durch die von uns entwickelte Methode „Szene – Stopp – Reaktion" (Teil II, Kap. 1.4) angebahnt werden kann. Zweitens können nach dem Prinzip der sogenannten vollständigen Handlung die Unterrichtsplanung, die Unterrichtsdurchführung und die Unterrichtsbewertung in Form des „Micro-Teaching" eingeübt werden (Teil IV, Kap. 2.3: „Der Weg über den Rubikon".) Drittens gehören Erprobungen in der realen Schulpraxis dazu, wie sie in der Lehrerbildung üblich sind. Neu ist jedoch, dass die Praxisphasen flankiert werden durch Inneres Sprechen mit den von uns entwickelten Stopp-

codes, um durch diese Handlungs-Unterbrechungs-Strategie zu verhindern, dass unerwünschte Gewohnheiten anstelle des erwünschten professionellen Handelns gezeigt werden. (Siehe Teil IV, Kap. 3.3). Viertens wird die bewusste Modifikation des eigenen Handelns durch Methoden wie „Selbstreflexion“ und „Selbstbeobachtung“ begleitet. Und fünftens stützt Social Support in Praxis-Tandems und KOPING-Kleingruppen den gesamten Veränderungsprozess. (Siehe Teil IV, Kap. 3.4).

Ist die innovative Hochschuldidaktik wirkungsvoller?
Die entscheidende Frage ist nun, ob alle diese Vorgehensweisen ebenfalls Eunuchenwissen erzeugen oder ob es tatsächlich gelingt, das Handeln der Studierenden in den Bereichen Unterrichtsplanung und Unterrichtsdurchführung messbar zu verändern? Messzeitpunkt ist der Beginn des sechsten Semesters.

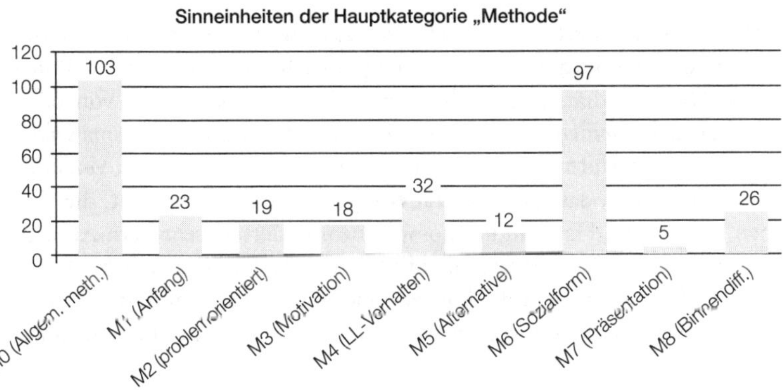

Abb. 71: Planungshandeln von hochschuldidaktisch völlig anders unterrichteten Lehramtsstudierenden (Versuchsgruppe) gegen Ende ihres Studiums im Bereich der methodischen Überlegungen. Erfasst durch „Lautes Denken“. Aus: Gottein 2016.

In der Unterrichtsplanung zeigt sich ein ganz neues Bild. Zwar gilt immer noch ein Teil der Überlegungen dem fragend-entwickelnden Unterrichtsgespräch, doch ist dieser Anteil von 101 auf 32 Nennungen gesunken. Deutlich mehr planerische Aktivitäten werden den Sozialformen gewidmet, also der Frage, ob in Einzelarbeit, Partnerarbeit, Gruppenarbeit oder im Plenum gearbeitet werden soll. Und die Frage, welche Methoden das Lernen am besten unterstützen, beschäftigt die Studierenden zwanzig Mal stärker als zu Beginn (Anstieg von 5 auf 103 Sinneinheiten). Erfreulich ist, dass über die Binnendifferenzierung, die zu Beginn des Studiums nicht beachtet wurde (0 Nennungen), gegen Ende des Studiums beim Planen etwa genau so viel nachgedacht wird (26 Nennungen) wie über den Einstieg (23) oder das Unterrichtsgespräch (32).

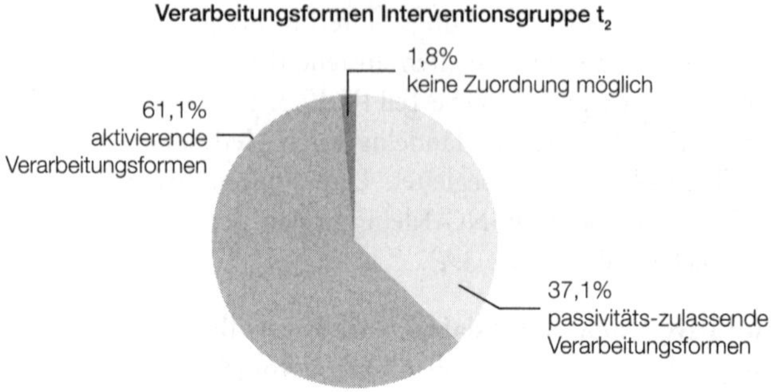

Abb. 72: In welchem Umfang aktivieren völlig anders unterrichtete Lehramtsstudierende (Interventionsgruppe) gegen Ende ihres Studiums ihre Schülerinnen und Schüler? Erfasst beim realen Unterrichten, festgehalten mit Videoaufzeichnungen. Aus: Gottein 2016.

Auch die videografierten Unterrichtsstunden zeigen, dass sich die Studierenden gegen Ende ihres Studiums ganz auffällig in Richtung des Sandwich-Prinzips bewegen. Die passivitäts-zulassenden Verarbeitungsformen gehen von 62,7% auf 37,1% zurück. Dementsprechend verdoppelt sich nahezu das Ausmaß aktivierender Verarbeitungsformen von 33,9% auf 61,1%. Diese positiven Veränderungen weisen darauf hin, dass es in der Tat erfolgversprechend erscheint, die Kluft zwischen Wissen und Handeln mit kompetenzorientierten Lehr-Lern-Arrangements zu überbrücken. Das bedeutet allerdings auch, dass es ganz erheblicher Innovationen bedarf, wenn man die konventionelle Wissensvermittlung verlassen will, um mit ganz speziellen Vorgehensweisen Handlungskompetenzen anzubahnen.

2 Ergebnisse eigener Grundlagenforschung: Ein tragfähiges Modell für kompetentes Handeln

Wie die eben skizzierte Untersuchung von Gottein zeigt ist es möglich, auf handlungstheoretischer Basis wirkungsvolle Vorgehensweisen zur Modifikation komplexen menschlichen Handeln erfolgreich zu entwickeln. Wie sind diese handlungspsychologischen Grundlagen im Detail beschaffen? Mit dieser Frage beschäftigen wir uns theoretisch wie empirisch seit über 20 Jahren.

Zunächst haben wir in einem großen, von der Deutschen Forschungsgemeinschaft (DFG) finanzierten Projekt mit einem Team von zeitweise bis zu 15 Mitarbeiterinnen und Mitarbeitern Grundlagenforschung betrieben. Um den verwickelten Beziehungen zwischen Wissen, Gefühlen, Gewohnheiten, Motiven und Willensprozessen auf die Spur zu kommen, haben wir mit Lehrkräften in deren realem Unterricht gearbeitet. Als Vergleichsgruppen haben wir Blitzschachspieler gewählt, weil hierbei ähnlich schnelle Entscheidungen von durchschnittlich fünf Sekunden zu treffen sind. Gerd Gigerenzer (2008, S. 25) würde diese wegen der kurzen Bedenkzeiten als „Bauchentscheidungen" charakterisieren, also als rasche, intuitive, nicht voll reflexive Prozesse. Und wir haben Tischtennisspieler untersucht, die auf den Ball eines Gegners innerhalb von 0,1 bis 0,3 Sekunden reagieren müssen, also weit unterhalb der menschlichen „Schrecksekunde". In letzterem bewusst gewählten Extremfall stellt sich die Frage, wie Athleten ihr Handeln organisieren, damit es trotz minimaler Entscheidungszeit noch als „vernünftig" oder „professionell" bezeichnet werden kann? Gemeinsam ist den drei Handlungsfeldern, dass unter zeitlichem und zum Teil auch unter hohem emotionalen Druck agiert werden muss. Deshalb habe ich meine Habilitationsschrift mit „Handeln unter Druck" überschrieben. Wie schaffen es Menschen, trotz extrem knapper Entscheidungszeit und trotz starker Emotionen professionell zu handeln? Zur Veranschaulichung eine selbst erlebte Episode.

Praxisbeispiel zum Handeln unter Druck

Ich war zu einem Schulbesuch in eine mir nicht bekannte Klasse der Sekundarstufe I eingeladen. Die Schülerinnen und Schüler hatten mich noch nie gesehen. Beim Betreten des Klassenzimmers – noch während der Pause – kam mir ein Schüler entgegen. Er schaute mich hoch interessiert von oben bis unten an. An diesem Tag hatte ich eine neue, braune Lederjacke an, die kräftig nach frischem Leder duftete. Der Dreizehnjährige grinste mich an und sprach danach die geflügelten Worte: „Bist Du heute schon in der Scheiße gelegen?" Danach blickte er mich erwartungsvoll an. So ist es passiert. Die Szene ist nicht erfunden.

Keine sinnvolle Reaktion auf diese selbst im derben Süden Deutschlands recht ungewöhnliche Begrüßung eines Professors durch einen Schüler wäre gewesen, ihm zu sagen, ich müsse zuerst alle acht mir bekannten wissenschaftlichen Aggressionstheorien reflektieren, über die ich auch schon Vorlesungen gehalten hätte – und drei Tage später würde ich dann spontan auf ihn reagieren. Ich hätte mich auch nicht auf den Boden legen und mit tiefer Bauchatmung samt Muskelentspannung einen Cooling Down Prozess einleiten können, um meine Emotionen zu beruhigen. Alles recht unpassend, denn wir Menschen geben uns in Interaktionen nur wenige Sekunden, um zu reagieren. Folglich war es meine Aufgabe, in einem äußerst begrenzten Zeitfenster eine professionelle Reaktion zu finden.

Wie lösen wir Menschen diese Problematik? Aus Sicht der psychologischen Handlungstheorie, deren Verfechter ich bin, ist Handeln erstens hierarchisch organisiert. Das bedeutet, dass die Episodenebene als eine weit untenliegende Ebene in übergreifende Ziele und Pläne eingebettet ist. Dadurch ist ein relativ enger Rahmen für die zu treffenden situativen Entscheidungen vorgegeben. Zweitens entstehen in der Biografie Handlungsmuster durch ständiges Lernen an der Erfahrung. Wir nennen sie Situationsprototypen und Aktionsprototypen. Beide

Prototypen sind miteinander verknüpft. Die Vielzahl möglicher Ereignisse wird auf typische Ereignisse reduziert, die dem Akteur in seiner Lebensgeschichte wiederholt begegnet sind, die ihm vertraut sind und die ihm deshalb die Orientierung erleichtern. Die Vielzahl möglicher Aktionen wird auf typische Aktionen reduziert, von denen der Akteur aus seiner Erfahrung weiß, wie sie wirken. Das hilft ihm, schnell eine bewährte Aktion auszuwählen. Schließlich sind Situationsprototypen und Aktionsprototypen so eng vernetzt, dass man mit dem Erkennen des Typischen in einer Situation blitzschnell „sieht", welche Möglichkeiten des Reagierens in Frage kommen. Durch diese intelligenten Heuristiken der Komplexitätsreduktion schafft es der Akteur, sich in der Welt zurechtzufinden und einigermaßen angemessen zu agieren.
Ich versuche, diese nicht ganz leicht zu verstehenden Sachverhalte an zwei Beispielen zu veranschaulichen. Erstens an einem ganz schlichten Beispiel aus dem Bereich Tischtennis, dessen empirische Quelle umfangreiche Selbstversuche sind. Zweitens an einem komplexen Beispiel aus dem Bereich des Lehrens und Lernens.

Warnung
Wer sich bisher wenig mit der handlungspsychologischen Analyse menschlichen Agierens beschäftigt hat, der wird die nachfolgende Darstellung höchst verwirrend, übertrieben kompliziert und wenig hilfreich erleben. Doch eine befriedigende Antwort auf die Frage, warum menschliches Handeln derart stabil ist und warum es die Kluft zwischen Wissen und Handeln gibt und notwendigerweise geben muss, liefert nur eine differenzierte handlungspsychologische Betrachtung. Und weiter: Begründete Vorschläge zur Anbahnung kompetenten bzw. professionellen Handelns lassen sich aus keinem anderem mir bekannten theoretischen Ansatz heraus besser entwickeln als aus der Handlungspsychologie. Selbst eine kurze Antwort auf eine Frage, selbst ein schneller Zug bei einer Schachpartie und selbst ein simpler Schlag in einem Tischtennisspiel beruhen auf einer Vielzahl blitzartig ablaufender Teilprozesse, die nur deshalb gelingen, weil sie auf stabilen Prototypenstrukturen gründen, die in ein hierarchisches Handlungsgefüge eingebettet sind.

Prozessmodell
Um die Abläufe einigermaßen übersichtlich zu beschreiben, verwende ich ein Prozessmodell mit neun Teilschritten. Dass die Prozesse nicht in dieser Weise Schritt für Schritt ablaufen, sondern wechselseitig aufeinander bezogen sind, lasse ich der Einfachheit halber weg. Das Modell (vgl. Wahl 1991 und 2013) umfasst die folgenden Schritte:
1. Charakterisierung des allgemeinen Handlungsrahmens.
2. Auffällige Episode.
3. Ganzheitliche Wahrnehmung der Situation.
4. Zuordnung der Situation zu einem Situations-Prototypen.

5. Verknüpfung von Situations-und Aktionsprototypen.
6. Entscheidung für einen Aktionsprototypen.
7. Situationsspezifische Ausformung des gewählten Aktionsprototypen und Entschluss als innerpsychischer Start der Aktion
8. Ausführung der Aktion.
9. Die Konsequenzen.

Vier dieser Schritte (1 und 2 sowie 8 und 9) beziehen sich auf von außen beobachtbares Geschehen und sind forschungsmethodisch beispielsweise mit Videoaufzeichnungen zu erfassen. Fünf dieser Schritte sind von außen nicht zugänglich. Nur die handelnde Person kann sie – ansatzweise – introspektiv erfassen und ggfs. einem Forscher mitteilen (siehe die spätere Beschreibung unseres recht aufwändigen forschungsmethodischen Vorgehens, mit dem wir die theoretischen Annahmen empirisch zu stützen versuchen).

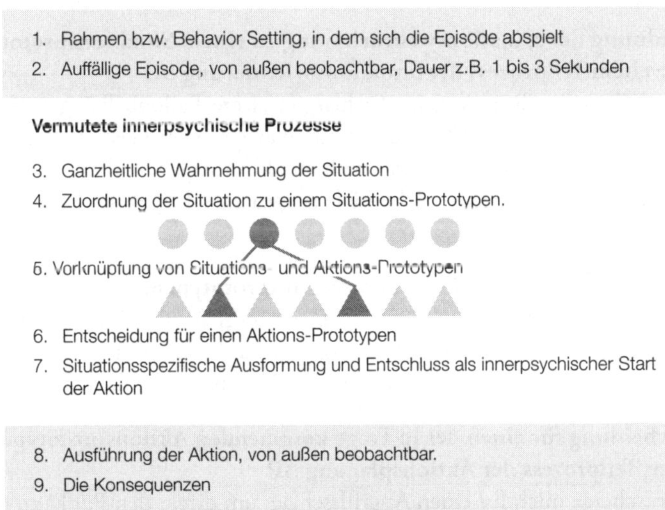

Abb. 73: Prozess-Modell für rasches Agieren bzw. für Handeln unter Druck.

Einfaches Beispiel für „Handeln unter Druck" in 9 Schritten.

Authentisches Ereignis aus dem Bereich Sport

1. **Charakterisierung des allgemeinen Handlungsrahmens**
   In einem entscheidenden Tischtennismatch (Dauer gut 20 Minuten) steht es im letzten Satz 9:9. Es sind nur noch ganz wenige Ballwechsel zu spielen. Beim Erreichen des elften Punktes ist das Spiel gewonnen oder verloren. Mein Gegner greift an. Als Abwehrspieler stehe ich weit hinter dem Tisch und wehre ab.

2. **Auffällige Episode. Dauer etwa 1 Sekunde**
   Mein Gegner will mich mit einem Stoppball an den Tisch locken in der Hoffnung, dass ich wegen der großen Entfernung zur Tischtennisplatte diesen Ball nicht mehr erreichen kann. Doch der Schlag misslingt ihm völlig, sodass der Ball ungewollt hoch auf meiner Tischhälfte aufspringt. – Was läuft jetzt in mir ab?

3. **Ganzheitliche Wahrnehmung der Situation als erstem Teilprozess der Situationsorientierung SO**
   Meine Aufmerksamkeit ist voll auf die missglückte Aktion meines Gegners fokussiert. Ich nehme weder die Zuschauer, den Schiedsrichter noch das Geschehen am anderen Tisch wahr. Den hoch stehenden Ball erlebe ich als eine günstige Entwicklung, die meine Chancen erhöht, das Match zu gewinnen. Ich bewege mich nach vorne und bemerke, dass der Ball kräftig vom Tisch abspringt. Viel höher, als ich es ursprünglich antizipiert hatte. Als ich dem Ball relativ nahe bin, bemerke ich zusätzlich, dass der Ball keinerlei Rotation zu haben scheint.

4. **Zuordnung der Situationswahrnehmung zu einem Situationsprototypen als zweitem Teilprozess der Situationsorientierung SO**
   Hohe Bälle ohne Rotation, im Fachjargon „leere Ballonbälle“ genannt, sind mir bestens vertraut, auch wenn sie ab einer gewissen Leistungsstärke selten auftauchen. Ich fasse diesen Ball deshalb als außergewöhnliche Chance auf. Umgekehrt weiß ich, dass solche Bälle schwer zu schlagen sind – ähnlich wie Überkopfbälle im Tennis.

5. **Verknüpfung von Situations- und Aktionsprototypen:**
   Mit dem Verstehen der Situation „sehe“ ich zwei Aktionsmöglichkeiten: Erstens mit einem direkten Angriffsschlag den Punkt zu machen. Zweitens den Ball passiv zurück zu spielen. Diese beiden Aktionsmöglichkeiten wäge ich ab.

6. **Entscheidung für einen der in Frage kommenden Aktionsprototypen als erstem Teilprozess der Aktionsplanung AP**
   Ich entscheide mich für einen Angriffsschlag, um direkt den Punkt zu erzielen und damit dem Sieg näher zu kommen.

7. **Situationsspezifische Ausformung des gewählten Aktionsprototypen als zweitem Teilprozess der Aktionsplanung AP und der daraus resultierende Entschluss als innerpsychischer Start der Aktion**
   Weil der Ball jedoch extrem hoch abspringt, habe ich für die Auswahl des Schlages ungewöhnlich viel Zeit. Ich überlege also, wohin ich den Ball spielen soll: Auf die Vorhand des Gegners, auf dessen Bauch oder auf die Rückhandseite. Ich entschließe mich, ihn sehr weit in seine Rückhandseite zu platzieren, weil er ihn dann kaum mehr erreichen kann.

8. **Ausführung der Aktion**
   Ich setze meinen eigenen Entschluss in die Tat um, stürme also weiter nach vorne, um den Angriffsschlag auszuführen. Vermutlich wegen des langen Überlegens, wohin ich den Ball spielen will, treffe ich ihn nicht richtig, der Ball geht neben den Tisch.

9. **Die Konsequenzen**
   Den nächsten Punkt macht mein Gegner. Das Match ist verloren. Zwar weiß ich, dass ungewöhnlich langes Überlegen das Ergebnis durchaus verschlechtern kann (vgl. Gigerenzer 2008, S. 42 ff.), doch während der Situation selbst habe ich dieses mir vertraute professionelle Wissen nicht zu Rate gezogen.

Laien betrachten Tischtennis als Reaktions-Sportart und vermuten, Experten auf diesem Gebiet hätten besonders kurze Reaktionszeiten. In Wirklichkeit ist selbst die schnellste Rückschlagsportart der Welt ohne einen hierarchischen Aufbau nicht spielbar. Auf einer hohen Ebene der Handlungsregulation besitzt jeder erfahrene Athlet ein Spielsystem, sei es Angriff, Blockspiel, lange Abwehr usw. Seine einzelnen Aktionen entspringen aus seinen übergreifenden Zielen und Plänen, die Tischtennisexperten ausgezeichnet zu verbalisieren wissen (vgl. Wahl 1991). Auf einer weiter untenliegenden, jedoch noch immer recht umfassenden Ebene, rangiert die Analyse des Kontrahenten. Welches Spielsystem bevorzugt dieser? Was sind dessen Stärken? Diese Reflexionen laufen stets im Vergleich mit den eigenen Kompetenzen ab. Als Ergebnis wird gedanklich eine Strategie entwickelt, wie gegen diesen Gegner vorzugehen ist. Noch weiter unten liegt jene Hierarchieebene, auf der die Bedeutung des Spiels sowie die damit verknüpfte Anstrengungskalkulation eingeschätzt werden. Ist es lediglich ein Trainingsmatch, dann wird mit höherem Risiko agiert, weil das Ergebnis nicht ganz so wichtig ist. Ist es ein Finale, dann geht es mit hohem Kräfteeinsatz unter Ausschöpfung aller strategischen, technischen und mentalen Ressourcen ans Werk.
Auf der Episodenebene schließlich, das ist in dieser Domäne ein einzelner Schlag bis hin zu einem Ballwechsel, kommt es zu einem blitzschnellen Geschehen höchster Komplexität. Die Aktionen des Gegners müssen antizipiert werden, weil der Ball unterhalb der eigenen Reaktionszeit eintrifft. Die eigenen Aktionen müssen gedanklich vorbereitet sein. Je nach Bedeutung und Spielstand treten Emotionen auf wie Angst, Ärger, Verzweiflung und Enttäuschung, die förderlich, hinderlich oder gar blockierend sein können. Trainierte Automatismen sind bei der korrekten Ausführung der Schlagbewegung wichtig. Durch willentliche Entschlüsse (Volition) wird die ausgewählte Antwort auf den Ball des Kontrahenten gestartet. Bis zu dieser Ebene kann der Athlet darüber Auskunft geben, was in ihm abläuft. Jedoch sind seine Gedanken, Gefühle, Gewohnheiten, Motive und Entschlüsse auf der Episodenebene einerseits unglaublich reichhaltig, andererseits wegen des kleinen Zeitfensters von 0,1 bis

0,3 Sekunden so flüchtig, dass forschungspraktisch zwischen Schlag und Auskunftgeben nur wenige Sekunden liegen dürfen (vgl. Wahl 1991). Unterhalb der Episodenebene ist noch lange nicht Schluss. Allerdings können die Akteure darüber nicht mehr berichten, weil die Verknüpfungen zwischen Gehirn, Auge, Muskeln usw. introspektiv nicht zugänglich sind.
Das im Grunde ganz simple Tischtennisbeispiel zeigt, wie kompliziert und vielfältig das Handlungsgeschehen aufgebaut ist, wenn ein Mensch eine Bewegungshandlung ausführt. Von übergreifenden Zielen und Plänen bis hinunter zu physiologischen Prozessen spielt alles mit. Und genau deshalb sind Kompetenzen viel schwerer zu erfassen und viel schwerer zu verändern als Wissen. Durch das Lesen eines Buches oder das Hören eines Vortrages wird man in aller Regel kein besserer Tischtennisspieler, kein besserer Tänzer und kein besserer Skispringer. Wenn dem so wäre, dann würden Sportler zu den eifrigsten Zuhörern oder Lesern werden, anstatt sich ständig durch intensive Trainingseinheiten zu quälen.

Informationen zu unserem forschungsmethodischen Vorgehen
Was ich zunächst an einem kurzen Beispiel zu veranschaulichen versucht habe, das weist auf die Ergebnisse unserer Grundlagenforschung hin. Wie sind wir vorgegangen? Aus der generellen Hypothese heraus, dass Handeln eine verwickelte, komplexe, forschungsmethodisch schwer zu erfassende Verflechtung von Gedanken (Kognitionen), Gefühlen (Emotionen), Handlungsmustern (Prototypenstrukturen), Wünschen (Motiven) und Willensprozessen (Entschlüssen) darstellt, sahen wir nur eine einzige erfolgversprechende Möglichkeit: Die Menschen dort aufzusuchen, wo sie handeln, also in „ökologisch validen" Settings, ihrem natürlichen Umfeld. Dort ließen wir sie ganz konkret agieren. Wir zeichneten ihre Aktionen auf (Videografie) und baten sie, im kürzest möglichen Abstand zur Handlung zu verbalisieren, was innerlich während des Agierens in ihnen ablief. Hierfür benützten wir eine völlig neuartige Methodenkombination:

1. **Videoaufnahme**
   Das konkrete Handeln wird videografiert, sei es in einer Echtsituation (z.B. Unterricht) oder einer möglichst wirklichkeitsnahen Handlungssituation (z.B. Trainingswettkampf in Blitzschach oder Tischtennis).

2. **Auswahl der Situation**
   Abwarten einer möglichst auffälligen Situation in der Annahme, dass die dabei introspektiv wahrgenommenen Prozesse besser in Erinnerung behalten werden als in einer alltäglichen Routinesituation.

3. **Minimierter Zeitabstand**
   Verbalisationsbeginn in so kurzem Zeitabstand zur auffälligen Situation wie leistbar. Bei Unterrichtssituationen z.B. direkt nach Ende der Unterrichtsstun-

de. Bei Blitzschach oder Tischtennis z.B. direkt nach einem Zug oder Schlag, also Auskunft geben nach höchstens ein bis drei Sekunden.

4. **Stimulated Recall**
   Erleichterung des Gedächtnisabrufes durch Vorspielen des entsprechenden Videoausschnittes (genannt „Stimulated Recall").

5. **Zweiphasige Verbalisation**
   Das von uns entwickelte Verfahren „Strukturierter Dialog", beginnt mit einer „Ungelenkten Introspektion" (vgl. Wahl 1991). Darin schildert die untersuchte Person so präzise wie möglich, was in ihr ablief. Glauben die Lehrpersonen, die Schachspieler oder die Tischtennisspieler, sie hätten alles präzise und vollständig berichtet, so stellen die Versuchsleiter in der sich anschließenden zweiten Phase der „Gelenkten Introspektion" vorbereitete Fragen zu mentalen Strukturen und Prozessen, die aus handlungspsychologischer Perspektive vermutlich beteiligt gewesen sind. Beispielsweise wird nach Zielen gefragt, nach Gefühlen, nach der Wahrnehmung der Situation, nach der Dynamik der Situation, nach der Auswahl der Handlungsmöglichkeit, nach den wahrgenommenen Wirkungen des eigenen Handelns usw.

6. **Trenntechnik und Störtechnik**
   Bei diesem Vorgehen ist die Gefahr hoch, dass die untersuchte Person sich in einem möglichst günstigen Licht zeigen möchte. Deshalb liefert sie auch Gründe für ihr Handeln und nennt Gedanken wie Gefühle, die während der tatsächlichen Aktion nicht handlungsleitend waren, sondern die ihr erst nachträglich während der Befragung durch den Kopf gehen. Deshalb arbeiten wir während des gesamten Dialoges mit der „Trenntechnik". Hierbei bitten wir die untersuchte Person bei wichtigen Aussagen doch genauer zu benennen, ob das Verbalisierte während der Situation auftrat oder ob es sich um nachträgliche Kognitionen und Emotionen handelte. Zusätzlich arbeiten wir mit der „Störtechnik", indem wir auf Unklarheiten, Ungereimtheiten oder Widersprüche in den Berichten achten. Mit diesen konfrontieren wir die untersuchte Person und bitten sie, genau zu bezeichnen, was davon während der Situation introspektiv wahrzunehmen war und was ihr erst nachträglich durch den Kopf ging.

7. **Dialog-Konsens**
   Alle Ergebnisse des Strukturierten Dialogs gehen wir abschließend Punkt für Punkt mit der untersuchten Person durch, um sicherzustellen, dass wir sie richtig verstanden haben. Diese Phase, genannt „Dialog-Konsens", ist uns wegen unserer Menschenbildannahmen wichtig (vgl. Groeben, Wahl, Schlee und Scheele 1988). Wir postulieren nämlich keine generelle Überlegenheit des Forschers gegenüber der Versuchsperson, sondern wir gehen von einer Struk-

turparallelität zwischen wissenschaftlichen und subjektiven Theorien aus: Die Versuchspersonen besitzen einen Expertenstatus, weil sie als einzige introspektiven Zugang zu den in ihnen ablaufenden Prozessen haben. Die Forschenden besitzt einen Expertenstatus für die Verfahren der Datenerhebung und -auswertung. So begegnen sich beide auf Augenhöhe.

8. **Handlungsmuster bzw. Prototypen rekonstruieren**
Die gewonnenen Ergebnisse formen wir mit dem von uns entwickelten Rekonstruktionsverfahren WAL (Weingartner Appraisal Legetechnik) in Handlungsabläufe um. Wir beginnen mit der subjektiven Wahrnehmung der Episode (Situationsauffassung, auch Situationsorientierung SO genannt) und gehen danach zur Entscheidung für eine Handlungsmöglichkeit über (Handlungsauffassung, auch als Aktionsplanung AP bezeichnet). Auf diese Weise entstehen für jede Person individuelle, einzigartige Handlungsmuster bzw. Prototypenstrukturen. Diese werden der untersuchten Person vorgelegt und ebenfalls dialog-konsensual validiert. Andere Forscher arbeiten an dieser Stelle zum Beispiel mit der Interview- und Legetechnik ILKHA, die zwar anders aufgebaut ist, aber in analoger Weise die Entscheidungsprozesse nachbildet (vgl. Rosen 2011; Widmann 2019).

9. **Validierung**
Um zu prüfen, ob die von uns rekonstruierten handlungssteuernden Prozesse und Strukturen die vermuteten innerpsychischen Vorgänge einigermaßen adäquat abbilden, suchten wir die Lehrpersonen zwei Jahre später in ihrem realen Unterricht auf. Mit einer aufwändigen Prozedur sagten wir voraus, wie sie sich aufgrund ihrer früheren Handlungsmuster verhalten müssten und verglichen unsere Vorhersagen mit dem im Unterricht gezeigten Handeln. Das gelang weit überzufällig gut (vgl. Wahl 1991). Damit hatten wir den Nachweis erbracht, dass unsere Konstruktionen wesentliche Wahrnehmungs- und Entscheidungsprozesse repräsentieren. Nochmals sechs Jahre später besuchten wir die Lehrkräfte erneut. Obwohl der Zeitabstand zu den ersten Rekonstruktionen sieben bis acht Jahre betrug, waren diese noch immer erstaunlich erklärungsstark. Ein Hinweis auf die hohe Stabilität der von uns rekonstruierten Handlungsmuster bzw. Prototypenstrukturen!
Insgesamt zeigt sich, dass mit diesem Forschungsverfahren ein valider Einblick in das Handeln von Menschen gewonnen werden kann. An einem zweiten, sehr ausführlichen Beispiel, mache ich unsere handlungstheoretischen Erkenntnisse noch einmal deutlich und ziehe anschließend die daraus zu generierenden Konsequenzen für die wirkungsvolle Anbahnung kompetenten bzw. professionellen Handelns.

Ausführliches Beispiel für „Handeln unter Druck" in 9 Schritten aus dem Bereich „Lehren und Lernen"

1. Rahmen bzw. Behavior Setting, in dem sich die Episode abspielt

Eine modular aufgebaute Weiterbildung für Lehrkräfte wird von mehreren Kursleitern durchgeführt. Ich bin einer davon. Zwei der insgesamt 15 Kurstage, die in wöchentlichem Abstand stattfinden, sind von mir zu gestalten. Die Bedingungen sind ungünstig: Die Veranstaltungen sind jeweils von 13 bis 20 Uhr angesetzt, damit die Teilnehmenden vormittags noch zur Arbeit gehen können. Zusätzlich ist es an meinen Terminen extrem heiß. Beides ist mir bewusst, sodass ich damit rechne, dass die Teilnehmenden große Mühe haben werden, die Konzentration über die sieben Zeitstunden aufrecht zu erhalten. Die Gefahr, mit den Tischnachbarn zu schwatzen, im Internet zu surfen oder sich mit dem Smartphone zu beschäftigen ist hoch. Um dem entgegenzuwirken, beginne ich den Kurstag mit folgenden Hinweisen: Bitte keine Seitengespräche, bitte kein Surfen im Internet, bitte Mobiltelefone abschalten und von den Tischen nehmen. Nach dem Autonomieprinzip biete ich an, dass Personen jederzeit den Kurstag beenden können, wenn sie sich nicht mehr in der Lage sehen, dem Geschehen aufmerksam zu folgen. Allerdings schreibt das Regelwerk der Institution vor, dass die Fehlzeiten insgesamt einen definierten Prozentsatz von 80% nicht überschreiten dürfen.

2. Auffällige Episode. Dauer: Wenige Sekunden

Im Laufe des Nachmittags greift ein direkt vor mir sitzender Teilnehmer zu seinem Smartphone, liest eine Botschaft und will damit beginnen, eine Antwort zu formulieren. Ich bitte ihn freundlich, die nicht zum Kurs gehörende Tätigkeit zu beenden und sein Mobiltelefon wieder in der Tasche zu verstauen. Er tut das widerspruchslos. Genau in diesem Moment reagiert eine weit von ihm entfernt sitzende Teilnehmerin völlig aufgebracht: „Was sie gerade erzählen, das haben wir bei einem anderen Dozenten schon ganz intensiv behandelt. Das ist bekannt. Das ist nichts Neues. Deshalb darf er sein Handy hier im Kurs benutzen!"
Was läuft jetzt in mir ab?

3. Grundsätzliche Überlegungen zur ganzheitlichen Wahrnehmung einer Situation

Das Geschehen wird wahrgenommen. Daten aus der Außensichtperspektive strömen ein. Entscheidend ist dabei die Ausrichtung der Aufmerksamkeit: Was wird von allem dem, was um den Akteur herum geschieht, überhaupt registriert? Wegen der äußerst begrenzten Kapazität des Menschen ist dies niemals alles, sondern jeweils nur ein Ausschnitt aus dem gesamten Geschehen. Die Aufgabe besteht im ersten Schritt darin, die Situation zu verstehen. Zu begreifen, was sich abspielt und was dies bedeutet. Dies geschieht in einem komplexen Zusammenspiel innerpsychischer Prozesse, also in vielfältigen Vernetzungen von Kognitionen, Emotionen, Motiven, Willensprozessen und Prototypenstrukturen. Diese Daten strömen aus der Innensichtperspektive bzw. dem Gedächtnis ein. Sie ermöglichen es, die Episode zu interpretieren. Für die Verarbeitung der Daten aus der Außensichtperspektive sowie der Daten aus der Innensichtperspektive wird Zeit benötigt. Während dieser Sekundenbruchteile strömen jedoch weitere Informationen von außen wie von innen ein. Kurz gesagt: Der innerpsychische „Handlungsraum" erweitert sich von Sekunde zu Sekunde. Der Akteur kommt mit zunehmender zeitlicher Erstreckung einer adäquaten Interpretation immer näher.

Übertragung auf das Beispiel

Meine Aufmerksamkeit ist eng auf den Teilnehmer mit dem Smartphone fokussiert. Ich beobachte genau, wie er meiner Bitte folgt. Der emotionale Ausbruch der Teilnehmerin hingegen beginnt außerhalb meines Sichtfeldes, ist aber nicht zu überhören. Ich schaue also zu ihr hin und registriere an Mimik, Gestik, Körperhaltung und Lautstärke, wie empört sie ist. Das lässt mich emotional nicht unberührt. Ihre Hinweise auf andere Dozenten aktivieren sofort meine Kenntnisse über die gesamte Weiterbildung, von der ich weiß, dass es die eine oder andere inhaltliche Überschneidung gibt. Unbekannt ist mir dagegen, dass meine Thematik schon intensiv behandelt worden ist. Gleichermaßen überrascht mich die eigenwillige Ansicht, dass Teilnehmer sich mit Recht kursfremd betätigen dürfen, wenn ihnen etwas bekannt vorkommt. Mit diesem Durcheinander an Gedanken beschäftigt bemerke ich, wie sich zahlreiche weitere Teilnehmende durch Nicken und andere nonverbale Signale der Auffassung der Rednerin anschließen. Sie steht also nicht alleine mit ihrer Meinung.

4. Grundsätzliche Überlegungen zur Zuordnung einer konkreten Situation zu einem Situationsprototypen

Sind ausreichend Daten von außen wie von innen eingeflossen, muss der Akteur den Prozess der Situationsorientierung irgendwie zu einem Ende bringen, damit er zur Auswahl einer angemessenen Aktion übergehen kann. Wenn er schnell reagieren will – und das ist der Normalfall – dann steht jedoch viel zu wenig Zeit zur Verfügung, um die konkrete Situation ganz gründlich zu durchdenken. Das wissen Schachspieler, wenn sie oft stundenlang bei der Analyse einer Partie über einen einzigen Zug brüten. Das wissen Personen, denen ein heftiger Konflikt noch tagelang durch den Kopf geht. „Langsames Denken" (Kahnemann 2012) ist beim Handeln unter Druck nur eingeschränkt möglich. „Schnelles Denken" ist wichtig! „Kopfentscheidungen" unterscheiden sich von „Bauchentscheidungen". Beim analytischen Zerlegen geht man anders vor als bei intuitiven Prozessen (vgl. Gigerenzer 2008). Wie also löst der Akteur das Problem?

Er sucht in seinem Gedächtnis nach Ähnlichkeiten. Hat er exakt diese Situation schon einmal erlebt? Hat er vergleichbare Situationen schon einmal erlebt? Und da wir Menschen ab dem ersten Lebenstag zahllose Episoden durchlaufen haben, werden wir in aller Regel Ähnliches finden, an dem wir uns orientieren können. Denn der Vorteil liegt klar auf der Hand: Wenn man Vergleichbares schon erlebt hat, dann kann man sich eventuell auch daran erinnern, welche Lösungen für die spezielle Problematik von Erfolg gekrönt waren und welche nicht. Und fertige Problemlösungen erlauben nicht nur schnelle Entscheidungen, sondern sie lassen auch eine erfolgreiche Bewältigung erhoffen. Unsere Forschungsergebnisse weisen darauf hin, dass Handeln prototypisch organisiert ist!

Was ist ein Prototyp? Etymologisch ist unter „typos“ ein Vorbild zu verstehen. „Protos“ bedeutet „erstes“. Ein Prototyp ist also so etwas wie eine Grundform, ein Urbild, der Vertreter einer Kategorie. Er weist die gleichen funktionalen Eigenschaften auf wie jene Phänomene, die er ganz allgemein repräsentiert. Umgekehrt fehlen ihm die vielfältigen Varianten. Er ist also unscharf, „fuzzy“, weil er nur das Typische enthält. Prototypen helfen uns beim raschen Zurechtfinden in unserer Umwelt. Die Aufgabe des Akteurs besteht also darin, zu erkennen, was das „Typische“ an einer Situation ist. Was ist das Vertraute, das Bekannte, das Wiederkehrende? Was ist an grundsätzlich Ähnlichem im „Strom der Lebensereignisse“ schon einmal aufgetreten, wenn auch in einer leicht anderen Form?

Situations-Prototypen erleichtern die Situationsanalyse. Der Akteur muss nicht mehr alle Details einer Episode sorgfältig durchdenken, sondern er muss nur noch unter den im Gedächtnis gespeicherten „typischen Situationen“ jene auswählen, die am besten zum wahrgenommenen Geschehen passt. Es handelt sich folglich um einen Prozess des Wiedererkennens. Und das können Menschen sehr gut, wie wir schon dargelegt haben. Ist die Zuordnung gelungen, dann „versteht“ der Akteur, was gerade abläuft. Er fühlt sich sicher, weil er eine Orientierung gefunden hat.

Welche Prototypen ein Mensch besitzt, das kann er nicht aktiv erläutern. Einem Schachexperten sind beispielsweise etwa 50 000 Stellungen vertraut. In jenen weiß er, was zu tun ist. Aber er könnte diese 50 000 Stellungen nicht aufzählen. Geht man jedoch umgekehrt vor und zeigt einem Großmeister eine spezielle Anordnung von Schachfiguren, dann muss dieser nicht lange grübeln, sondern kann auf Anhieb sagen, ob ihm diese Stellung bekannt vorkommt. Die Struktur der Situations-Prototypen ist folglich eine implizite Struktur. Man kann sie rekonstruieren. Das gelingt mit Forschungsmethoden wie WAL, ILKHA usw. sogar so gut, dass man mit großer Gewissheit das Handeln einer Person vorhersagen kann. Aber der Akteur kann seine Prototypenstruktur nicht verbalisieren. Doch innerhalb eines Geschehens ist es ihm ohne Nachdenken möglich, zu entscheiden, ob er Ähnliches schon einmal erlebt hat oder nicht. Wenn ja, dann ist er sofort handlungsfähig. Wenn nein, dann hat er ein Problem. Denn wenn er die Situation nicht „versteht“, dann hat er keine Möglichkeit, schnell zu reagieren. Er steht da wie vor den Kopf gestoßen, ist nicht in der Lage vernünftig zu handeln. Und wenn er nicht die Chance hat, die Reaktion aufzuschieben oder aktiv eine

Handlungs-Unterbrechungs-Strategie einzusetzen, dann sind dies in der Regel recht peinliche Momente.

Übertragung auf das Beispiel
Wenn ich von Erwachsenen verlange, sich an Regeln zu halten, dann führt das häufig zu Reaktanz. Witzigerweise in besonderem Maße bei Lehrkräften, die zuweilen Selbstverständlichkeiten unterlaufen wie etwa ruhig zuzuhören statt zu schwatzen, pünktlich zu erscheinen statt deutlich zu spät zu kommen, Kaffeepause zu machen statt beim Lerntempoduett mitzuwirken usw. Das kenne ich von Pädagogischen Tagen ebenso wie von Gastveranstaltungen an anderen Universitäten. Prototypen besitzen keine Überschriften. Dennoch ist der Situations-Prototyp sinngemäß als „reaktantes Verhalten in Zusammenhang mit einem Regelverstoß" schnell identifiziert. Parallel steigt – wie immer – Ärger in mir auf, weil ich es bis heute nicht begreife, dass manche Erwachsene Autonomie so verstehen, dass sie sich an keine Regeln zu halten haben. Vertraut ist mir auch die emotionale Empörung, die mit der Auflehnung gegen Regeln verbunden ist. Nicht vertraut ist mir, dass andere Lernende sich aufgerufen fühlen, den Handybenutzer in Schutz zu nehmen. Gewohnt bin ich es, dass sich die von mir angesprochene Person selbst wehrt. Neu ist mir auch die Argumentation, der ich in dieser Form noch gar nie begegnet bin. Deshalb benötige ich sehr viel länger, um die Situation in ihrer Gesamtheit zu „verstehen", als wenn sich der Handybenutzer selbst über meinen Eingriff empört hätte.

5. Grundsätzliche Überlegungen zur Verknüpfung von Situations- und Aktionsprototypen

Unsere Forschungsergebnisse lassen es als vernünftig erscheinen, modellhaft davon auszugehen, dass Situations-Prototypen mit Aktions-Prototypen verknüpft sind. Ist die Situation „verstanden", dann kommen dem Akteur ohne weiteres Zutun Handlungsmöglichkeiten in den Sinn. Diese sind nichts anderes als Problemlösungen, die sich in der Biografie bewährt haben. Die Verknüpfung beider Prototypenstrukturen ist keineswegs fest. Der Akteur „sieht" zwar ganz automatisch typische Lösungen. Diese muss er jedoch nicht ergreifen, sondern er prüft sie zunächst nur. Ob er eine der Möglichkeiten auswählt und wenn ja welche, das wird erst in einem späteren Entscheidungsprozess festgelegt und durch einen Entschluss in eine Aktion umgemünzt. In der Regel benötigt der Akteur etwa zwei Drittel der Zeit, um den Situations-Prototypen zu erkennen. Die Auswahl einer Handlungsmöglichkeit geht etwas schneller in grob einem Drittel der zur Verfügung stehenden Zeit. Da Menschen häufig in 1 bis 3 Sekunden – Intervallen aufeinander reagieren und eine Zeitspanne von 5 bis 10 Sekunden schon als lange erleben, müssen die hier beschriebenen Prozesse der Situationsorientierung, der Zuordnung des Geschehens zu einem Situations-Prototypen, die Verknüpfung mit den zugehörigen Aktions-Prototypen sowie deren situationsangepasste

Realisierung blitzartig ablaufen. Deshalb erscheint uns diese Form des Handelns als „implizit", „intuitiv" oder als eine „Bauchentscheidung", was sie definitiv bei genauerem Hinsehen nicht ist. Vielmehr läuft auf diese Weise das ab, was wir unter „kompetentem Handeln" oder „professionellem Handeln" oder „Expertenhandeln" verstehen.

Übertragung auf das Beispiel

Mir kommen mehrere Handlungsmöglichkeiten in den Sinn. Erstens zu begründen, warum es in Lehr-Lern-Prozessen ohne klare Führung nicht geht bzw. zu erläutern, dass Autonomie nicht bedeutet, dass jeder machen kann, was er will. Zweitens gleichermaßen freundlich wie ruhig zu reagieren im Sinne einer De-Eskalation, denn wenn Emotionen im Spiel sind, können sich Situationen rasch unerwartet entwickeln. Drittens vom Regelverstoß wegzulenken und im Sinne einer Diagnose herauszufinden, ob es tatsächlich unerwünschte inhaltliche Doppelungen gibt, was wiederum Konsequenzen für die Gestaltung des Tages hätte. Diese drei Aktionsmöglichkeiten wäge ich ab.

6. Grundsätzliche Überlegungen zur Entscheidung für einen Aktions-Prototypen

Da Situations- und Aktions-Prototypen sehr eng untereinander verbunden sind, werden sie mental sozusagen im gleichen Augenblick repräsentiert. Der Großteil des verbleibenden Zeit-Drittels wird folglich nicht für das Verknüpfen gebraucht, sondern für die Auswahl eines geeigneten Aktionsprototypen und dessen Realisierung. Die Handlungs-Alternativen müssen abgewogen werden. Hierbei spielen Überlegungen zur weiteren Situationsentwicklung eine Rolle, vor allem aber Hypothesen über die Wirkungen bzw. Folgen dessen, was man zu tun gedenkt. Und das ist alles andere als unproblematisch. Woher soll der Akteur wissen, ob seine aktuellen Kontrahenten ganz genauso reagieren werden, wie es in früheren vergleichbaren Situationen der Fall war? Wenn es Menschen mit Menschen zu tun haben, ist vieles intransparent. Und wenn es Menschen mit Gegenständen zu tun haben, ist ebenfalls nicht sicher, ob der Gegenstand sich so verhält, wie man das eigentlich gedacht hat. Die mit dem Agieren verknüpfte Ungewissheit nach dem Heraklit-Motto „alles fließt", jede Situation ist neu, es gibt bei genauer Betrachtung keine vollständigen Wiederholungen, bringt vernünftige Menschen dazu, jene Lösungen zu bevorzugen, die sich einmal oder mehrfach bewährt haben. Die Entscheidung für bislang noch nie erprobte Vorgehensweisen steigert die Unsicherheit deutlich. Das ist einer von mehreren Gründen, warum es den Menschen so schwerfällt, sich zu ändern.

Übertragung auf das Beispiel

Wegen der hohen Emotionalität der Teilnehmenden sowie des eigenen deutlich spürbaren Ärgers entscheide ich mich für die dritte Möglichkeit: Ich lenke vom eigentlichen Problem ab, damit die Situation nicht weiter eskaliert. Das will ich durch Nachfragen erreichen. Die Teilnehmenden sollen berichten, welche inhaltlichen Überschneidungen es zwischen den anderen Kurstagen und dem heutigen Kurstag gibt. Meine Nachfrage will ich auf eine Weise stellen, die signalisiert, dass es mir wichtig ist, Überschneidungen zu vermeiden. Was ich wortwörtlich sagen will, wie ich dabei blicken will usw. das ist mir zum Zeitpunkt der Entscheidung noch nicht klar.

7. Grundsätzliche Überlegungen zur situationsspezifischen Ausformung des gewählten Aktionsprototypen und zum Entschluss als innerpsychischem Start der Aktion

Ist die Entscheidung für die im Moment angemessenste Aktion gefallen, die grobe Richtung also erst einmal festgelegt, dann geht es darum, den allgemeinen Prototypen und die spezielle Situation aufeinander zu beziehen. Da die Umsetzung in eine beobachtbare Handlung auf die ganz konkrete Situation zugeschnitten sein muss, kann keine allgemeine Aktion gezeigt werden, sondern nur eine spezifische. Das beginnt beispielsweise schon bei den Namen jener Personen, mit denen man es zu tun hat. Spannend ist jetzt, dass beim nachträglichen Auskunftgeben in der Phase der Ungelenkten Introspektion den Akteuren zwar klar ist, was sie erreichen wollten und wie ihre Aktion im Prinzip angelegt war. Häufig können sie sich jedoch nicht mehr an den genauen Wortlaut oder an andere Details ihrer Handlungen erinnern. Das weist auf einen ungemein hohen Verdichtungsgrad von Sprachhandlungen, Bewegungshandlungen usw. hin. Forschungspraktisch bedeutet das zweierlei: Erstens muss man im Sekundenabstand zur Aktion das Auskunftgeben ansetzen, sonst sind die flüchtigen Prozesse introspektiv nicht mehr auffindbar. Zweitens kommt man an eine Grenze des Aufklärbaren. Niemand kann innerpsychisch mitvollziehen, wie Gehirn und Muskeln miteinander kommunizieren, wie es gelingt, dass neuronale Signale in Wörter umgeformt werden usw. Das sind Dinge, denen man z.B. mit bildgebenden Verfahren näherkommen kann (Außensichtperspektive), deren Zustandekommen dem Akteur jedoch weitgehend verborgen bleibt (Innensichtperspektive).

Übertragung auf das Beispiel

Wie ich die Frage ganz konkret formulieren wollte, das weiß ich nicht mehr. Sinngemäß wollte ich danach fragen, welche der von mir an den beiden Kurstagen angebotenen Inhalte von anderen Dozenten schon behandelt worden waren und welche noch nicht. Ich weiß ebenfalls nicht mehr, wie ich mir innerlich den Startschuss dazu gegeben habe, die geplanten Fragen tatsächlich laut auszusprechen.

8. Grundsätzliche Überlegungen zur Ausführung der Aktion

Der Entschluss, eine Handlung auszuführen, wird in der Rubikon-Theorie als „Intentions-Initiierung" bezeichnet. Damit wird – um im Bild zu bleiben – ein zweiter

Fluss überquert, nämlich jener, der von der Innenwelt zur Außenwelt führt. Was bislang lediglich ein Gedanke war, wird nun zur Tat. Das ist von außen wahrnehmbar und kann forschungsmethodisch beispielsweise per Video festgehalten werden.

Übertragung auf das Beispiel
Ich habe Fragen (waren es eine oder mehrere?) zu schon behandelten Inhalten gestellt. Da die Episode nicht videografiert wurde, kann ich weder den Wortlaut noch meine Mimik und Gestik präzise wiedergeben. Deutlich ist lediglich, dass ich mich während meiner Nachfragen sehr unsicher gefühlt habe. Hätte es zugetroffen, dass meine Inhalte ohne mein Wissen von anderen Dozenten behandelt worden wären, dann hätte ich meine beiden Kurstage völlig neu gestalten müssen.

9. Grundsätzliche Überlegungen zu den Konsequenzen
Reales Handeln hat stets Konsequenzen. Erstens in Form von Selbstbewertungen. Zweitens in Form von Reaktionen der Interaktionspartner. Deshalb scheuen sich Menschen ungewöhnliche, neuartige oder überraschende Aktionen auszuführen. Denn Konsequenzen können nicht nur positiv, sondern auch ausgesprochen unangenehm sein. Erst im Handlungsvollzug zeigen sich die Konsequenzen. Davor sind sie lediglich Gedankenspiele.

Übertragung auf das Beispiel
Auf meine Frage nach schon behandelten Inhalten haben sich einige Teilnehmende gemeldet und ausführlich berichtet. Am Ende stellte sich überraschend heraus, dass die vor mir sitzende Gruppe nicht homogen war, also zum Teil verschiedene Module absolviert hatte. Für manche war neu, was ich präsentierte, für manche war es bekannt. Im weiteren Verlauf konnte ich das genauer abklären und meine Inhalte entsprechend abändern. Die anfangs hohe Emotionalität verschwand zunehmend. Da ich dieses Modul mehrfach pro Jahr lehre, ist mittlerweile didaktisch fest eingeplant, beim ersten Kontakt mit den Teilnehmenden zu klären – das geschieht mit einer Sortieraufgabe – was sie schon kennen und was sie schon können. Das hilft mir bei der Diagnose der Vorkenntnisse und erlaubt es mir, das Modul teilnehmendenspezifisch zu gestalten.

3 Mit der Anbahnung kompetenten Handelns ist eine besondere Verantwortung verbunden

Legt man das eben skizzierte Modell menschlichen Handelns zugrunde, dann ist die Frage gut zu beantworten, warum das Handeln von Menschen so stabil ist bzw. so schwer zu modifizieren ist. Es geht nämlich nicht nur um die Veränderung von Wissen oder Denken, sondern es geht zusätzlich um die Veränderung von Emotionen, von Motiven und Willensprozessen bis hin zur Veränderung von

Situations- und Reaktionsprototypen. Grob gesagt geht es um die Veränderung eines Teiles der Persönlichkeit. Und was ist „Persönlichkeit" anderes als ein höchst komplexer Verbund aus zahlreichen Komponenten, von denen ich einige gerade aufgelistet habe. Eine Veränderung des Handelns ist deutlich mehr, als lediglich seine Wissensnetze anzureichern oder umzustrukturieren. Es geht um einen folgenreichen Eingriff in die Biografie. Das ist nicht zu vergleichen mit dem Erlernen der grammatischen Strukturen von If-Clauses, dem Verständnis der Photosynthese oder der Auseinandersetzung mit der Quantentheorie. Änderungen im Handeln gehen viel tiefer. Begreift man das Anbahnen professioneller Kompetenzen als einen Prozess der Persönlichkeitsveränderung, dann wird klar, warum die Kluft zwischen Wissen und Handeln nicht nur so groß ist, sondern so groß sein muss! Hinzu kommt, dass ein Teil unseres beruflichen und privaten Handelns so schnell abläuft, dass ohne eine hohe Verdichtung der innerpsychisch postulierten Prozesse die auftauchenden Situationen nicht zu bewältigen sind. Das hat vor allem das Beispiel aus dem Sportbereich gezeigt. Aber auch in der alltäglichen Kommunikation gönnen wir uns gegenseitig jeweils nur wenige Sekunden zwischen Aktion und Reaktion. Und die Veränderung von Prozess- und Strukturkomprimierungen hat sich als ein ganz besonders schwieriges Unterfangen erwiesen.

Die Konsequenzen daraus sind erheblich. Wir müssen uns von vorneherein nicht nur auf längere Lernprozesse einstellen, sondern auch auf andersartige. Wir müssen akzeptieren, dass Modifikationen nur in umgrenzten Teilbereichen sinnvoll sind. Denn würden wir umfassende Veränderungen anstreben, dann würde den Akteuren zwischenzeitlich die Basis ihres Handelns entzogen, was zu vollständiger Handlungsunfähigkeit führen würde, verbunden mit dem Zusammenbruch jeder Selbstwirksamkeit. Ganz besonders schwierig sind Modifikationen in Bereichen, in denen sich alltägliches Agieren und professionelles Agieren überschneiden, wie es beispielsweise beim Kommunizieren oder beim Umgang mit sich selbst der Fall ist. Denn jede Veränderung wirkt sich hier nicht nur im Berufsleben, sondern auch im Privatleben aus. Einfacher sind Veränderungen dort, wo in der bisherigen Biografie noch keine oder nur rudimentäre Handlungsstrukturen entstanden sind. Beispielsweise ein Flugzeug zu landen, eine Niere zu transplantieren oder ein Hochhaus zu sprengen. Doch selbst hier gibt es Vorläufer-Strukturen, wie etwa ein Auto zu steuern, eine Wunde zu versorgen oder mit Feuerwerkskörpern zu hantieren. Das Anbahnen kompetenten professionellen Handelns setzt an diesen biografischen Erfahrungen an, schafft neue Erfahrungen und modifiziert schrittweise Gedanken, Gefühle, Prototypenstrukturen, Wünsche und Entschlüsse in einer Weise, die einen immer schnelleren, flüssigeren Ablauf ermöglichen.

Das alles beeinflussen zu wollen, das ist nicht nur ambitioniert, sondern auch höchst verantwortungsvoll. Es ist nicht so tragisch, wenn jemand Heisenbergs Unschärferelation nicht vollständig begreift. Dann soll er diese nochmals nachlesen, sich den Sachverhalt erneut erklären lassen. Aber wenn Lehrende beispielsweise die Art ihrer Kommunikation mit den Lernenden verändern und dabei auf Ablehnung stoßen, dann hat das enorme Rückwirkungen auf die Handlungssicherheit, die Motivation, das Fähigkeitskonzept und nicht zuletzt auf den beruflichen Erfolg. Da kann man nicht einfach sagen: Probiere es doch mal so und wenn das nicht geht, dann anders. Zu viele Konsequenzen sind damit verbunden. Aus meiner Arbeit mit Spitzensportlern weiß ich, dass ungemein viel erreicht ist, wenn man deren Handeln nur an einem einzigen Punkt modifiziert. Es dauert teilweise recht lange, bis diese Veränderung vollständig in das Gesamt aller Prozesse integriert ist und ohne zu stocken ausgeführt werden kann. Man wird nicht so schnell vom „Saulus zum Paulus". Das gelingt in biblischen Erzählungen leichter als in der Realität.

Zuweilen wirkt sich bei Spitzensportlern die „Verbesserung" zunächst negativ aus, bis sie im flüssigen Handlungsvollzug erfolgreich gezeigt werden kann. Warum sollte es dann bei Lehrenden anders sein? Warum versucht man in der Aus- und Weiterbildung von Lehrkräften gleichzeitig an allen Ecken und Enden neue Handlungsweisen zu etablieren, die zum Teil den bisherigen diametral entgegenstehen, wie etwa beim radikalen Umschwenken von instruktionalen zu konstruktivistischen Unterrichtskonzepten? Dass dies nicht gelingt und aus handlungspsychologischer Perspektive auch gar nicht gelingen kann, wird nun verständlicher.

Die Anbahnung kompetenten professionellen Handelns ist voraussetzungsreich. Im ersten Schritt geht es darum, das „schnelle Denken", das „intuitive Handeln", die „Bauchentscheidungen" umzuwandeln in „langsames Denken", „reflexives Handeln", bewusst getroffene Entscheidungen. Georg Hans Neuweg (2018) bezeichnet dies als unverzichtbaren Prozess der Distanzierung. Jener gelingt durch eine intensive Auseinandersetzung mit dem bisherigen Agieren, wobei die Innensichtperspektive und die Außensichtperspektive gleichermaßen wichtig sind. Ist dies gelungen, müssen neue Lösungen gefunden und auf den Akteur zugeschnitten werden. Im letzten Schritt muss nun das „langsame Denken" wieder verlassen werden. Durch Simulieren, Trainieren und Anwenden wird es möglich, den problematischen Handlungsbereich zunehmend besser in den Griff zu bekommen, bis er am Ende wieder in Form des „schnellen Denkens" – also einer modifizierten Prototypenstruktur – gleichermaßen flüssig wie erfolgreich bewältigt werden kann.

Teil IV
Wirkungsvolle Lernarrangements für die Anbahnung professionellen Handelns

1 Handeln kann man nur handelnd erlernen!

Menschliches Handeln als Zusammenspiel zahlreicher Komponenten beruht letztendlich auf jahrelangen Erfahrungen, in denen das eigene Agieren zu den daraus entstandenen Konsequenzen in Beziehung gesetzt wird. Daraus speist sich dessen Realitätsangemessenheit, subjektiv erlebt als Gewissheit, sich an der Wirklichkeit zu orientieren. Wenn der Mensch sein Handeln verändert, dann verliert er ein Stück dieser grundlegenden Sicherheit. Denn es fehlen ihm jetzt belastbare Informationen darüber, welche Folgen seine Aktionen haben werden. Darüber hinaus kann er sich auch nicht sicher sein, ob und wie gut ihm Planung und Ausführung der neuen Handlungsweisen gelingen, also wie kompetent er ein bisher noch nicht gezeigtes Agieren zu realisieren vermag. Und wenn der Mensch weder das eigene Können noch dessen Konsequenzen verlässlich einschätzen kann, dann schreckt er vor Experimenten zurück.

Wird die Notwendigkeit einer Veränderung von außen an den Menschen herangetragen, so reagiert er gerne mit Reaktanz (Brehm 1966; Dickenberger, Gniech & Grabitz 1998). Hat beispielsweise eine Schulleitung die grandiose Idee, dem kompletten Kollegium eine Weiterbildung zu verordnen, um die in einer Qualitätsanalyse bemängelten Missstände zu korrigieren, dann löst dies zuweilen wenig Begeisterung aus. Da ich mich schon mehrfach in der höchst unangenehmen Situation befunden habe, als Referent ohne Wissen um derart ungünstige Voraussetzungen einen Pädagogischen Tag gestalten zu dürfen, kann ich aus eigener Erfahrung berichten, wie sich Reaktanz in der Praxis anfühlt. Zu beobachten sind deutliche nonverbale Zeichen von Missbilligung und Ärger, die erkennen lassen, dass starke negative Emotionen am Werk sind. Der innerliche Widerstand äußert sich in kritischen Bemerkungen zu Inhalten und zur didaktisch-methodischen Gestaltung. Während der Aktivitätsphasen entfernen sich ab und zu einige Kolleginnen und Kollegen – diese können meist irgendwo im Haus beim Kaffeetrinken aufgespürt werden. Andere wiederum weigern sich ganz offen oder machen die vorgesehenen Übungen nur zum Schein. Dritte kommen bewusst zu spät oder bleiben ganz weg. Vierte gehen demonstrativ früher. Die diesem widerspenstigen Handeln zugrundeliegenden Einstellungen richten sich gegen die aufgezwungene

Weiterbildung, denn sie wird als Einschränkung der Handlungsfreiheit verbunden mit Kritik an der Leistungsfähigkeit des Kollegiums interpretiert. Aber da es leichter ist, den Referenten zu bestrafen als sich gegen die Schulleitung aufzulehnen, wird dieser zuweilen stellvertretend attackiert.

Aus Sicht des epistemologischen Subjektmodells, also der mir wichtigen Menschenbildannahmen, ist Reaktanz grundsätzlich positiv zu bewerten. Der Mensch ist ein autonomes Wesen, das reflexiv und kommunikativ nach Sinn und Bedeutung sucht. Die Erhaltung der eigenen Autonomie ist somit eines der zentralen Motive. Widerstand und Revolution waren und sind wichtige Triebfedern der Menschheitsgeschichte. Doch in Zusammenhang mit Aus- Fort- und Weiterbildung lieben wir Reaktanzphänomene nicht sonderlich. Deshalb fragen sich Altrichter und Eder (2004), ob nicht das Streben nach Autonomie als „Innovationsbarriere" bezeichnet werden kann. Dem Wortsinn nach (autos = selbst, nomos = Gesetz) sind unter Autonomie Eigengesetzlichkeit, Souveränität, Selbständigkeit und Handlungsfreiheit zu verstehen. Der Mensch möchte gerne frei entscheiden, wie er handelt. Das konfligiert mit den Absichten jener Personen, die ausbilden, fortbilden und weiterbilden. Wir Lehrenden haben in der Regel klare Ziele, in welche Richtung wir das Handeln der Lernenden verändern möchten. Das ist in Lehrplänen, Studienplänen oder Kompetenzbeschreibungen niedergelegt. Demgegenüber streben die Lernenden oder Teilnehmenden jedoch an, ihre wertvolle, biografisch erworbene Handlungssicherheit zu erhalten. Beim Aufeinandertreffen beider Perspektiven kommt es deshalb zwangsläufig zu emotionalen Spannungen, die je nach Sichtweise als negativer Widerstand oder als positive Selbstbehauptung erlebt werden. Wie auch immer – menschliches Handeln ist recht stabil und das aus gutem Grunde. Deshalb bedarf es entsprechend langer Zeiträume, um es nachhaltig zu verändern.

Salutogenetisch betrachtet ist die enorme Stabilität menschlichen Handelns nicht schädlich, sondern eine wesentliche Voraussetzung der psychischen Gesundheit. Bei der „Gesundheitsentstehung" (Salutogenese) geht es um jene Ressourcen, die zur Bewältigung von Belastungssituationen herangezogen werden (Antonovsky 1997). Menschen werden als „resilient" bezeichnet (resilio = zurückspringen, abprallen), wenn sie über persönliche und soziale Ressourcen verfügen, die es ihnen ermöglichen, Stresssituationen, Krisen oder Eingriffe von außen zu überstehen (vgl. Fröhlich-Gildhoff & Rönnau-Böse 2015, S. 9–14). Resilienz ist bereichs- und situationsspezifisch. Sie ist kein stabiles und schon gar kein genetisch determiniertes Merkmal, sondern ein dynamischer Anpassungs- und Entwicklungsprozess. In unserem Zusammenhang sind Schülerinnen und Schüler, Studierende und Teilnehmende in der Erwachsenbildung dann im konstruktiven Sinne resilient und nicht etwa im destruktiven Sinne vulnerabel (= verwundbar, verletzlich, anfällig für Störungen), wenn sie die Bemühungen von Erwachsenenbildnern, Hochschullehrern und Lehrkräften gekonnt an sich abperlen lassen können und damit ihre Handlungssicherheit bewahren. Das ist aus ihrer Perspektive gesund. Uns Lehrende macht das krank!

Mit Resilienz werde ich ständig konfrontiert. Emotional ist sie weniger belastend, weil das Element des offenen Widerstands (wie etwa bei Reaktanz) deutlich weniger ausgeprägt ist. Frei nach dem Motto „Wer will, sucht Wege. Wer nicht will, findet Gründe!" werden mir gegenüber Argumente präsentiert, die Änderungen des bisher praktizierten Agierens als überflüssig erscheinen lassen. Typische Aussagen sind: „Das machen wir alles schon." „Das ist doch nichts Neues." „Bei uns ist das nicht umsetzbar." „Das brauchen wir alles nicht." „Wir haben so viele Aufgaben, dafür fehlt uns die Zeit." Und dann stehe ich ratlos vorne in der sicheren Erkenntnis, dass sich die vor mir sitzenden Personen nicht nach meinen weltbesten Ideen sehnen und nicht nach meinen nobelpreiswürdigen Anregungen verzehren. Das ist bitter, denn eigentlich möchte ich etwas bewirken.

In meiner Berufsbiografie habe ich Jahre benötigt, um zu begreifen, dass es einerseits einen langen Atem braucht und andererseits eine erhebliche Frustrationstoleranz, wenn man es anstrebt, Menschen zu Veränderungen ihres Handelns zu animieren. Gelingen kann dies nicht durch eine begeisternde Rede oder durch einen einmaligen Auftritt. Derartige Eintagsfliegen überleben den Moment nicht. Gelingen kann dies nur dadurch, dass man über längere Zeit die einem anvertrauten Personen anregt, in kleinen Schritten kontinuierlich an sich selbst zu arbeiten, etwas Neues in der täglichen Praxis zu erproben, aufmerksam auf die Effekte zu achten und das im eigenen Handeln zu verfestigen, was sich bewährt hat. Handeln kann man nur dadurch lernen, dass man über längere Zeit in anderer Weise als bisher agiert. Handeln kann man nicht durch Wissen erwerben, denn sonst verhält sich dieses „träge", bleibt im Kopf stecken und kommt im Handeln nicht zum Vorschein. Deshalb mein Credo: Handeln kann man nur handelnd erlernen.

Auf die Stabilität menschlichen Handelns wirkt sich zusätzlich aus, in welcher Weise sich die an einer Modifikationsmaßnahme teilnehmenden Personen wechselseitig voneinander abhängig fühlen. Sind Normen und Erwartungen innerhalb einer Gruppe stark ausgeprägt sowie die damit verbundenen Reaktionen und Sanktionen intensiv spürbar, dann orientieren sich die einzelnen Personen in erheblichem Maße am „Gruppendruck". Dieser kann sich in mehreren Richtungen bemerkbar machen. Die Ziele der Maßnahme können als Ziele der Gruppe übernommen und mit größerer Leidenschaft verfolgt werden, als es einzelne Mitglieder ohne sozialpsychologische Effekte tun würden. Oder die Gruppendynamik läuft in die entgegengesetzte Richtung und macht es dadurch den einzelnen Personen noch schwerer als bisher, ihr Handeln in der angestrebten Weise zu verändern.

In der Lehrerbildung kann man beispielsweise zeigen, dass sich die personelle Zusammensetzung der Weiterbildungsgruppe deutlich auf den Erfolg einer Maßnahme auswirkt. Kommen die Lehrkräfte aus verschiedenen Schulen, melden sich aus eigenem Interesse an, bringen gar eine selbst ausgesuchte Person als Unterstützungspartnerin mit – wie etwa im „Arche-Noah" Projekt meiner Doktorandin Ingrid Gimple (2014), – dann sind die nachweisbaren Änderungen im Handeln deutlich stärker, als wenn es sich um Kolleginnen und Kollegen einer einzigen Schule handelt, die als gesamtes Kollegium angemeldet werden. Deshalb sind schulinterne Lehrerfortbildungen keinesfalls der einzuschlagende Königsweg, sondern eher problembelastet, was in Extremfällen bis zum Abbruch führen kann (vgl. Gimple 2014, S. 158 ff.). Zu diesem nicht unbedingt zu erwartenden Ergebnis kommt auch Steffen Wagner in seiner Dissertation (2014, S. 356). Nach seinen Befunden „bleibt die SCHILF-Maßnahme jedoch weit hinter den Erwartungen, welche die Theorie dieser Fortbildungsform zuweist, zurück. Die durch die Theorie vorhergesagten Stärken, wie beispielsweise die vergleichsweise größere Kooperationsbereitschaft, die verstärkte und nachhaltigere Implementierung von Innovationen und die gesteigerte Wirksamkeit hinsichtlich schulentwicklerischer Effekte, blieben weitestgehend aus. Vielmehr waren Spannungen und Dissonanzen zwischen Schulleitung und Kollegium und innerhalb des Teilnehmerkreises der SCHILF latent wahrnehmbar."

Betrachtet man die hohe Stabilität menschlichen Handelns, resultierend aus den bewährten, „mitgebrachten" Prototypenstrukturen sowie aus den daraus hervorgehenden Resilienz- wie Reaktanzeffekten, und bezieht stabilisierende wie destabilisierende Einflüsse von außen mit ein, dann wird klar, dass man sich einiges einfallen lassen muss, um Menschen zu einer Veränderung ihres Handelns zu bewegen. Aus diesen Überlegungen heraus habe ich in den letzten Jahren versucht, ein wirkungsvolles Gesamtkonzept zu entwickeln und zu evaluieren. Zerlegt man es in seine einzelnen Elemente, die ich im Detail beschreiben werde, dann bemerkt man schnell, dass recht hohe Anforderungen an jeden Lehrer, Hochschullehrer oder Erwachsenenbildner gestellt werden, der es sich zum Ziel gesetzt hat, nicht nur abprüfbares Wissen zu vermitteln, sondern das Handeln zu modifizieren. Mein Konzept enthält Phasen des „langsamen Denkens" (Kahnemann 2012), also Phasen der Reflexion oder Distanz, die als „Präsenzphasen" bezeichnet werden, weil sich alle Lernenden bei dem oder den Lehrenden befinden, normalerweise in Räumen der jeweiligen Institution. Daneben gibt es die unverzichtbaren Phasen des „schnellen Denkens", also Phasen der praktischen Erprobung, der konkreten Umsetzung oder nach Neuweg (2018) Phasen der „Einlassung" auf die Wirklichkeit. Diese werden als „Transferphasen" bezeichnet.

Mittlerweile bestens evaluierte Grundidee ist es, in einem ständigen Wechsel von Präsenzphasen und Transferphasen über möglichst lange Zeit hinweg Änderungen im Handeln anzuregen und sie in der Praxis ausprobieren zu lassen. Dadurch sollen die Lernenden bzw. Teilnehmenden ausreichend viele neue Erfahrungen sammeln, die es ihnen erlauben, zu in der Realität bewährten, modifizierten Prototypenstrukturen zu kommen. Weil dieser langwierige Prozess zahlreiche kognitive, emotionale, motivationale und volitionale Probleme mit sich bringt, bedarf er einer systemati-

schen Flankierung. Diese beinhaltet verbindliche Entschlüsse, um die Kluft zwischen Absicht und Handlung überbrücken zu können, die Stärkung der Veränderungsmotivation durch Social Support und Social Control in Praxistandems und Beratungs-Kleingruppen sowie die Optimierung der Selbststeuerungskompetenzen durch Handlungsunterbrechungs-Strategien bis hin zum sekundenschnellen Abstoppen unerwünscht in Gang kommender Handlungsabfolgen.
Auf diese Weise bekommen Präsenz- wie Transferphasen ein charakteristisches neues Gesicht. Die Präsenzphasen sind nicht nur sandwichartig angelegt, sondern werden zusätzlich im „Doppeldecker-Modus“, also nach dem Prinzip der Selbstanwendung „geflogen“: Die Lehrenden handeln im Prinzip so, wie die Lernenden künftig handeln sollen. Durch derartige Modelleffekte entstehen klar umrissene Vorstellungen vom auszuführenden Handeln. Noch während der Präsenzphasen werden die Handlungspläne simulierend und trainierend konkretisiert. Dagegen liegen in den Transferphasen die Schwerpunkte auf der Implementierung flankierender Maßnahmen, der Animation zu häufigen Erprobungen sowie auf der Einrichtung von Rückkopplungsschleifen. Alles zusammen soll helfen, die gewonnenen Erfahrungen systematisch zu nutzen zum Aufbau veränderter handlungsleitender Strukturen und Prozesse.

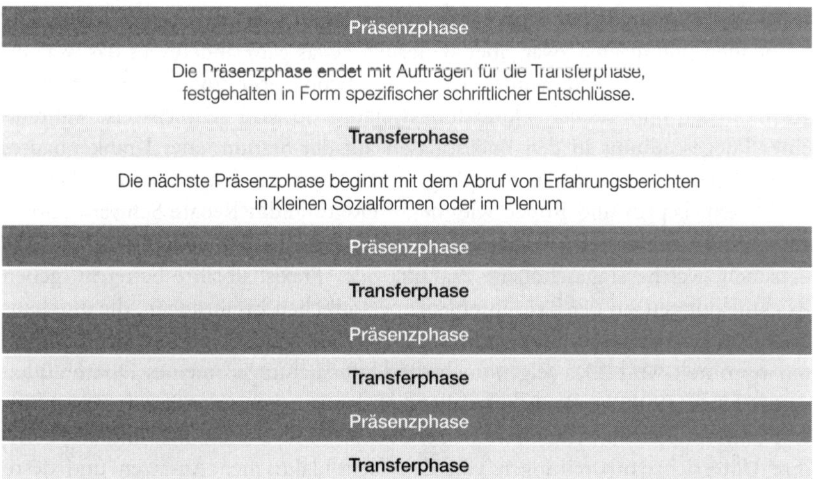

Abb. 74: Handeln kann man nur handelnd erlernen in einem ständigen Wechsel von sandwichartig gestalteten Präsenzphasen und auf systematisches Erproben abgestimmten Transferphasen.

Es ist zu schlicht gedacht, wenn man die eben skizzierte Kombination von Präsenzphasen und Transferphasen auf die Formel „Theorie und Praxis“ reduziert nach dem Motto: „Das kennen wir doch schon alles. Das ist doch nichts Neues“. Es ist eben nicht wirkungsvoll, wenn man in den Theoriephasen lediglich auf irgendeine Weise theoretisch erläutert, in welche Richtung sich das Handeln verändern sollte und danach die Lernenden irgendwie in Realsituationen praktizieren lässt in der Hoffnung, das aufgenommene Wissen würde sich durch die Begegnung mit der Praxis auf einem wundersamen Weg in kompetentes Handeln verwandeln. Vielmehr kommt es erstens darauf an, die Präsenzphasen auf eine genau umschriebene Weise anzulegen, um das in den Transferphasen zu erprobende Handeln vorzubereiten. Zweitens kommt es in den Transferphasen darauf an, ganz systematisch das in der Realität auszuprobieren, was in den Präsenzphasen reflexiv angebahnt wurde. Eine der unabdingbaren Voraussetzungen ist dabei die Verzahnung beider Phasen. Jede Präsenzphase endet mit einem an die Rubikontheorie angelehnten willentlichen Entschluss, in dem festgehalten wird, was man wann erproben möchte und welcher Instanz (z.B. Tandemperson, Kleingruppe, Lehrkraft) noch während der Transferphase zu berichten ist. Jede auf eine Transferphase folgende Präsenzphase beginnt mit dem Bericht und der Reflexion der gemachten Erfahrungen, bevor es inhaltlich weitergeht.

Das steht in klarem Kontrast zu Praktika oder gar Praxishalbjahren, die in vielen Aus- und Weiterbildungsgängen vorgesehen sind. Dort ist die Idee handlungsleitend, in der Auseinandersetzung mit der Praxis würde sich automatisch ein Transfer der theoretisch vermittelten Inhalte ergeben. Wenn jedoch die systematische Verzahnung beider Phasen fehlt, dann ergibt sich ein paradoxes Bild: Die Lernenden praktizieren zwar, aber sie lernen etwas ganz anderes als das, was im Theoriebereich angezielt wurde. Ausschlaggebend dafür sind die in der Praxis vorfindlichen impliziten Rückmeldungssysteme. So wird beispielsweise während eines Pflegestudiums in den Praxisphasen auf der Station eines Krankenhauses nach betrieblichen Maßstäben gepflegt und nicht nach den studierten Theorien von Orem, Peplau und Roper, wie meine Doktorandin Renate Schwarz- Govaers (2005) überzeugend nachweisen konnte. Und in der Lehrerbildung tätige Personen, welche eingeschobene Praktika oder Praxishalbjahre betreuen, geben Rückmeldungen auf der Basis ihrer ganz persönlichen Erfahrungen, die durchaus gegenläufig zu dem sein können, was an den Universitäten oder in den Seminaren vermittelt wird. Das zeigen auch die Untersuchungen meines Doktoranden Anton Haas (1998) im Bereich der alltäglichen Unterrichtsplanung: Je länger Biologielehrkräfte dreier Schularten im Schuldienst sind, desto weiter entfernen sich ihre Unterrichtsvorbereitungen von den fachdidaktischen Ansätzen und desto stärker lehnen sie Theorien über Erziehung und Unterricht ab.

Diese „Spaltung in den Köpfen“ wird nur dann vermieden, wenn in den Präsenzphasen nicht nur das zu realisierende Handeln wissenschaftlich begründet, sondern wenn es auch im „Doppeldecker“ modellhaft gezeigt, anschließend simuliert, trainiert und abschließend geplant wird. Und wenn zusätzlich in den Transferphasen nicht nur irgendetwas ausprobiert wird, sondern exakt jenes Handeln,

das von der Theorie über Simulation und Training bis zur konkreten Planung gesamthaft durchdrungen wurde.
Schließlich muss auch noch der Begriff „Praxis“ genauer betrachtet werden. Ist sie ein eher seltenes bzw. punktuelles Ereignis, wie es der Begriff „Praktikum“ nahelegt. Oder handelt es sich um ein kontinuierliches Agieren im tatsächlichen Handlungsfeld, das es erlaubt, ständig das auszuprobieren, was theoretisch thematisiert wurde. In der Untersuchung meiner Doktorandin Anne Widmann (2019) wurde dieser Frage nachgegangen. Unter dem Titel: „Auswirkungen einer sozialpädagogischen Ausbildung auf die handlungssteuernden Strukturen und Prozesse von Fachschülerinnen“ wurden zwei Modelle miteinander verglichen:

(1) eine Vollzeitausbildung, in der die Fachschülerinnen durchgehend an einer Fachschule für Sozialpädagogik unterrichtet wurden und es lediglich in mehreren eingeschobenen Praktika mit Kindern im Vorschulalter (Kindergarten, Kindertagesstätte, Kinderkrippe) zu tun hatten.
(2) Eine praxisintegrierte Ausbildung, bei der die Fachschülerinnen jede Woche drei Tage in der Praxis agierten und zwei Tage an der Fachschule lernten.

Lehrpersonal und Inhalte waren identisch. Verglichen wurde das per Video aufgezeichnete Handeln im Umgang mit den Kindern zu Beginn der Ausbildung und nach dem ersten Ausbildungsjahr. Die Situationen waren dahingehend standardisiert, dass mit einer Kleingruppe von maximal sechs Kindern in einem abgeschlossenen Raum außerhalb der Freispielsituation interagiert werden sollte mit den Phasen Einleitung, Hauptteil und Schluss. Die Fachschülerinnen konnten Inhalte aus den Bereichen naturwissenschaftlichen Arbeitens, Kreativität, Hauswirtschaft, Musik und Technik wählen.
Es zeigte sich, dass die praxisintegrierte Ausbildung durch ihre kontinuierliche Parallelität von Theorie und Praxis deutlich erfolgreicher war im Sinne des Erwerbs der angestrebten professionellen Kompetenzen als eine Vollzeitausbildung mit eingeschobenen Praktika. Das ist hoch interessant, denn die Fachschülerinnen in der Vollzeitausbildung hatten jeweils fünf Tage pro Woche Zeit, sich mit jenen Inhalten theoretisch zu beschäftigen, für die in der praxisintegrierten Ausbildung nur zwei Tage pro Woche zur Verfügung standen. Es ist also von einer intensiveren kognitiven Durchdringung auszugehen. Sie konnten zwar ebenfalls praktizieren. Doch die zeitlichen Abstände zwischen Theorie und Praxis waren größer, was eine systematische Abstimmung von wissenschaftlicher Botschaft und konkreter Umsetzung erschwerte. Darüber hinaus waren die Praxisphasen insgesamt zeitlich kürzer im Vergleich zur kontinuierlichen Berufstätigkeit während der Ausbildung. So ist es zu erklären, dass sich trotz einer deutlich intensiveren gedanklichen Auseinandersetzung mit den Inhalten das professionelle Handeln in geringerem Maße änderte.

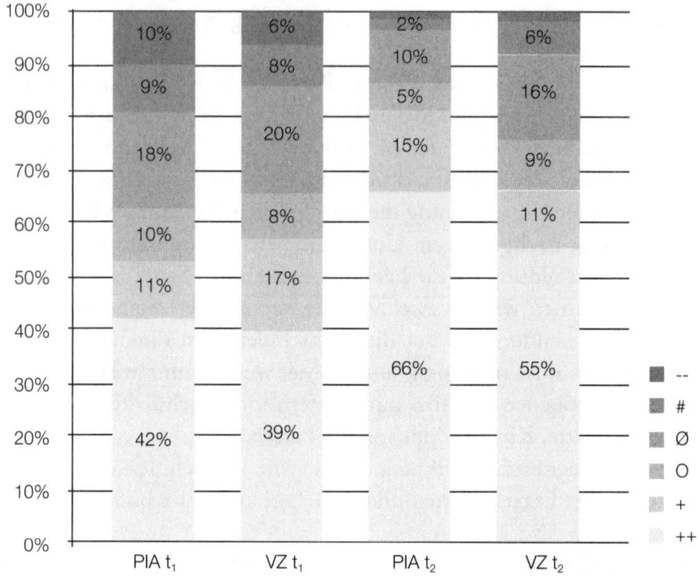

Abb. 75: Zwei Ausbildungsformen im Vergleich: Eine Vollzeitausbildung mit eingeschobenen Praktika und eine praxisintegrierte Ausbildung (3 Tage Praxis, 2 Tage Unterricht je Woche). Zu Beginn der Ausbildung (t1) agieren die Novizinnen beider Ausbildungsformen mit vergleichbaren Kompetenzen: 39% bzw. 42% der Aktionen können als professionell bezeichnet werden. Nach dem ersten von drei Ausbildungsjahren (t2) weisen die Fachschülerinnen der praxisintegrierten Ausbildung einen Zuwachs von 24% auf (Anstieg auf 66%) gegenüber einem Zuwachs von nur 16% in der Vollzeitausbildung (Anstieg auf 55%). Messinstrument waren Videoaufzeichnungen in Realsituationen. Grafik aus Widmann (2019).

Vergleichbare Erfahrungen konnte ich in dem von mir über 25 Jahre geleiteten, dreisemestrigen „Kontaktstudium Erwachsenenbildung der Pädagogischen Hochschule Weingarten" machen. Die Teilnehmenden aus mehreren Ländern trafen sich in größeren zeitlichen Abständen zu Wochenend-Präsenzphasen an der Hochschule. Während der Transferphasen waren sie in ihrer jeweils eigenen realen Praxis als Erwachsenenbildnerinnen oder Erwachsenenbildner tätig. Was in den Präsenzphasen im Doppeldecker-Modus theoretisch bearbeitet, in Rollenspielen und mit Szene-Stopp-Reaktion simuliert, per Microteaching trainiert und abschließend geplant wurde, war in den Transferphasen in der Praxis zu erproben. Unterstützend sollten dabei schriftliche Entschlüsse wirken sowie im Sinne von Social Support und Social Control Treffen in Praxistandems und Erfahrungsberichte in KOPING-Kleingruppen. Rückkopplungsschleifen zwischen Lehrenden und Lernenden sollten garantieren, dass während der vielwöchigen Transferphasen die implementierten Unterstützungssysteme wie vorgesehen arbeiteten.

Um das Hochschulzertifikat zu erwerben, mussten die Teilnehmenden in ihrer jeweils eigenen Praxis als Erwachsenenbildnerinnen oder Erwachsenenbildner agieren und dabei demonstrieren, welche Inhalte des Studiums sie in ihr professionelles Handeln übernommen hatten. Dabei wurden sie von Lehrenden aus dem Leitungsteam beobachtet, die jeweils zum Praxisort im In- oder Ausland reisten. Zahlreiche Hospitationen habe ich selbst durchgeführt. Obwohl innerhalb einer Studiendauer von jeweils eineinhalb Jahren insgesamt nur 20 Tage an der Hochschule studiert wurde, zeigte sich bei den Teilnehmenden ein beeindruckender Transfer. Wesentliche Botschaften wie das Sandwichprinzip, die Betonung der Vorwissensorganisation, die kognitive Aktivierung, das Agieren im Doppeldecker-Modus usw. wurden von der überwiegenden Mehrzahl der Studierenden exzellent umgesetzt. Fazit: Um professionelles Handeln anzubahnen ist es weniger günstig, viel zu studieren und wenig zu praktizieren. Besser ist es, Sorge dafür zu tragen, dass alle wesentlichen Inhalte eines Studiums durch ausreichend langes Erproben schrittweise in die jeweils eigene Handlungssteuerung integriert werden können.

Ein weiterer Beleg. Der dreijährige, berufsbegleitende Diplomstudiengang „Berufskundlicher Unterricht BKU“ der Pädagogischen Hochschule Sankt Gallen wendet sich an Berufsbildnerinnen und Berufsbildner, die während der Woche zwischen vier Stunden und 50% eines Deputats auf ihrer Zielstufe an Berufsschulen oder in Betrieben lehren und die jeden Freitag an der Hochschule studieren. Auch hier zeigt sich, dass die zeitliche Asymmetrie zwischen kürzeren Studienphasen und längeren Transferphasen zu ganz ausgezeichneten Ergebnissen führt gemessen am beobachtbaren professionellen Handeln, wie ich selbst über viele Jahre bei Hospitationen erkennen konnte. Voraussetzung ist erneut eine systematische Verzahnung zwischen Präsenz- und Transferphasen. Hierzu werden in diesem Studiengang die theoretischen Inhalte im Doppeldecker-Modus behandelt. Mit Simulationen, Microtraining und Handlungsplanung wird die Umsetzung in die Praxis vorbereitet. Zur Flankierung des Transferprozesses wird mit schriftlichen Entschlüssen sowie an insgesamt 18 Samstagen jeweils drei Stunden in Lerngruppen und Lerntandems gearbeitet.

In der schon erwähnten Lehrerweiterbildungsmaßnahme „Arche Noah“ ist das zeitliche Verhältnis von Präsenz- zu Transferphasen noch extremer. Die Präsenzphasen dauern nur noch zweieinhalb Zeitstunden, wovon eine halbstündige Kaffeepause abzuziehen ist. Die Transferphasen erstrecken sich hingegen jeweils über etwa 6 Wochen. Dennoch lassen sich deutliche Fortschritte im professionellen Handeln der teilnehmenden Lehrkräfte nachweisen (vgl. Gimple 2014): Hohe Änderungsmotivation sowie erhebliche Veränderungen im unterrichtlichen Handeln, (teils in der Klassenführung, teils im Umgang mit Stress, teils in der Unterrichtsgestaltung).

Meine handlungstheoretischen Ausführungen und die eben skizzierten empirischen Befunde regen zum Nachdenken an: Sind Studiengänge, die professionelle Handlungskompetenzen anbahnen sollen, dann wirkungsvoll konzipiert, wenn im überwiegenden Teil der Studienzeit theoretisch gearbeitet wird? Können Studierende die vielfältigen Informationen tatsächlich in zeitlich deutlich weniger umfänglichen Praxisphasen erfolgreich und nachhaltig in die eigene Handlungssteuerung integrieren?

Ich persönlich halte wenig davon, einem Studium die Rolle des theoretischen Reflektierens zuzuordnen und das Praktizieren – wie es in Zweiphasenmodellen geschieht – zum Beispiel in ein Referendariat zu verlagern. Dadurch ist nicht sichergestellt, dass identische professionelle Kompetenzen angestrebt werden. Vielmehr ist davon auszugehen, dass die Lehrenden an Hochschulen und Universitäten andere theoretische Positionen vertreten sowie einen anderen Erfahrungshintergrund haben als jene Personen, die in Praxisphasen lehren, begleiten oder bewerten. Eben weil in den meisten mir bekannten Bildungsgängen eine systematische Verzahnung von Theorie- und Praxisphasen fehlt, sind alle Konzepte, die Theorie und Praxis in ein zeitliches Nacheinander bringen oder die kürzere Praxisphasen zwischen längere Theoriephasen schieben, wenig wirkungsvoll. Es ist so, dass man einem Menschen relativ schnell etwas kognitiv einsichtig machen kann. Zum Beispiel, dass er sich sozial verträglich verhalten, seine Mobilität einschränken, sein Ernährungsverhalten umstellen oder seiner Gesundheit zuliebe sich mehr bewegen soll. Doch es können Jahre vergehen, bis er es schafft, den gewonnenen Einsichten zu folgen. Theorie und Reflexion sind unverzichtbar. Aber wenn die Lernenden zu wenig Gelegenheit haben, ihre Erkenntnisse in realen Praxisfeldern umzusetzen und wenn ihre Bemühungen dabei zu wenig flankiert werden, dann können sie am Ende zwar klüger reden, aber nicht kompetenter handeln.

Wenn Handeln nur dadurch nachhaltig erlernt werden kann, dass man über längere Zeit im realen Praxisfeld agiert, dann muss man alle Bemühungen besonders kritisch sehen, die davon ausgehen, dass eine einmalige Intervention erfolgreich ist. Im Bereich der Lehrerbildung gilt dies zum Beispiel für den „Pädagogischen Tag", der entsprechend seiner Bezeichnung meist nur einen Tag dauert und an den sich normalerweise keine Weiterarbeit anschließt im Sinne einer systematischen, geplanten, flankierten und mit Rückkopplungssystemen versehenen Modifikation des professionellen Handelns der beteiligten Lehrkräfte. So verpuffen die Effekte in der Regel sehr schnell und in manchen Fällen wäre es gewiss wirkungsvoller, einen erholsamen Ausflug mit dem Kollegium zu machen als einem Referenten zuzuhören.

Abb. 76: Einmalige Interventionen wie etwa Pädagogische Tage sind höchst problematisch.

Aus dieser Perspektive bringen freiwillige Kurse in der Lehrerweiterbildung erhebliche Schwierigkeiten mit sich. Ich hatte die Ehre, in den letzten Jahren über 700 Multiplikatorinnen und Multiplikatoren der Bezirksregierung Köln erwachsenendidaktisch weiterbilden zu dürfen. Meine Teilnehmenden hatten die Botschaft ausgezeichnet verstanden, nur noch Kurse mit mehreren Folgeveranstaltungen in Form von Komplettangeboten auszuschreiben. Eine Erhebung bei Kursen mit Folgeveranstaltungen ergab jedoch, dass der sogenannte „Teilnehmerschwund" ein großes Problem darstellte. In den günstigsten Fällen betrug der Teilnehmerschwund nur 10%, d.h. bei den Folgeterminen waren immerhin noch 90% der Teilnehmenden anwesend. Das war bei 48% der Kurse der Fall. Bei 19% der Kurse betrug der Teilnehmerschwund etwa ein Fünftel. 12% der Kurse hatten einen Teilnehmerschwund von einem Drittel, 15% der Kurse hatten einen Teilnehmerschwund von 40% bis 50% und bei 6% der Kurse fehlte in der oder den Folgeveranstaltungen mehr als die Hälfte der Lehrkräfte. Wenn man professionelles Handeln nur dadurch lernen kann, dass man über längere Zeit eine Kombination aus Präsenz- und Transferphasen besucht, die systematisch miteinander verzahnt und durch soziale Unterstützungs- sowie Rückkopplungssysteme flankiert sind, dann ist der Erfolg in höchstem Maße in Frage gestellt, wenn man nach ein oder zwei Sitzungen wegbleibt in der irrigen Meinung, man hätte jetzt genug Neues erfahren. Meiner Einschätzung nach fehlt den Teilnehmenden und häufig auch den Leitenden die Einsicht, dass menschliches Handeln sehr stabil ist und sich nur schrittweise ändert. Es fehlt das Verständnis dafür, dass ein Zuwachs an Wissen noch lange nicht bedeutet, dass sich das Handeln gleichsinnig verändert.

Wie erfolgreich es im Gegensatz dazu ist, wenn man über längere Zeit hinweg systematisch an der Modifikation professioneller Kompetenzen arbeitet, das zeigen die Dissertationen meiner Doktoranden Susan Rosen (2011) und Dominik Bernhart (2014), die im Sinne meines handlungstheoretischen Ansatzes mit Lehrkräften im Pflegebereich (Rosen) bzw. mit Lehrkräften dreier Realschulen (Bernhart) gearbeitet haben. Rosen schulte 15 Pflegelehrpersonen aus sieben verschiedenen Institutionen, die sich bei ihr freiwillig zu einer knapp einjährigen Weiterbildung angemeldet hatten. Diese bestand aus sechs nach dem Doppeldeckerprinzip gestalteten zweitägigen Präsenzphasen, sechs zugehörigen Transferphasen zu je etwa acht Wochen Dauer, sechs mehrstündigen Sitzungen in Kleingruppen sowie sechs Sitzungen in Praxistandems, von denen mindestens drei Sitzungen in Form kollegialer Unterrichtshospitationen zu absolvieren waren. Inhaltliches Ziel war es, das professionelle Handeln dieser 15 Lehrkräfte im umgrenzten Bereich des kooperativen Lernens zu optimieren. Forschungsmethodisch wurde die Außensichtperspektive bei insgesamt sieben Unterrichtsbesuchen je Person mit der Videokamera aufgezeichnet. Die handlungsleitenden Gedanken und Gefühle (Innensichtperspektive) wurden mit der „Interview- und Legetechnik zur Rekonstruktion kognitiver Handlungsstrukturen ILKHA" nach Dann & Barth (1995) rekonstruiert. Auf diese Weise entstanden 105 Datensätze, die es möglich machten, den Erfolg der Maßnahme aus der Außensicht- wie der Innensichtperspektive zu überprüfen. Es zeigten sich erhebliche Änderungen im professionellen Handeln. Beeindruckend an der Untersuchung war vor allem, dass die in den Videoaufzeichnungen zu identifizierenden Veränderungen in hohem Maße mit jenen Veränderungen korrelierten, die mit der Interview- und Legetechnik festgehalten worden waren. Rosen konnte nachweisen, dass sich die Prototypenstrukturen der Teilnehmenden im Bereich der Gestaltung kooperativer Lernphasen entsprechend der Inhalte der Schulung signifikant verändert hatten. (vgl. Abb. 77). Verantwortlich dafür kann die geschickte Kombination aus sandwichartig aufgebauten Präsenzphasen und gut flankierten Transferphasen gemacht werden. Deutlich wird aber auch, dass Änderungen im menschlichen Handeln viel Zeit sowie eine konsequente Abstimmung von Präsenz- und Transferphasen erfordern.

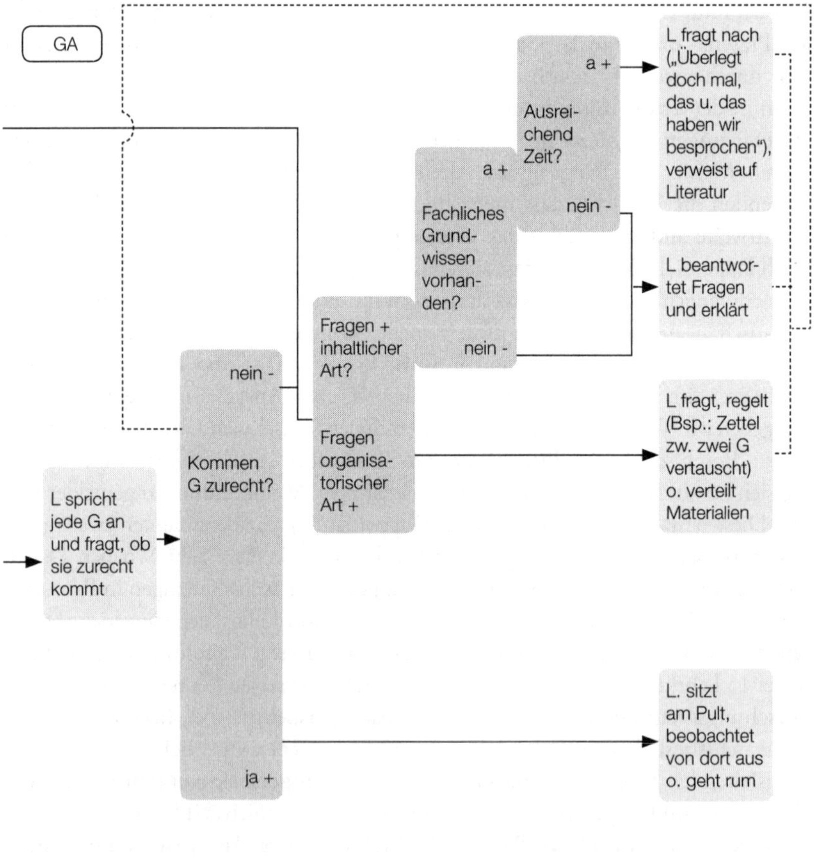

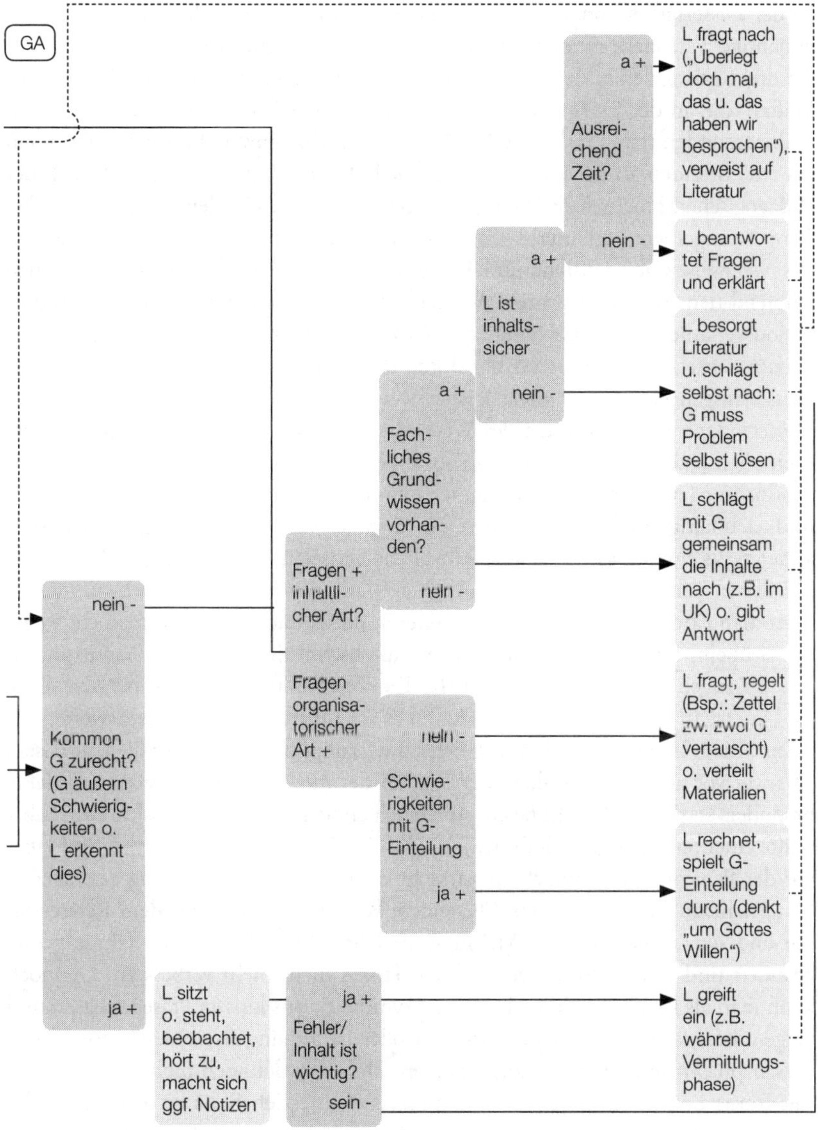

Abb. 77: Prototypenstrukturen eines ausgewählten Teilnehmers im Bereich kooperativen Lernens zu Beginn (erste Grafik) und am Ende (zweite Grafik) einer 1-jährigen Schulungsmaßnahme.

In der Dissertation von Dominik Bernhart (2014) wurde evaluiert, wie sich eine einjährige Personalentwicklungsmaßnahme auf die Unterrichtsqualität auswirkt. An drei Realschulen bildete sich jeweils ein kleines Team von sechs bis sieben Lehrkräften, die an der Optimierung ihres eigenen Unterrichts interessiert waren. Die Teilnehmenden trafen sich innerhalb eines Schuljahrs durchschnittlich 25 Mal ein bis zwei Stunden an der eigenen Schule. Jede Kleingruppe hatte einen Coach der Pädagogischen Hochschule Weingarten, der sowohl verschiedene innovative Lehr-Lern-Arrangements erläuterte (Sandwichprinzip, Advance Organizer, Methoden des Wechselseitigen Lehrens und Lernens, Kognitive Landkarten usw.), als auch beratend den Änderungsprozess flankierte. Interessant dabei war, dass die Modifikationsverläufe an den drei Schulen sich extrem unterschieden, je nach personeller Zusammensetzung, Unterstützung durch die Schulleitung, organisatorischen Voraussetzungen usw. Greift man beispielsweise die Häufigkeit der unterrichtlichen Umsetzungen von Methoden des Wechselseitigen Lehrens und Lernens im Laufe dreier Schuljahre heraus (Abb. 78), so zeigen sich einerseits der große Erfolg der Maßnahme (zwei Drittel der beteiligten Lehrkräfte arbeiten gleichermaßen intensiv und nachhaltig mit jenen Methoden, die sie in der Schulung kennengelernt haben), andererseits ergeben sich aber auch erhebliche Umsetzungsprobleme (ein Drittel der beteiligten Lehrkräfte wendet die einzelnen Methoden nur spärlich an).
Setzt man Erfolg und Aufwand zueinander in Beziehung, so kommt man ein wenig ins Grübeln. Die Lehrkräfte durchliefen durchschnittlich 25 Mini-Präsenzphasen und 25 zugehörige, meist wöchentliche Transferphasen, sie wurden beraten sowie im Unterricht besucht. Dennoch schaffte es ein Drittel mit bewundernswerter Resilienz, diese Intensivweiterbildung nahezu wirkungslos an sich abprallen zu lassen. Das war vor allem an Schule C der Fall, an der die sozialpsychologischen Effekte besonders stark ins Gewicht fielen. Aber auch an Schule A entzogen sich zwei Lehrkräfte einer nachhaltigen Modifikation. Die eine Person war der Ansicht, fünf Jahre vor der Pensionierung brauche man nicht mehr an der Optimierung der eigenen Unterrichtsqualität zu arbeiten. Die andere Person kam frisch aus dem Referendariat und vertrat die originelle Meinung, sie hätte sich in den letzten Jahren genug geändert und wolle sich in den nächsten Jahren nicht mehr verbessern. Dennoch kann man als Fazit festhalten, dass eine Asymmetrie aus kurzen Präsenzphasen und langen Transferphasen weitaus wirkungsvoller ist als eine Asymmetrie aus langen Präsenzphasen und kurzen Transferphasen. Dass sich dennoch nicht alle Personen mit großer Begeisterung Veränderungsprozessen unterziehen, hängt ganz gewiss daran, dass Arbeit an sich selbst einerseits Mühe bereitet und andererseits das eigene Handeln destabilisiert. Und beidem entziehen sich Menschen recht gerne.
Insgesamt deuten alle unsere theoretischen Überlegungen sowie alle unsere in der Praxis gewonnenen Erfahrungen darauf hin, dass man nicht einfach davon ausgehen kann, dass sich kompetentes bzw. professionelles Handeln schon irgendwie entwickeln werden, wenn man auf der einen Seite ausreichend Wissen einfüllt und

auf der anderen Seite ausreichend praktizieren lässt. Vielmehr sind Veränderungsprozesse wohlüberlegt zu gestalten. Die Zahl der Präsenz- und Transferphasen ist auf die angestrebten Ziele abzustimmen. Die Präsenzphasen sind wirkungsvoll zu gestalten. Die Transferphasen sind zu flankieren. Präsenz- und Transferphasen sind systematisch miteinander zu verzahnen. In den nächsten Abschnitten wird gezeigt, wie dies alles im Detail zu realisieren ist.

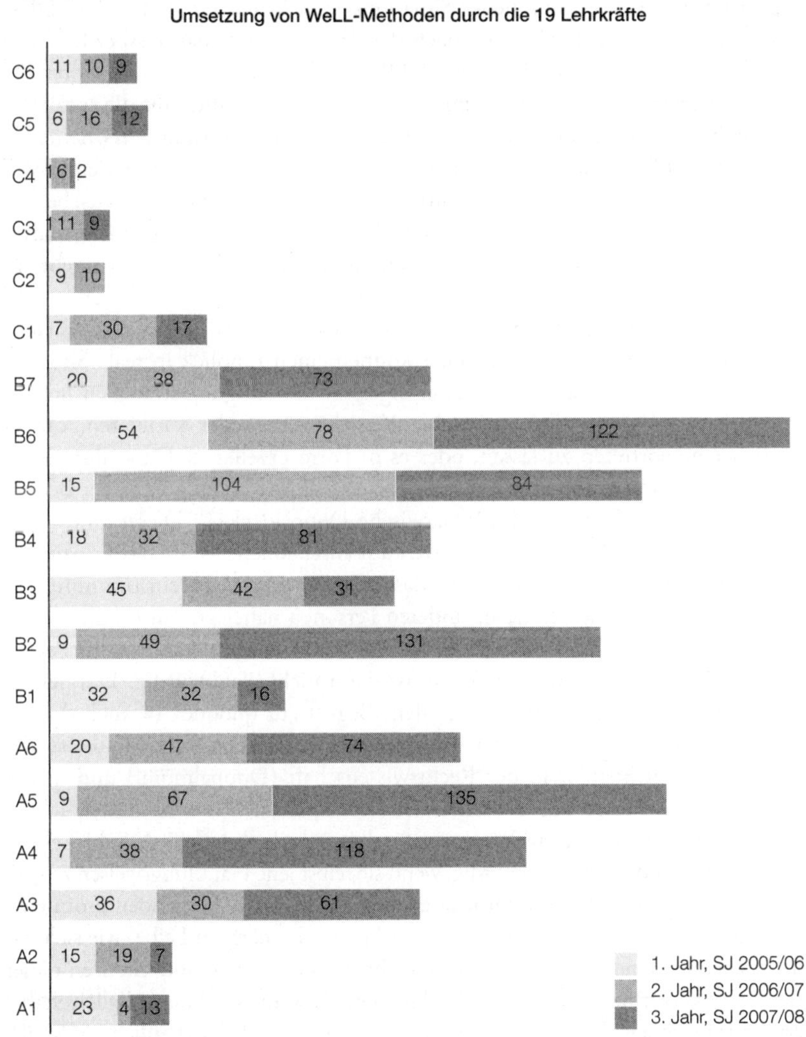

Abb. 78: Über drei Schuljahre hinweg realisierte Umsetzung innovativer Lehr-Lern-Arrangements von Lehrkräften der Schulen A, B und C. Aus Bernhart (2014).

2 Präsenzphasen kompetenzorientiert gestalten

2.1 Der „Pädagogische Doppeldecker"

Wer sich ändern will, benötigt Vorstellungen davon, wie das angestrebte Handeln beschaffen sein soll. Nur wenn klare innere Bilder vorhanden sind, kann man sein Agieren daran ausrichten. In der Sprache der psychologischen Handlungstheorie: Es geht um die Ausformung neuer Situations- und Reaktions-Prototypen. Diese sind stets unscharf („fuzzy"), weil nach der Theorie der Situationsspezifität von Patry (1991) bzw. Patry und Riffert (2000) es jede Situation aufgrund ihrer Besonderheit erfordert, die eher allgemein gehaltenen Prototypen auf die speziellen Gegebenheiten hin zuzuschneiden. So ist auch die zunächst paradox erscheinende Aussage von Hilbert Meyer: „Rezepte nein danke. Ja bitte!" zu interpretieren: Was man benötigt ist eine konkrete Orientierung, die jedoch keine schematische Aktion auslöst. Vielmehr ist das eigene Handeln auf der Basis einer genauen Analyse der Situation so zu variieren, dass es sowohl in die angestrebte Richtung geht, als auch den spezifischen Umständen gerecht wird.
Wie kann man zu tragfähigen Vorstellungen gelangen? Dafür gibt es zahlreiche Möglichkeiten. Berichte aus der Praxis können einen Einblick in reale Situationen geben und Informationen über erfolgreiche Bewältigungsstrategien liefern. Videobeispiele können das angestrebte Verhalten entweder karikieren, um es deutlicher hervortreten zu lassen, oder es in Form exzellenter Darstellungen in Form von Vorbildern präsentieren. Ein dritter Weg wird häufig in seiner Bedeutung unterschätzt. Das ist der „Pädagogische Doppeldecker". Dieser von Geissler (1985) geprägte Begriff charakterisiert auf anschauliche Weise das Prinzip der Selbstanwendung. Damit ist gemeint, dass eine Person in Übereinstimmung mit jenen Botschaften handelt, die sie anderen Personen nahelegt. Tut sie dies nicht, so nehmen die Empfänger einen Widerspruch wahr zwischen dem, was die Person sagt und dem, was sie tut. Die Person ist dann nicht glaubwürdig. Das Selbstanwendungsprinzip findet sich unter dem Begriff „tu quoque" (= auch du!) in verschiedenen Bereichen: In der Rhetorik („Wer unter euch ohne Sünde ist, der werfe den ersten Stein"), in der Rechtswissenschaft (Doppelmoral) und in der psychologischen Forschung (der Behaviorist konzipiert den von ihm untersuchten Menschen als Reiz-Reaktions-Wesen, sich selbst jedoch als reflexives Subjekt).
Lehrpersonen sind dann glaubwürdig, wenn sie selbst jene Handlungsweisen zeigen, die die Lernenden im Bildungsprozess erwerben sollen. Die Lernenden profitieren dabei auf verschiedenen Wegen. Erstens erleben sie am eigenen Leibe, wie sich das anzustrebende Handeln anfühlt. Das hilft ihnen, die Vorzüge und Grenzen dieser Handlungsweisen besser beurteilen zu können, als wenn sie diese lediglich verbal vermittelt bekämen. Zweitens dienen die Lehrpersonen als anschauliche Modelle: Man kann der „Könnerin" oder dem „Könner" abschauen, wie es geht. Im Ansatz der „Meisterlehre" (cognitive apprenticeship) von Collins, Brown und Newman

(1989) stellt das Modeling einen wichtigen ersten Lernschritt dar. Problemlos ist dies nicht, denn wenn das Modell das gewünschte Handeln in zu hoher Perfektion demonstriert, gewinnen die Lernenden häufig den Eindruck, sie wären selbst niemals in der Lage, diesem Anspruch zu genügen. Das führt nach dem kognitiven Motivationsmodell von Heckhausen und Rheinberg bzw. nach der Selbstwirksamkeitstheorie von Bandura zu einer resignativen Einstellung. Deshalb sind Modelle mit geringer Kompetenzdistanz in vielen Fällen hilfreicher: Das angestrebte Agieren kann man zwar noch deutlich genug identifizieren, aber zugleich erscheint es aussichtsreich, selbst einmal in dieser Form handeln zu können.

Glaubwürdigkeit ist ein wichtiger Faktor in Lehr-Lern-Prozessen (vgl. Hattie 2017, S. 276; Burger 2018, S. 21). Schaffen es Lehrkräfte nicht – oder noch schlimmer, streben sie es gar nicht erst an – das eigene Handeln nach jenen Maßstäben zu gestalten, die sie an das Agieren der Lernenden anlegen, so stürzt der Pädagogische Doppeldecker ab. Die Lernenden nehmen den Widerspruch zwischen Worten und Taten wahr und fragen sich mit Recht, wie wichtig denn eine Botschaft sein kann, wenn nicht einmal die Expertinnen und Experten ihr Handeln danach ausrichten? Das hat zwei Folgen. Erstens nehmen die Lernenden die Botschaften nicht sonderlich ernst und haben folglich auch kein besonderes Interesse daran, sie zu realisieren. Zweitens büßen die Lehrkräfte viel von ihrer Reputation ein, denn sie werden von Könnern in den Status von Verkündern unverbindlicher Parolen zurückgestuft. Leider ist die Kluft zwischen Reden und Agieren überall zu finden, z.B. wenn Professoren Vorlesungen über aktives Lernen halten, ohne die Studierenden zu aktivieren; wenn Lehrkräfte über Verbindlichkeit reden, Korrekturen jedoch zu spät zurückgeben; wenn adipöse Ernährungswissenschaftler Artikel über gesunde Ernährung schreiben; wenn Christen für militärische Erfolge beten usw. Derartige Diskrepanzen sind menschlich und durchaus verständlich. In Bildungsprozessen sind sie jedoch verhängnisvoll, weil sie deren Gelingen untergraben.

Das heißt nicht, dass jede Lehrperson zu einem Gandhi werden muss, der in bewundernswerter Weise sein Denken und sein Handeln in Einklang brachte. Es reicht aus, wenn das Bemühen zu erkennen ist, das Reden und das Tun zur Deckung zu bringen. Jene Stellen, an denen dies gelingt, sind den Lernenden zu verdeutlichen im Sinne eines Modeling: „Schaut mal, so sieht es aus, wenn ich die Botschaften angemessen umsetze." Im Gegenzug sind jene Situationen, in denen dies nicht gelingt, der Doppeldecker also abstürzt, ebenfalls kenntlich zu machen. Das bedeutet: Nur unter Einbezug metakommunikativer Phasen kann ein Pädagogischer Doppeldecker wirkungsvoll geflogen werden.

Ich habe es oft genug miterlebt, dass eine Lehrperson in beeindruckender Art alles 1:1 realisierte, was sie verbal verkündete, und dass die Lernenden dies gar nicht bemerkten, weil das Handeln so authentisch, natürlich und flüssig wirkte. Der Modeling-Effekt wirkt sich nur dann in voller Stärke aus, wenn er bewusstgemacht wird. Zusätzlich sollte die Lehrperson das Lehr-Lern-Geschehen an jenen

Stellen unterbrechen, an denen ihr die Umsetzung misslingt. Sie erläutert dann, was sie eigentlich anstrebte und warum dies jetzt schiefging. Auch dadurch wird deutlich, wie das erwünschte Handeln „eigentlich" hätte aussehen sollen. Mir selbst passieren bei Weiterbildungen zwei Dinge recht häufig. Erstens kommt es vor, dass eine Plenumsphase länger gerät als ich es anstrebe. Wenn ich das bemerke, unterbreche ich, mache darauf aufmerksam und nenne die Gründe, sofern mir diese bewusst sind. Zweitens überwiegen entgegen den von mir verbalisierten Botschaften häufig die rezeptiven Phasen gegenüber den aktiven Phasen, obwohl ich sandwichartig vorgehe und systematisch die Teilnehmenden strukturiert kognitiv aktiviere. Beides ist mir recht unangenehm, weil ich meine eigenen Ansprüche verfehle. Aber ich hoffe, dass die Teilnehmenden dadurch besser erkennen können, worauf es ankommt. Ohne metakommunikative Phasen wäre ich nicht nur ein suboptimales Modell, sondern zusätzlich auch noch unglaubwürdig.
Wie Abb. 79 zeigt umfasst der Pädagogische Doppeldecker neben dem Bemühen, die verbalisierten Botschaften im beobachtbaren Handeln zu realisieren, vier metakommunikative Abschnitte:

1. Metakommunikative Einstiegsphase
   Die Lehrperson geht zu Beginn des Bildungsprozesses auf die Meta-Ebene. Sie teilt mit, dass sie ganz bewusst versuchen möchte, möglichst viel von dem umzusetzen – seien es allgemeine Haltungen oder konkrete Aktionen – was die Lernenden in ihr eigenes Handeln übernehmen sollten. Sie erläutert weiter, dass sie zwischendurch an zwei prägnanten Stellen das Lehr-Lern-Geschehen unterbrechen wird. Einmal, wenn es ihr gelingt, das anzustrebende Handeln adäquat zu demonstrieren und einmal, wenn ihr das nicht gelingt.
2. Zwischenstopps
   Während die metakommunikative Einstiegsphase vorgeplant werden kann, sind die Zwischenstopps eine spontane Angelegenheit. Die Lehrperson bemerkt beim Self-Monitoring, wann ihr eine Umsetzung besser und wann sie ihr schlechter gelingt. Situativ entscheidet sie, ob sie das thematisieren möchte oder nicht. Dabei kann sie mehrere Fehler machen. Sie kann zu häufig unterbrechen und jede ihrer eigenen Aktionen auf der Metaebene reflektieren. Der ständige Wechsel der Ebenen kann die Lernenden irritieren. Oder die Lehrperson kann zu selten bis gar nicht unterbrechen, wodurch die Chancen des „Pädagogischen Doppeldeckers" verschenkt werden. Weiter kann sie ihre Selbstbewertung im Sinne übertriebenen Eigenlobs („Bitte alle staunen: Was bin ich doch für ein tolles Modell!") gestalten oder als viel zu streng angesetzte Selbstkritik („Sorry, dass ich so fürchterlich schlecht bin."). Ich selbst handhabe es so, dass ich ab und zu einen Zwischenstopp einlege und so sachlich wie möglich formuliere. Zum Beispiel: „Ich möchte kurz auf die Metaebene gehen: Wir sind jetzt schon 25 Minuten im Plenum. Geplant von mir waren in Anleh-

nung an die berichteten Untersuchungen nur grob 15 Minuten". Oder: „Ich möchte kurz auf die Metaebene gehen: Sie hatten bisher mit Partnerinterview, Ampelmethode und Think-Pair-Share drei kurze Aktivitätsphasen. Längere aktive Phasen werden noch kommen, denn sonst stimmt die von mir angestrebte Relation nicht zwischen aktiver Verarbeitung und rezeptiven Abschnitten." Häufigkeit und Gestaltung von Zwischenstopps sind einerseits eine Frage der Erfahrung, andererseits auch eine Frage des Mutes, denn man stellt das eigene professionelle Handeln damit zur Diskussion.

3. Metakommunikative Abschlussphase
   Wie die Einstiegsphase, so kann auch die Abschlussphase gut eingeplant werden. Es geht darum, gegen Ende des Bildungsprozesses eine kurze Bilanz zu ziehen: Was waren die inhaltlichen Ziele und wie gut ist es mir insgesamt gelungen, diese in meinem eigenen Agieren sichtbar zu machen?
4. Konsequenzen für das Handeln
   Der „Pädagogische Doppeldecker" ist keine Spielwiese für eitle bzw. masochistische Lehrpersonen, sondern ein Instrument, um den Lernenden zu verdeutlichen, wie das angestrebte Handeln im Prinzip auszusehen hätte. Nach dem bewussten Erleben oder Erleiden können die Lernenden begründet entscheiden, was sie von den Inhalten in ihre subjektiven Prototypenstrukturen integrieren möchten. Wegen der hohen Stabilität menschlichen Handelns können dies immer nur eine oder zwei Verhaltensweisen sein. Diese sind in einem abschließenden Reflexionsprozess in Einzel- oder Partnerarbeit auszuwählen und verbindlich zu fixieren. Der „Weg über den Rubikon" führt über umgrenzte, terminierte und von Unterstützungspersonen flankierte Entschlüsse, wie später noch gezeigt wird.

Abb. 79: Der „Pädagogische Doppeldecker" und seine metakommunikativen Phasen.

2.2 Im Sandwich zur Frage: Was heißt das für mich?

In Zusammenhang mit dem Erwerb und der Optimierung kompetenten Handelns erhält das Sandwichprinzip eine neue Bedeutung. Es geht jetzt nicht bloß um eine kognitive Aktivierung im Sinne von „high order thinking", sondern um einen auswählenden Prozess der subjektiven Aneignung. Gerade weil Menschen sich nur langsam ändern, können nicht alle Anregungen in die hoch individuellen Prototypenstrukturen übernommen werden. Vielmehr muss jede Person sehr genau prüfen, an welchen Positionen innerhalb der eigenen Handlungsregulation Modifikationen erstens notwendig und zweitens leistbar sind. Dafür ist jede zweite Phase innerhalb der sandwichartigen Struktur einer Präsenzphase vorgesehen. In der jeweils ersten Phase wird anzustrebendes professionelles Handeln bzw. werden anzustrebende Handlungskompetenzen erläutert, begründet und in möglichst klarer Weise sichtbar gemacht, sei es durch Praxisberichte, Videobeispiele oder das Agieren im Doppeldecker-Modus. In der jeweils zweiten Phase stellen sich die Lernenden immer wieder die gleiche Frage: „Was bedeutet das für mich und mein eigenes Handeln?"

Dass es selbst für Anfängerinnen und Anfänger durchaus sinnvoll ist, sich derartige Fragen zu stellen, das belegt die schon zitierte Dissertation von Anne Widmann (2019). Die Fachschülerinnen zeigten als Novizinnen zu Beginn ihrer Ausbildung schon zwischen 39% und 42% jener professionellen Handlungsweisen, die ihnen drei Jahre später als Expertinnen im Umgang mit Kindern im Vorschulalter abverlangt werden. Neues Handeln baut immer auf vorhandenen Strukturen auf. Es gibt keine vollständigen Neukonstruktionen, wohl aber eine systematische, erfahrungsgeleitete Modifikation der „mitgebrachten" Prototypenstrukturen. Der sandwichartige Aufbau einer Präsenzphase erlaubt es, kontinuierlich über das bisherige wie das künftige Handeln zu reflektieren.

Unterstützend kann es dabei wirken, wenn man die Lernenden animiert, sich während der Präsenzphasen stetig zu notieren, welche einzelnen Anregungen es denn ganz grundsätzlich wert wären, in das eigene Handeln übernommen zu werden. Diese Form der Notizen nenne ich „Ideenspeicher" (Abb. 79). Ich animiere meine Teilnehmenden, diesen ständig vor sich liegen zu haben, um während der eingeschobenen Aktivitätsphasen festhalten zu können, was in die engere Auswahl kommt. Ich fordere zusätzlich ganz ausdrücklich dazu auf, auch von mir gemachte Vorschläge ganz bewusst auszuschließen. Im Ideenspeicher soll nur fixiert werden, was als gleichermaßen wertvoll wie umsetzbar erscheint. Zuweilen füge ich unten an den Ideenspeicher als Erinnerungshilfe jene Elemente an, die ich während der Präsenzphasen in den Mittelpunkt stelle und die ich nach Kräften versuche, in Form des Pädagogischen Doppeldeckers zu realisieren. Auf der Rückseite des „Ideenspeichers" sind komplementär die verbindlichen Entschlüsse zu fixieren (Abb. 80). Das bedeutet, dass die im Ideenspeicher festgehaltene Vorauswahl noch weiter reduziert wird auf ein oder zwei professionelle Handlungsweisen bzw. Handlungskompetenzen, die „über den Rubikon“ mitgenommen und aktiv angestrebt werden.

Ideenspeicher

Das könnte ich einmal ausprobieren

Sandwichprinzip: zeitlich begerenzte Plenumsfragen, gefolgt von kognitiver Aktivierung, Vorwissen optimieren mit Advance Organizer, Expertenwissen kurz und interessant vermitteln.

Kognitive Aktivierung: Partnerinterview, Lerntempoduett, Gruppenarbeit optimieren, weniger Fragen stellen und Zeit zum Nachdenken geben (Think-Pair-Share, Murmelphase), Ampelmethode, Sortieraufgabe, Strukturlegetechnik.

Lernwege flankieren: Entschlüsse, kollegiale Unterrichtsreflexion, Tandembildung, Hospitation, einheitliche Lernumgebungen schaffen („Sternchenklassen“).

Abb. 80: Während der Aktivitätsphasen zu führende Notierhilfe zur Vorauswahl jener Anregungen, die grundsätzlich in Frage kommen für die Übernahme in das jeweils eigene Handeln. Am unteren Rand finden sich zur Erinnerung die von der Lehrperson als wichtig erachteten Elemente. Das Praxisbeispiel stammt aus einer von mir geleiteten Weiterbildung für Lehrkräfte einer Berufs- und Wirtschaftsschule.

2.3 Der Weg über den Rubikon

Der Weg vom Wissen zum Handeln ist weit. Doch in den letzten Jahren ist er theoretisch wie empirisch immer besser erkundet worden, so dass man heute begründete Vorstellungen davon hat, wie man ihn erfolgreich zurücklegen kann. Allerdings ist es ein sehr schwieriger Weg mit zahlreichen Entscheidungspunkten. Es ist nicht nur der Rubikon durch den Prozess der Intentionsbildung zu überwinden, wie dies die Rubikontheorie (vgl. Achtziger & Gollwitzer 2006) beschreibt in Anlehnung an Cäsars historische Flussüberquerung, die einen Bürgerkrieg einleitete und damit zu einem sprachlichen Bild für das Einlassen auf riskante Aktionen geworden ist. Sondern die gebildete Absicht muss in Form von Handlungsplänen (Action Planning) sowie in Form präventiver Abwehrstrategien gegen Störungen, Hindernisse und Unterbrechungen (Coping Planning) weiter konkretisiert werden. Damit nicht genug. Sobald begonnen wird, die Pläne in die Tat umzusetzen, muss die eingeschlagene Richtung durch Selbstüberwachung, eingeübte Selbstanweisungen wie etwa Stoppcodes, soziale Unterstützung in Tandems und Kleingruppen sowie soziale Kontrolle durch verbindliche Rückkopplungssysteme eingehalten werden. Aber erst dann, wenn im realen Handlungsfeld die erhofften positiven Erfahrungen gemacht werden, ändern sich auch die handlungsleitenden Prototypenstrukturen. Betrachtet man diesen recht voraussetzungsreichen Prozess, den ich gleich im Detail skizzieren werde, dann muss man sich eigentlich nicht mehr darüber wundern, dass Menschen sich nur zögerlich verändern. Folgende Teilschritte sind dabei in handlungslogischer Abfolge unverzichtbar:

- Vom Wissen zu Motivation.
- Von der Motivation zur Absicht.
- Von der Absicht zur Planung.
- Von der Planung zur Aktion.

1. Schritt: Vom Wissen zur Motivation

Die Lernenden werden über neue Handlungsmöglichkeiten informiert. Zusätzlich erleben sie im Pädagogischen Doppeldecker, wie sich diese „anfühlen“ und sie machen die Erfahrung, dass die angestrebten Aktionen tatsächlich funktionieren können. Wie schon erwähnt, kann die Entstehung klarer innerer Bilder durch Praxisberichte, Videobeispiele und Expertenmodelle weiter vorangetrieben werden. Insgesamt soll sich die Motivation entwickeln, das eigene Handeln zu verändern. Im idealtypischen, strukturellen Modell der Rubikontheorie gilt dies als „abwägende Bewusstseinslage“. Die Person hat zusätzlich zu ihrem bisherigen Handlungsrepertoire weitere Alternativen kennengelernt und muss nun auswählen, welche davon für sie selbst in die engere Wahl kommen. „Die Aufgabe, die es in der prädezisionalen Handlungsphase zu lösen gilt ist die, zwischen einer Vielzahl anstehender Wünsche jeweils denjenigen auszuwählen, den man letztlich in die Tat umsetzen möchte“ (Achtziger & Gollwitzer 2006, S. 282). Wie beschrieben, unterstützen sowohl die sandwichartig eingeschobenen Aktivitätsphasen als auch Notier- und Erinnerungshilfen diesen Schritt. Doch Motivation allein reicht nicht aus. Nur wenn es gelingt, die Motivations- in Willensprozesse zu überführen, können der Rubikon überschritten und Änderungen des jeweils eigenen Handelns in Angriff genommen werden.

2. Schritt: Von der Motivation zur Absicht

Die entscheidende Innovation des Rubikon-Modells liegt in der Erkenntnis, dass die abwägende motivationale Handlungsphase in volitionale Handlungsphasen überführt werden muss, soll Handeln in Gang kommen. Nur wenn aus den verschiedenen Wünschen ein dezidierter, vom Willen getragener Entschluss wird, kann die Kluft zwischen einer rein gedanklichen Möglichkeit und dem Beginn einer realen Handlung überschritten werden. In der Rubikontheorie wird dieser Schritt als „Intentionsbildung“ bezeichnet. Die Formulierung einer Absicht ist jener Akt, der mit dem historischen Überschreiten des Rubikon gleichzusetzen ist. Allerdings ist es keineswegs beliebig, wie eine Absicht bzw. ein Entschluss bzw. ein Vorsatz zu formulieren sind. Unwirksam sind allgemeine Zielformulierungen. Das belegt die mit dem Rubikonmodell verknüpfte, umfangreiche empirische Forschung. Dazu einige Negativbeispiele: „Ich will in meinem Arbeitszimmer mehr Ordnung halten." Oder: „Ich nehme mir vor, die Prüfungen früher zu korrigieren." Oder: „Ich will vor dem nächsten Wettkampf mehr trainieren." Derartige Erklärungen ziehen in der Regel selten Änderungen nach sich. Vielmehr hat sich gezeigt, dass die Intentionsbildung deutlich spezifischer sein muss, soll der Weg von der Absicht zum veränderten Handeln beschritten werden können. Gut ist es also, wenn Entschlüsse die folgenden Merkmale aufweisen:

(a) Das anzustrebende Handeln ist im Sinne einer prototypen-nahen Anweisung formuliert.
Die Formulierung sollte so konkret sein, dass sie mir genau sagt, was ich zu tun habe. Anstatt „mehr Ordnung halten" sollte es heißen: „Ich nehme mir vor, am kommenden Dienstag direkt nach dem Abendessen eine halbe Stunde lang die auf dem Boden liegenden Bücher ins Regal einzuordnen." Oder: „Ich nehme mir vor, mit der Korrektur der schriftlichen Prüfungen noch am Prüfungstag zu beginnen." Oder: „Ich nehme mir vor, zusätzlich zu Montag und Mittwoch auch noch am Freitag 1 Stunde mit dem Fahrrad zu fahren." Die grundlegende Idee sieht so aus, dass Situation und Aktion miteinander verknüpft werden. Sobald die Situation auftaucht (nach dem Abendessen, sofort nach Erhalt der schriftlichen Prüfungen, ein genau bestimmter Wochentag) soll das erwünschte, jedoch bisher nicht realisierte Handeln in Gang kommen. Ob das im Sinne eines Automatismus geschieht, wie Achtziger und Gollwitzer (2006) oder Sniehotta el. al (2005) sich dies erhoffen, ist eher fraglich. Menschen reagieren nach meinen Forschungsergebnissen zwar prototypenartig in einer engen Verknüpfung von Situationswahrnehmung und Handlungsauswahl. Aber das geschieht nicht im behavioristischen Sinne als unentrinnbare Reiz-Reaktions-Koppelung, sondern es ist stets die sekundenschnelle Entscheidung zu treffen, ob der ins Auge gefasste Reaktions-Prototyp tatsächlich in dieser spezifischen Situation ausgeführt werden soll.

(b) Der Zeitpunkt der ersten Umsetzung ist zu nennen.
Wenn nicht schon in der prototypen-nahen Formulierung integriert, dann ist gesondert anzugeben, wann das anzustrebende Agieren zum ersten Mal gezeigt werden soll. Deshalb enthalten die von mir zur Absichts- bzw. Entschlussbildung verwendeten Hilfen nicht nur die Kategorie: „Was nehme ich mir vor?", sondern auch: „Bis wann will ich das tun?" Empfehlenswert ist es, den Zeitpunkt so eng wie möglich an die jeweilige Präsenzphase anzuschließen, damit die Vorstellungen vom angestrebten Handeln wenig verblassen und die Willensprozesse wenig geschwächt werden.

Meine nächsten Schritte

Was nehme ich mir vor?

Bis wann will ich das tun?

Wem berichte ich?

Ich kann einer Kollegin oder einem Kollegen berichten.
Ich kann in einer Fachschaft berichten.
Ich kann eine E-Mail an diethelm.wahl@freenet.de schicken.

Abb. 81: Praxisbeispiel aus einer Weiterbildung für Lehrkräfte: Formular für in Anlehnung an das Rubikon-Modell zu bildende Entschlüsse.

(c) Verbindliche Entschlüsse fassen

Wichtig ist, dass Absicht bzw. Entschluss mit einer gewissen Verbindlichkeit gebildet werden. In Anlehnung an das in verschiedenen Kulturen gebräuchliche Sprichwort: „Wer gackert muss auch legen" („who cackles must also lay") entspricht die schriftliche Vorsatzbildung dem Gackern, das andere wahrnehmen. Damit ist automatisch die Verpflichtung verbunden, die öffentliche Ankündigung in die Tat umzusetzen. Deshalb ist auf dem Formular als dritte Kategorie zu finden: „Wem berichte ich?" Das handelnde Subjekt wählt selbst aus, wem es berichten will. Dafür besonders geeignet sind jene Personen, die sich ebenfalls in einem Veränderungsprozess befinden. Deutlich mehr Mut erfordert es, wenn die Lernenden gegenüber der oder den Lehrpersonen offenzulegen haben, in welcher Weise sie ihre Absicht realisiert haben oder nicht. Dazu eine persönliche Erfahrung. Sind in meiner Weiterbildung mehr als 50 Personen, dann erhalte ich wenige Erfolgs- oder Misserfolgs-E-Mails. Ist der Teilnehmerkreis dagegen nicht größer als 20 Personen, können es durchaus 80% bis 100% sein, die an mich berichten und im Gegenzug eine Antwort von mir erhalten.

Wer die Verbindlichkeit weiter erhöhen möchte, der kann scherzhaft mit Konsequenzen arbeiten (siehe Abb. 82). Natürlich sind die Lernenden autonome Subjekte, die niemand mit Strafen dazu zwingen kann, etwas zu tun, was sie nicht möchten. Aber die Erfahrungen bei kleinen Teilnehmergruppen zeigen, dass es die Menschen spaßig finden, sich selbst Konsequenzen aufzubürden, die im Grunde niemanden weh tun. Auf diese Weise sind in den letzten Jahren zahlreiche Kuchen gebacken, Sketche präsentiert sowie Gedichte und Witze vorgetragen worden. Ab und zu kam es vor, dass selbst erdachte Konsequenzen in Form von Süßigkeiten oder einer Blume für jede Person eingelöst wurden.

Allerdings hat bisher von meinen Teilnehmenden noch niemand Geld an eine Bank gespendet oder ein Lied vorgesungen. Warum tragen derartige Vorsätze die Bezeichnung „krokodilartig“? Krokodile sind gefährlich. Sich selbst Konsequenzen aufzuerlegen kann gleichermaßen folgenreich sein. Interessant ist, dass etliche Teilnehmende berichten, dass sie – um den selbst auferlegten Konsequenzen zu entgehen – sich schließlich doch aufgerafft hätten, die eigenen Vorsätze zu realisieren.

Mein Krokodil heißt: ______________________

Meine nächsten Schritte

Ich nehme mir vor,

(1) Folgendes auszuprobieren:

____

(2) Eine E-Mail zu senden an diethelm.wahl@freenet.de, in der ich mitteile, ob und was ich erprobt habe.

Beide Vorsätze möchte ich bis spätestens 30. September 2019 verwirklichen.

Sollte ich mindestens einen der beiden Vorsätze nicht einhalten, so erlege ich mir selbst die nachfolgenden Konsequenzen auf:

- ☐ Ich spende 20 Euro an die Deutsche Bank oder ein anderes notleidendes Unternehmen.
- ☐ Ich singe ein Lied vor, präsentiere einen Sketch oder erzähle einen Witz.
- ☐ Ich trage ein Gedicht im breitesten Dialekt vor, über den ich verfüge.
- ☐ Ich backe einen Kuchen und bringe ihn mit.
- ☐ Selbst erdachte Konsequenzen:

____

Abb. 82: Praxisbeispiel aus einer dreiteiligen Weiterbildung für betriebliche Dozenten: Vorsatzbildung mit scherzhaft gemeinten, jedoch real einzulösenden Konsequenzen.

3. Schritt: Von der Absicht zur Planung

Die Intention ist gebildet. Nach Wolfgang Mutzeck (1988 und 2005) geht es nun um den Weg von der Absicht zum Handeln. Oder in der Diktion von Godhino et al. (2014): „Will is not enough“ – der Wille alleine reicht nicht aus. Vielmehr steht jetzt im Zentrum, aus einem differenziert formulierten und zugleich verbindlichen Entschluss eine Handlung zu formen. Damit beschäftigen sich derzeit vor allem Wissenschaftler im Gesundheitsbereich, denen es wichtig ist, in Langzeitstudien auf Essgewohnheiten, körperliche Aktivitäten, das Benützen von Zahnseide oder das Anlegen von Sicherheitsgurten usw. einzuwirken (vgl. Sniehotta et al. 2005; Schwarzer et al. 2007; Schwarzer 2008; Godinho et al 2014). Erklärtes Ziel ist es, die „Black Box“ zwischen Intention und Aktion theoretisch wie empirisch aufzuklären (Schwarzer 2008, S. 21). Dabei ergeben sich zwei Arbeitsschwerpunkte. Erstens die Implementation des erwünschten Verhaltens. Und ist dies gelungen, dann geht es zweitens um dessen Persistenz, also um das

Aufrechterhalten des veränderten Agierens. Entsprechend wird empfohlen (vgl. Mutzeck 2005; Sniehotta et al. 2005; Schwarzer 2008; Godinho et al. 2014), in zwei Abschnitten vorzugehen:

(1) „Action Planning"

Die prototypen-nah formulierte Absicht ist so lange auszudifferenzieren, bis daraus handlungsleitende Pläne entstehen. Es ist eine jener Eigenschaften, in denen sich der Mensch besonders deutlich von anderen Lebewesen unterscheidet: Die Antizipation künftiger Ereignisse und das darauf abgestimmte, planvolle Handeln. Andere Lebewesen können auch antizipieren und planen, aber nicht in diesem herausragenden Umfang. Der Mensch kann Minuten, Stunden, Tage und Jahre bis ins Detail gedanklich vorwegnehmen. Nur wenn ihn Emotionen überfluten, bricht seine Rationalität weitgehend zusammen und er unterscheidet sich in seinem Reagieren nur unwesentlich von anderen Säugetieren, wie zum Beispiel identisch angelegte Laborexperimente mit Ratten und Menschen zeigen, in denen extremer Stress induziert wird. Das Planen künftiger Handlungen, vor allem solcher, die sich von den bisherigen Vorgehensweisen unterscheiden, soll sicherstellen, dass deren Ausführung in der Praxis gelingt. Die „Vorbereitung der Umsetzung", wie Wolfgang Mutzeck (2005, S. 83) dies formuliert, hat die Funktion, die Kluft zwischen einem Entschluss und der zugehörigen Aktion zu überbrücken. Ist das Agieren gedanklich durchgespielt, kann es wie ein Programm beim Auftreten der entscheidenden Situation abgerufen werden. Dadurch besitzt es eine klare Struktur und ist weniger ein zufälliges Ergebnis des spontanen Reagierens des Akteurs auf situative Besonderheiten.

Wie kann man sich „Action Planning" im Detail vorstellen? Dazu ein einfaches Beispiel. Nehmen wir einmal an, eine Lehrkraft würde sich verbindlich dazu entschließen, die Vorwissensorganisation beim kommenden Lehrplanthema mit der Ampelmethode durchzuführen. Sie hätte das noch nie gemacht und möchte das jetzt erstmalig ausprobieren. Was müsste sie alles im Voraus planend reflektieren, damit aus dem im Vordruck „Meine nächsten Schritte" (vgl. Abb. 80) schriftlich fixierten Entschluss eine praxistaugliche Aktion entstehen kann?

(a) Wie soll bei der Ampelmethode abgestimmt werden? Will ich Karten in den Farben Rot, Gelb und Grün selbst herstellen oder kaufen? Arbeite ich lieber mit Aufstehen und Sitzenbleiben? Will ich ein Electronic Voting System implementieren? Sollen die Lernenden mit roten, gelben und grünen Farbstiften die Lösung signalisieren? Soll nur mit dem Daumen nach oben, zur Seite oder nach unten gearbeitet werden? usw.

(b) Wie viele Alternativen gebe ich jeweils vor? Zwei im Sinne von richtig und falsch? Drei wie bei einer Verkehrsampel? Mehr als drei?

(c) Soll jeweils nur eine Alternative oder können auch mehrere bis alle richtig sein?

(d) Wie gebe ich die Alternativen vor? Erstelle ich eine Powerpoint-Präsentation? Schreibe ich die Alternativen an Tafel, Whiteboard oder Flipchart? Gebe ich die Alternativen auf einem Arbeitsblatt vor? Programmiere ich die Alternativen im Electronic Voting System? usw.

Es wird deutlich, wie viel zu überlegen und teilweise auch vorzubereiten bzw. vorauslaufend zu beschaffen oder zu organisieren ist. Im Unterschied dazu könnte auch eine Lehrkraft gar nichts vorbereitend durchdenken, einfach vor die Lerngruppe stehen, sich Fragen einfallen lassen und diese dann auf irgendeine Weise mündlich oder schriftlich präsentieren, worauf die Lernenden auf irgendeine spontan zu bestimmende Weise in Form der Ampelmethode zu reagieren hätten. Zuweilen funktioniert es auch tatsächlich, wenn man sein Handeln wenig plant. Doch die Erfolgswahrscheinlichkeit bei planvollem Agieren ist deutlich höher. Deshalb ist es mir persönlich sehr wichtig, noch während der von mir geleiteten Präsenzphasen Zeit zur Verfügung zu stellen, in der in Einzel- oder Partnerarbeit das angestrebte Handeln differenziert geplant werden kann. Eine ausgearbeitete oder wenigstens schon begonnene Aktionsplanung erleichtert den Transfer in die Praxis. Würde man hingegen die gesamte Planungsarbeit in die Zeit nach der Präsenzphase verlagern, dann bestünde die Gefahr, dass sie gar nicht erst begonnen wird angesichts der Vielfalt anderer zu erledigender Aufgaben.

(2) „Coping Planning“

Unter „coping“ versteht man, etwas zu bewältigen, etwas zu überwinden oder mit etwas fertig zu werden. Ziel ist, das ausgearbeitete Handeln („action planning“) gegen unerwünschte Einflüsse, Störungen und Widerstände abzusichern. Dazu werden „Hilfen und Ressourcen personeller, materieller und situativer Art gesucht bzw. entwickelt. Damit soll das In-Angriff-Nehmen und das Durchhalten der Umsetzung erleichtert werden.“ (Mutzeck 2005, S. 92). Es geht also darum, eine an potentiellen Handlungserschwernissen orientierte Selbstregulationsstrategie zu konzipieren, welche die positiven Absichten flankieren und schützen soll (Sniehotta et al. 2005, S. 567). In der Formulierung von Wolfgang Mutzeck: Die „Giftpfeile“ (Störungen, Erschwernisse) der Praxis sollen durch „Schutzschilde“ (Vorbeugungs- und Abwehrmaßnahmen) aufgefangen werden. (Mutzeck 2005, S. 93).

„Coping Planning“ erfolgt zu zwei unterschiedlichen Zeitpunkten. Erstens vor Beginn der ersten konkreten Umsetzungen. Hier kann man die potentiellen Gefährdungssituationen gedanklich durchspielen und Gegenmaßnahmen vorsehen. Die Handelnden sind mit ihren eigenen, typischen Praxis-Situationen vertraut. Sie kennen ihre Schwächen, aber auch von außen kommende Hemmnisse. Sie können also antizipieren: Wenn jene spezielle Störung auftritt, dann könnte ich wie folgt reagieren. Das Problem dabei ist, dass noch kein Versuch stattgefunden

hat, das neue Handeln zu realisieren. Deshalb bewegen sich die Akteure vollständig im spekulativen Bereich. Folglich ist es zweitens deutlich wirkungsvoller, das „Coping Planning" dann zu intensivieren, wenn schon die ersten Umsetzungsversuche stattgefunden haben. In der Transferphase weiß man, welche Widerstände es gibt. Dann kann man konkret anhand der real gemachten Erfahrungen planen. Deshalb sind die besten Ergebnisse zu erwarten, wenn man das „Coping Planning" des ersten Zeitraums (= vor der Umsetzung) mit jenem des zweiten Zeitraums (= während der Umsetzung) kombiniert (Sniehotta et al. 2005, S. 568).
Wie könnte ein „Coping Planning" im obigen Beispiel zur erstmaligen Erprobung der Ampelmethode aussehen? Die Lehrkraft antizipiert, was alles schiefgehen könnte bzw. welche negativen Einflüsse den Transfer gefährden könnten.

(a) Werden die von mir bestellten Ampelkarten rechtzeitig eintreffen? Wenn nicht, verschiebe ich dann die erste Erprobung oder arbeite ich mit Farbstiften?
(b) Wie reagiere ich, wenn die Lernenden die Ampelmethode unterlaufen, also die Lösungen von den Guten abschauen, einen Klamauk daraus machen, sich ganz der Methode verweigern, mir die rote Karte zeigen usw.?
(c) Wie reagiere ich, wenn meine Kolleginnen und Kollegen sich abfällig über die Ampelmethode als „Kindergartenmethode" äußern?
(d) Wie gut muss ich die Ampelmethode einüben, damit allein durch den Einsatz der neuen Methode keine Probleme entstehen?
usw.

Am Beispiel kann man gut erkennen, dass es keinen Sinn hat, sich vorauslaufend mit allen denkbaren Schwierigkeiten gedanklich zu beschäftigen. Das würde nicht nur zu viel Zeit erfordern, sondern sich lähmend auf das eigene Engagement auswirken. Besser ist es, sich gedanklich lediglich auf ein oder zwei kritische Sachverhalte vorzubereiten, jedoch den Großteil des „Coping Planning" erst dann zu leisten, wenn sich bei den ersten Erprobungen klar umrissene Störungen zeigen.

4. Schritt: Von der Planung zur Aktion

Bevor das differenziert geplante neue Handeln in realen Situationen ausgeführt wird, muss es erst einmal „gekonnt" werden. Es geht also darum, den Ablauf einer Aktion so lange zu üben, bis sie auch im Ernstfall flüssig ausgeführt werden kann. Im Bereich des Sports ist dies eine Selbstverständlichkeit: Gerade weil zum Beispiel in Ballsportarten die Wettkampfsituationen immer neu und nur zum Teil vorhersehbar sind, müssen die sportartspezifischen Bewegungen systematisch trainiert werden, denn sonst können sie im Match nicht in der erforderlichen Qualität abgerufen werden. Training im Sport wird nicht hinterfragt. Das Training zum Beispiel von Lehr- oder Kommunikationsverhalten jedoch schon. Wer in diesen Bereichen von Training spricht, wird verdächtigt, gleichermaßen starre wie unreflektierte Muster einzuschleifen, die der Komplexität menschlicher Interaktionen bzw. der Situationsspezifität des Lehr-Lern-Geschehens nicht gerecht werden. So kommt es, dass anspruchsvolle professionelle Handlungsweisen wie metakommunikatives Thematisieren von Konflikten, freundlich-konsequentes Classroom-Management oder die dreiteilige, sandwichartige Präsentation von Advance Organizers den Akteuren zwar theoretisch vertraut sind, dass es ihnen jedoch zugemutet wird, von der theoretischen Durchdringung direkt in die folgenreiche Praxis zu springen, ohne dass sie vorher Gelegenheit zur systematischen Einübung gehabt hätten. Folge ist die mittlerweile sattsam bekannte Kluft zwischen Wissen und Handeln bzw. Theorie und Praxis.

Wenn es richtig ist, dass beim menschlichen Agieren Situations- und Aktions-Prototypen eine entscheidende Rolle spielen, dann ist es unverzichtbar, dass neue, also noch nicht im Repertoire verfügbare Prototypen so lange geübt werden, bis ihre Ausführung wenigstens ansatzweise gelingt. Prototypen sind unscharf. Sie bedürfen einer situationsspezifischen Abwandlung, denn nach Heraklits Grundsatz „panta rhei" (alles bewegt sich fort, nichts bleibt bzw. man kann nicht zweimal in denselben Fluss steigen) ist jede Situation neu. Aber glücklicherweise gibt es Wiederholungen, Ähnlichkeiten, Vergleichbares. Wenn dem nicht so wäre, könnten wir nur sehr langsam handeln, denn wir müssten jedes Geschehen von Grund auf neu durchdenken. Nichts erschiene uns bekannt und somit wüssten wir auch nicht, wie wir uns verhalten sollten. Es führt also kein Weg daran vorbei, neues Handeln einzuüben. Dies sollte möglichst gefahrlos geschehen, das heißt das Trainieren sollte arm sein an ernsthaften Konsequenzen. Denn wenn jede ungeschickte oder schlecht ausgeführte Handlung sofort zur Katastrophe geriete, dann würden sich die Akteure verständlicherweise scheuen, eine Aktion zu versuchen, von der sie nicht wüssten, ob sie ihnen gelingt.

Welche Möglichkeiten gibt es für ein möglichst gefahrloses, konsequenzenarmes Einüben neuer Handlungsweisen? Bekannt ist hier vor allem das Rollenspiel, eine von Lernenden gefürchtete Maßnahme, weil meistens im Plenum geübt wird, so dass das Handeln weniger Akteure von zahlreichen Zuschauern verfolgt wird. Auf diese Weise wird die Trainingssituation zu einer Auftrittssituation. Folglich sind Rollenspiele nur dann empfehlenswert, wenn in Paaren oder Kleingruppen trainiert wird. Erstens können dabei alle Lernenden üben und nicht nur wenige. Zweitens ist die Zahl bewertender Personen geringer. Eine zweite Möglichkeit ist die von uns entwickelte Methode „Szene-Stopp-Reaktion", wie in Teil II, Kap. 1.4 schon dargestellt. Eine dritte Möglichkeit ist das situative Handlungstraining. Dabei werden die Lernenden unter Trainingsbedingungen mit Situationen konfrontiert, die später im Beruf auftauchen. Bei der polizeilichen Ausbildung sind beispielsweise Fahrzeuge zu kontrollieren oder per Video vorgegebene Gefahrensituation zu bewältigen. Bei der Ausbildung im Gesundheitsweisen müssen in sogenannten „Skillslabs" Spritzen gesetzt, Katheter gelegt oder halbseitig gelähmte Personen aktivierend umgelagert

werden (vgl. Schwarz-Govaers 2005 a, Kap. 10.3). Im beruflichen Bildungswesen wird in Übungswerkstätten produziert oder in Übungsfirmen gearbeitet. In der Lehrerbildung wird komplexes Lehrhandeln unter vereinfachten Bedingungen ganzheitlich simuliert, „Micro-Teaching“ genannt.
Dass derartige Trainingsmöglichkeiten von Erfolg gekrönt sind, das zeigt die Untersuchung des von mir betreuten Doktoranden Wolfgang Widulle (2012). Er wollte wissen, welche Auswirkungen eine nach handlungstheoretischen Gesichtspunkten gestaltete Lehrveranstaltung im Studium der Sozialen Arbeit auf das beobachtbare Kommunikationsverhalten seiner Studierenden hat. Genauer: Würden durch seine zweisemestrige Standard-Lehrveranstaltung „Kommunikation und Gesprächsführung“ unerwünschte Ratschläge, nicht hilfreiche Fragen und grobe Gesprächsstörer wie Vorwürfe oder Ermahnungen weniger häufig auftreten? Würden umgekehrt konstruktive Handlungsprototypen wie beziehungssensible Kommunikation, explizite Metakommunikation, konstruktive Kritik sowie die treffende Wiedergabe von Gedanken und Gefühlen häufiger zu beobachten sein? In seinen Lehrveranstaltungen wurde deshalb nicht nur in sandwichartiger Weise informiert und reflektiert, sondern es wurde auch intensiv mit Trainingsverfahren wie Szene-Stopp-Reaktion und Rollenspielen gearbeitet.
Um die Effekte zu messen, ließ Widulle alle zwölf von ihm geschulten Studierenden vor Beginn und nach Ende des Moduls einzeln mit einer Simulationsklientin interagieren, die für ihre stets gleiche Rolle gründlich vorbereitet wurde. Vorgegeben wurden differenzierte Fallschilderungen. Beispielsweise kommt eine Mutter zur Beratung an die Fachstelle, um zu besprechen, wie es ihrem seit drei Monaten in einer Pflegefamilie platzierten Sohn geht und wie der Kontakt weitergeführt werden soll. Oder eine im Heim untergebrachte Jugendliche, die sich noch in der Probezeit befindet, sucht das Gespräch mit der Sozialpädagogin. Die auf die jeweilige Rolle trainierte Simulationsperson hatte die Klientin zu verkörpern, die jeweiligen Studierenden die Sozialpädagogin. Die Rollenspiele wurden per Video aufgezeichnet. Aus 48 je ca. 10 Minuten langen Videos wurden insgesamt 156 bedeutsame Episoden extrahiert, mit dem Strukturierten Dialog (Wahl 1991) und der Weingartner-Auffassungs-Legetechnik WAL (Wahl 1991) erfasst und die sprachlichen Äußerungen inhaltsanalytisch mit Primärcodes, Metacodes und Expertenurteilen ausgewertet. Die Abbildungen 82 und 83 zeigen eine erfreuliche Verminderung nichtkonstruktiver Handlungsprototypen um 44% sowie eine beeindruckende Verdoppelung konstruktiver Handlungsprototypen. Interessant ist, dass beide Arten von Prototypen in erheblichem Umfang schon in das Studium „mitgebracht“ wurden und dass vor allem die problematischen Prototypen durch das Training nicht vollständig eliminiert werden konnten: Sie zeigten sich mit Ausnahme der groben Gesprächstörer als erstaunlich stabil. Ein weiterer Beleg dafür, dass neues Handeln stets auf schon vorhandenen handlungsleitenden Prozesse und Strukturen aufbaut.

Veränderungen nichtkonstruktiver Handlungsprototypen

MC HA-	Primärcode-Beispiele	Set 1	Set 2	Diff.
Grobe Gesprächsstörer	Vorwürfe, Misstrauensäußerungen, Ironie, Ermahnungen, unklare und ambivalente Antworten, Verbote, Rechtfertigungen	24	5	-19
Unerwünschte Ratschläge	Unerwünschte Ratschläge	10	2	-8
Vermeiden und Beschwichtigen	Beschwichtigungen, Ignorieren, Themenwechsel, Überzeugungsversuche	26	18	-8
Nichthilfreiche Fragen	Ausfragen, Gegenfragen, Mehrfachfragen, geschlossene Fragen, Suggestivfragen, Ursachenfragen	15	17	+2
Summen		75	42	-33

Nichtkonstruktive Handlungsprototypen – geclusterte Primärcodes – Vergleich von Set 1 und Set 2

Abb. 83: Die Verringerung problematischer Kommunikationsprototypen durch ein Gesprächstraining nach Widulle 2012.

Veränderungen konstruktiver Handlungsprototypen

MC HA+	Primärcode-Beispiele	Set 1	Set 2	Diff.
Verstehensorientierte Handlungstypen	Zuhören durch Aufmerksamkeit, hilfreiche Fragen, treffende Wiedergabe von Gedanken und Gefühlen	22	52	+30
Strukturierend einflussnehmende Handlungstypen	Vorschläge zur Problemlösung, hilfreiche Stellungnahmen, Zustimmung und konstruktive Kritik	29	55	+26
Beziehungsgestaltende Handlungstypen	Selbstbild- und beziehungssensible Kommunikation explizite Metakommunikation	5	13	+8
Summen		56	120	+64

Konstruktive Handlungsprototypen – geclusterte Primärcodes – Vergleich von Set 1 und Set 2

Abb. 84: Die Optimierung konstruktiver Kommunikationsprototypen durch ein Gesprächstraining nach Widulle 2012.

Micro-Teaching

Will man in der Lehrerbildung von der Handlungsplanung zur Aktion gelangen, dann kommt man am Instrument des „Micro-Teaching" nicht vorbei. Dieses Verfahren ist seit den Veröffentlichungen von Walter Zifreund (1966) im deutschsprachigen Raum bekannt, stand jedoch von Beginn an unter Technologieverdacht und hat sich deshalb bisher nicht durchsetzen können. Dabei ist es einerseits hoch wirksam. Effektstärke nach Hattie und Zierer (2018) d = 1,01 gewichtet. Andererseits ist es dem professionellen Lehrhandeln perfekt angemessen, weil es nach dem Prinzip einer vollständigen Handlung differenzierte Unterrichtsplanung, praktische Durchführung sowie reflexive Bewertung enthält. Das wird häufig übersehen. Micro-Teaching in der hier von mir vorgeschlagenen Version ist weit mehr als ein stupides Training unterrichtlicher Skills. Micro-Teaching oder auch Micro-Training ist eine Möglichkeit des gefahrlosen, konsequenzenarmen Einübens. Warum „Micro"? Weil einige Merkmale realer Unterrichtssituationen reduziert werden. Die Zahl der Teilnehmenden ist gering. Empfehlenswert sind Trainingsgruppen zu je 5 Personen. Eine Person trainiert das Lehren, die anderen vier Personen begeben sich in die Rolle der Lernenden.

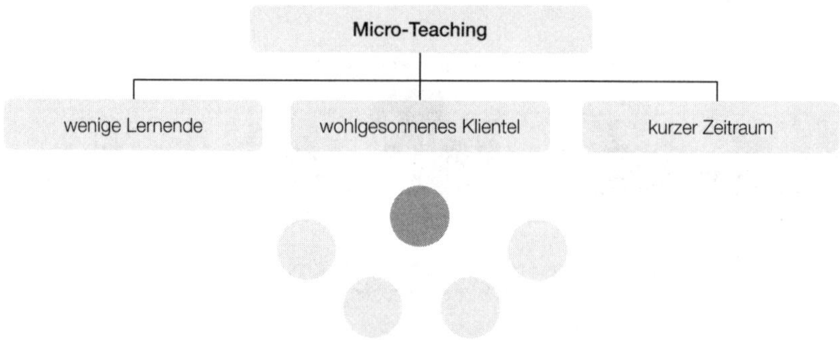

Abb. 85: Micro-Teaching ist Training des Lehrverhaltens bei reduzierter Komplexität.

Die Teilnehmenden sind darüber hinaus nicht schwierig: Sie stören nicht, sie provozieren nicht, sie führen alle Anweisungen brav aus und bemühen sich, die ganze Zeit über hoch konzentriert dem Geschehen zu folgen. Wie kann man zu derartigen Wunderwesen kommen? Man nimmt ganz einfach Peers, also Personen mit gleichem Status. Professoren trainieren mit Professoren, Lehrkräfte mit ihren Kolleginnen und Kollegen, Studierende mit Studierenden. Und da reihum alle Personen in der Fünfergruppe je einmal vorne stehen, um ihr Lehrverhalten zu trainieren, sind wirklich auch alle daran interessiert, dass in konstruktiver Weise kommuniziert und kooperiert wird. Zusätzlich ist die Zeit reduziert. Man lehrt keinen Halbtag und auch keine Stunde, sondern – je nach Trainingsziel – nur 15

bis 25 Minuten. Dadurch verringern sich inhaltliche wie didaktisch-methodische Vorbereitung und das Augenmerk kann sich besser auf jene Aspekte richten, die im Mittelpunkt des Trainings stehen.
Ganz wichtig ist: Es soll nicht trainiert werden, was man schon kann. Es sollen ausdrücklich neue Prototypen erprobt werden. Denn es ist eine große Gefahr beim Micro-Teaching, dass man vor den Augen der Peers glänzen möchte und folglich in den Lehrversuch alles hineinpackt, was man perfekt zu beherrschen glaubt. Das ist verständlich, jedoch nicht sinnvoll. Microteaching bzw. Microtraining soll die Kluft zwischen Planung und Aktion überbrücken. Handlungsweisen, die man bereits flüssig und mit großem Erfolg realisieren kann, haben diese Kluft längst überwunden. Anders ist dies bei neuen Prototypen. Wer noch nie einen dreiteiligen, sandwichartigen Advance Organizer ausgeführt hat mit den Stationen Vorwissensorganisation, mehrfachcodierte Präsentation sowie abschließende kognitive Aktivierung zur Vertiefung, der kann dies mit seinen Peers 1:1 durchspielen. Das geschieht zwar nicht unter realen Bedingungen, ist aber dennoch „real teaching". Dem konkreten Lehren geht eine realitätsadäquate Planungsphase voraus, die so beschaffen sein sollte, dass die dabei entstandenen Planungsprodukte auch im Ernstfall verwendet werden können. Der Simulation folgt eine Reflexionsphase, in der die Peers Rückmeldung zu allen drei Teilen des Advance Organizer geben.
Wer noch nie ein Lerntempoduett durchgeführt hat, der kann dies ebenfalls im Microteaching trainieren. Bei lediglich vier Teilnehmenden und einem geringen Zeitumfang ist die Organisation eines Lerntempoduetts natürlich extrem einfach, aber man kann immerhin die Arbeitsanweisung wie in der Realität formulieren und damit üben, man kann eine „Bushaltestelle" einrichten, man kann die Rückführung ins Plenum ausprobieren usw. Auch besonders anspruchsvolle Handlungsweisen wie Metakommunikation, Pädagogischer Doppeldecker, kognitive Landkarten, Wechselseitiges Lehren und Lernen usw. lassen sich im Microteaching ansatzweise üben im Sinne einer kompletten Abfolge von Planung, Durchführung und Reflexion. Ich arbeite seit 25 Jahren mit diesem Verfahren und kann deshalb aus eigener Anschauung berichten, dass sich Microteaching hervorragend eignet, um bisher noch nicht gekonntes Agieren zu trainieren.
Wie laufen Microteaching bzw. Microtraining im Detail ab?

1. **Klare Vorstellungen**
   Zunächst müssen in einer Lernphase Informationen über die Notwendigkeit sowie die Beschaffenheit der neuen Handlungsweisen erworben werden. Besonders hilfreich erweist sich dabei das Erleben neuer Prototypen im Pädagogischen Doppeldecker, denn es wird nicht nur theoretisches Wissen erworben, sondern es entstehen durch die Teilhabe am Geschehen in der komplementären Rolle auch klare Vorstellungen bzw. klare innere Bilder von der angestrebten neuen Handlungsweise.

2. **Entschluss**
   Motivational und volitional ist wichtig, dass der Akteur die Notwendigkeit erkennt, dass die neuen Prototypen trainiert werden müssen, sollen sie in der Praxis flüssig beherrscht werden. Er muss also den verbindlichen Entschluss fassen, sich dem Microteaching bzw. Microtraining zu unterziehen. Das ist keinesfalls selbstverständlich, denn dieses Simulationsverfahren erfordert Mut und Arbeit.
3. **Planung**
   Dem Training bzw. der Simulation geht stets eine Planungsphase voraus. In jener wird eine tragfähige Handlungsbasis erarbeitet im Sinne eines „Drehbuchs" bzw. eines Unterrichtsentwurfs. Nur wenn das angestrebte Handeln so differenziert zu Papier gebracht ist, dass der Akteur ganz genau weiß, was er zu tun hat, macht das Instrument Microteaching einen Sinn.
4. **Feedback zur Planung**
   Auch wenn man höchstens vor den Augen weniger Peers scheitern kann, ist doch Sorge dafür zu tragen, dass die Wahrscheinlichkeit dafür minimiert wird. Die Trainierenden sollen – wenn irgend möglich – den Lehrversuch mit der Erfahrung verlassen, dass es ihnen wenigstens einigermaßen gelungen ist, die Planung in Aktion umzusetzen. Deshalb sorge ich bei den von mir geleiteten Microteaching-Sequenzen dafür, dass die Planungen sich einerseits so eng wie möglich an den in der Lernphase erworbenen Vorstellungen orientieren, andererseits aber so realistisch aufgebaut sind, dass ich den Eindruck bekomme: Ja, das kann funktionieren! Wie Abb. 86 zeigt, muss – damit ausreichend Zeit bleibt für das Vorlegen der Planungen, das Feedback zur Durchführbarkeit sowie die notwendigen Überarbeitungen – eine längere „Transferphase Unterrichtsplanung" eingeschoben werden. In dieser wird geplant, zurückgemeldet und so lange modifiziert, bis die zu antizipierenden Schwierigkeiten ausgeräumt sind. Praktisch betrachtet gibt es zwei Möglichkeiten, Feedback zu den Planungen zu geben. Entweder besteht nach der Präsenzphase ein größerer Zeitraum (Tage, Wochen), in der die Lehrkräfte ohne Zeitdruck planen und ihre Ergebnisse vorlegen können. Oder, wenn die Weiterbildung im mehrtägigen Kompaktformat verläuft, gehe ich von Person zu Person, schaue die Planungsergebnisse an und gebe Anregungen zur Optimierung. In der Regel wird am Nachmittag geplant, am Abend optimiert und am nächsten Tag werden die Lehrversuche gehalten.

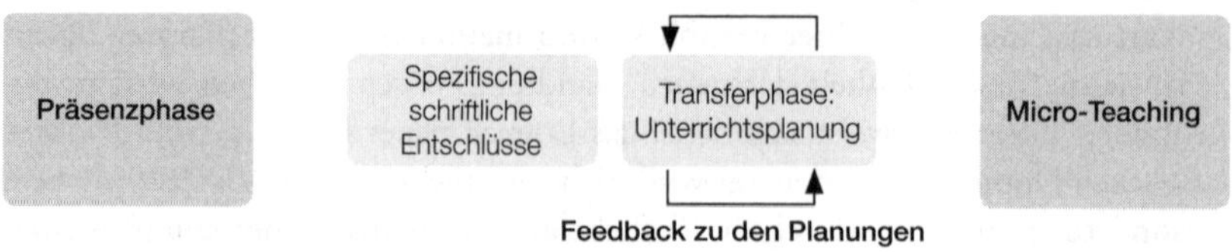

Abb. 86: Während der Planungsphase erhalten die Trainierenden Rückmeldung zur Umsetzbarkeit ihrer Ausarbeitungen.

5. Standardisierte Durchführung der Lehrversuche

Das Training selbst läuft nach einem festen Schema ab. In der Regel sind pro Person 60 Minuten Zeit einzuplanen.

(1) Die trainierende Person geht zunächst auf die Metaebene, erläutert was sie ausprobieren will und informiert über jenen Gesamtzusammenhang, dem der Ausschnitt entnommen wurde (Institution, Adressaten, Lernziele usw.).

(2) Der Lehrversuch wird durchgeführt in einer Länge von 15 bis 25 Minuten. Wichtig ist, dass dies „ungeschnitten" passiert. D.h. es ist ausdrücklich verboten, zu sagen: „Hier würde ich eine Gruppenarbeit von 45 Minuten einschieben". Oder: „Mein Vortrag ginge in Wirklichkeit 10 Minuten länger." Vielmehr wird 1:1 unterrichtet, damit die neuen Prototypen tatsächlich trainiert werden können.

(3) In einer Vergewisserungsphase machen sich die Peers Gedanken darüber, was sie der trainierenden Person als Rückmeldung geben möchten. Sie orientieren sich dabei an einer Merkmalsliste, die als Feedbackbogen allen Teilnehmenden vorliegt. Das könnten beispielsweise Merkmale sein, wie sie der Selbstanalyse in Teil I, Kapitel 8 zu entnehmen sind: „Ich reduziere das Ausmaß fragend-entwickelnden Vorgehens:" „Ich erläutere Fachbegriffe in einfachen Worten." „Ich setze Think-Pair-Share ein, um angemessene Bedenkzeiten zu garantieren. „Ich verwende eine Sortieraufgabe zur Vorwissensorganisation".

(4) Vor der Rückmeldung durch die Peers hat die trainierende Person Gelegenheit, selbst etwas zum Lehrversuch zu sagen. Wegen der Rechtfertigungsgefahr werden dafür allerdings nur 1 bis 2 Minuten eingeräumt.

(5) Die Peers geben Rückmeldung zu den vorher vereinbarten Merkmalen. Nicht erwünscht ist Feedback zu spontanen Anmutungen wie etwa: „Du benützt häufig die Füllwörter „praktisch" und „ähhh." Oder: „Du solltest die Hand aus der Tasche nehmen – mich hat das irritiert." Oder: „Du wirkst hektisch auf mich." Vielmehr geht es darum, möglichst differenzierte Rückmeldungen zu jenen Verhaltensweisen zu geben, welche die trainierende Person zum ersten Mal ausprobiert hat.

(6) Nach der Rückmeldung bezieht die trainierende Person Stellung zum Feedback und überlegt laut, was sie aus dem Training gelernt hat und was sie daraus in die reale Praxis übernehmen möchte.

(7) Eine Pufferpause wird eingeschoben, um der nächsten Person Gelegenheit zu geben, alles für ihren Lehrversuch bereitzulegen.

Microteaching in der hier vorgelegten Form eignet sich vor allem dann, wenn mit Lehrkräften über längere Zeit in einem stetigen Wechsel von Präsenzphasen und Transferphasen gearbeitet wird. Sind die zentralen Botschaften vermittelt, haben die Lehrkräfte deren Wirkung im Pädagogischen Doppeldecker am eigenen Leibe erfahren, sind klare Vorstellungen entstanden – dann ist es Zeit, bislang noch

nicht gezeigte Handlungsweisen trainierend einzuüben. Die Erfahrungen damit sind ganz exzellent: Die Teilnehmenden sind in kleinen Gruppen hoch aktiv und profitieren sowohl vom eigenen Lehrversuch als auch von denen ihrer Peers. Sie durchlaufen reflexiv Planung, Durchführung und Bewertung ihres Handelns. Sie können ihre Erfahrungen gut auf ihr Handeln im unterrichtlichen Alltag übertragen. Umgekehrt ist viel Arbeitsaufwand für jede einzelne Lehrkraft damit verbunden und es kostet erstaunlich viel Überwindung, vor den kundigen Augen der Peers zu trainieren. Denn die biografischen Erfahrungen der meisten Lehrkräfte mit Lehrversuchen in der Lehrerbildung sind eher traumatisch als positiv.
Fazit: Handeln kann man nur dadurch lernen, dass man handelt. Zeitlich gespreizt geschieht dies in einer kontinuierlichen Abfolge von Präsenz- und Transferphasen. Die Präsenzphasen bewirken, dass die Lernenden einerseits klare Vorstellungen vom anzustrebenden neuen Handeln erwerben. Hilfreich dafür sind die sandwichartige Gestaltung der Präsenzphasen sowie der Pädagogische Doppeldecker. Andererseits muss der Transfer angebahnt werden, indem aus motivierenden Ideen durch die Bildung verbindlicher Entschlüsse eindeutige Absichten werden. Durch Planung (Action Planning, Coping Planning) werden die neuen Prototypen zunehmend handlungsnäher ausgearbeitet und schließlich durch Training (Rollenspiel, Skillslab, Microteaching) so weit vorgeübt, dass ihr gekonnter Einsatz in der Praxis gelingen kann. In den Transferphasen kommt es darauf an, den langen Weg von der ersten Erprobung bis hin zu den voll in die Handlungssteuerung integrierten neuen Prototypen zu flankieren. Hier bieten Praxistandems und kollegiale Kleingruppen soziale Unterstützung und üben hilfreiche soziale Kontrolle aus. Durch Rückmeldesysteme können die Lehrenden von außen die Transferprozesse stabilisieren. Komplementär können die Lernenden ihre Selbststeuerung durch trainierte Handlungs-Unterbrechungs-Strategien wie z.B. Stoppcodes verbessern. Sind Präsenz- und Transferphasen wechselseitig aufeinander abgestimmt, kann der anforderungsreiche Weg von der Theorie zur Praxis erfolgreich zurückgelegt werden.

3 Den Transfer in die Praxis flankieren

Das Verhältnis von Präsenzphasen zu Transferphasen ist in der hier vorgestellten „Logik des Gelingens“ zeitlich betrachtet asymmetrisch. Präsenzphasen sind im Vergleich zu Transferphasen kürzer. Zum Vermitteln von Ideen, zum Fassen zum Entschlüssen und zu deren Konkretisierung durch Planung wie Training wird deutlich weniger Zeit benötigt als zur systematischen, nachhaltigen Veränderung des Handelns. Denken ändert sich leichter als Agieren. Kognitionen sind flexibler als Aktionen. Wissen ist leichter modifizierbar als Verhalten. „Tra il dire e il fare c'è di mezzo il mare“ (zwischen Reden und Tun liegt das Meer), so lautet ein italienisches Sprichwort, das auf die Kluft zwischen verbalisierten Absichten und realisiertem Handeln hinweist. Dennoch ist zu beobachten, dass – wiederum zeitlich betrachtet – in vielen Ausbildungs- und Studiengängen die Präsenz- oder Vermittlungsphasen deutlich gegenüber den in die theoriebetonten Bildungsprozesse eingeschobenen Praktika überwiegen. Das Lehr-Lern-Geschehen steht folglich auf dem Kopf und nicht auf sicheren Füßen.

Umgekehrt sind Transferphasen viel schwieriger zu gestalten als Präsenzphasen. Die Lernenden befinden sich in der Regel nicht mehr in großen Anzahlen innerhalb einer Institution bzw. in einem Raum, sondern halten sich einzeln und zugleich verstreut in einer ökologisch validen Praxis auf. Es überschreitet normalerweise die personellen wie ökonomischen Möglichkeiten einer Bildungseinrichtung, über lange Transferphasen hinweg die Lernenden in 1:1 Konstellationen (ein Experte, ein Novize) zu coachen. Der beeindruckende Ansatz von Fritz Staub (2001) sieht einen derart intensiven Personaleinsatz vor. Zur Förderung der Unterrichtsexpertise wird jeder teilnehmenden Lehrperson ein Coach zugeordnet. Gemeinsam, also ko-konstruktiv, wird Unterricht geplant und diskutiert. Während des Unterrichts ist der Coach nicht nur beobachtend anwesend, sondern greift auch aktiv im Sinne beispielhaften Modell-Handelns in den Unterricht ein. Der Unterricht wird nachbesprochen „im Hinblick auf die intendierten und effektiv ausgelösten Lernprozesse der Schüler und es wird über Verbesserungsmöglichkeiten nachgedacht. Nachbesprechungen gehen oft über in eine Vorbesprechung für die nächste Unterrichtseinheit. Der Coach sucht die Lehrperson zudem über das ganze Schuljahr hinweg auch mit Bezug auf die gesamte curriculare Planung zu unterstützen." (Staub 2001, S. 189). Im Einzelfall kann so vorgegangen werden. Flächendeckend bzw. für große Zahlen von Lehrkräften ist dieser Ansatz nicht realisierbar.

Folglich stellt sich die Frage: Wie kann angesichts begrenzter personeller und finanzieller Rahmenbedingungen ein Transfer in die Praxis unterstützt werden? Dafür gibt es, wie Abb. 87 zeigt, folgende Möglichkeiten:

(A) Wenig aufwändig ist die Transferunterstützung mit Erinnerungshilfen und Erfolgsberichten. Hierbei werden die Lernenden von den Lehrenden im Sinne einer verbindlichen Zielverfolgung per E-Mail, SMS oder per Brief an die eigenen Entschlüsse erinnert. Darauf reagieren sie mit Erfolgs- oder Misserfolgsberichten. Die Lehrenden beantworten diese zeitnah. Derartige Rückmeldungsschleifen sind leicht zu implementieren und problemlos aufrecht zu erhalten.

(B) Ein ganz aktueller innovativer Impuls ist von app-basierten mobilen Interventionen in den nächsten Jahren zu erwarten. Über auf den Smartphones ihrer Novizen installierte Applikationen nehmen die Experten an den Transferversuchen teil, helfen bei der Zielsetzung, erinnern an verbindlich gefasste Entschlüsse, regen zum Self-Monitoring an, erhalten Informationen aus der Praxis und geben Feedback im Sinne eines kontinuierlichen Coachings. Auf diese Weise sind sie ständige Begleiter bei der Modifikation des Novizenhandelns.

(C) Auf vorhandene Prototypenstrukturen kann schnell zugegriffen werden. Dagegen erfordert die Integration „neuer" Prototypenstrukturen in Situationsorientierung SO und Aktionsplanung AP deutlich mehr Zeit. Deshalb ist es unumgänglich, nicht erwünschte Abläufe mit Handlungs-Unterbrechungs-Strategien abzustoppen. Die hierfür entwickelten, systematisch zu trainierenden Stoppcodes verbessern die Selbststeuerung vor allem in kritischen Situationen bzw. beim Auftreten starker Emotionen.

(D) Sich ganz alleine zu verändern ist möglich, aber schwierig. Leichter ist es, sich von einer Unterstützungsperson in einem Praxis-Tandem sowohl helfen (social support) als auch überwachen zu lassen (social control). Alternativ können beide Funktionen auch von einer Peer-Kleingruppe übernommen werden. Tandem und Gruppe sind Teile des von mir entwickelten, mittlerweile vielfach empirisch bewährten KOPING-Systems („Kommunikative Praxisbewältigung in Gruppen").

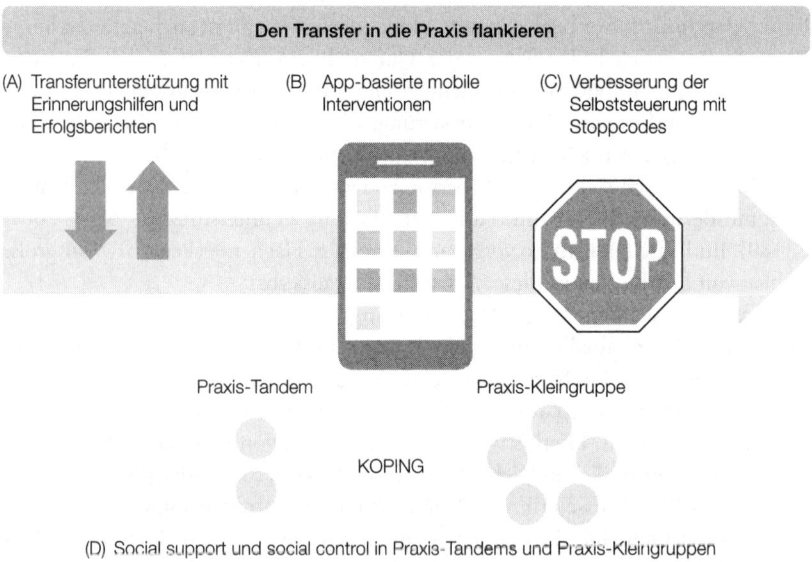

Abb. 87: Den Transfer in die Praxis mit vier Strategien flankieren.

3.1 Transferunterstützung mit Erinnerungshilfen und Erfolgsberichten

(a) Der Weg vom Experten zum Novizen

Der Experte hat die Präsenzphase gestaltet, die der Novize mit einem verbindlichen Entschluss beendet hat. Mittlerweile befindet sich der Novize in der Transferphase, ist also nicht mehr direkt zu greifen. Die Gefahr ist hoch, dass bei der

Fülle verschiedenartiger Anforderungen die Absicht des Novizen verblasst, alternative Handlungsmöglichkeiten auszuprobieren bis hin zum Vermeiden, Vergessen oder Verdrängen. Dem kann der Experte entgegenwirken, indem er beim Übergang vom Wunsch zum Willen einen „Brief an sich selbst" formulieren lässt. Die am Lehr-Lern-Geschehen teilnehmenden Personen notieren ihren Entschluss und verwahren ihn in einem Briefumschlag, den sie an sich selbst adressieren. Auf der Rückseite vermerken sie ein Datum. An diesem Tag soll der Experte den Brief zur Post geben. Der Experte ordnet die Briefe aufsteigend nach dem Termin und lagert sie an seinem Arbeitsplatz so, dass sein Blick auf das jeweils zeitnächste Datum fällt. Auf diese Weise wird der Stapel innerhalb von Wochen oder Monaten immer kleiner.

Zürich, 4. September 2019

Hallo ________________________________

(bitte hier eine passende Anrede einfügen)

weißt Du es noch? Du hast vor einiger Zeit an einem Kurs zum Thema „Lernwirksame Methoden im Hochschulunterricht" aufmerksam und aktiv mitgewirkt.

Du hast Dir am Ende das Folgende fest vorgenommen:

Dieser Brief soll Dich an Deine eigenen Vorsätze erinnern.

Prüfe nach, ob Du sie eingehalten hast bzw. überlege, was Dich daran hinderte.

Liebe Grüße aus Deiner Vergangenheit sendet Dir

____

Abb. 88: Praxisbeispiel eines Briefes an sich selbst.

Der „Brief an sich selbst" ist eine bekannte und leicht zu realisierende Methode, hat jedoch den Nachteil, dass zwischen Entschluss und Erinnerung viel Zeit liegt. Deshalb ist es besser, diesen Zeitraum entsprechend der Rubikontheorie möglichst klein zu halten in der Hoffnung, dass der in der Präsenzphase generierte Veränderungswille noch vorhanden ist. Wenig aufwändig ist es, Erinnerungshilfen per E-Mail zu versenden insbesondere dann, wenn der E-Mail-Verteiler ohnehin schon gespeichert vorliegt. Dabei hat der Experte zwei Möglichkeiten. Entweder sendet er die Erinnerungshilfe pauschal an alle Novizen in kurzem

Zeitabstand zur Präsenzphase. Oder er wartet ab, welche Novizen ihm innerhalb des gesetzten Zeitraums keinen Erfahrungs- oder Erfolgsbericht zusenden und erinnert nur diese Teilgruppe an die schriftlich gefassten Entschlüsse. Ich selbst arbeite in kleinen Kursen gerne mit einer Doppelstrategie: Erinnerungs-E-Mails (in kurzem Zeitabstand) plus dem Brief an sich selbst für die Zeit danach. Bei großen Gruppen verzichte ich auf den Brief an sich selbst und schicke lediglich elektronische Reminder. Manche Lehrkräfte, die in Intensivkursen einen engen Kontakt zu ihren Lernenden aufbauen, wählen das Telefon als Erinnerungshilfe. Diesen Weg gehe ich nur im Einzelcoaching, nicht aber bei Gruppen wegen des damit verbundenen Zeitaufwandes.

(b) Der Weg vom Novizen zum Experten
Im Formular für in Anlehnung an das Rubikon-Modell gebildete Entschlüsse findet sich der Unterpunkt: „Wem berichte ich?" Berichtet werden kann an Peers, Gruppen oder Gremien, selbst gewählte Unterstützungspersonen im Rahmen eines Praxistandems oder an den Experten. Der einfachste und zugleich am häufigsten gewählte Weg vom Novizen zum Experten ist die E-Mail. Darin wird dokumentiert, ob Transferversuche stattgefunden und welche Ergebnisse sie erbracht haben. Diese Erfahrungsberichte sollen entweder bis zum selbst gesetzten Zeitpunkt („Bis wann will ich das tun?") eintreffen, spätestens jedoch noch vor der nächsten Präsenzphase. Es sei denn, es wäre ohnehin reihum im nächsten Plenum vorzutragen, was sich in der Transferphase getan hat. Bei den von mir selbst geleiteten Aus- und Weiterbildungen erhalte ich dann einen hohen Prozentsatz an Erfolgs- oder Misserfolgs-E-Mails, wenn die Teilnehmerzahlen gering sind. Offensichtlich erzeugt der intensive persönliche Kontakt ein hohes Commitment. Die Novizen fühlen sich dem Experten stark verpflichtet, ihre Bemühungen zu berichten. Entsprechend differenziert sind die meisten Schilderungen. Ich als Experte antworte darauf – wenn irgend möglich – sowohl mit positiven Kommentaren als auch mit Anregungen oder weiterführenden Überlegungen bei Transferhindernissen. In etlichen Fällen ergeben sich daraus längere Interaktionen im Sinne von Experten – Novizen – Dialogen.
Für mich persönlich sind Berichte aus der Umsetzungs-Praxis das wertvollste Feedback, das ich erhalten kann. Üblicherweise werden Rückmeldungen am Ende von Präsenzphasen abgefragt im Sinne von: Wurde diese abwechslungsreich gestaltet, waren die gegebenen Informationen hilfreich für das jeweils eigene Handeln, waren Lernklima und Organisation positiv? usw. Daran lässt sich jedoch nicht ablesen, ob sich das Handeln der Novizen in irgendeiner Weise geändert hat oder noch ändern wird. Dennoch bestehen zahlreiche Institutionen auf eben solchen Alibi-Evaluationen, weil sie nicht verstanden haben, dass die Zufriedenheit der Teilnehmenden kein Maßstab ist für das, was sich in der konkreten Praxis tatsächlich getan hat! Mehr noch: Ich knüpfe das Erleben meiner eigenen Wirksamkeit (self-efficacy nach

Bandura) an jene Änderungen, die mir von den Lernenden berichtet werden. Gewiss ist es schön, am Ende einer Präsenzphase signalisiert zu bekommen, dass alles in Ordnung war und niemand sich gelangweilt hat. Aber solche Rückmeldungen bekommen auch Vortragende, die in keiner Weise an Handlungsänderungen oder Kompetenzerwerb interessiert sind. Für mich sind Feedbacks nur dann eine Quelle der Motivation, wenn ich erfahre, dass die Novizen ganz konkret begonnen haben – sei es mit geringerem oder größerem Erfolg – an der Modifikation des eigenen Handelns zu arbeiten. Der mit Rückmeldungsschleifen verbundene Arbeitsaufwand ist gut zu bewältigen. Ich habe es in den letzten Jahren problemlos geschafft, alle eingegangenen Erfahrungsberichte zeitnah zu beantworten.

3.2 Transferunterstützung mit app-basierten mobile Interventionen

Während man bei kleinen Zahlen von Personen mit persönlichen Interaktionen zwischen Novizen und Experten arbeiten kann, wird dies bei großen Zahlen zu personal- und kostenintensiv. Ziel ist es, einerseits zeitnahe und andererseits personenspezifische Signale zu vermitteln, auf die Novizen in der konkreten Praxis reagieren können. Für diesen Zweck werden in der Gesundheitspsychologie vielversprechende neue Wege erprobt. Versucht wird, direkt an den Rückmeldungen anzusetzen und automatisch auf das aktuelle Handeln der im Modifikationsprozess befindlichen Person einzuwirken. Dazu sind zahlreiche Smartphone-Apps entwickelt worden, die es ermöglichen, mit den Zielpersonen zu interagieren in der Absicht, auf Selbst-Management bzw. Verhaltenssteuerung einzuwirken. Inhaltlich geht es um das Optimieren des Self-Monitoring, das personalisierte Setzen und Überdenken von Zielen und Aufgaben, um die zeitnahe Bereitstellung von informativem Feedback hinsichtlich der auf die Person zugeschnittenen Ziele und Aufgaben, um soziale Unterstützung sowie um das Stärken von Selbstvertrauen. App-basierte mobile Interventionen bringen erhebliche Vorteile mit sich: Über 80% der Deutschen nutzen ein Smartphone (Stand 2019). Damit sind sie ständig sowie unabhängig vom Aufenthaltsort zu erreichen und schließlich können sie just-in-time durch die App unterstützt werden, sei es um neues Verhalten anzustoßen, erwünschtes Handeln aufrecht zu erhalten oder unerwünschte Aktionen abzustoppen.

Sind derartige app-basierte Interventionen wirkungsvoll? In einer Meta-Analyse hat sich ein Autorenteam der Universität Konstanz (Karoline Villinger, Deborah R. Wahl et al. 2019) einen Überblick über 41 ausgelesene Studien verschafft, die zwischen 2006 und 2017 veröffentlicht wurden und die auf der Datenbasis von insgesamt über 6000 Personen beruhen, wobei mit 30 verschiedenen Smartphone-Apps gearbeitet wurde. Obwohl die Forschungsberichte eine große Heterogenität aufweisen, was bei einem derart neuen modifikatorischen Zugriff zu erwarten ist, zeigt sich dennoch eine allgemeine, signifikant positive Auswirkung auf die Änderung des Verhaltens mit einer mittleren Effektstärke von etwa $d = 0{,}4$. Das ist ermutigend und spricht app-basierten Interventionen ein hohes Potential zur Verhaltensänderung zu, wobei einschränkend erwähnt werden muss, dass die langfristigen Änderungen und tatsächlichen Wirkmechanismen auf Basis der untersuchten Primärstudien nicht eindeutig bestimmt werden können.

3.3 Transferunterstützung durch Stoppcodes

Durch „langsames" Denken ist reflexiv eine klare Vorstellung des anzustrebenden Handelns entstanden und damit der Wunsch, das bisherige Agieren durch das neue zu ersetzen. Nach dem Übergang des Wunsches in einen festen Willen ist das künftige Handeln detailliert ausgearbeitet und simuliert worden. Nun geht es darum, auch in der konkreten Praxis wie gewünscht agieren zu können. Beispielsweise wollen Schülerinnen und Schüler in Prüfungssituationen auf ihr Wissen zugreifen, ohne durch Leistungsängste beeinträchtigt zu sein. Sportler wollen in kritischen Wettkampfsituationen erfolgreicher als bisher abschneiden. Lehrkräfte wollen in belastenden Situationen professionell und nicht emotional reagieren. Das alles gelingt nur dann, wenn die angestrebten Handlungsmuster situationsgerecht abgerufen werden: sie müssen rasch verfügbar sein. Folglich muss sich „langsames Denken" in „schnelles Denken" (Kahnemann 2012) verwandeln.

Die Schwierigkeit besteht darin, dass im Handlungsrepertoire bereits Bewältigungsstrategien zur Verfügung stehen. Das sind jene Situations- und Aktionsprototypen, die der Akteur bei sich selbst nicht länger schätzt und die er gerne ersetzen möchte. Allerdings sind alte Schemata nicht so leicht zu vermeiden, denn sie verlaufen flüssig in gewohnten Bahnen, während die neuen noch viel Reflexivität erfordern und deshalb deutlich mehr Zeit benötigen. Vor allem unter hohem emotionalen Druck ist es dem Akteur wichtig, sofort handlungsfähig zu sein. Da greift er lieber auf erprobte Muster zurück als auf noch nicht bewährte Alternativen. Die Konkurrenz zwischen bisherigen und neuen Prototypenstrukturen wird deshalb häufig zugunsten eingeschliffener, wenn auch suboptimaler Handlungsweisen entschieden.

Wie kann man dennoch erreichen, dass das angestrebte Agieren zum Zug kommt, dass Handeln sich nachhaltig ändert? Eine hoch wirksame Möglichkeit sind die von mir entwickelten Stoppcodes. Darunter ist eine ganz spezielle Handlungs-Unterbrechungs-Strategie zu verstehen, die es erlaubt, das eigene Agieren an kritischen Punkten aufmerksam zu steuern. Sie enthält zwei Teilschritte: Erstens ein Cooling Down der Emotionen, denn Gefühle erzwingen nicht nur rasche Reaktionen, sondern schränken zusätzlich die Reflexivität ein. Erreicht wird dies durch eine trainierte Entspannungsreaktion, die sekundenschnell einsetzt. Zweitens durch Selbstinstruktionen, die das angestrebte Agieren kleinschrittig steuern. Darunter versteht man positiv formulierte Anweisungen, die sich der Akteur unhörbar selbst gibt und die ihm präzise sagen, was er zu tun hat. Damit die Kombination von Cooling Down Prozess und Aktions-Steuerung beim Handeln unter Druck tatsächlich funktioniert, muss im Vorfeld gründlich geübt werden.

Hierzu habe ich eine CD entwickelt. Sie leitet die Lernenden an, zuerst mit einer längeren Form (10 Minuten), dann mit kürzeren Varianten (3 bis 5 Minuten) und am Ende mit einer wenige Sekunden dauernden Form zu trainieren. Vom Handlungsdruck hängt es danach ab, wie mit den Stoppcodes gearbeitet wird:

Bei viel Zeit:
CD einlegen und 10 Minuten mit tiefer Bauchatmung, Muskelrelaxation, Stoppcodes und Ruhebild entspannen, z.B. am Abend davor

Mehr als eine Minute Zeit:
Konzentrationsphase mit tiefer Bauchatmung, Ruhebild und Stoppcodes

Mindestens 5 bis 10 Sekunden Zeit:
Stoppcodes mit tiefer Bauchatmung

Weniger als 3 Sekunden Zeit:
Stoppcodes innerlich sprechen

Abb. 89: Der Einsatz von Stoppcodes in Abhängigkeit vom Handlungsdruck.

Ist der Handlungsdruck noch gering, weil das kritische Ereignis nicht unmittelbar bevorsteht, so finden die Vorbereitungen darauf im Liegen oder Sitzen statt. Die durch die belastende Situation hervorgerufenen Emotionen werden mit tiefer Bauchatmung und Muskelentspannung angegangen. Durch mentales Erzeugen eines Ruhebildes wird eine positive Erinnerung an einen schönen Ort aktualisiert, welche den Parasympathikus anspricht und dadurch emotionsregulierend wirkt. Parallel zur tiefen Bauchatmung und zur Muskelentspannung wird unhörbar der für den Cooling Down Prozess ausgewählte Stoppcode gesprochen. Häufig verwendete Stoppcodes sind „ruhig“, „locker“, „langsam“ oder „step by step“. Ergänzend wird nach Einsetzen der Entspannungsreaktion der die Handlungsstrategie steuernde zweite Stoppcode verwendet. Jener ist speziell auf die Situationsbewältigung abgestimmt. Da er dem Akteur genau sagt, was dieser zu tun hat, helfen hier keine allgemeinen Formulierungen. Vielmehr muss der Stoppcode extrem situationsspezifisch ausgewählt werden. Er sieht in Prüfungssituationen völlig anders aus als im Sport, beim Unterrichten anders als in einem Konfliktgespräch. Deshalb muss vor dem Training von Stoppcodes stets eine gründliche Analyse des bisherigen Handelns erfolgen (siehe Abb. 90).
Sind wenigstens noch einige Minuten Zeit bis zum Agieren, dann ist es sinnvoll, wenn sich der Akteur an einen ungestörten Ort zurückzieht, die Augen schließt, bei tiefer Bauchatmung das Ruhebild in sich aufsteigen lässt und parallel den ersten, emotionsregulierenden Stoppcode unhörbar spricht. Bei mündlichen Prüfungen kann das beim Warten vor dem Prüfungsraum geschehen, im Sport vor dem Beginn eines Matches in der Aufwärmphase, beim Umgang mit schwierigen

Schülerinnen und Schülern vor dem Betreten des Klassenzimmers. Der Akteur ist nun deutlich ruhiger, konzentrierter und eher zur Reflexivität fähig. Nun ist es entscheidend, dass er sich an seinen zweiten, handlungssteuernden Stoppcode erinnert und diesen begleitend zur tiefen Bauchatmung unhörbar spricht. Dieser Stoppcode beinhaltet in verdichteter Form die in der Analysephase ausgearbeitete Strategie. Beim Umgang mit schwierigen Klassen kann dies beispielsweise „begrenzen und bekräftigen" sein. Damit ist gemeint, dass die Lehrkraft beim Betreten des Raums das von Wahl, Weinert und Huber (2006) vorgeschlagene Classroom-Management-Programm anwendet, indem sie gleichermaßen freundlich wie konsequent unerwünschtes Verhalten begrenzt und erwünschtes Verhalten positiv hervorhebt. In Wettkampfsituationen kann dies der Stoppcode „Spin" sein, der die feste Absicht beinhaltet, den Ball zum Gegner mit maximaler Rotation zu spielen. In mündlichen Prüfungen kann dies der Stoppcode „Rückfrage" sein. Das bedeutet, dass der Prüfling sich vornimmt, immer dann dem Prüfer die gestellte Frage zurückzugeben (z.B. „Ich habe nicht verstanden, worauf Sie hinauswollen. Können Sie bitte die Frage genauer erläutern?"), wenn er entweder die Antwort nicht weiß oder unsicher ist, in welche Richtung er antworten soll. Handlungsleitende Stoppcodes sind hoch spezifisch. Sie müssen für jede geplante Verhaltensänderung eigens ausgearbeitet werden.

Ist das Zeitfenster vor dem Zeigen des angestrebten neuen Handelns noch kleiner, sind also nur noch 5 bis 10 Sekunden Zeit, dann ist dies zu kurz, um das Ruhebild zu aktivieren. Folglich bleibt nur noch die tiefe Bauchatmung, zu der parallel abwechselnd die beiden Stoppcodes unhörbar gesprochen werden. Beispielsweise „ruhig" zur Emotionsregulation und „Rückhand" zur Unterstützung der Strategie, den Gegner überwiegend auf der schwachen Rückhandseite anzuspielen. Im Sport kann sich das dafür erforderliche Zeitfenster beim Holen des Balles eröffnen oder beim Timeout. In einem Krisengespräch beim Warten auf jenen Zeitpunkt, an dem man selbst zu Wort kommt. Beim Unterrichten schlicht dadurch, dass man sich vor dem Handeln einige Sekunden Zeit nimmt.

Befindet man sich schon handelnd innerhalb einer Situation, dann reicht die zur Verfügung stehende Zeit nicht einmal mehr zur tiefen Bauchatmung. Sie reicht aber immer noch aus, um das eigene Agieren in kleinen Schritten zu steuern. Dabei werden entweder beide Stoppcodes unhörbar nacheinander gesprochen, also zum Beispiel „locker – Spin" oder nur jener der beiden Stoppcodes, der jetzt im Moment besonders hilfreich erscheint. Bei meiner Arbeit mit Spitzensportlern hat es sich gezeigt, dass sich deren Leistungen auch noch während des Agierens positiv durch die vorher intensiv trainierten Stoppcodes beeinflussen lassen. Es ist also möglich, parallel zum Handeln innerlich auf eine Meta-Ebene zu gehen und von dort aus reflexiv auf die Steuerung der eigenen Aktionen einzuwirken. Das ist bei allen Handlungen unter Druck möglich, sei es im Umgang mit Kindern und Jugendlichen, mit Kolleginnen und Kollegen, mit Prüferinnen und Prüfern, mit

Vorgesetzten und Untergebenen, mit Behörden usw. Vorausgesetzt ist jedoch stets, dass die kritischen Situationen samt des zugehörigen eigenen Handelns realitätsadäquat analysiert worden sind, denn sonst leitet sich der Akteur konsequent zu in die Irre führenden Aktionen an.

Analysebogen für die Auswahl von Stoppcodes

Auswahl
Welche eigene Handlungsweise möchten Sie gerne verändern?

____

Das erwünschte Handeln
Wie möchten Sie anstelle Ihrer bisherigen unerwünschten Verhaltensweise agieren können? Beschreiben Sie jene Handlungsweisen, die Sie künftig in den kritischen Situationen zeigen möchten.

____

Analyse
Wie läuft Ihr Handeln im Moment ab? Was denken Sie, was fühlen Sie, wie agieren Sie? Beschreiben Sie Ihr Handeln so genau wie möglich oder lassen Sie sich im Praxisfeld von einer Tandemperson beobachten und zu Ihren Gedanken und Gefühlen befragen.

____

Vorläufersignale
Was geht dem unerwünschten Handeln voraus?
Lässt es sich Sekunden oder Minuten vorher schon ahnen, dass die Problemsituation erneut eintreten wird? An welchen „Signalen“ können Sie erkennen, dass sich das kritische Geschehen anbahnt?

____

Zwei Stoppcodes finden
Welcher Stoppcode wäre geeignet, um Ihre Emotionen in der Situation zu regulieren?
Welcher Stoppcode wäre geeignet, um Sie kontrolliert zu der von Ihnen angestrebten Verhaltensweise zu leiten. Bitte zwei Worte bzw. zwei kurze Sätze positiv formulieren (z.B. ruhig, langsam, mutig, ich kann es, aktiv usw.)

____

____

Abb. 90: Analysebogen für die Auswahl von Stoppcodes.

Wie ist bei der Analyse des Handelns und bei der Auswahl von Stoppcodes vorzugehen? Ausgangspunkt ist stets der autonom gefasste Entschluss, das bisherige Agieren durch eine Handlungsalternative zu ersetzen (Unterpunkt „Auswahl“). Diese Einsicht kann sich ganz allgemein bei der Reflexion kritischer Lebensereignisse herausbilden. Sie kann aber auch während einer Präsenzphase entstehen im Rahmen einer Aus- oder Weiterbildung. Entscheidend ist, dass es sich nicht nur um einen flüchtigen Wunsch handelt, sondern um eine vom Willen getragene ernsthafte Absicht. Ergänzend ist jenes Verhalten so genau wie möglich zu skizzieren, das die handelnde Person künftig anstelle des bisherigen zeigen möchte (Unterpunkt „das erwünschte Handeln“). Der nächste Schritt (Unterpunkt „Analyse“) ist sehr anspruchsvoll. Der Akteur muss präzise beschreiben, wie jenes

Handeln abläuft, das er gerne verändern möchte. Dazu muss er sich Ereignisse plastisch vorstellen und herausfinden, was ihm in diesen Situationen durch den Kopf ging, was er gefühlt und wie er agiert hat. Günstig ist es, wenn er sich zur Überprüfung der Realitätsangemessenheit seiner Analyse vornimmt, in künftigen Situationen introspektiv darauf zu achten, was blitzartig in ihm abläuft. Hilfreich kann eine Tandemperson sein, die im Praxisfeld dabei ist und nicht nur von außen beobachtet, wie sich der Akteur verhält (Außensicht-Perspektive), sondern auch im Dialog mit jenem dessen Gedanken und Gefühlen auf den Grund geht, soweit dieses verdeckte Geschehen überhaupt von der handelnden Person innerlich wahrgenommen und verbalisiert werden kann (Innensicht-Perspektive).
Treten kritische Situationen völlig überraschend auf, dann ist es schwierig, unter dem damit verbundenen hohen Handlungsdruck anders als gewohnt zu agieren. Leichter ist es, wenn man frühzeitig erkennt, dass in wenigen Sekunden oder Minuten die Problemsituation erneut eintreten wird (Unterpunkt „Vorläufersignale"). Beispielsweise kann eine Lehrkraft antizipieren, dass das Classroom-Management dann besonders kräfteraubend sein wird, wenn sie erst einige Zeit nach dem Klingeln ins Klassenzimmer tritt. Ein Sportler kann von sich wissen, dass er gerne am Ende eines Matches viel zu riskant vorgeht. Einem Prüfling kann die Tendenz bewusst sein, dass er dann zum Blackout neigt, wenn er eine Prüfungsfrage nicht gleich einordnen kann. Die einer kritischen Situation vorausgehenden Anzeichen nennt man Vorläufersignale. Sind sie identifizierbar, dann kann der Akteur schon vor dem Eintreten der Problematik beginnen, sich selbst mit dem ersten Stoppcode zu beruhigen und parallel dazu mit dem zweiten Stoppcode das erwünschte Handeln anbahnen. Im letzten Schritt der Analyse werden Stoppcodes festgelegt (Unterpunkt „zwei Stoppcodes finden"). Bei der Emotionsregulation hat sich vor allem „ruhig" als universell einsetzbarer Stoppcode bewährt. Bei der Auswahl des strategischen Stoppcodes verdichtet man die Beschreibung des erwünschten Verhaltens auf ein Wort oder auf einen Satz.

Welche Personengruppen arbeiten mit Stoppcodes und welche Auswirkungen hat das?

Die Verbesserung der Selbststeuerung gelingt in allen Altersgruppen. Beispielsweise habe ich mit 11- bis 12-Jährigen gearbeitet, die in schulischen Leistungssituationen extreme Ängste aufwiesen. Die Symptome reichten von Übelkeit über Erbrechen bis zur Schlaflosigkeit, verbunden mit schlechten Schulleistungen, insbesondere im Fach Mathematik. Mit diesen Kindern habe ich in kleinen (3 Personen) und größeren Gruppen (12 Personen) ein „Stress-Impfungs-Training" durchgeführt. Der von Meichenbaum (1979 und 2003) geprägte Begriff signalisiert, dass die Trainierenden die Fähigkeit erwerben, gegen Belastungen immun zu sein analog zum medizinischen Begriff einer Schutzimpfung. Nach der jeweils individuellen Analyse, in die auch die Berichte der Eltern und Lehrkräfte als Ver-

treter der Außensicht-Perspektive einbezogen wurden, übte ich mit den Kindern die von Person zu Person unterschiedlichen Stoppcodes ein. Zunächst in der Langform von 10 Minuten, später in der 5-Minuten-Variante.
Danach simulierte ich schriftliche Prüfungen. Die Aufgaben dazu wurden mir von den Lehrkräften der Kinder zur Verfügung gestellt. Zu Beginn der Simulation durchliefen alle Kinder ein 3-minütiges Cooling Down mit tiefer Bauchatmung, Ruhebild und Stoppcode. Danach wurden etwa 15 Minuten lang Prüfungsaufgaben bearbeitet. Auf diese Weise lernten die Kinder, vor und während der belastenden Situationen Pausen zu machen (Handlungs- Unterbrechungs-Strategie), tief zu atmen und parallel unhörbar die Stoppcodes zu sprechen. Zu Hause übten sie mit der CD weiter, vor allem am Abend zuvor. Während der echten schulischen Leistungsmessungen hatten sie einen auffälligen Gegenstand vor sich auf den Tisch zu legen. Dieser sollte sie bei aufkommender Panik daran erinnern, eine Pause zu machen, ruhig zu atmen, den Stoppcode zu sprechen und erst danach die Bearbeitung der Aufgaben fortzusetzen. Dieses Programm erwies sich als außerordentlich erfolgreich. Die körperlichen Symptome wurden deutlich geringer, was vor allem die Eltern zu schätzen wussten. Die Schulleistungen wurden besser, was nicht nur den Berichten der Lehrkräfte zu entnehmen war, sondern auch den Halbjahres- und Jahreszeugnissen.
Im Bereich des Spitzensports arbeite ich mit Erwachsenen. Die Disziplinen sind weit gestreut (Ringen, Karate, Tischtennis, Tennis, Triathlon, Darts, Schießen). Die Symptomatik ist vergleichbar: Stets handelt es sich um eine erhebliche Diskrepanz zwischen den Möglichkeiten, gemessen beispielsweise an den Trainingsleistungen, und den im Wettkampf erbrachten Ergebnissen. Auch hier gehe ich gleicher Weise vor: (1) Analyse. Sie erfolgt aus drei Perspektiven: Berichte der Athleten (Innensicht-Perspektive). Beobachtungen der Trainer in Trainings- und Wettkampfsituationen (Erste Außensicht – Perspektive). Meine eigenen Beobachtungen zur Stressbewältigung in Wettkampfsituationen (Zweite Außensicht-Perspektive). Die Analyse wird so lange vorangetrieben, bis sich ein für mich stimmiges Bild zur Erklärung der Leistungsdiskrepanzen ergibt. (2) Einübung in das Stress-Impfungs-Programm. Ich übe mit den Athleten eine speziell auf ihre Sportart und ihr spezielles Problem zugeschnittene Variante des Mentalen Trainings ein, die ich selbst spreche. Für das häusliche Training erhalten sie eine sportartspezifische CD. (3) Simulation von Wettkämpfen. Die Athleten suchen sich im Training gleichstarke Gegner. Mit jenen simulieren sie keinen gesamten Wettkampf, sondern nur die entscheidenden Situationen. Beispiel: 9:7 Führung im Entscheidungssatz der Sportart Tischtennis. Bei 11 Punkten ist das Match gewonnen. Zu Beginn der Simulation leite ich ein 3-minütiges Cooling Down an, bei dem sich die Athleten während der Aufwärmphase im Stehen an die Wand lehnen, die Augen schließen, tief atmen, die beiden Stoppcodes unhörbar sprechen und anstelle des Ruhebildes eine visuelle Vorstellung ihrer erfolgreichsten Technik in sich aufsteigen lassen. Während der Simulation greife ich – daneben-

stehend – immer dann ein, wenn ich bemerke, dass der Athlet hastig, unüberlegt, ängstlich oder sonst kontraproduktiv agiert. (4) Vor echten Wettkämpfen üben die Athleten am Abend zuvor mit der CD, führen am Wettkampftag ein Cooling Down vor Ort durch und erinnern sich während des Wettkampfes durch einen auffälligen Gegenstand an ihre Stoppcodes, wie etwa ein Band am Handgelenk, ein Handtuch in einer Signalfarbe oder ein Zeichen auf Schläger oder Kampfhandschuhen. Dieses Programm ist sehr erfolgreich, gemessen an den Berichten der Trainer, den Berichten der Athleten sowie den erzielten Wettkampfleistungen.

3.4 Transferunterstützung durch Social Support und Social Control in Praxistandems und Kleingruppen (KOPING)

Neues Handeln verunsichert, denn dessen Konsequenzen sind ungewiss. Deshalb ist soziale Unterstützung zum Aufrechterhalten der Veränderungsmotivation unverzichtbar. Das ist nicht neu und dafür sind mittlerweile einige bekannte kollegiale Beratungssysteme entwickelt, erprobt und evaluiert worden. Dazu zählen die von Wolfgang Mutzeck konzipierte 9-schrittige „Kollegiale Beratung“ (1993 und 2002) sowie die ebenfalls dem epistemologischen Subjektmodell verpflichtete 3-schrittige „Kollegiale Beratung und Supervision für pädagogische Berufe“ von Jörg Schlee (2004). Diese und andere Beratungskonzepte (vgl. etwa die Gruppenberatung meiner Doktorandin Burga Nold 1998 oder das Tandemcoaching meiner Doktorandin Susanne Vespermann 2010) bringen nachweislich Veränderungsprozesse in Gang, begleiten diese jedoch nicht konsequent während der gesamten Transferphase. Auf systematischen Transfer ist nur das KOPING-Modell abgestimmt (Wahl 1991, Schmidt und Wahl 2008, Wahl 2013). Es arbeitet mit zwei Sozialformen: Dem Praxistandem und der Kleingruppe. Der Beratungsprozess wird mehrfach durch Praxisphasen unterbrochen. Einmal zum Einholen diagnostisch relevanter Daten aus der Innensicht- und Außensicht-Perspektive. Zum anderen zum Planen, Erproben und Evaluieren des angestrebten Handelns. Beides geschieht in Tandemarbeit, die für den engen Kontakt zur Realität verantwortlich ist. Die Ergebnisse der Praxisphasen werden in die Beratungs-Kleingruppe eingebracht, so dass sich ein ständiger Wechsel von Gruppen- und Tandemarbeit ergibt über den gesamten Transferprozess hinweg.

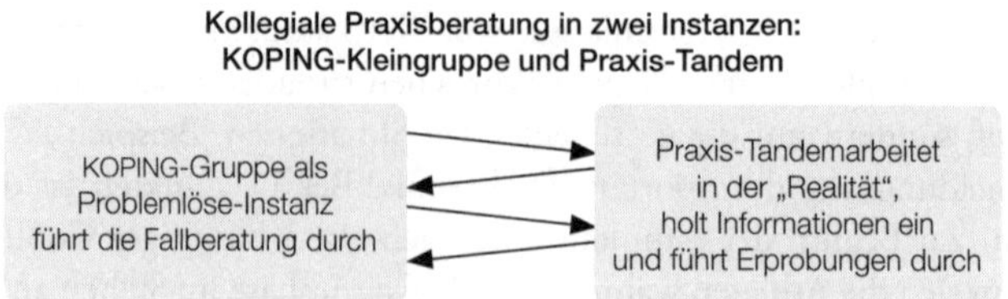

Abb. 91: Beim KOPING-Modell wechseln sich Beratung in der Kleingruppe und Realitätsprüfung im Praxistandem während des Transferprozesses ab.

KOPING ist ein Akronym und bedeutet „Kommunikative Praxisbewältigung in Gruppen" (coping = Bewältigung). Wie die Dissertationen meiner Doktoranden Eva-Maria Schmidt (2001), Dominik Bernhart (2014) und Ingrid Gimple (2014) zeigen, eignet es sich vorzüglich zur Begleitung und Unterstützung während des Transferprozesses. Allerdings muss es dazu nachhaltig implementiert werden. Zunächst ist das Verfahren zu erlernen. Das geschieht in einer Innenkreis-Außenkreis-Anordnung. Im Innenkreis sitzen KOPING-Novizen. Jeder Novize hat sich so vorbereitet, dass er einen Schritt des Verfahrens leiten kann. In der Außengruppe sitzen weitere KOPING-Novizen. Sie lernen über Beobachtung, bevor sie die einzelnen Schritte später in Kleingruppen trainieren. Die ratsuchende Person spielt der KOPING-Experte. Er hat eine Doppelfunktion. Erstens bringt er sich authentisch mit einem Praxisproblem ein und fungiert damit als ideale ratsuchende Person mit maximaler Offenheit und großer Frustrationstoleranz. Zweitens führt er Regie und unterbricht das Geschehen immer dann, wenn die Novizen einen Schritt suboptimal anleiten. Auf diese Weise wird das KOPING-Verfahren schnell und sicher erlernt. Hilfreich ist dabei ein von mir entwickelter Kartensatz, in dem jeder einzelne Schritt so einfach erklärt wird, dass auch Anfänger schnell mit dem Verfahren zurechtkommen.

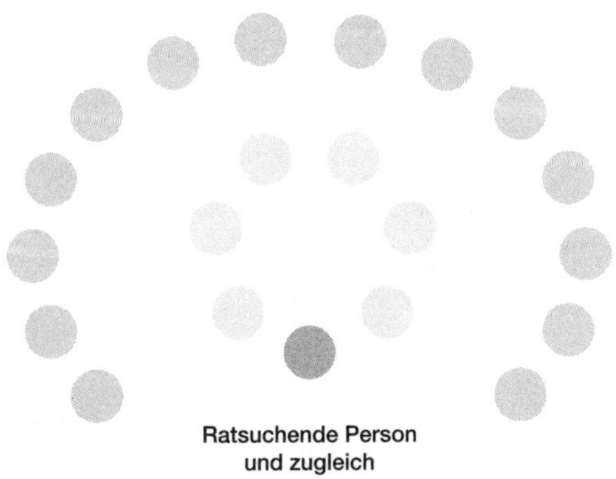

Abb. 92: Effektives Erlernen des KOPING-Verfahrens in einer Innenkreis-Außenkreis-Anordnung mit einem KOPING-Experten in der Doppelrolle als ratsuchende Person und als Regisseur.

Befinden sich die Lernenden in der Praxis, so besteht die große Gefahr, dass sie sich erstens nicht regelmäßig treffen und dass sie zweitens trotz Kartensatz vom erlernten Verfahren abweichen. Zumindest zeigen das unsere intensiven Erprobungen (Schmidt 2001). Folglich muss man dafür sorgen, dass eine hohe Verbindlichkeit über die gesamten Transferphasen hinweg besteht. Deshalb haben wir feste Rückmeldungsschleifen zwischen Experten und Novizen implementiert:

Am Ende der Präsenzphase wird nicht nur ein inhaltlicher Entschluss gefasst, an welchen Punkten sich das Handeln ändern soll, sondern es werden auch verpflichtende Abmachungen getroffen, wann und wie oft sich im Transferzeitraum die beratenden Kleingruppen treffen bzw. wann und wie oft sich alternierend dazu die Praxistandems treffen. Jedes Gruppen- und jedes Tandemtreffen wird dem Experten mitgeteilt. Dieser wiederum gibt Rückmeldung zu den erzielten Ergebnissen, sei es per E-Mail, per Telefon oder auf andere Weise. Bleiben die Berichte der Novizen über die vorgesehenen Tandem- und Gruppentreffen aus, so nimmt der Experte mit den betreffenden Personen Kontakt auf und sorgt für eine kontinuierliche kommunikative Praxisberatung. Wir haben früher ohne diese Rückmeldungsschleifen gearbeitet und mussten die leidvolle Erfahrung machen, dass nur ein kleiner Prozentsatz der Lernenden sich an die Entschlüsse gehalten hat. Seit wir verbindliche Rückmeldungsschleifen implementieren, wird nicht nur die geforderte Mindestzahl an Tandem- und Gruppentreffen übertroffen, sondern die kleinen sozialen Netzwerke bleiben noch lange nach Abschluss des Änderungsprozesses erhalten, zum Teil über Jahre hinweg.

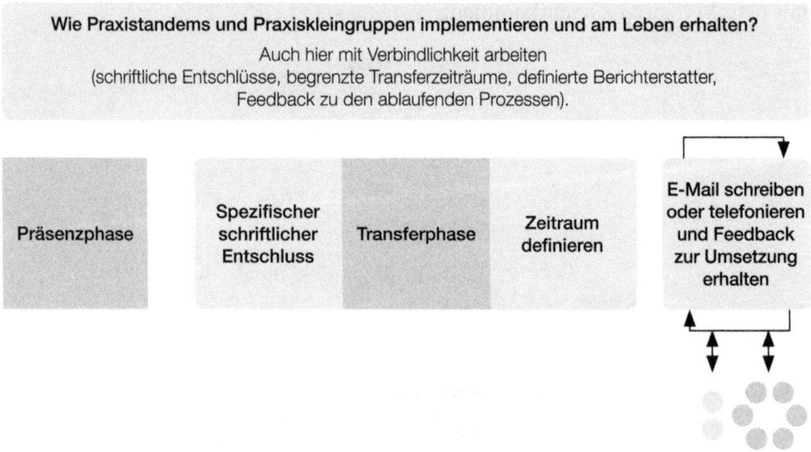

Abb. 93: Verbindliche Rückmeldungsschleifen im KOPING-System sorgen für regelmäßige Tandem- und Kleingruppentreffen während der Transferphasen.

Damit Tandems- und Kleingruppen durch Rückmeldungsschleifen zeitlich nicht zu sehr belastet sind, geben wir als Minimalanforderung eine 1-Minuten-Dokumentation vor. Diese erlaubt dem Experten einen Einblick in die Zahl der stattgefundenen Treffen, in die behandelten Themen und vermittelt durch zwei schlichte Skalen einen Eindruck von Arbeitsklima sowie Arbeitsergebnis. Schließlich ermöglicht die Rubrik „Bemerkungen“ stichwortartige Hinweise auf Probleme, offene Fragen und Anregungen. Je länger Gruppen und Tandems arbeiten, desto routinierter füllen sie die 1-Minuten-Dokumentation aus. Mir ist bewusst, dass viele Lehrkräfte auf die Autonomie der Lernenden setzen und Rückmeldungsvorgaben, wie etwa die 1-Minuten-Dokumentation, für gleichermaßen überflüssig wie kontraindiziert halten. Dieser Ansicht war ich früher ebenfalls. Doch dann musste ich ubiquitär die Erfahrung machen, dass es zwar durchaus eine kleine Anzahl hoch motivierter Personen gibt, denen man keinerlei Verbindlichkeit abverlangen muss, weil sie aus eigenem Antrieb mit hoher Selbstkontrolle und starkem Willen ihren Veränderungsprozess voranbringen. Aber der Großteil jener Personen, mit den ich es in den letzten Jahrzehnten zu tun hatte, funktioniert anders. Nach dem Prinzip der Anstrengungskalkulation machen sie auf Dauer nur das, was ihnen eindeutig abverlangt und was zusätzlich systematisch überprüft wird. Sie sehen zwar vieles ein, handeln aber nicht entsprechend. Deshalb bin ich zur festen Überzeugung gekommen, dass man alle Menschen, die in voller Autonomie den Entschluss fassen, ihr Handeln zu ändern, systematisch dabei begleiten muss. Sowohl mit sozialer Unterstützung, als auch mit sozialer Kontrolle.

1-Minuten-Dokumentation						
☐ Tandem-Treffen ☐ Kleingruppentreffen am ________ von ______ bis ______ An: diethelm.wahl@freenet.de						
Themen/Inhalte des Treffens (in Stichworten)						
Verlauf des Treffens (bitte jeder für sich ankreuzen)						
So wohl habe ich mich bei der gemeinsamen Arbeit gefühlt:						
eher positiv	1	2	3	4	5	eher negativ
So ertragreich war die gemeinsame Arbeit für mich:						
eher positiv	1	2	3	4	5	eher negativ
Bemerkungen (Probleme, offene Fragen, Anregungen)						
Unterschriften ______________________________						

Abb. 94: 1-Minuten Dokumentation zu Tandem- und Kleingruppentreffen.

Soziale Unterstützungssysteme wie KOPING sind hilfreich, weil sie eine ganze Reihe von Wirkmechanismen beinhalten. Im Tandem ist es nicht nur der persönliche Kontakt, der häufig über die Kooperation hinausgeht in Richtung Freundschaft. Sondern es ist auch das Feedback, wenn man die Tandemperson im Praxisfeld aufsucht, um ihr aus der Außensichtperspektive das beobachtete Verhalten zurück zu spiegeln. Und schließlich ist es das detaillierte Planen, Erproben und Evaluieren des angestrebten Handelns, das nichts anderes ist als ein gemeinsames Projekt, getragen von gemeinsamen Zielen. In den Beratungs-Kleingruppen sind es der Austausch von Informationen und Materialien, der als wertvoll erlebt wird. Weiter ist es die anregende Vielzahl von Meinungen und Perspektiven, sozusagen die Gruppe als „Superhirn“. Und natürlich hat die Gruppe stabilisierende Funktionen im emotionalen und motivationalen Bereich, vor allem dann, wenn Einzelne oder Tandems resignieren angesichts der Schwierigkeit, bisheriges Handeln durch neues Handeln zu ersetzen.

Fazit

Sich zu ändern ist enorm schwierig. Stabile Gedanken, Gefühle und bewährte Prototypenstrukturen verlangen hohe Motivation, starken Willen und großes Durchhaltevermögen, wenn man sich ändern möchte. Deshalb ist es in Transferphasen entscheidend, dass man die Menschen nicht alleine lässt, sondern ihnen hilft, das zu erreichen, was sie sich selbst vorgenommen haben. Dies kann über schlichte Erinnerungshilfen und Feedback geschehen. Anspruchsvoller ist die nachhaltige Implementation sozialer Unterstützungssysteme als Kombination von Beratungsgruppe und Praxistandem mit der Doppelfunktion von Social Support und Social Control. Schließlich muss aber auch die Selbststeuerung optimiert werden mit Stoppcodes und Stress-Impfung. Möglicherweise kann in Zukunft der Transferprozess durch app-basierte mobile Interventionen noch weiter intensiviert werden.

Teil V
Standpunkte oder „Gib mir einen Punkt, wo ich hintreten kann, und ich bewege die Erde“

1 Einführung

Der bekannte griechische Naturwissenschaftler Archimedes (285–212 v. Chr.) beschäftigte sich mit dem Hebelgesetz und erkannte, dass die Muskelkraft eines einzigen Menschen – rein physikalisch betrachtet – durchaus ausreicht um die Erde zu bewegen. Vorausgesetzt, er könne den hierfür erforderlichen Standpunkt im Universum einnehmen und verfüge über einen entsprechend langen und zugleich stabilen Hebel. Das kommt in dem ihm zugeschriebenen Zitat zum Ausdruck: „δος μοι που στω και κινω την γην“ = „Gib mir einen Punkt, wo ich hintreten kann, und ich bewege die Erde“.

Im übertragenen Sinne müsste es also möglich sein, von einem fundierten Standpunkt im Universum des Lehrens und Lernens aus Großes in der Lehrerbildung zu bewegen. Nun ist es aber so, dass physikalische Gesetze möglicherweise Sachverhalte präziser beschreiben, als dies für den komplexen Bereich des Lehrens und Lernens möglich ist. Deshalb gibt es nicht nur einen einzigen, unumstrittenen, in jeder Hinsicht idealen Standpunkt, sondern vielleicht mehrere, von denen aus wirkungsvolles Unterrichten in Schule, Hochschule und Erwachsenenbildung konzipiert werden kann.

Meinen eigenen Standpunkt habe ich in diesem Buch dargelegt. Er ist handlungstheoretisch begründet. Menschliches Handeln wird als kompliziertes Geflecht aus handlungssteuernden Strukturen und Prozessen charakterisiert. Eine besondere Rolle spielen dabei Kognitionen wie etwa Selbstwirksamkeits-Überzeugungen, Anstrengungskalkulationen oder Einstellungen. Ebenso bedeutsam sind positive wie negative Emotionen. Das Handeln erleichtern ausdifferenzierte Prototypenstrukturen, die ab dem ersten Lebenstag in der Interaktion entstehen und es ermöglichen, Situationen rasch zu interpretieren und in bewährter Weise darauf zu reagieren. Schließlich überbrücken Entschlüsse die Kluft zwischen Absichten und Aktionen. Dieses Geflecht besitzt eine enorme Stabilität. Gerät es ins Ungleichgewicht, hervorgerufen beispielsweise durch Lernprozesse, versucht der Handelnde die daraus resultierende Unsicherheit rasch zu überwinden. Von diesem dezidierten Standpunkt aus können Veränderungen des Handelns von Menschen nur dann gelingen, seien es Lernende wie Lehrende in Schule,

Hochschule und Erwachsenenbildung, wenn man sich auf lange, gut flankierte Lernwege einlässt und sich eingesteht, dass Wissen allein ein schwacher Hebel der Modifikation ist.

Umgekehrt leuchtet aus wissenschaftstheoretischer Perspektive ein, dass weder aus empirischen Befunden noch aus handlungspsychologischen Theorien eineindeutig abgeleitet werden kann, was präskriptiv daraus zu folgen hat. Präskriptionen sind Konstruktionen des menschlichen Geistes, die auf vielfältige Weise vorgenommen werden können. Hinzu kommt, dass verschiedenartige Ausgangspunkte die Konstruktionsvielfalt erhöhen. Und selbst vergleichbare Standpunkte garantieren nicht, dass die von dort aus entwickelten Konstruktionen zu vergleichbaren präskriptiven Ergebnissen führen.

Deshalb habe ich drei befreundete Kollegen gebeten, in kurzen Originalbeiträgen zu skizzieren, wie sie etwas im Universum des Lehrens und Lernens bewegen wollen. Alle drei sind erfolgreich in der Lehrerbildung tätig. Hilbert Meyer ist bekannt geworden durch seine Aussagen über „guten" Unterricht. Andreas Schubiger wird in der Schweiz als Experte in Sachen Berufsbildung geschätzt. Jörg Schlee ist Mitbegründer des Forschungsprogramms Subjektive Theorien und hat mit KoBeSu ein nachhaltiges kollegiales Beratungskonzept geschaffen. Gleichzeitig akzentuiert jeder der drei Kollegen einen jener Aspekte, die in diesem Buch besonders wichtig sind.

Hilbert Meyer hat in jenem Buch, das er „eigentlich gar nicht schreiben wollte", die Ergebnisse der nationalen wie internationalen empirischen Unterrichtsforschung als jenen Standpunkt gewählt, von dem aus er etwas bewegen will. Um Lehrkräften beim Handeln die Orientierung zu erleichtern, hat er hierzu den Forschungsstand auf wenige zentrale Aussagen komprimiert, den berühmten „Zehnerkatalog Unterrichtsqualität". Das hilft Lehrenden bei der Planung, Durchführung und Reflexion ihres Unterrichts, weil dadurch klare innere Bilder entstehen, die ihrerseits handlungssteuernde Funktionen besitzen. In seinen wie in meinen Augen sind dies keine „Rezepte", sondern in einer ständigen Abfolge von vorauslaufenden Reflexionen, Aktionen und nachfolgenden Reflexionen situationsspezifisch auszuformende regulative Zielideen, was in Anlehnung an Herbart auch als „Pädagogischer Takt" bezeichnet wird. Bildungstheoretisch geprägt ist es ihm darüber hinaus wichtig, auch die allgemeine Richtung der von ihm ausgehenden Impulse vorzugeben: „Die Beförderung von Mündigkeit in sozialer Verantwortung". Das kommt in seinem „Zehnerkatalog Professionelle Lehrerarbeit" vor allem im „Berufsethos" zum Ausdruck. Wie auch mir, so ist es auch ihm ganz besonders wichtig, seinen Standpunkt mit allem zu untermauern, was man heute über die Welt des Lehrens und Lernens weiß. Die von ihm in Anlehnung daran vorgenommenen Konstruktionen sind im Unterschied zu meinem Ansatz jedoch viel breiter und umfassender ausgelegt. Als Bildungsforscher fragt er sich: „Wohin geht die Reise und wie gestalten wir den Weg?", so der Titel eines seiner

Vorträge. Umgekehrt taucht er nicht, so wie ich es z.B. tue, tief in das Handlungsgefüge von Lehrkräften ein und fragt entsprechend nicht danach, was sich in den Menschen selbst verändern muss, damit sie in der Lage sind, entsprechend der von ihm ausgezogenen Leitlinien zu agieren.

Der Standpunkt, von dem aus **Andreas Schubiger** etwas in der Lehrerbildung bewirken möchte, ist die Reduktion von Komplexität. Das ist gewiss auch das Anliegen von Hilbert Meyer und mir. Doch Andreas Schubiger ist in dieser Hinsicht deutlich konsequenter. Er hat vor allem junge Lehrkräfte im Blick, die in der beruflichen Bildung zu unterrichten beginnen. Neulinge und fortgeschrittene Anfänger (als die ersten beiden Stufen im Modell von Dreyfus & Dreyfus, 1998) haben große Mühe, den vielfältigen Anforderungen gerecht zu werden, die eine Lehrkraft zu bewältigen hat. Da Handeln stets ein Mehrfachhandeln ist (Fuhrer, 1984) und somit polytelisch, also verschiedene Ziele gleichzeitig verfolgend (vgl. Wahl, 1991), stellen die gleichzeitig zu erbringenden Leistungen in den Bereichen Fachkompetenz, Didaktik und Methodik, Führungsaufgaben, Leistungsbewertung und Umgang mit sich selbst häufig eine Überbeanspruchung dar. Folglich ist es gewiss hilfreich, ganz pragmatisch anzusetzen und den Novizen ein Lehr-Lern-Prozess-Modell anzubieten, das es ihnen ermöglicht, Unterricht zu planen, durchzuführen und zu reflektieren. Der hierfür konstruierte RITA-Würfel mit den Dimensionen Wissen, Können und Wollen legt eine begründete, gleichzeitig jedoch leicht zu übernehmende Vorgehensweise nahe: R = Beginne mit der Aktivierung der Ressourcen, das wäre in meiner Sprache die Vorwissensorganisation. I = Informiere die Lernenden. T = Bahne den Transfer mit Lernaufgaben unterschiedlicher Komplexität an. A = Werte die erzielten Lernergebnisse aus, sei dir der Bedeutung der verschiedenen Feedbackprozesse bewusst (Auswertung). Vor allem in der Unterrichtsplanung hat der Novize einen klaren Ablauf vor Augen, der vom Einstieg bis zum Abschluss reicht. Dagegen ist das von mir vorgeschlagene Sandwich-Modell deutlich offener. Es schlägt lediglich vor, eine asymmetrische Balance zwischen eher rezeptiven und eher aktiven Lernphasen anzustreben und dabei besonders darauf zu achten, dass die rezeptiven Abschnitte weder zu lange dauern noch in ihrer Gesamtheit überwiegen.

Den wohl dezidiertesten Standpunkt nimmt **Jörg Schlee** ein. Er ist davon überzeugt, dass man einem Leitstern folgen muss, will man zum Ziel kommen. Er versucht Lehrkräfte davon zu überzeugen, dass grundlegende Menschenbildannahmen in der Lehrerbildung viel wirkmächtiger sind als Modelle der Unterrichtsplanung, Merkmale guten Unterrichts oder die Orientierung an Effektstärken. Das Faszinierende an seinem Ansatz ist, dass er es damit schafft, Lehrkräfte wirklich zu bewegen. Er wirkt auf die Subjektiven Theorien der Lehrkräfte ein und zwar auf der höchsten Ebene: der Ebene der Sichtweisen, Haltungen, Überzeugungen, Beliefs. Die zentrale Aufgabe von Lehrberufen sieht er in der Förderung des Potentials der Lernenden zur Integration von Denken, Fühlen und

Agieren, also z.B. zur Überwindung der Kluft zwischen Wissen und Handeln (Handlungsfähigkeit), zur Selbststeuerung (Autonomiefähigkeit), zur Fähigkeit, über die Welt und sich selbst nachzudenken (Reflexivitätsfähigkeit) sowie mit anderen Menschen zu interagieren (Kommunikationsfähigkeit). Diese vier Menschenbildannahmen werden als epistemologisches Subjektmodell bezeichnet und sind Kern des Forschungsprogramms Subjektive Theorien (FST). Mit diesem „Hebel" will er im Sinne einer Evolution auf die Subjektiven Theorien der Lehrkräfte einwirken und diese wiederum sollen gleichsinnige Veränderungen bei den Lernenden anstreben.
Das von ihm aus diesen Überlegungen heraus stimmig entwickelte kollegiale Beratungsmodell KoBeSu (Kollegiale Beratung und Supervision) ist nicht einfach zu erlernen, bewirkt jedoch nachhaltige Veränderungen im Denken und Handeln jener Lehrkräfte, die daran teilnehmen. Das von mir entwickelte KOPING (Kommunikative Praxisbewältigung in Gruppen) entspringt ebenfalls der wissenschaftlichen Beschäftigung mit Subjektiven Theorien, ist jedoch deutlich stärker strukturiert (siehe die 24 Schritte) und entsprechend nüchterner. Es arbeitet weniger stark an Überzeugungen und Haltungen. Hat jedoch gleichermaßen nicht die Revolution menschlichen Handelns im Blick, sondern dessen vorsichtige Evolution. Jörg Schlee setzt weniger als ich auf die differenzierte Ausarbeitung einzelner Lernarrangements – nach Hilbert Meyer das „Handwerkszeug" – und weniger auf die Strukturierung des unterrichtlichen Geschehens durch Ablaufmodelle wie RITA (Schubiger) oder Konzepte zur Balance rezeptiver und aktiver Phasen, wie dies das von mir entwickelte Sandwichprinzip versucht. Für ihn ist die Orientierung an übergreifenden Menschenbildannahmen die entscheidende Moderatorvariable. Lernprozesse sollen nach seiner Überzeugung nicht bei oberflächlichem Wissenszuwachs enden. Höchste Priorität hat vielmehr die konzeptionelle Beachtung von Persönlichkeitspotentialen im Sinne des epistemologischen Subjektmodells.

2 Das Konzept von Hilbert Meyer (Originalbeitrag)

Ich bin kein empirischer Unterrichtsforscher, auch wenn ich von den heute vorliegenden Forschungsergebnissen beeindruckt bin und sie vielfältig nutze. Meine Theorieheimat ist die traditionelle Bildungstheorie, wie sie von meinem Münsteraner Doktorvater Herwig Blankertz (1927–1983), seinem Mitdoktoranden Wolfgang Klafki (1927–2016), von Lothar Klingberg (1926–1999) und weiteren entwickelt worden ist. Übergeordnetes Prinzip dieser Bildungstheorie ist die Beförderung von Mündigkeit in sozialer Verantwortung. Die folgenden theoretischen Voraussetzungen didaktischen Urteilens und Handelns sind mir in 40 Jahren wissenschaftlicher Arbeit wichtig geworden:

(1) „Die Dignität der Praxis ist unabhängig von der Theorie, die Praxis wird nur mit der Theorie eine bewusstere." (Schleiermacher).
(2) Aus abstrakten Prämissen lässt sich nichts Vernünftiges ableiten, aber auch aus dem was ist, darf nicht abgeleitet werden, was sein soll. (Deduktionsproblem).
(3) Unterricht ist ein schöpferischer Prozess, der durch eine Dialektik von Führung und Selbsttätigkeit charakterisiert ist mit dem Ziel, Kopf- und Handarbeit in eine Balance zu bringen.
(4) Lehrpersonen benötigen als zentrales Professionsmerkmal reflexive Distanz in einer Spirale von Aktion und Reflexion.
(5) Trotz der Einsicht, dass der Unterrichtsverlauf hochkomplex und niemals präzise vorauszusagen ist, habe ich mich nie gescheut, Unterrichtsrezepte zu formulieren. Richtig ist, dass es gute und schlechte Rezepte gibt. Die schlechten liefern eindeutige Handlungsanweisungen für unklare Situationen, die guten beachten, dass der Unterricht ein offener Prozess ist.

Meine drei Hauptbotschaften:

A. ZEHNERKATALOG „Guter Unterricht"

Die PISA-Studie I aus dem Jahr 2000 hat erheblichen Veränderungsbedarf im deutschen Bildungssystem deutlich gemacht. Deshalb wurde ich vom Cornelsen Verlag gefragt, ob ich ein Buch zum Thema Unterrichtsqualität schreiben könne. So ist das einzige Buch entstanden, das ich eigentlich gar nicht schreiben wollte, weil der Titel „Was ist guter Unterricht?" ein wenig anmaßend klingt. Ich habe den damals erreichten Forschungsstand zur Unterrichtsqualität auf der Basis von Meta-Analysen studiert, ihn bildungstheoretisch gewichtet, inhaltlich erweitert und dann zu zehn Einzelmerkmalen komprimiert. Ich wollte einen überschaubaren Satz von Merkmalen formulieren, der bildungstheoretisch legitimiert ist, der im Schulalltag Orientierung liefert und auch bei der Ausbildung von Lehrpersonen genutzt werden kann (Meyer 2015, S. 176).

ZEHNERKATALOG „Unterrichtsqualität"

1. Klare Strukturierung des Unterrichtsverlaufs (äußere Seite: geschickte Klassenführung, Rollenklarheit, Absprache von Regeln, Ritualen und Freiräumen; innere Seite: Herstellung einer didaktisch plausiblen Schrittfolge).
2. Hoher Anteil echter Lernzeit (durch gutes Zeitmanagement, Pünktlichkeit; Auslagerung von Organisationskram; Vermeidung bzw. Reduzierung der „Zeitkiller").
3. Lernförderliches Klima (durch gegenseitigen Respekt, verlässlich eingehaltene Regeln, Verantwortungsübernahme, Gerechtigkeit und Fürsorge).
4. Inhaltliche Klarheit (durch Verständlichkeit der Aufgabenstellung, Plausibilität des thematischen Gangs, Klarheit und Verbindlichkeit der Ergebnissicherung).

5. Sinnstiftendes Kommunizieren (durch Planungsbeteiligung, Gesprächskultur und Schülerfeedback).
6. Methodentiefe (Aufbau von Methodenkompetenz mit dem Ziel eines sicher beherrschten Methodenrepertoires).
7. Individuelles und gemeinsames Fördern (durch Freiräume, Geduld und Zeit; durch innere Differenzierung und kooperative Lernformen).
8. Intelligentes Üben (durch Bewusstmachen von Lernstrategien, passgenaue Übungsaufträge und gezielte Hilfestellungen).
9. Transparente Leistungserwartungen (durch ein an den Curricula und Bildungsstandards orientiertes, dem Leistungsvermögen der Schülerinnen und Schüler entsprechendes Lernangebot und zügige Rückmeldungen zum Lernfortschritt).
10. Vorbereitete Umgebung (durch gute Ordnung, funktionale Einrichtung und brauchbares Lernwerkzeug).
11. Joker für weitere, insbesondere fachdidaktische Kriterien.

Zwei Anmerkungen:

- Methodenvielfalt hat keinen Wert an sich. Deshalb ist das sechste Merkmal in Meyer (2015) in „Methodentiefe" umgetauft worden. Damit ist gemeint, dass die Schülerinnen und Schüler einen festen Grundstock an Unterrichtsmethoden erwerben müssen, den sie sicher beherrschen und immer wieder einsetzen. Ein Methoden-Feuerwerk, von dem sich die Schülerinnen und Schüler eher erschlagen als bereichert fühlen, bringt nicht viel. Das ist auch empirisch gut belegt.
- Wichtig ist für mich (und darin unterscheidet sich mein Konzept von Helmkes Zehnerkatalog), dass die Merkmale nicht nur Ansprüche an die Lehrpersonen, sondern auch an die Schülerinnen und Schüler formulieren. Denn eins ist klar: Guter Unterricht kann nur in einer gemeinsamen Anstrengung gelingen!

B. ZEHNERKATALOG „Professionelle Lehrerarbeit"

Was ist eine professionelle Lehrperson? Ich könnte es mir mit der Beantwortung dieser Frage leichtmachen und sagen: Das ist jemand, der dafür sorgt, dass die im Punkt A. beschriebenen zehn Merkmale guten Unterrichts stark gemacht werden. Aber die eigentliche Frage ist damit noch nicht beantwortet: Denn woraus besteht dieses „sorgt dafür, dass …"? Diese Frage kann nur auf der Grundlage eines eigenständigen theoretischen Begründungszusammenhangs beantwortet werden. Die dafür zuständige Wissenschaft ist die Professionsforschung. Ich habe sie als Grundlage genommen, aber mit Theoriebausteinen aus der Geschichte der Didaktik angereichert und erneut einen ZEHNERKATALOG gebastelt, der diesmal in drei Dimensionen untergliedert ist (ausführlich erläutert in Meyer 2015, S. 180).

Abb. 95: Zehnerkatalog „Professionelle Lehrarbeit" in drei Dimensionen

Pädagogischer Takt: Weil der Unterrichtsverlauf nie präzise vorherzusagen ist, braucht die Lehrperson das, was Johann F. Herbart vor 200 Jahren als „pädagogischen Takt" bezeichnet hat. Das hat nichts mit dem Benimmbüchlein des Freiherrn Knigge zu tun. Gemeint ist das Vermögen, das in Studium und Berufspraxis angeeignete Theoriewissen situationsspezifisch klug zu nutzen. Was Herbart damals formulierte, ist auch heute noch der Forschungsstand: Eine professionelle Lehrperson kann die komplexe Struktur von Unterrichtssituationen aufgrund weniger Informationen angemessen erfassen, sie intuitiv genau beurteilen und dann auch zügig entscheiden, was zu tun ist.
Handwerkliches Geschick: Eine gute Lehrperson versteht ihr Handwerk. Sie steuert den Unterrichtsprozess; sie kann mit heterogenen Lerngruppen umgehen; sie schafft ein vertrauensvolles Klima; sie hat Standardsituationen des Unterrichts mit bestimmten Lösungsstrategien verknüpft und zu Handlungs- und Reflexionsrou-

tinen verinnerlicht. Sie kann aber auch mit unerwarteten, ja sogar völlig neuen Situationen konstruktiv umgehen. Das geht nicht ohne Theorie. So sieht das auch der Hannah Arendt-Schüler Richard Sennet (2009, S. 20): Beim handwerklichen Arbeiten entsteht ein „ständiger Dialog" zwischen Hand- und Kopfarbeit. Der Handwerker erlebt ja den Widerstand des Materials am eigenen Leibe, wenn er sein Werkzeug ungeschickt handhabt und das Werkstück misslingt. Jede Lehrperson erlebt ebenfalls Widerstände – im eigenen Können, aber auch im Eigensinn und in der Widerständigkeit der Schülerinnen und Schüler.

Respekt: Eine gute Lehrperson verfügt über eine Berufsethik, deren Basis der Respekt gegenüber den Schülerinnen und Schülern ist. Sie bleibt auch dann respektvoll, wenn „überraschungsintensive" Schüler aus der Rolle fallen und sich selbst Knüppel zwischen die Beine werfen. Respekt ist mithin keine wünschenswerte Zugabe zur professionellen Berufsarbeit, sondern zwingende Notwendigkeit. Der den Schülern gezeigte Respekt erleichtert es ihnen, die Übermacht der Lehrperson zu akzeptieren und hilft ihnen, sich als autonom wahrzunehmen. Aktuelle deutsche Forschungsergebnisse zeigen allerdings, dass es in vielen Schulklassen an gegenseitigem Respekt mangelt. Es besteht also Handlungsbedarf, auch wenn ich mir aufgrund eigener Anschauung von 50 Jahren sicher bin, dass respektloses Verhalten von Lehrpersonen insgesamt nicht zu-, sondern abgenommen hat. Aber es gibt auch viele Schülerinnen und Schüler, die respektlos sind. Da hilft nur eins: mit den Schülern ein Arbeitsbündnis schließen, in dem gegenseitige Hilfen und Pflichten ausformuliert werden!

Wenn Sie, liebe Leserin, lieber Leser, die beiden ZEHNERKATALOGE als Zumutung empfinden, weil niemand solchen Idealvorstellungen nachkommen kann, dann haben Sie mit dieser Feststellung Recht, aber auch die Funktion solcher Kataloge missverstanden. Es sind die Messlatten und nicht die Sache bzw. die Person selbst! Kein Mensch erwartet von Ihnen, überall Spitze zu sein. Gute Lehrpersonen zeichnen sich ja gerade dadurch aus, dass sie Schwächen im einen Bereich durch Stärken im anderen ausgleichen können. Das ist auch empirisch gut belegt.

C. DREI-SÄULEN-MODELL der Unterrichtsentwicklung

Individuelles Fördern ist heute weltweit in aller Munde, selbst in der Volksrepublik China. Die deutsche Kultusministerkonferenz hat das individuelle Fördern seit einigen Jahren geradezu zur Staatsdoktrin erhoben. Im Blick auf den in vielen empirischen Studien immer penibler erfassten alltäglichen Unterrichtsbetrieb ist das nachvollziehbar. Aber systematisch gesehen macht die Forderung keinen Sinn: Die eigentliche Herausforderung besteht darin, das individualisierende und das gemeinsame Lernen auszubalancieren. Heute können wir auf Basis der empirischen Befunde sagen: Plenumsunterricht ist besser als sein Ruf. Zumindest ist es naiv anzunehmen, dass man für das Starkmachen des individualisierten Lernens den Plenumsunterricht demontieren müsse. Aber wieviel Plenumsunterricht und wieviel individualisierender und kooperativer Unterricht sind sinnvoll? Um diese Frage theoriebasiert beantworten zu können, habe ich vier Grundformen des Unterrichts definiert (Meyer 2015, S. 38–74). In der Grafik werden die vier Grundformen einander zugeordnet:

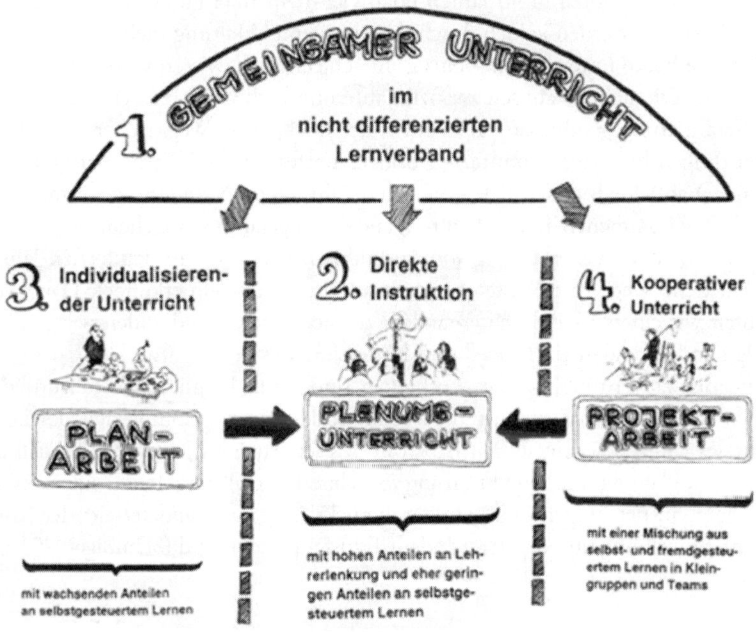

Abb. 96: Drei-Säulen-Modell der Unterrichtsentwicklung

Ich behaupte: Wenn die drei Grundformen 2 bis 4 in einer ausgewogenen Mischung angeboten werden, ergänzen sie sich wirkungsvoll. Deshalb ist das DREI-SÄULEN-MODELL für mich ein Zielkonzept für die kooperative Unterrichtsentwicklung.

Literatur

Helmke, A. (2012). Unterrichtsqualität und Lehrerprofessionalität. 4. überarb. Aufl. Seelze: Klett Kallmeyer.

Meyer, H. (1972). Einführung in die Curriculum-Methodologie. München: Kösel.

Meyer, H. (2004). Was ist guter Unterricht? Berlin: Cornelsen Scriptor.

Meyer, H. (2015). Unterrichtsentwicklung. Berlin: Cornelsen.

Sennet, R. (2009). Handwerk. Berlin: Berlin Verlag

3 Das Konzept von Andreas Schubiger (Originalbeitrag)

Ein kompetenzorientiertes Lernprozessmodell im Kontext der beruflichen schulischen Bildung

Diesen Sommer war Diethelm Wahl bei mir in Appenzell (CH) zu Besuch. Auf die Frage, wie er die Situation des Lehrens und Lernens in 30 Jahren einschätzt, gab er die folgende mit einem verschmitzten Lächeln untermauerte Antwort. „Lehrpersonen werden in 30 Jahren noch viel mehr über gutes Lehren und Lernen wissen. Sie werden jedoch durch ihre ‚resiliente' Haltung mehr oder weniger gleich wie heute unterrichten – einzig ihr schlechtes Gewissen wird zunehmen". Ich kenne Diethelm Wahl seit zwanzig Jahren und ich weiß, dass er sehr wohl an die Veränderung glaubt. Er war es auch, der mich zum „Wegmacher" für Transferleistungen begeistern konnte. – Übrigens professionelle Wegmacher gibt es in meiner Wahlheimat tatsächlich – Sie halten jährlich die Wanderwege instand, damit die willkommenen Touristen ihre Wanderziele gefahrlos erreichen.
In der Aus- und Weiterbildung von Ausbildnern haben wir in den letzten Jahren verschiedene Wege vom Wissen zum kompetenten Handeln erkundet. Dabei versuchten wir einerseits das Lehrerhandeln zu modifizieren und andererseits gleichzeitig den Lehrenden ein Modell und Mittel zur Kompetenzentwicklung bei ihren Lernenden zu vermitteln. Junge Ausbildner sind häufig so mit dem Stoff und den hohen Interaktionsanforderungen beschäftigt, dass sie die Komplexität des Lernprozesses kaum bewältigen. Wir haben in den letzten zehn Jahren ein Modell zur Reflexion, Planung und Durchführung von Unterricht entwickelt, das einerseits das Anfängersein der jungen Lehrpersonen berücksichtigt und andererseits der Kompetenzentwicklung und damit auch dem Transfer gerecht wird (Schubiger, 2016).

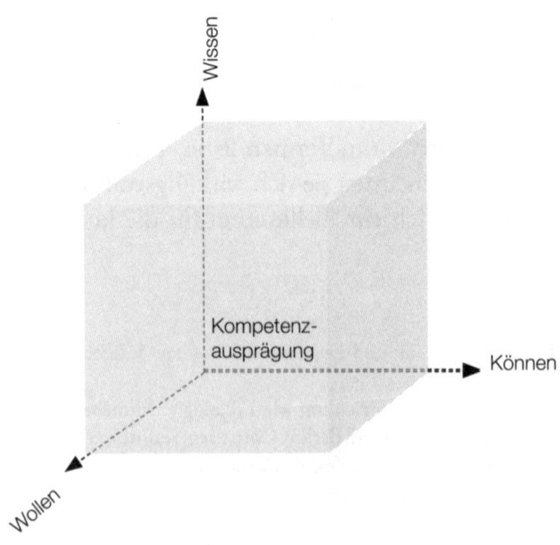

Abb. 97: Modell zur Kompetenzausprägung nach Schubiger (2016, S. 24)

Dem Modell legen wir ein pragmatisches Kompetenzverständnis zu Grunde. Kompetenz ist danach ein Potential, bestimmte Alltags- oder Arbeitssituationen mit Hilfe von Ressourcen adäquat bewältigen zu können. Die Ressourcen bestehen aus Wissen, Können und Wollen respektive Haltung. Sie alle drei sind notwendig, damit sich eine Kompetenz auch in einer adäquaten Handlung zeigt. Die Gleichung Kompetenz = Wissen x Können x Wollen illustriert das zwingende Vorhandensein aller drei Komponenten. Wissen allein genügt genau so wenig wie nur die durch Übung erlangten Fertigkeiten oder allein die Absicht. Kompetenz ist das Produkt aller drei Faktoren und wenn nur ein Faktor schwach ist, schwindet auch die daraus resultierende Kompetenzausprägung.

Aufbauend auf diesem Kompetenzverständnis bieten wir ein idealtypisches Lernprozessmodell an, das in vier Schritten mit dem Akronym RITA beschrieben ist:
R = Ressourcen aktivieren
I = Informationen verarbeiten
T = Transfer anbahnen
A = Auswerten

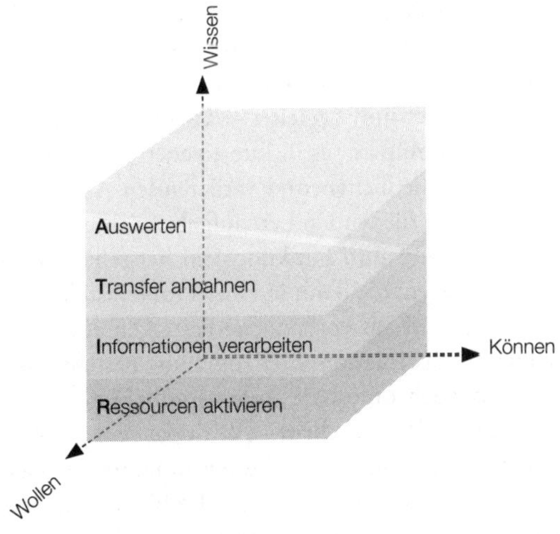

Abb. 97: Lernprozessmodell in vier Schritten nach Schubiger (2016, S. 35)

- **R**essourcen aktivieren: Es gibt kaum etwas Gesicherteres, als die Erkenntnis, dass Lernen immer ein Anknüpfen an bereits Vorhandenes ist. Diese erste Phase beabsichtigt nichts anderes, als dass die Vorerfahrungen der Lernenden, das Vorwissen und das Interesse aktiviert werden. Eine adäquate Problemstellung, die vorerst vielleicht auch gar nicht lösbar sein muss, realisiert den Königsweg dieses Lernprozessschrittes. Kapur (2008, 2016) weist in seiner Arbeit über „productive failure“ darauf hin, dass diese Einstiegsproblemstellungen durchaus unstrukturiert und im Moment für die Lernenden unlösbar sein können. Hunderte von Unterrichtsbeobachtungen zeigen immer wieder, dass dieser Phase nur unbedeutende Beachtung geschenkt, respektive häufig nur das deklarative Vorwissen aktiviert wird. Problemorientierte Einstiege ermöglichen längerfristig nicht nur ein tieferes Verständnis sondern auch eine höhere Transferwahrscheinlichkeit in neuen Problemstellungen (Kapur, 2008, 2016). Lernende aller Stufen verfügen über ein Vorwissen, das unterschiedlichste Quellen haben kann. Sie bringen gerade auch im beruflichen Kontext bereits einen reichen Schatz an Erfahrungen mit. Die Erfahrungen können auf direkten oder indirekten Beobachtungen basieren – sie können sich aber auch auf eigenes professionelles oder vorprofessionelles Handeln beziehen. Die Aktivierung dieser Vorerfahrungen hat zwei wesentliche Bedeutungen. Erstens werden vorhandene Erfahrungsressourcen in Form von Know-how, von Fertigkeiten sichtbar und anschlussfähig gemacht. Zweitens können verborgene Verhaltensroutinen dem Bewusstsein zugeführt und schlussendlich auch bearbeitbar gemacht werden. In dieser Phase liegt ein unschätzbares Potential zur frühen Anbahnung des Transfers, indem ein Bezug zwischen den Ressourcen der Lernenden und den zukünftigen Frage- und Problemstellungen hergestellt wird.

- **I**nformationen verarbeiten: in dieser Phase ist es entscheidend, dass – vor allem Novizen gut angeleitet und begleitet – das neue Wissen mit dem bereits vorhandenen Wissen verknüpfen, es in ihre eigenen kognitiven Strukturen integrieren und in unterschiedlichen und variierenden Aufgabenstellungen anwenden können. Die dazu dienenden Lernaufgaben sollten wenn möglich auch in dieser Phase einen Bezug zum Funktionsfeld herstellen und schlussendlich auch Fertigkeiten realisieren, die dann in einer Problemstellung abgerufen werden können. Dieser Zugriff auf vorhandene Fertigkeiten entlastet das Subjekt kognitiv in der Handlungssituation. Der Abschluss besteht darin, dass die anfänglich gestellte und noch unlösbare Aufgabe mit Hilfe der Lernfortschritte gelöst wird. Dieser zweite Phasenschritt schließt das rein schulische Lernen ab.
- **T**ransfer anbahnen: Im Labor, in simulierten Situationen oder in der Praxis selbst werden in dieser Phase unterschiedliche Problemstellungen der Praxis gelöst. Je nach Kompetenzgrad der Lernenden werden diese Lernaufgaben mehr oder weniger angeleitet. Sie werden so konstruiert, dass sie auch in ihrer Komplexität dem Kompetenzgrad der Lernenden entsprechen und auch von ihnen gelöst werden können. Die Lehrperson zieht sich in dieser Phase zurück und unterstützt wo nötig.
- **A**uswerten: Ein Feedback und damit auch eine individuelle Auswertung der Lernleistung beendet den erfolgreichen Lernprozess (Hattie, 2012). Dies kann durch klassisches Prüfen von Ressourcen wie Wissen und Fertigkeiten erfol-

gen, das kann auch eine Selbst- und/oder Fremdeinschätzung der Kompetenzen sein. Am gültigsten ist jedoch die Lösung einer Problemstellung aus der Praxis, deren Lösungsqualität mit einem differenzierten Feedback beurteilt wird. Eine Beurteilung eines Lernfortschritts ist nur dann wirksam, wenn sie gleichzeitig Ausgangspunkt für den nächsten Lernschritt ist.

Ein solches Lernprozessmodell erachten wir als Transfer fördernd, wenn es:

- mit einer Problemstellung aus dem Funktionsfeld startet, für das die Ausbildung auch ausgerichtet ist. Dies kann einerseits die aktuelle Lebenswelt oder andererseits die Berufswelt sein.
- die Vorwissensstrukturen und Vorerfahrungen bezüglich der Problemstellung aktiviert und verknüpft.
- das neue Wissen mit dem Funktionsfeld verknüpft.
- variationsreiche Übungen zur Erreichung der Fertigkeiten anbietet.
- die Einstiegsproblemstellung auch idealtypisch löst.
- den Transfer niveaugerecht anbahnt und begleitet sowie adäquate Problemstellungen aus dem Funktionsfeld anbietet.
- die Lernleistungen mit Aufgaben aus dem Funktionsfeld misst.
- die Lernleistungen beurteilt und in einem Feedback zurückmeldet.

Wir stellen fest, dass dieses pragmatische Modell von noch unerfahrenen wie auch erfahrenen Lehrpersonen gut angenommen und im Unterricht mindestens in der Oberflächenstruktur umgesetzt wird. Es eignet sich zudem ideal zur kritischen Reflexion von angeleiteten Lehr-/Lernprozessen. Die Gefahr, dass ein solches Modell rezepthaft und unreflektiert umgesetzt wird, ist wie bei allen Modellen latent vorhanden. Wir animieren Lehrpersonen, das Lehren und Lernen aus den Augen der Lernenden im Sinne von „visible learning“ (Hattie, 2012) zu verstehen. Der pädagogische Doppeldecker, wie ihn Diethelm Wahl immer wieder beschreibt und auch selbst praktiziert, ist insofern hilfreich, indem wir als Ausbildner von Ausbildenden den Weg vom Novizen zum Kompetenten erlebbar und sichtbar machen und damit der Reflexion zuführen können. Manchmal habe ich den Verdacht, dass wir gerade an Hochschullehrerbildungsstätten von der impliziten Annahme ausgehen, dass die Studierenden mindestens schon Fortgeschrittene im Bereich des didaktischen Handelns sind und wir sie damit schlussendlich auch überfordern.

Literatur:

Hattie, J. (2012). Visible learning. Maximizing impact on learning. London & New York: Routledge.

Kapur, M. (2008). Productive Failure, Cognition and Instruction, 26:3, 379–424, DOI: 10.1080/07370000802212669

Kapur, M. (2016). Examining Productive Failure, Productive Success, Unproductive Failure, and Unproductive Success in Learning. In: *Educational Psychologist* 51:2, pages 289–299.

Rosen, S. & Schubiger, A. (2013). Berufsfelddidaktik der höheren Berufsbildung. Bern: hep Verlag.
Schubiger, A. (2010). Methodenkompetenzentwicklung von Lehrenden und Lernenden. Ein Weg vom Wissen zum kompetenten Handeln. Saarbrücken: SVH.
Schubiger, A., Gerig, J., Rosen, S. (2014). Lernen jenseits des Präsenzstudiums. In: folio 02-2014.
Schubiger, A. & Rosen, S. (2014). Berufsfelddidaktik der höheren Berufsbildung – ein didaktischer Paradigmenwechsel. In: Panorama 02-2014.
Schubiger, A. (2016). Lehren und Lernen (2. überarb. Aufl.). Bern: hep Verlag.
Schubiger, A. (2019). Wie Transfer gelingt. Warum wir nicht tun, was wir wissen. Bern: Hep Verlag

4 Das Konzept von Jörg Schlee (Originalbeitrag)

Überlegungen zur Gestaltung fruchtbarer Lehr-Lernsituationen
Meine Vorstellungen zu einem wirkungsvolle(re)n Unterricht leite ich nicht aus den Befunden empirischer Untersuchungen, sondern – wie alle meine Handlungen – aus Annahmen ab. Wenn ich Überlegungen zum Lernen und Lehren anstelle, dann orientiere ich mich an Menschenbildannahmen. Hierbei folge ich den Argumenten von Groeben & Scheele (1977), die im bewussten Kontrast zur behavioristischen Sichtweise dafür plädieren, Menschen nicht als Reiz-Reaktionswesen, sondern – parallel zu Wissenschaftlern – als Subjektive Theoretikern zu begreifen. Ich beziehe mich auf diese Annahmen, weil sie den ethischen Anspruch des Selbstanwendungsprinzips erfüllen, mir in hohem Maße stimmig erscheinen, mir eine theoretisch kohärente Sichtweise ermöglichen und sich bislang in meiner persönlichen wie beruflichen Praxis als außerordentlich praktikabel und fruchtbar erwiesen haben.
Unter diesen Annahmen orientieren sich Menschen an dem Sinn und der Bedeutung, die sie den Ereignissen und Gegebenheiten zuschreiben. Sie agieren nicht immer rational, reflexiv und selbstgesteuert. Auch verlaufen ihre Kontaktaufnahmen und kommunikativen Auseinandersetzungen mit den Mitmenschen nicht immer konstruktiv. Doch haben sie das Potential dazu! Daher betrachte ich es als eine zentrale Aufgabe von Unterricht und Erziehung, Schülerinnen und Schüler – generell: Lernende – so zu unterrichten, dass sie in diesen Potentialen gefordert und gestärkt werden, um insgesamt immer häufiger autonom, rational, reflexiv und kommunikativ handeln zu können.
Begreift man Menschen als Subjektive Theoretiker, dann kann man Lernen als eine Veränderung ihrer Subjektiven Theorien verstehen. Dabei lassen sich idealtypisch zwei Arten der Modifikation unterscheiden: Wenn es gelingt, durch Unterricht sowie durch eigenes Erkunden zu den bereits vorhandenen Kenntnissen weiteres Wissen so hinzu zu erwerben, dass man mit den auf diese Weise veränderten Subjektiven Theorien das Geschehen in der Welt besser beschreiben, erklären, vorhersagen sowie beeinflussen kann, dann soll die Veränderung als kumulativ bezeichnet werden.

Die Veränderung von Subjektiven Theorien kann aber nicht nur im Sinne eines „Mehr und Genauer", sondern auch im Sinne eines „Anders" stattfinden. In diesem Fall geht es weder um eine Erweiterung noch um eine Präzisierung der Kenntnisse, sondern um eine Veränderung ihrer Bedeutung. Diese so genannte evolutionäre Veränderung ergibt sich aus einem Wechsel der Standpunkte oder einer neuen Sicht auf die Zusammenhänge. Durch diese Art des Lernens verändern sich also nicht das Wissen, sondern die Haltungen, Einstellungen und Sichtweisen – somit auch Bewertungen und Stellungnahmen. Erforderlich sind hierbei nicht (in erster Linie) neue Informationen oder fachliche Belehrungen, sondern es geht um ein Besinnen und Abwägen von Argumenten sowie um ein Klären von Gesichtspunkten. Es geht folglich um Veränderungsprozesse, die für die Persönlichkeitsbildung eine große Bedeutung haben. Beide Veränderungs- bzw. Lernarten lassen sich in der Praxis nicht immer sauber auseinanderhalten. Sie können sich überlagern oder auseinander hervorgehen.
Beide Lernarten sind lebensbedeutsam und spielen daher für das schulische Lernen eine wichtige Rolle. Um ihre Schülerinnen und Schülern in diesen unterschiedlichen Lernarten anregen und unterstützen zu können, benötigen die Lehrkräfte ein zweifaches Expertentum: Um ihren Schülerinnen und Schülern bei deren Kenntniserweiterung die Fachkenntnisse korrekt und angemessen vermitteln zu können, müssen sie sich bestens in ihrem Unterrichtsfach und dessen Didaktik auskennen. Hingegen müssen sie Experten für Kommunikations- und Beziehungsgestaltung sein, wenn sie einen günstigen Einfluss auf die Haltungen, Einstellungen und Sichtweisen ihrer Schülerinnen nehmen und in ihrer Persönlichkeitsbildung unterstützen wollen. In der Vermittlung dieser Fähigkeiten erweist sich die Lehrerbildung zurzeit noch als ausgesprochen defizitär.

Das schulische Lernen ist bislang eindeutig auf die Wissensvermittlung bzw. Kenntniserweiterung ausgelegt. Die Fächereinteilung, die Qualifizierung der Lehrkräfte, die Fachräume und Lehrmittel, die Kriterien für Prüfungsarbeiten und Zeugnisse, die Schwerpunkte der internationalen Vergleichsuntersuchungen und nicht zuletzt die Inhalte und Methoden der „Nachhilfeindustrie" lassen daran keinen Zweifel aufkommen. Damit die für eine Wissensvermittlung erforderlichen Lernprozesse im Sinne einer kumulativen Veränderung der Subjektiven Schülertheorien gelingen können, ist die Unterrichtsgestaltung – wo immer möglich – in fünf idealtypischen Schritte zu vollziehen, die ich hier aus Raumgründen nur andeuten kann:

1. Vorstrukturierung: Zunächst ermöglicht die Lehrkraft den Lernenden mit metakommunikativen Hinweisen eine Einordnung der Lerninhalte im Sinne des advance organizers von Ausubel (1960). Insbesondere sollen sie die Absichten erfahren, die die Lehrkraft mit der jeweiligen Unterrichtseinheit verfolgt.

2. Vermittlung im engeren Sinne: Die Inhalte bzw. die erforderlichen Informationen werden fach-, situations- oder personspezifisch den Lernenden mit unterschiedlichen Methoden dargeboten.
3. Möglichkeit zur persönlichen Bedeutungskonstruktion: Die Schüler erhalten den Auftrag, sich zunächst ohne Einmischung der Lehrkraft aus persönlicher Perspektive nach dem möglichen Sinn und der möglichen Bedeutung der Inhalte bzw. Aufgabenstellung zu fragen. Erst danach versuchen sie – ggf. unter der Moderation der Lehrkraft – gemeinsame Einordnungen vorzunehmen und Zusammenhänge zu suchen.
4. Überprüfung der Tauglichkeit bzw. persönliche Validierung: Damit die neu erworbenen Kenntnisse nicht im Status einer *persönlichen Meinung* verbleiben, sorgt die Lehrkraft dafür, dass die Lernenden ihr neu erworbenes Wissen an unterschiedlichen Aufgabenstellungen anwenden und übertragen können. Erst durch die mehrfache erfolgreiche Anwendung kann das „angelernte" Wissen den Status geprüfter, *eigener Theorien* bekommen. So können die Schüler vom *Kennen* zum *Können* kommen können.
5. Endgültige Durchdringung und Aneignung: Um die Modifikation der Subjektiven Theorien wirksam abzuschließen, erhalten die Schüler die Aufgabe, ihr (neu) erworbenes Wissen anderen Personen plausibel und verständlich darzustellen. Oder sie werden aufgefordert, es in einem Modell (z.B. Flussdiagramm) zu visualisieren. Sie vollziehen dadurch einen Wechsel vom „Empfänger" zum „verantwortlichen Akteur", so dass ihnen die erworbenen Kenntnisse (auch als künftiges Vorwissen für weitere Inhalte) als ihr „Eigentum" besser zur Verfügung stehen.

Dass der Unterricht auf diese Weise tatsächlich wirksam(er) werden kann, ist allerdings nicht gesichert. Denn als Subjektive Theoretiker reagieren die Schülerinnen und Schüler nicht berechenbar auf die Unterrichtsgegebenheiten. Vielmehr sind sie frei, dem Unterrichtsgeschehen aufgrund ihrer eigenen Deutungen und Sichtweisen zu folgen oder sich mit anderen Dingen zu beschäftigen. Daher können alle Unterrichtsmaßnahmen nur als Angebote und Anregungen gelten. Schon Carl Rogers hat eindrücklich darauf hingewiesen, dass Lehren und Lernen als jeweils eigenständige Aktivitäten zu begreifen sind. Entsprechend hatten für ihn Lehrkräfte „nur" eine Funktion als „Ermöglicher", nicht aber als „Bewirker" von Lernen.

Damit hängen die Wirksamkeit und der Erfolg von Unterricht in erheblichem Ausmaß von der Offenheit und der Bereitschaft der Lernenden ab, sich auf das von den Lehrkräften gestaltete Unterrichtsgeschehen einzulassen. Ihre Haltungen und Sichtweisen bilden für die Fruchtbarkeit der jeweiligen Lehr-Lernsituationen eine ausschlaggebende Moderatorvariable. Es spielt nämlich eine erhebliche Rolle, ob Schülerinnen und Schüler den Unterricht gern oder mit Verdruss besuchen;

ob sie sich unter den Mitschülern wohl und anerkannt oder angefeindet fühlen; ob sie die Lehrkraft als glaubwürdig und verlässlich oder als bedrohlichen Gegner empfinden; ob sie sich für ihr eigenes Handeln zuständig und verantwortlich fühlen oder sich nur als Behandelte oder gar als Opfer erleben; ob sie selbstbewusst und klar auftreten können oder sich unsicher und minderwertig empfinden.
Aus dieser Sachlage ziehe ich den Schluss, dass in der schulischen Arbeit der evolutionären Veränderung von Subjektiven Theorien, also der Persönlichkeitsbildung und der Arbeit an den Haltungen und Sichtweisen im Sinne einer Prioritätensetzung, eine umfassende konzeptionelle Beachtung geschenkt werden muss. Denn es ist eine Binsenweisheit, dass alle Maßnahmen und Vorhaben nie besser gelingen können, als es ihre Rand- und Rahmenbedingungen zulassen. Die pädagogisch-didaktische Arbeit in der Schule bildet hier keine Ausnahme. Die Arbeit an den Haltungen und Sichtweisen der Schülerinnen und Schüler ist noch anspruchsvoller als die Vermittlung von Inhalten, weil die Persönlichkeit der Lehrkräfte stärker gefordert wird. Das gilt insbesondere für den Fall, wenn es gilt, mitgebrachte ungünstige Einstellungen und Haltungen ohne Druck und im Respekt vor den Personen langsam zugunsten solcher Sichtweisen „aufzuweichen", die ein verständnisvolles und konstruktives Miteinander ermöglichen. Das oben angemahnte Expertentum für Kommunikations- und Beziehungsgestaltung wird dann beträchtlich gefordert, nicht selten strapaziert. Haltungen und Einstellungen können nicht gelehrt werden. Sie werden in der lebendigen Erfahrung erworben und gestärkt.

Die Arbeit an den Haltungen und Sichtweisen der Schülerinnen und Schüler ist auch deshalb anspruchsvoll und schwierig, weil sich in vielen schulischen Regeln, Prozeduren und Organisationsformen sowie in den Zeit- und Raumgestaltungen Sichtweisen verbergen, die Lernen allein als passives Aufnehmen und Speichern begreifen – unabhängig von persönlicher Sinn- und Erfahrungsbildung. Daher kann die Gestaltung von wirkungsvollerem Unterricht längerfristig nicht nur durch die Kompetenzen der Lehrkräfte gestemmt werden, sondern es müssen sich auch die schulischen Strukturen und Organisationsformen verändern. Das gilt insbesondere für die Zersplitterung von Inhalten und Zeitverläufen, durch die eine Sinn- und Beziehungsbildung bislang unglaublich erschwert werden.
Noch erhält die Arbeit an den Haltungen, Einstellungen und Sichtweisen der Schülerinnen und Schüler keine systematische Beachtung. Sie erschöpft sich meistens in moralischen Appellen. Nur in Ausnahmefällen sollen Sozialpädagogen eingreifen. Das bedeutet aber nicht, dass sie nicht stattfindet. Denn so wie man nicht nicht kommunizieren kann, so kann es in den Schulen nicht keinen Einfluss auf die Persönlichkeitsbildung der Schülerinnen und Schüler geben. Daher braucht er nicht nur eine konzeptionelle Beachtung, sondern auch Maßnahmen zu seiner stimmigen Gestaltung. Und zwar nicht nur, um für die kumulative Veränderung

der Subjektiven Theorien, also für die Vermittlung von Kenntnissen und Fertigkeiten, günstige Lernvoraussetzungen zu schaffen, sondern auch deshalb, weil die Schulgesetze der Bundesländer die Persönlichkeitsbildung der Schülerinnen und Schüler im Sinne eines zur Reflexivität befähigten Akteurs als Auftrag der Schule regelrecht einfordern.

Für die Unterrichts- und Erziehungswissenschaft ergibt sich aus diesen hypothesenartigen, aus Menschenbildannahmen abgeleiteten Überlegungen sowie aus den damit verbundenen Zielvorstellungen ein weites Forschungsfeld mit anspruchsvollen Fragestellungen, die – wenn irgend möglich – durch Interventionsstudien bearbeitet werden sollten. Damit verbinde ich die These, dass die schulische Arbeit in erheblichen Ausmaß von Widersprüchen und Reibungsverlusten befreit werden kann, wenn sie sich ihre Maximen konsequent aus geklärten und angemessenen Menschenbildannahmen ableiten lassen.

Verzeichnisse

Literaturverzeichnis

Achtziger, A. & Gollwitzer, P.M. (2006). Motivation und Volition im Handlungsverlauf. In: Heckhausen, J. & Heckhausen, H. (Hrsg.). Motivation und Handeln. Heidelberg: Springer, S. 277–302.

Ackermann, S. (2011). Klassengespräch im Mathematikunterricht. Zentrum für Lehrerbildung der Universität Kassel (Hrsg). Reihe Studium und Forschung, Heft 19.

Aebli, H. (1968). Psychologische Didaktik. Stuttgart: Klett. 3. Aufl.

Aebli, H. (1980). Denken: Das Ordnen des Tuns. Band I. Stuttgart: Klett-Cotta

Aebli, H. (1981). Denken: Das Ordnen des Tuns. Band II. Stuttgart: Klett-Cotta

Altrichter, H. & Eder, F. (2004). Das Autonomie-Paritätsmuster als Innovationsbarriere? In: Holtappels, H.G. (Hrsg.), Schulprogramme – Instrumente der Schulentwicklung. Weinheim: Juventa, S. 195–221

Anderson, J.R. (2005). Cognitive psychology and its implications. New York: Worth

Antonovsky, A. (1997). Salutogenese. Zur Entmystifizierung der Gesundheit. Alexa Franke (Hrsg.), Tübingen: dgvt-Verlag

Ausubel, D. (1960). The use of advance organizers in the learning and retention of meaningful verbal material. Journal of Educational Psychology, 51, S. 267–272

Ausubel, D.P. (1974). Psychologie des Unterrichts. Band 1 und 2. Weinheim: Beltz.

Baddeley, A.D. & Hitch, G.J. (1974): Working memory. In: Bower, G.H. (Hrsg.): The psychology of learning and motivation: Advances in research and theory. Vol. 8, Academic Press, New York, S. 47–89.

Bandura, A. (1977). Self – efficacy: Towards a unifying theory of behavioral change. Psychological Review, 84, S. 191–215.

Bandura, A. (1979). Sozial – kognitive Lerntheorie. Stuttgart: Klett

Bandura, A. (1997). Self – efficacy: The exercise of control. New York: Freeman

Barth, A.-R. (1992). Burnout bei Lehrern. Göttingen: Hogrefe.

Barth, A.-R. (2002). Handeln wider (besseres) Wissen? Denken und Handeln von Lehrkräften während des Gruppenunterrichts. Hamburg: Kovac

Barth, A.-R. (2005). Ist der Weg vom Wissen zum Handeln wirklich so weit? – Nachbemerkungen. In: Huber, A.A. (Hrsg.). Vom Wissen zum Handeln – Ansätze zur Überwindung der Theorie – Praxis – Kluft in Schule und Erwachsenenbildung. Tübingen: Ingeborg Huber, S. 251–257

Bernhart, A. (2005). Entwicklung und Analyse eines Schulentwicklungskonzeptes für eine Grundschule im Rahmen der Schulcurriculumsgestaltung. In: Huber, A.A. (Hrsg.). Vom Wissen zum Handeln – Ansätze zur Überwindung der Theorie – Praxis – Kluft in Schule und Erwachsenenbildung. Tübingen: Ingeborg Huber, S. 145–158

Bernhart, D. (2005). Leistungsbewertung beim Wechselseitigen Lehren und Lernen. In: Huber, A.A. (Hrsg.). Vom Wissen zum Handeln – Ansätze zur Überwindung der Theorie – Praxis – Kluft in Schule und Erwachsenenbildung. Tübingen: Ingeborg Huber, S. 233–249

Bernhart, A. & Bernhart, D. (2007). Methodentraining: Kooperatives Lernen. Donauwörth: Auer Verlag

Bernhart, D. (2014). Vom Wissen zum Handeln in der Unterrichtspraxis. Eine Evaluationsstudie über eine einjährige schulische Personalentwicklungsmaßnahme. Hamburg: Kovac

Biedermann, H., Steinmann, S. & Oser, F. (2015). Glaubensbestände und Glaubenswandel: Zur Transformation von konstruktions- und transmissionsorientierten Lehr-Lern-Überzeugungen in der Lehrpersonenausbildung. Beiträge zur Lehrerinnen- und Lehrerausbildung 33, S. 46–68

Bloom, B.S. (1973). Individuelle Unterschiede in der Schulleistung: ein überholtes Problem? In: Edelstein,W. & Hopf,D. (Hrsg). Bedingungen des Bildungsprozesses. Stuttgart: Klett, S. 251–270

Borich, G.D. (2007). Effective teaching methods: Research-based practice. Upper Saddle River: Pearson

Brehm, J.W. (1966). Theory of psychological reactance, New York, Academic Press

Brualdi, A.C. (1998). Classroom questions: ERIC/AE Digest, ERIC Digest Series Nr. EDO-TM-98–02, Los Angeles, CA: ERIC Clearinghouse for Community Colleges, University of California at Los Angeles.

Brügelmann, H. (2014). Gilt nach Hattie: Je häufiger, desto besser? In: Terhart, E. (Hrsg.) (2014). Die Hattie-Studie in der Diskussion. Probleme sichtbar machen. Seelze: Kallmeyer, S. 38–50).

Brüning, L. & Saum, T. (2007). Erfolgreich unterrichten durch kooperatives Lernen. Strategien zur Schüleraktivierung. Essen: Neue Deutsche Schule Verlagsgesellschaft

Brüning, L. & Saum, T. (2017). Erfolgreich unterrichten durch Visualisieren. Die Kraft von Concept Maps & Co. Essen: Neue Deutsche Schule Verlagsgesellschaft

Burger, T. (2018). Rhetorik für Lehrkräfte. Bad Heilbrunn: Klinkhardt

Burns, R.A. (1990). Designing presentations to help students remember. College Science Teaching, 19, 301–305.

Collins, A., Brown, J.S. & Newman, S.E. (1989). Cognitive apprenticeship: Teaching the craft of reading, writing and mathematics. In L.B. Resnick (Ed.), Knowing, learning and instruction: Essays in honor of Robert Glaser (pp. 453–494). Hillsdale, NJ: Erlbaum.

Cranach, M. v. (1983). Über die bewusste Repräsentation handlungsbezogener Kognitionen. In: L. Montada, K. Reusser & G. Steiner (Hrsg.), Kognition und Handeln. Stuttgart: Klett-Kotta, S. 64–76

Cranach, M. v. et al. (1983). Die Organisation zielgerichteter Handlungen: Ein Forschungsbericht. Bern: Psychologisches Institut der Universität Bern

Dann, H. – D. (1992). Variation von Lege – Strukturen zur Wissensrepräsentation. In: Scheele, B. (Hrsg.) (1992). Strukturlegeverfahren als Dialog – Konsens – Methodik. Münster: Aschendorff, S. 2–41

Dann, H.-D. & Barth, A.-R. (1995): Die Interview- und Legetechnik zur Rekonstruktion kognitiver Handlungsstrukturen (ILKHA). In: König, E. & Zedler, P. (Hrsg.), Bilanz qualitativer Forschung. Band II: Methoden. Weinheim: Deutscher Studien Verlag, S. 31–62.

Dann, H.-D., Diegritz, T. & Rosenbusch, H.S. (1999). Gruppenunterricht im Schulalltag. Realität und Chancen (Erlanger Forschungen, Reihe A, Bd. 90). Erlangen: Universitätsbund Erlangen-Nürnberg e.V.

Dickenberger, D., Gniech,G. & Grabitz, H.J. (1998): Die Theorie der psychologischen Reaktanz. In Frey, D. & Irle, M. (Hrsg.), Theorien der Sozialpsychologie: Kognitive Theorien, Bd. 1. Verlag Hans Huber, Bern, Göttingen, Toronto, Seattle. S. 243–273.

Dörner, D. (1992). Die Logik des Misslingens. Hamburg: Rowohlt

Dreyfus, H.L. & Dreyfus, S.E. (1998). Künstliche Intelligenz. Von den Grenzen der Denkmaschine und dem Wert der Intuition. Hamburg: Rowohlt.

Ebbinghaus, H. (1885). Über das Gedächtnis. Untersuchungen zur experimentellen Psychologie. Leipzig: Duncker & Humblot.

Fröhlich-Gildhoff, K. & Rönnau-Böse, M. (2015). Resilienz. München: Reinhardt-Verlag, 4. Aufl.

Fuhrer, U. (1984). Mehrfachhandeln in dynamischen Umfeldern. Göttingen: Hogrefe

Gastager, A., Patry, J.L. & Gollackner, K. (Hrsg.) (2011). Subjektive Theorien über das eigene Tun in sozialen Handlungsfeldern. Innsbruck: Studienverlag

Geissler, K.A. (Hrsg.) (1985). Lernen in Seminargruppen. Studienbrief 3 des Fernstudiums Erziehungswissenschaft „Pädagogisch – psychologische Grundlagen für das Lernen in Gruppen". Tübingen: Deutsches Institut für Fernstudien

Gerbig, C. (1997). Der Wechsel von Informationsaufnahme und aktiver Verarbeitung beim Lernen. Universität Tübingen: Unveröff. Dissertation.

Gerbig, C. & Gerbig-Calcagni, I. (1998). Moderne Didaktik für EDV-Schulungen. Weinheim: Beltz.

Gerbig, C. (2005). Das Sandwich – Prinzip beim Lernen – Eine Anwendung in der IT. In: Huber, A.A. (Hrsg.). Vom Wissen zum Handeln – Ansätze zur Überwindung der Theorie – Praxis – Kluft in Schule und Erwachsenenbildung. Tübingen: Ingeborg Huber, S. 191–199

Gerbig-Calcagni, I. (2009). Wie aufmerksam sind Studierende in Vorlesungen und wie viel können sie behalten? Pädagogische Hochschule Weingarten: Dissertation.

Gigerenzer, G. (2008). Bauchentscheidungen. Die Intelligenz des Unbewussten und die Macht der Intuition. München: Goldmann

Gimple, I. (2014). Kontinuität und Social Support als Faktoren einer nachhaltigen Unterrichtsentwicklung. Das „Arche Noah"-Projekt – im Tandem zu mehr Unterrichtserfolg. Konzeption und Evaluation eines Lehrerfortbildungsprojektes. Hamburg: Verlag Dr. Kovac

Godinho, C.A., Alvarez, M.J., Lima, M.L. & Schwarzer, R. (2014). Will is not enough: Coping planning and action control as mediators in the prediction of fruit and vegetable intake. British Journal of Health Psychology, 19, 856–870

Gold, A. (2014). Vergesst Hattie. Warum John Hatties Meta-Metaanalyse für die Lehrerbildung wenig brauchbar ist. SchulVerwaltung Hessen/Rheinland Pfalz. Zeitschrift für Schulverwaltung und Schulmanagement. 12/2014

Gold, A. (2015). Guter Unterricht. Was wir wirklich darüber wissen. Göttingen: Vandenhoeck & Ruprecht

Gollwitzer, P.M. (1991). Abwägen und Planen. Göttingen: Hogrefe

Gollwitzer, P.M. (1996). Das Rubikonmodell der Handlungsphasen. In: Kuhl, J. & Heckhausen, H. (Hrsg.). Motivation, Volition und Handlung. Göttingen: Hogrefe, S. 531–582.

Grell, J. & Grell, M. (1979). Unterrichtsrezepte. München: Urban & Schwarzenberg.

Groeben, N. & Scheele, B. (1977). Argumente für eine Psychologie des reflexiven Subjekts. Darmstadt: Steinkopff.

Groeben, N. (1986). Handeln, Tun, Verhalten als Einheiten einer verstehend – erklärenden Psychologie. Tübingen: Francke.

Groeben, N., Wahl, D., Schlee, J. & Scheele, B. (1988). Das Forschungsprogramm Subjektive Theorien. Eine Einführung in die Psychologie des reflexiven Subjekts. Tübingen: Francke.

Gruber,H., Mandl, H. & Renkl, A. (2000). Was lernen wir in Schule und Hochschule: Träges Wissen? In: Mandl, H. & Gerstenmaier, J. (Hrsg.). Die Kluft zwischen Wissen und Handeln. Göttingen: Hogrefe, S. 139–156

Haag, L. (2004). Traditionelle Partner- und Gruppenarbeit – neu betrachtet. In: Huber, A.A. (Hrsg.) (2004). Kooperatives Lernen- kein Problem! Effektive Methoden der Partner- und Gruppenarbeit. Leipzig: Klett. Seiten 29–37

Haas, A. (1998). Unterrichtsplanung im Alltag. Eine empirische Untersuchung zum Planungshandeln von Hauptschul-, Realschul- und Gymnasiallehrern. Regensburg: S. Roderer.

Haas, A. (2005). Unterrichtsplanung im Alltag von Lehrerinnen und Lehrern. In: Huber, A.A. (Hrsg.). Vom Wissen zum Handeln – Ansätze zur Überwindung der Theorie – Praxis – Kluft in Schule und Erwachsenenbildung. Tübingen: Ingeborg Huber, S. 5–19

Hage, K., Bischoff, H., Dichanz, H. et al. (1985). Das Methoden – Repertoire von Lehrern. Eine Untersuchung zum Schulalltag der Sekundarstufe I. Opladen: Leske & Budrich

Hart, B. & Risley, T.R. (1995): Meaningful Differences in the Everyday Experience of Young American Children. Baltimore: Paul H. Brookes

Hasselhorn, M. & Gold, A. (2017). Pädagogische Psychologie. Erfolgreiches Lehren und Lernen. Stuttgart: Kohlhammer

Hattie, J. (2009). Visible Learning. A synthesis of over 800 meta-analyses relating to achievement. London & New York: Routledge (Deutsche Übersetzung: Lernen sichtbar machen. Übersetzt von W. Beywl und K. Zierer). Baltmannsweiler: Schneider Hohengehren

Hattie, J. (2017). Lernen sichtbar machen für Lehrpersonen. Überarbeitete deutschsprachige Ausgabe von „Visible Learning for Teachers" besorgt von Wolfgang Beywl und Klaus Zierer. Baltmannsweiler: Schneider Hohengehren

Hattie, J. & Zierer, K. (2018). Visible Learning. Auf den Punkt gebracht. Schneider Hohengehren

Havers, N. & Toepell, S. (2002). Trainingsverfahren für die Lehrerausbildung im deutschen Sprachraum. Zeitschrift für Pädagogik, 48, 2, S. 174–193

Heckhausen, H., Gollwitzer, P.M. & Weinert, F. (1987). (Hrsg.). Jenseits des Rubikon: Der Wille in den Humanwissenschaften. Berlin: Springer

Heckhausen, H. (1989). Motivation und Handeln. Berlin: Springer

Helmke, A. & Renkl, A. (1992). Das Münchener Aufmerksamkeits Inventar MAI. Ein Instrument zur systematischen Verhaltensbeobachtung der Schüleraufmerksamkeit im Unterricht. In: Diagnostica, 38, S. 130–141.

Helmke, A. & Renkl, A. (1993). Unaufmerksamkeit in Grundschulklassen: Problem der Klasse oder des Lehrers. In: Zeitschrift für Entwicklungspsychologie und Pädagogische Psychologie, 25, S. 185–205.

Helmke, A. & Weinert, F.E. (1997). Bedingungsfaktoren schulischer Leistungen. In: Weinert, F.E. (Hrsg.), Psychologie des Unterrichts und der Schule. Göttingen: Hogrefe. S. 71–176.

Helmke, A. & Vo Thi Anh Tuyet (1999). Do Asian and Western students learn in a different way? An empirical study on motivation, study time, and learning strategies of German and Vietnamese university students. Asia Pacific Journal of Education, 19, S. 30–44.

Helmke, A. & Schrader, F.W. (1999). Lernt man in Asien anders? Empirische Untersuchungen zum Lernverhalten von Studierenden in Deutschland und Vietnam. Zeitschrift für Pädagogik, 45, S. 81–102.

Helmke, A. & Hesse, H.G. (2010). Kindheit und Jugend in Asien. In: H.H. Krüger & C. Grunert (Hrsg). Handbuch Kindheits- und Jugendforschung. Wiesbaden: VS Verlag für Sozialwissenschaften. S 479–514.

Helmke, A. (2012). Unterrichtsqualität und Lehrerprofessionalität. Diagnose, Evaluation und Verbesserung des Unterrichts. Seelze-Velber: Kallmeyer

Helmke, T., Helmke, A., Schrader, F.W., Wagner, W., Nold, G. & Schröder, K. (2008). Die Videostudie des Englischunterrichts. In: Klieme, E. (Hrsg.) (2008). Unterricht und Kompetenzerwerb in Deutsch und Englisch. Ergebnisse der DESI-Studie. Weinheim: Beltz, S. 345–363.

Hepting, R. (2004). Zeitgemäße Methodenkompetenz im Unterricht. Eine praxisnahe Einführung in neue Formen des Lehrens und Lernens. Mit Unterrichtsvideos auf CD-ROM. Bad Heilbrunn: Klinkhardt

Hepting, R. (2005). Das Markdorfer Modell – Ein erfolgversprechender Weg zur Implementation zeitgemäßer Lehr- und Lernformen im Unterricht. In: Huber, A.A. (Hrsg.). Vom Wissen zum Handeln – Ansätze zur Überwindung der Theorie – Praxis – Kluft in Schule und Erwachsenenbildung. Tübingen: Ingeborg Huber, S. 159–174

Hofer, M. (1977). Entwurf einer Heuristik für eine theoretisch geleitete Lehrer- und Erzieherbildung. Diskussionspapier Nr. 10 der Berichte aus dem Psychologischen Institut der Universität Heidelberg.

Huber, A., Konrad, K. & Wahl, D. (2001), Lernen durch wechselseitiges Lehren. Pädagogisches Handeln, 5 (2), Seiten 33–46

Huber, A.A. (1999). Bedingungen effektiven Lernens in Kleingruppen unter besonderer Berücksichtigung von Lernskripten. Schwangau: Verlag Ingeborg Huber

Huber, A.A. (Hrsg.) (2004). Kooperatives Lernen – kein Problem! Effektive Methoden der Partner- und Gruppenarbeit. Leipzig: Klett.

Huber, A.A. (2005). Förderung fachlicher und überfachlicher Kompetenzen durch Wechselseitiges Lehren und Lernen. In: Huber, A.A. (Hrsg.). Vom Wissen zum Handeln – Ansätze zur Überwindung der Theorie – Praxis – Kluft in Schule und Erwachsenenbildung. Tübingen: Ingeborg Huber, S. 201–215

Huber, A.A. (2007). Wechselseitiges Lehren und Lernen als spezielle Form Kooperativen Lernens: Berlin: Logos

Huber, G.L., Rotering-Steinberg, S. & Wahl, D. (1984). Kooperatives Lernen. Weinheim: Beltz

Huber, G.L. (Hrsg.) (1985). Fernstudium Erziehungswissenschaft. Pädagogisch-psychologische Grundlagen für das Lernen in Gruppen. Studienbrief „Lernen in Schülergruppen. Tübingen: DIFF

Hugi, R. (1991). Die Bedeutung der Vorwissensorganisation beim Lernen. Universität Freiburg, Schweiz: Dissertation

Jacobson, E. (1929). Progressive Relaxation. Chicago: University of Chicago Press

Johnson, D.W. & Johnson, R.T. (1989). Cooperation and competition: Theory and research. Edina, MN: Interaction Book Company.

Johnson, D.W. & Johnson, R.T. (1994). Learning together. In: Sharan, S. (Hrsg.). Handbook of cooperative learning methods, S. 51–65. Westport, Conneticut: Greenwood Press.

Kahnemann, D. (2012). Schnelles Denken, langsames Denken. München: Siedler

Kaminski, G. (1986). Paradigmengebundene Behavior Setting- Analyse. In: Kaminski, G. (Hrsg). Ordnung und Variabilität im Alltagsgeschehen. Göttingen: Hogrefe.

Klieme, E., Schümer, G. & Knoll, S. (2001). Mathematikunterricht in der Sekundarstufe I: „Aufgabenkultur“ und Unterrichtsgestaltung. In: Bundesministerium für Bildung und Forschung (Hrsg.) TIMSS – Impulse für Schule und Unterricht. Bonn: BMBF, S. 43–58.

Klieme, E. (2002). Kreatives Problemlösen im Mathematik- und Naturwissenschaftsunterricht. Pädagogisches Handeln, 6, 229–236.

Klieme, E. (Hrsg.) (2008). Unterricht und Kompetenzerwerb in Deutsch und Englisch. Ergebnisse der DESI-Studie. Weinheim: Beltz

Köller, O. (2008). Lehr-Lern-Forschung. In: Schneider, W. & Hasselhorn, M. (Hrsg). Handbuch der Pädagogisches Psychologie. Göttingen: Hogrefe, S. 210–222

Köller, O. (2014). What works best in school. In: Terhart, E. (Hrsg.) (2014). Die Hattie-Studie in der Diskussion. Probleme sichtbar machen. Seelze: Kallmeyer, S. 24–37

Konrad, K. (2004). Förderung und Analyse von selbstgesteuertem Lernen in kooperativen Lernumgebungen. Habilitationsschrift. Konstanz/Weingarten

Konrad, K. (2008). Erfolgreich selbstgesteuert lernen. Bad Heilbrunn: Klinkhardt

Korte, M. (2017). Wir sind Gedächtnis. Wie unsere Erinnerungen bestimmen, wer wir sind. München: Deutsche Verlags Anstalt

Krause, A. & Dorsemagen, C. (2011). Gesundheitsförderung für Lehrerinnen und Lehrer. In E. Bamberg, A. Ducki & A.-M. Metz (Hrsg.), Gesundheitsförderung und Gesundheitsmanagement in der Arbeitswelt (S. 561–579). Göttingen: Hogrefe.

Kunter, M. & Trautwein, U. (2018). Psychologie des Unterrichts. Paderborn: Ferdinand Schöningh.

Lazarus, R.S., Averill, J.R. & Opton, E.M. (1973). Ansatz zu einer kognitiven Gefühlstheorie. In: Birbaumer, N. (Hrsg.), Neuropsychologie der Angst. München, Berlin, Wien: Urban & Schwarzenberg. S. 158–183

Lazarus, R.S. (1981). Stress und Stressbewältigung. – Ein Paradigma. In: Filipp, S. H. (Hrsg.), Kritische Lebensereignisse. München, Wien, Baltimore, S. 198–232.

Leipold, B. (2015). Resilienz im Erwachsenenalter. München: Ernst Reinhardt Verlag

Lotz, M. (2016). Kognitive Aktivierung im Leseunterricht der Grundschule. Eine Videostudie zur Gestaltung von Leseübungen im ersten Schuljahr. Wiesbaden: Springer

Lyman, F.T. (1981). The responsive classroom discussion: The inclusion of all students. In: Anderson, A. (Hrsg). Mainstreaming Digest. College Park: University of Maryland Press, S. 109–113

Mandl, H. & Fischer, F. (Hrsg.) (2000). Wissen sichtbar machen. Wissensmanagement mit Mapping – Techniken. Göttingen: Hogrefe.

Mandl, H. & Gerstenmaier, J. (Hrsg.) (2000). Die Kluft zwischen Wissen und Handeln. Göttingen: Hogrefe

Meichenbaum, D.W. (1979). Kognitive Verhaltensmodifikation. München: Urban & Schwarzenberg

Meichenbaum, D.W. (2003): Intervention bei Stress. Anwendung und Wirkung des Stressimpfungstrainings. Bern: Huber.

Messner, H. & Reusser, K. (2000). Berufliches Lernen als lebenslanger Prozess. Beiträge zur Lehrerbildung, 18 (3), 277–294.

Meyer, H. (2016). Was ist guter Unterricht? Berlin: Cornelsen Scriptor

Meyer, H. (2014). Auf den Unterricht kommt es an. Hatties Daten deuten lernen. In: Terhart, E. (Hrsg.) (2014). Die Hattie-Studie in der Diskussion. Probleme sichtbar machen. Seelze: Kallmeyer, S. 117–133

Miron, A.M. & Brehm, J.W. (2006). Reactance Theory – 40 Years Later. Zeitschrift für Sozialpsychologie (2006), 37, pp. 9–18

Müller, C. (2008). Gestaltung von problembasierten Lernumgebungen. In: Netzwerk – Zeitschrift der Wirtschaftsbildung Schweiz, 1/08, S. 20–33

Mutzeck, W. (1988). Von der Absicht zum Handeln. Weinheim: Deutscher Studien Verlag.

Mutzeck, W. (1993). Kooperative Beratung. Habilitationsschrift. Oldenburg: Universität

Mutzeck, W. (2002). Kooperative Beratung. Grundlagen und Methoden der Beratung und Supervision im Berufsalltag. 4. Auflage. Weinheim: Beltz

Mutzeck, W., Schlee, J. & Wahl, D. (Hrsg.) (2002). Psychologie der Veränderung. Subjektive Theorien als Zentrum nachhaltiger Modifikationsprozesse. Weinheim: Beltz

Mutzeck, W. (2005). Von der Absicht zum Handeln – Möglichkeiten des Transfers von Fortbildung und Beratung in den Berufsalltag. In: Huber, A.A. (Hrsg.). Vom Wissen zum Handeln – Ansätze zur Überwindung der Theorie – Praxis – Kluft in Schule und Erwachsenenbildung. Tübingen: Ingeborg Huber, S. 79–97

Neuweg, G.H. (2015). Das Schweigen der Könner. Münster: Waxmann

Neuweg, G.H. (2018). Distanz und Einlassung: Gesammelte Schriften zur Lehrerbildung. Münster: Waxmann

Niegemann, H. & Stadler, S. (2001). Hat noch jemand eine Frage? Systematische Unterrichtsbeobachtung zu Häufigkeit und kognitivem Niveau von Fragen im Unterricht. Unterrichtswissenschaft 29 (2), S. 171–192.

Nold, B. (1998). Kollegiale Praxisberatung in der Lehrerausbildung. Tübingen: Köhler

Nübling, M., Stößel, U., Hasselhorn, H.-M., Michaelis, M. & Hoffmann, F. (2005). Methoden zur Erfassung psychischer Belastungen. Erprobung eines Messinstruments (COPSOQ). Bremerhaven: Wirtschaftsverlag NW.

Nürnberger Projektgruppe. (2001). Erfolgreicher Gruppenunterricht. Praktische Anregungen für den Schulalltag. Stuttgart: Klett

Oberhaus, L. & v. Hasselbach, J. (2011). KULT – Kollegiale Unterrichtsplanung von Lehrendenteams. Münster: Waxmann

v. Olberg, H.J. (2014). Evidence-Based Teaching. In: Terhart, E. (Hrsg.) (2014). Die Hattie-Studie in der Diskussion. Probleme sichtbar machen. Seelze: Kallmeyer, S. 51–66

Pant, H.A. (2014). Aufbereitung von Evidenz für bildungspolitische und pädagogische Entscheidungen: Metaanalysen in der Bildungsforschung. In: Zeitschrift für Erziehungswissenschaft, 17, S. 79–99

Patry, J.L. (1991). Transsituationale Konsistenz des Verhaltens und Handelns in der Erziehung. Bern: Lang.

Patry, J.L. & Gastager, A. (2002). Subjektive Theorien von Lehrerinnen und Lehrern: Der Übergang von der Ideographie zur Nomothethik. In: Mutzeck, W., Schlee, J. & Wahl, D. (Hrsg.) (2002). Psychologie der Veränderung. Subjektive Theorien als Zentrum nachhaltiger Modifikationsprozesse. (S. 53–78). Weinheim: Beltz

Patry, J-L. & Riffert, F. (Hrsg.) (2000). Situationsspezifität in pädagogischen Handlungsfeldern. Innsbruck: Studienverlag.

Pekrun, R. & Schiefele, U. (1996). Emotions- und motivationspsychologische Bedingungen der Lernleistung. In: Weinert, F.E. (Hrsg.), Psychologie des Lernens und der Instruktion. Göttingen: Hogrefe, S. 153–180.

Rabenstein, R., Reichel, R. & Thanhoffer, M. (1995). Das Methoden-Set. 5 Bücher für Referenten und Seminarleiterinnen. Münster: Ökotopia, 7. Aufl.

Reimann, P. & Rapp, A. (2008). Expertiseerwerb. In: Renkl, A. (Hrsg), Lehrbuch Pädagogische Psychologie. Huber: Bern, S. 155–203

Renkl, A. (1996). Träges Wissen: Wenn Erlerntes nicht genutzt wird. Psychologische Rundschau, 47(2), 78–92

Renkl, A. (1997). Lernen durch Lehren. Zentrale Wirkmechanismen beim kooperativen Lernen. Wiesbaden: DUV

Renkl, A. (1998). Lernen durch Lehren. In: Rost, D.H. (Hrsg.), Handwörterbuch Pädagogische Psychologie. Weinheim: Psychologie Verlags Union, S. 305–308

Reusser, K. & Reusser – Weyeneth, M. (Hrsg.) (1994). Verstehen. psychologischer Prozess und didaktische Aufgabe. Bern: Huber

Rindermann, H., Quyen Sen Ngoc Hoang & Baumeister, A.E.F. (2013). Cognitive ability, parenting and instruction in Vietnam and Germany. Intelligence, 41(5), 366–377

Rönnau-Böse, M. & Fröhlich-Gildhoff, K. (2015). Resilienz und Resilienzförderung über die Lebensspanne. Stuttgart: Kohlhammer

Rosen, S. (2011). Lehrhandeln in der Pflegeausbildung kompetent gestalten: Rekonstruktion und Modifikation Subjektiver Theorien über kooperatives Lernen von Pflegelehrenden für die Entwicklung eines Lehrerweiterbildungskonzeptes. Pädagogische Hochschule Weingarten: Dissertation.

Rowe, M.B. (1974a). Wait-time and rewards as instructional variables, their influence on language, logic and fate control. Part one: Wait-time. Journal of Research in Science Teaching, 11, 81–94.

Rowe, M.B. (1974b). Wait-time and rewards as instructional variables, their influence on language, logic and fate control. Part 2: Rewards. Journal of Research in Science Teaching, 11, 291–308.

Rumelhart, D.E. & Norman, D.A. (1978). Das aktive strukturelle Netz. In: Rumelhart, D.E. & Norman, D.A. (Hrsg.), Strukturen des Wissens. Klett: Stuttgart, S. 51–77

Schaarschmidt, U. (Hrsg.) (2004). Halbtagsjobber? Psychische Gesundheit im Lehrerberuf – Analyse eines veränderungsbedürftigen Zustandes. Weinheim: Beltz.

Schaeper, H. (2001). Lehrkulturen, Lehrhabitus und die Struktur der Universität: eine empirische Untersuchung fach- und geschlechterspezifischer Lehrkulturen. Weinheim: Deutscher Studien Verlag.

Scheele, B. & Groeben, N. (1984). Die Heidelberger Struktur – Lege – Technik (SLT). Eine Dialog – Konsens – Methode zur Erhebung Subjektiver Theorien mittlerer Reichweite. Weinheim: Beltz

Scheele, B. & Groeben, N. (1988). Dialog-Konsens-Methoden zur Rekonstruktion Subjektiver Theorien. Tübingen: Francke

Scheele, B. (Hrsg.) (1992). Strukturlegeverfahren als Dialog – Konsens – Methodik. Münster: Aschendorff

Schlee, J. (2004). Kollegiale Beratung und Supervision für pädagogische Berufe. Stuttgart: Kohlhammer

Schlottke, P.F. & Wahl, D. (1983). Stress und Entspannung im Unterricht. München: Hueber

Schmidt, E. (2001). Mit Social Support vom Wissen zum Handeln. Aachen: Shaker.

Schmidt, E. (2005). Kommunikative Praxisbewältigung in Gruppen (KOPING) – Ein in der Praxis bewährtes Konzept zur Handlungsmodifikation. In: Huber, A.A. (Hrsg.). Vom Wissen zum Handeln – Ansätze zur Überwindung der Theorie – Praxis – Kluft in Schule und Erwachsenenbildung. Tübingen: Ingeborg Huber, S. 175–187

Schmidt, E. & Wahl, D. (1999). Kooperatives Lehren lernen: Die Wirkung kommunikativer Praxisbewältigung in Gruppen (KOPING) auf den Lernprozess von ErwachsenenbildnerInnen. Gruppendynamik, 30 (3), Seiten 281–293

Schmidt, E. & Wahl, D. (2008). Kommunikative Praxisbewältigung in Gruppen (KOPING). In: Mutzeck, W. & Schlee, J. (Hrsg.). Kollegiale Unterstützungssysteme für Lehrer. Stuttgart: Kohlhammer, S. 25–47

Schubiger, A. (2010). Methodenkompetenzentwicklung von Lehrenden und Lernenden. Ein Weg vom Wissen zum kompetenten Handeln. Saarbrücken: SVH.

Schubiger, A. (2013). Lehren und Lernen. Bern: H.e.p. Verlag.

Schubiger, A. (2019). Denn sie tun nicht, was sie wissen. Wie Transfer gelingt. Bern: H.e.p. Verlag

Schubiger, A., Gerig, J., Rosen, S. (2014). Lernen jenseits des Präsenzstudiums. In: folio 02–2014.

Schubiger, A. & Rosen, S. (2014). Berufsfelddidaktik der höheren Berufsbildung – ein didaktischer Paradigmenwechsel. In: Panorama 02–2014.

Schwarzer, R. (2008). Modeling Health Behavior Change: How to Predict and Modify the Adoption and Maintenance of Health Behaviors. Applied Psychology, 57 (1), 1–29

Schwarzer, R., Schüz, B., Ziegelmann, J., Lippke, S., Luszczynska, A. & Scholz, U. (2007). Adoption and Maintenance of Four Health Behaviors: Theory-Guided Longitudinal Studies on Dental Flossing, Seat Belt Use, Dietary Behavior, and Physical Activity. Annals of Behavioral Medicine, 33(2), 156–166

Schwarz-Govaers, R. (2005 a). Subjektive Theorien als Basis von Wissen und Handeln. Ansätze für ein handlungstheoretisch fundiertes Pflegedidaktikmodell. Bern: Hans Huber

Schwarz-Govaers, R. (2005 b). Wissen und Handeln in der Berufsausbildung von Pflegekräften. In: Huber, A.A. (Hrsg.). Vom Wissen zum Handeln – Ansätze zur Überwindung der Theorie – Praxis – Kluft in Schule und Erwachsenenbildung. Tübingen: Ingeborg Huber, S. 21–36

Slavin, R.E. (1978). Student Teams – Achievement Divisions. Journal of Research and Development in Education, 12, S. 39–49

Slavin, R.E. (1983). Cooperative learning. New York: Longman

Slavin, R.E. (1995). Cooperative Learning: Theory, Research and Practice. (2. Aufl.). Englewood Cliffs, N.J.: Prentice-Hall

Smith, F., Hardman, F., Wall, K. & Mroz, M. (2004). Interactive whole class teaching in the National Literacy and Numercy Strategies. Britisch Educational Research Journal, Vol. 30, Nr. 3, S. 395–411.

Sniehotta, F.F., Schwarzer, R., Scholz, U. & Schüz, B. (2005). Action planning and coping planning for long-term lifestyle change: Theory and assessment. European Journal of Social Psychology, 35, 565–576.

Standing, L. (1973). Learning 10 000 pictures. In: Quarterly Journal of Experimental Psychology, Vol. 25, S. 207–222.

Staub, F.C. (2001). Fachspezifisch-pädagogisches Coaching: Theoriebezogene Unterrichtsentwicklung zur Förderung von Unterrichtsexpertise. Beiträge zur Lehrerinnen- und Lehrerbildung 19, 2, S. 175–198.

Steffens, U. & Höfer, D. (2016). Lernen nach Hattie. Wie gelingt guter Unterricht? Weinheim & Basel: Beltz

Steiner, G. (2001). Lernen und Wissenserwerb. In: In A. Krapp & B. Weidenmann (Hrsg.), Pädagogische Psychologie. Weinheim: Beltz. S. 137–205

Terhart, E. (Hrsg.) (2014a). Die Hattie-Studie in der Diskussion. Probleme sichtbar machen. Seelze: Kallmeyer

Terhart, E. (2014b). Der Heilige Gral der Schul- und Unterrichtsforschung – gefunden? Eine Auseinandersetzung mit Visible Learning. In: Terhart, E. (Hrsg.) (2014). Die Hattie-Studie in der Diskussion. Probleme sichtbar machen. Seelze: Kallmeyer, S. 10–23

Traub, S. (2005). Lehrerfortbildung am Ende? Gedanken für einen Neuanfang am Beispiel der Umsetzung von Freiarbeit. In: Huber, A.A. (Hrsg.). Vom Wissen zum Handeln – Ansätze zur Überwindung der Theorie – Praxis – Kluft in Schule und Erwachsenenbildung. Tübingen: Ingeborg Huber, S. 99–114

Traub, S. (2011). Selbstgesteuert lernen durch PROGRESS: Analyse, Evaluation und Reflexion der selbstgesteuerten Kleingruppenprojektarbeit auf der Basis der PROGRESS – Methode. Universität Bayreuth: Habilitationsschrift.

Traub, S. (2016). Lehren und Lernen mit Methode. Individualisiert, kooperativ auf verschiedenen Lernniveaus. Baltmannsweiler: Schneider Hohengehren

Vandenberghe, R. & Huberman, A.M. (Eds.). (1999). Understanding and preventing teacher burnout: A sourcebook of international research and practice. New York, NY, US: Cambridge University Press.

Vespermann, S. (2010). Tandem-Coaching. Kooperative lösungsorientierte Kurzberatung zwischen Führungskräften. Saarbrücken: Südwestdeutscher Verlag

Villinger, K., Wahl, D.R., Schupp, H.T. & Renner, B. (2018). The impact of mobile interventions on diet- and health-related outcomes: A systematic review and meta-analysis. Presentation at the 32nd Conference of the European Health Psychology Society in Galway, Ireland.

Villinger, K., Wahl, D.R. et al. (2019). (under review). The effectiveness of app-based mobile interventions on nutrition behaviours and nutrition-related health outcomes: A systematic review and meta-analysis.

Wagner, S. (2014). Die Implementierung des Kleingruppenprojektmodells und der PROGRESS-Methode. Eine vergleichende Evaluationsstudie. Karlsruhe: Pädagogische Hochschule. Dissertation.

Wahl, D. (1975). Erwartungswidrige Schulleistungen. Weinheim: Beltz (Dissertation).

Wahl, D. (1976). Naive Verhaltenstheorien von Lehrern. Projektbericht Nr. 1. Weingarten: Pädagogische Hochschule

Wahl, D. (1979). Methodische Probleme bei der Erfassung handlungsleitender und handlungsrechtfertigender subjektiver psychologischer Theorien von Lehrern. Zeitschrift für Entwicklungspsychologie und Pädagogische Psychologie, 11, S. 208–217

Wahl, D. (1987). Kommunikative Praxisbewältigung in Gruppen: KOPING. Ein von subjektiven Theorien ausgehendes Konzept zur Veränderung menschlichen Handelns. In: Schlee, J. & Wahl, D. (Hrsg.), Veränderung subjektiver Theorien von Lehrern. Oldenburg: Zentrum für Pädagogische Berufspraxis, S. 253–266

Wahl, D. (1991). Handeln unter Druck. Der weite Weg vom Wissen zum Handeln bei Lehrern, Hochschullehrern und Erwachsenenbildnern. Weinheim: Deutscher Studien Verlag. Habilitationsschrift.

Wahl, D. (1997). Wie wirksam ist kollegiale Praxisberatung? Schweizer Schule, Heft 3/97, Seiten 21–26

Wahl, D. (2000 a). Das große und das kleine Sandwich: Ein theoretisch wie empirisch begründetes Konzept zur Veränderung handlungsleitender Kognitionen. In C. Dalbert & J. Brunner (Hrsg.), Handlungsleitende Kognitionen in der pädagogischen Praxis (S. 155–168). Baltmannsweiler: Schneider Verlag Hohengehren.

Wahl, D. (2000 b), Ein theoretisches Konzept zur grundsätzlichen Gestaltung von Train-the-trainer-Kursen. In: V. Strittmatter-Haubold (Hrsg.), Konzepte und Tools für das Training der Zukunft. Weinheim: Beltz, Seiten 11–20

Wahl, D. (2001a). Nachhaltige Wege vom Wissen zum Handeln. Beiträge zur Lehrerbildung, 19, 157–174.

Wahl, D. (2001b). Wissen sichtbar machen (1). Nachhaltig lernen mit der „Struktur-Lege-Technik". Praxis Schule, Heft 5, 63–65.

Wahl, D. (2001c). Wissen sichtbar machen (2). Nachhaltig lernen mit der „Netzwerk" – Methode. Praxis Schule, Heft 6, 66–65.

Wahl, D. (2002a). Mit Training vom trägen Wissen zum kompetenten Handeln? Zeitschrift für Pädagogik, 48. Jg., Nr. 2, 227–241

Wahl, D. (2002 b). Veränderung Subjektiver Theorien durch Tele-Learning? In: Mutzeck, M., Schlee, J. & Wahl, D. (2002), Psychologie der Veränderung. Subjektive Theorien als Zentrum nachhaltiger Modifikationsprozesse. Weinheim: Beltz, Seiten 10–21

Wahl, D. (2004a), Das Lerntempoduett. In: A. Huber (Hrsg.) (2004), Kooperatives Lernen – kein Problem. Effektive Methoden der Partner- und Gruppenarbeit. Leipzig: Klett, S. 57–67

Wahl, D. (2004b), Das Partner- bzw. Gruppeninterview. In: A. Huber (Hrsg.) (2004), Kooperatives Lernen – kein Problem. Effektive Methoden der Partner- und Gruppenarbeit. Leipzig: Klett, S. 68–74

Wahl, D. (2004c), Das Multi-Interview als spezielle Variante des Partner- bzw. Gruppeninterviews. In: A. Huber (Hrsg.) (2004), Kooperatives Lernen – kein Problem. Effektive Methoden der Partner- und Gruppenarbeit. Leipzig: Klett, S. 75–78

Wahl, D. (2004d), Die Gruppen-Rallye. In: A. Huber (Hrsg.) (2004), Kooperatives Lernen – kein Problem. Effektive Methoden der Partner- und Gruppenarbeit. Leipzig: Klett, S. 85–94

Wahl, D. (2005). Mentales Training für Tischtennis und Tennis. Reutlingen: TSP

Wahl, D. (2011). Der Advance Organizer: Einstieg in eine Lernumgebung. In: Brandt, S. (Hrsg.). Lehren und Lernen im Unterricht. Professionswissen für Lehrerinnen und Lehrer, hrsg. von H.U. Grunder, H. Moser & K. Kansteiner-Schänzlin. Band 2, S. 185–202

Wahl, D. (2013). Lernumgebungen erfolgreich gestalten. Vom trägen Wissen zum kompetenten Handeln. 3. Auflage mit Methodensammlung. Bad Heilbrunn: Klinkhardt

Wahl, D. et al. (1983). Naive Verhaltenstheorie von Lehrern. Oldenburg: Zentrum für pädagogische Berufspraxis.

Wahl, D., Weinert, F.E. & Huber, G.L. (1984). Psychologie für die Schulpraxis. München: Kösel

Wahl, D. & Mutzeck, J. (1990). Wie Lehrende und Lernende miteinander umgehen. Probleme der sozialen Interaktion. Bausteine für die erwachsenenpädagogische Weiterbildung. Tübingen: Deutsches Institut für Fernstudien.

Wahl, D., Wölfing, W., Rapp,G. & Heger, D. (1995). Erwachsenenbildung konkret: Mehrphasiges Dozententraining; eine neue Form der erwachsenendidaktischen Ausbildung von Referenten und Dozenten. Weinheim: Deutscher Studien-Verlag.

Wellenreuther, M. (2004). Lehren und Lernen – aber wie? Schneider: Hohengehren.

Weinert, F. E & Helmke, A. (1987). Schulleistungen – Leistungen der Schule oder der Kinder? Bild der Wissenschaft 24, 62–73

Widmann, A. (2019). Die Auswirkungen einer sozialpädagogischen Ausbildung auf die handlungssteuernden Strukturen und Prozesse der Lernenden. Pädagogische Hochschule Weingarten: Dissertation.

Widulle, W. (2005). Mit Angehörigen kooperieren lernen – Ein Konzept zur Überwindung der Theorie – Praxis – Kluft in der sozialpädagogischen Ausbildung. In: Huber, A.A. (Hrsg.). Vom Wissen zum Handeln – Ansätze zur Überwindung der Theorie – Praxis – Kluft in Schule und Erwachsenenbildung. Tübingen: Ingeborg Huber, S. 115–130

Widulle, W. (2012). Ich hab' mehr das Gespräch gesucht. Kommunizieren lernen im Studium Sozialer Arbeit. Heidelberg: Springer VS.

Woolfolk, A. (2008). Pädagogische Psychologie. München: Pearson Studium

Zifreund, W. (1966). Konzept für ein Training des Lehrverhaltens mit Fernseh-Aufzeichnungen in Kleingruppen – Seminaren. Berlin: Cornelsen

Stichwortverzeichnis